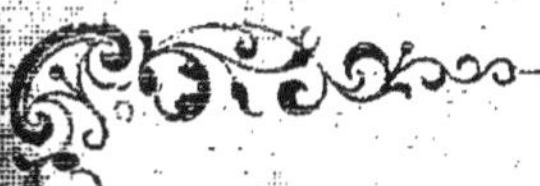

HISTOIRE

DES

ARANTE FAUTEUILS

DE

L'ACADÉMIE FRANÇAISE

DEPUIS LA FONDATION JUSQU'A NOS JOURS.

1635-1855.

PAR M. TYRTÉE TASTET.

L'accord de beaux talents et de beaux caractères.
DUCIS.

TOME QUATRIÈME.

PARIS.

COMPTOIR DES IMPRIMEURS-UNIS,

LACROIX-COMON, ÉDITEUR,

QUAI MALAQUAIS, N. 15.

1855.

HISTOIRE

DES

QUARANTE FAUTEUILS

DE L'ACADÉMIE FRANÇAISE.

IMPRIMERIE DE W. REMQUET ET Cie,
Rue Garancière, 5, derrière Saint-Sulpice.

HISTOIRE

DES

QUARANTE FAUTEUILS

DE

L'ACADÉMIE FRANÇAISE

DEPUIS LA FONDATION JUSQU'À NOS JOURS.

1635-1855.

PAR M. TYRTÉE TASTET.

L'accord de beaux talents et de beaux caractères.
DUCIS.

TOME QUATRIEME.

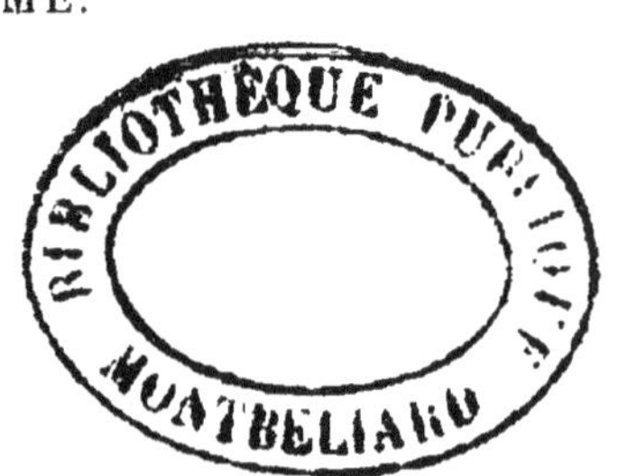

PARIS.

COMPTOIR DES IMPRIMEURS-UNIS,

LACROIX-COMON, ÉDITEUR,

QUAI MALAQUAIS, N. 15.

1855.

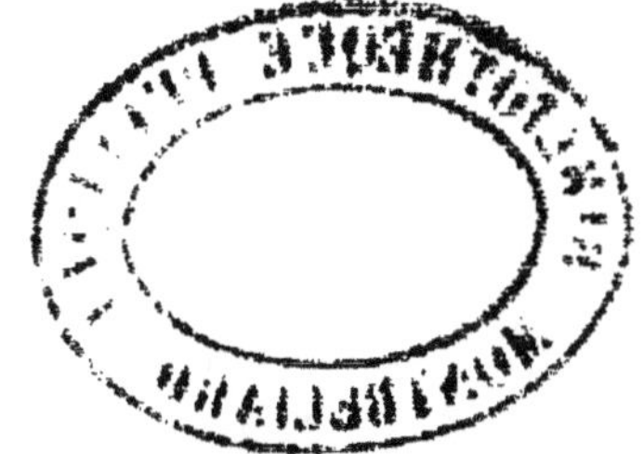

XXVIII.

LE FAUTEUIL DE FONTENELLE.

LE FAUTEUIL DE FONTENELLE.

I.

SERVIEN.

1634.

Abel Servien, comte de la Roche-Servien, marquis de Sablé, né à Grenoble en 1593, mort en 1659 dans son château de Meudon. Procureur général au parlement de sa ville natale dès 1616, il en vint jusqu'à être secrétaire d'Etat en 1630, après avoir passé par beaucoup d'autres fonctions importantes, et son élévation fut le fait de son mérite encore plus que de la fortune. Après avoir fait ses preuves de diplomate, en 1631, comme ambassadeur extraordinaire en Italie, il fut, en 1643, envoyé à Munster, en qualité de plénipotentiaire, chargé de négocier la paix, conjointement avec le comte d'Avaux. L'aigreur de son caractère causa plus d'une fois le désespoir de son collègue, en même temps que son humeur violente et despotique lui valait, de la part du nonce Fabio Chigi (depuis Alexandre VII) le surnom d'ange exterminateur de la paix. Pourtant, après quatre ans de discussions et d'intrigues, les négociations finirent par le célèbre traité de Westphalie. Servien fut récompensé de ses services par le titre de ministre d'Etat, en 1648, et il devint, en 1653, surintendant des finances. Il avait, dit le père Bougeant, historien des négociations de Westphalie, « il avait l'esprit vif et pénétrant; il était prompt dans ses résolutions, et ferme jusqu'à l'opiniâtreté. Il écrivait avec beaucoup de feu et de justesse en français. Il n'avait peut-être pas l'esprit aussi orné que le comte d'Avaux, mais il avait le style plus serré et plus fort. Il était d'ailleurs naturellement fier et impatient, brusque et rude dans ses manières. » Malgré son caractère peu aimable, il ne manqua pas de flatteurs parmi les poëtereaux de son temps, et, comme il était borgne, il fut comparé au soleil, *lequel n'a qu'un œil.*

Les vingt-sept premiers académiciens ayant été compris dans une nomination générale, à Servien commença l'ère des élections particulières. La sienne alla d'elle-même, car voici ce qu'on lisait dans le registre du 13 mars 1634 : « L'Académie se tenant honorée de la prière que M. Servien, secrétaire d'Etat lui a fait faire d'y être admis, a résolu qu'il en sera remercié, et qu'on l'assurera qu'il y sera reçu quand il lui plaira. » A quoi Pellisson ajoute : « Il y vint ensuite le 10 d'avril, s'excusa de ne pas y avoir assisté plus tôt sur les affaires importantes auxquelles il était occupé, fit son compliment à l'Académie, et en reçut la réponse par la bouche du directeur. » L'abbé Cotin fut chargé par l'Académie française de prononcer l'oraison funèbre de Servien, aux obsèques qui lui furent faites, au nom de la Compagnie, dans l'église des Carmes du Saint-Sacrement des Billettes.

II.

VILLAYER.

1639.

JEAN-JACQUES RENOUARD DE VILLAYER, mort en 1691, est, de tous les académiciens, celui sur le compte duquel il reste le moins de notions. L'abbé d'Olivet déclare ne le connaître que par le zèle qu'il témoigna à l'Académie « dans la triste affaire de Furetière », qui sera racontée au trente et unième Fauteuil. Le discours de réception de son successeur ne dit rien sur son compte, et Thomas Corneille, qui répondit à Fontenelle, parle de lui comme « d'un magistrat éclairé qui, dans une noble concurrence, ayant eu l'honneur d'être déclaré doyen du conseil d'Etat par le jugement même de Sa Majesté, faisait son plus grand plaisir de se dérober à ses importantes fonctions, pour venir quelquefois faire part de ses lumières à l'Académie ». Voilà tout. Mais une consolation nous reste : s'il n'a pas été dit davantage sur son compte, c'est sans doute qu'il n'y avait rien à dire.

III.

FONTENELLE.

1691.

Bernard le Bovier de Fontenelle naquit le 11 février 1657, à Rouen, où son père, d'une famille noble et ancienne, exerçait la profession d'avocat. Sa mère, femme de beaucoup d'esprit, était une sœur du grand Corneille. « Je lui ressemblais, a-t-il souvent répété, et je me loue en le disant. » Cet homme, qui devait vivre cent ans, était d'une complexion si faible au moment de sa naissance, qu'on s'attendait à le voir mourir peu d'heures après. On ne put le baptiser qu'au bout de trois jours, et sa frêle santé lui interdit, pendant son adolescence, tout divertissement pénible : le billard même était un exercice trop violent pour lui, et l'agitation la plus légère lui faisait cracher le sang. Pourtant, durant sa longue existence, il n'eut qu'une seule maladie et qui fut de courte durée.

Il étudia chez les jésuites de Rouen, avec beaucoup d'éclat, et son signalement moral, dans les registres de ces maîtres où tout se consignait, fut celui-ci : *Puer omnibus numeris absolutus et inter discipulos princeps*. Echappé, par les conseils de son père, aux obsessions des jésuites qui cherchaient à doter leur Société de ses talents, il fit son droit, fut reçu avocat, plaida une cause, la perdit, et jura qu'on ne l'y prendrait plus. Il se voua, dès lors, aux lettres. Il avait déjà concouru plusieurs fois, mais sans succès, pour le prix de poésie de l'Académie française, lorsqu'il fit le voyage de Paris en 1674. La liaison avec des jeunes gens de son âge, épris comme lui de la gloire poétique, acheva de déterminer sa vocation littéraire. Il débuta par quelques pièces de vers insérées au *Mercure*, que rédigeaient alors son oncle Thomas Corneille et Visé. Puis, il aida son oncle dans la composition de deux opéras, *Psyché* et *Bellérophon*, et risqua, sous le nom de Visé, une petite comédie intitulée *la Comète*, qui n'eut qu'une réussite incertaine.

Ambitieux d'une gloire moins modeste, il écrivit alors sa tragédie d'*Aspar*. L'envie qui, à cette époque (1680), se servait du nom du grand Corneille, désormais impuissant, pour déprécier et tourmenter Racine, encore dans toute sa force, saisit avec empressement cette occasion de préconiser Fontenelle dans les journaux, et de l'annoncer comme un digne héritier du génie de son oncle. Triomphe éphémère, que la chute complète d'*Aspar* changea bien vite en humiliation! Cette tragédie n'est plus connue aujourd'hui que par l'épigramme de Racine *Sur l'origine des sifflets*, et son auteur, s'avouant lui-même vaincu, en jeta le manuscrit au feu. Mais il ne pardonna pas aussi aisément à la malice de l'auteur de *Phèdre*, et, depuis, il usa plus d'une fois de représailles, avec aussi peu de bonheur que de justice.

Fontenelle, assez médiocrement doué pour la poésie et le théâtre, eut toujours une prédilection marquée pour ces sortes de compositions. Ses six comédies et sa tragédie en prose, *Idalie*, ne valent pas un souvenir. Son opéra de *Thétis et Pélée* a conservé longtemps une réputation qu'on cherche vainement à s'expliquer; et ceux de *Lavinie* et d'*Endymion* moururent sans retour dès leur naissance. Ses *pastorales*, ingénieuses et spirituelles, reçurent un accueil empressé; mais, a dit La Harpe avec raison, « ses bergers en savent trop en amour, et l'auteur en sait trop peu en poésie : on est également blessé et de la négligence de ses vers et du travail de ses idées ». Il a, cependant, quelques pièces de vers dignes de rester dans la mémoire des amateurs : *Ismène*, églogue charmante de naturel et de grâce, l'apologue de *l'Amour et l'Honneur*, le sonnet de *Daphné* et le *Portrait de Clarisse*, tous ingénieux et piquants.

Nous ne parlerons pas des *Lettres du chevalier d'Her...*, production malheureuse que l'auteur eut le bon esprit de ne jamais reconnaître. Les *Dialogues des morts* commencèrent la grande réputation de Fontenelle, à laquelle mirent le sceau ses *Entretiens sur la pluralité des mondes* et son *Histoire des oracles*. Il faut le dire, cependant, la vogue qui s'attacha aux *Dialogues* ne prouve pas beaucoup en faveur du bon goût du temps. C'est là, le plus souvent, un jeu, un effort, ou plutôt une débauche d'esprit mêlée de saillies heureuses; si l'on y trouve des pensées ingénieuses et fines, on en rencontre au moins tout autant de subtiles et fausses ; cela tend plus à étonner qu'à instruire, et un petit nombre seulement de ces dialogues sont marqués au coin d'une saine philosophie. L'*Entretien sur la pluralité des mondes* est supérieur de tout point ; il porte plus particulièrement l'empreinte du cachet de Fontenelle, cet art d'embellir les matières les moins susceptibles d'ornement, de conduire le lecteur sans effort à des vues étendues et profondes, ces tours singuliers et familiers qui gravent les pensées fortes et fines, ces objections philosophiques se résolvant en un bon mot, et ces questions abstraites s'élucidant en un compliment gracieux.

Dans son *Histoire des oracles*, tirée d'un ouvrage long et diffus d'un savant hollandais, Van-Dale, Fontenelle se moqua très-spirituellement de toutes les sottises, de tout le charlatanisme des oracles païens, qu'il mit sur le compte des prêtres, sans que les démons y fussent pour rien. Cet ouvrage lui ouvrit les portes de l'Académie des inscriptions et belles-lettres. Mais Fontenelle ne se trouvait pas à sa place dans cette société ; aussi, au bout de quatre ans, demanda-t-il la vétérance, et par délicatesse, il s'abstint constamment de voter dans les élections. Il se sentait plus à l'aise dans l'Académie des sciences, dont il fut nommé secrétaire perpétuel en 1699. C'est dans cette fonction, quarante-deux ans remplie, qu'il acquit ses plus beaux titres de gloire. A proprement parler, il n'était pas profond en mathématiques, et il ne s'en cachait pas lui-même, qui disait au régent, en lui présentant sa *Géométrie de l'infini* : « Monseigneur, voilà un livre que huit hommes seulement en Europe sont capables de comprendre, et l'auteur n'est pas de ces huit-là. » Mais, par la manière instructive et attrayante dont il savait rendre compte du travail des autres, il se montra, comme disait Voltaire, « le premier parmi les savants qui n'ont pas eu le don de l'invention ». Pour se faire une idée exacte de son mérite comme écrivain, il faut lire son *Histoire de l'Académie des sciences*, et particulièrement ses *Eloge des Académiciens*, ouvrage charmant dans un genre où ce serait beaucoup de n'être pas ennuyeux, son chef-d'œuvre, souvent réimprimé, et toujours placé parmi les livres classiques dans la bibliothèque des hommes de goût. « Fontenelle, dit Walckenaër, semble en quelque sorte avoir épuisé toutes les formes pour attirer la curiosité du vulgaire sur les savants, ces sages bienfaiteurs de la société; il intéresse vivement à leurs nobles passions et au succès de leurs recherches. Il n'est pas jusqu'à leur ignorance et à leur simplicité dans le commerce de la vie dont il ne sache tirer parti; et, en se rendant complice de la vanité de ses lecteurs, qu'aurait génée le tableau uniforme de la supériorité de tant d'hommes éminents, il peint leurs manières bizarres et leurs innocents ridicules avec tant d'art et de mesure, qu'il sait par cela même les rendre encore plus respectables et nous faire admirer ceux dont il nous fait rire. »

Fontenelle est de ces écrivains, en petit nombre, dont on devient l'ami en les lisant. Eh bien! tout ce que l'on chérit dans ses ouvrages, ce talent d'instruire en amusant; cet esprit d'ordre, de précision et de clarté; cette grâce de démonstration qui popularise les vérités les plus abstraites; ce charme séduisant de l'imagination qui transporte dans les sciences le langage de la conversation et applique à la morale, à la littérature, aux sujets les plus simples, les termes et les idées des sciences; toutes ces facultés aimables et brillantes, il les portait dans la société, sans compter ce qu'on ne peut mettre dans un livre, le prestige de l'élocution, l'enjouement et l'à-propos. Possédant à un degré supérieur ce tact heureux de savoir écouter les autres, il ne laissait passer inaperçue aucune finesse de la conversation; aussi, à une réunion chez le régent, Mme d'Argenton ayant dit un mot qui ne fut pas saisi : « Ah! Fontenelle, où es-tu! s'écria-t-elle. » Toujours ingénieux dans ses plaisanteries, il se montrait toujours exempt de malignité, et il se vantait avec raison de n'avoir jamais donné le plus petit ridicule à la plus petite vertu. Sans autre ambition que celle de ne pas déplaire, il disait un jour au régent qui lui proposait de le nommer président perpétuel de l'Académie des sciences : « Monseigneur, vous voulez donc m'ôter le bonheur de vivre avec des égaux. » Avec tout cet esprit de sociabilité, il aimait tout naturellement le grand monde, dont il était adoré au point que ses succès en ce genre excitaient plus l'envie que ceux qu'il obtenait en littérature. Sa longue vieillesse fut des plus heureuses, et des plus respectées. Du reste, il avait arrangé sa vie pour le bonheur avec le soin le plus étudié. Crébillon a dit de lui, tant ses assertions avaient de réserve, qu'il semblait craindre d'avoir raison. Rien ne l'effrayait autant que les disputes trop vives : « Quand j'aurais les mains pleines de vérités, s'écriait-il parfois, je ne les ouvrirais pas ! » discrétion que l'on serait tenté de taxer d'égoïste indifférence, si sa pensée n'était commentée par ce passage trop juste d'un de ses écrits : « Le commun des hommes n'a ni assez de raison ni assez d'instruction pour se passer de préjugés. »

Pour repousser, d'ailleurs, ce reproche d'égoïsme qu'on lui a souvent adressé, il est bon de rappeler qu'il eut de nombreux amis et qu'il sut bien aimer et servir au besoin. Il en avait un entre autres à Rouen, Brunel, ami d'enfance. Celui-ci lui écrit un jour : « Vous avez mille écus, envoyez-les moi. » Fontenelle répond : « Lorsque j'ai reçu votre billet, j'allais placer mes mille écus, et je ne retrouverai pas facilement une aussi belle occasion. Voyez donc! — Envoyez-moi vos mille écus ! » se contenta de répliquer Brunel; et Fontenelle les envoya.

Il conserva sa tranquillité d'âme jusqu'à ses derniers moments, et mourut sans souffrance vive, le 9 janvier 1757, à cent ans moins un mois et deux jours. Il disait à son médecin : « Je ne souffre pas, mais je sens une difficulté d'être. » Il avait été de toutes les académies un peu marquantes d'Europe. A l'Académie française, il ne fut élu qu'après quatre refus successifs. Ces nombreux échecs tenaient à l'inimitié de Racine et de Boileau, qu'il avait encourue par ses épigrammes injustes d'abord, et en second lieu pour avoir pris rang parmi les détracteurs de l'antiquité. Il ne l'avait fait cependant qu'avec sa circonspection ordinaire, résumant ainsi cette oiseuse question : « La prééminence des anciens ou des modernes se réduit à savoir si les poires du temps passé étaient plus grosses que celles d'aujourd'hui. » Quoi qu'il en soit, ce fauteuil peut être appelé bien véritablement le sien, car il l'accupa soixante-six ans, privilége qui n'est échu à aucun autre écrivain de l'Académie, et il eut le temps de voir la Compagnie tout entière se renouveler trois fois sous ses yeux.

IV.

SÉGUIER.

1757.

Antoine-Louis Séguier, l'un des membres les plus recommandables de cette grande famille des Séguier dont notre magistrature s'honore depuis plus de quatre siècles sans interruption, était né à Paris en 1726. La veuve de Sully, fille puînée du chancelier Séguier, ce second protecteur de l'Académie, avait épousé Henri de Bourbon, duc de

Verneuil. Louis XV, qui se rappelait cette alliance, demanda un jour s'il n'y avait pas quelqu'un du nom de Séguier qui fût capable d'exercer au parlement les fonctions du ministère public. Celui-ci lui fut désigné. « Je me charge, dit alors le monarque, de lui faire faire son chemin. » Séguier jouissait dès lors, à vingt-deux ans, d'une certaine réputation, qu'il devait à ses connaissances, déjà étendues, en jurisprudence, à son goût, à son instruction littéraire, et surtout à ce que l'on racontait de sa prodigieuse mémoire, ceci notamment : au sortir de la première représentation d'*Hypermnestre*, il avait fait à l'auteur, son ami, après les compliments d'usage, le reproche de nombreux plagiats, et, pour preuve, il lui avait récité plusieurs tirades de la tragédie nouvelle. Lemierre, le plus susceptible des poëtes, était aux cent coups, quand son mystificateur ajouta : « Vous ne voyez donc pas que vos vers sont si beaux que je les ai retenus ! » Le roi le nomma donc son avocat au Châtelet, en 1748; avocat général au grand conseil, en 1751 ; enfin, quatre ans plus tard, avocat général au parlement de Paris ; aussi avait-il coutume de dire : « Séguier est véritablement mon avocat général, car c'est moi seul qui l'ai fait. » Il se plaisait à l'appeler son parent.

Dans ce poste au parlement, que Séguier occupa jusqu'à la dissolution de cette grande Compagnie en 1790, il fit preuve d'un talent oratoire éminent, d'une grande intégrité, en un mot, de tous les mérites inhérents au nom qu'il portait. Ce fut un digne successeur des Talon et des d'Aguesseau. L'entendre c'était l'admirer, et tous les souverains étrangers qui vinrent à Paris dans la dernière moitié du siècle, le roi de Danemark, l'empereur Joseph II, le roi de Suède, se firent fête d'assister à une séance du parlement où il devait discourir. Gustave III disait : « Il faudrait n'être pas d'Europe, pour ignorer le nom d'un magistrat aussi éloquent. » Quoiqu'il improvisât avec facilité, il écrivait tous ses discours, tant il était studieux de la perfection du langage, et puis aussi afin de ne rien omettre d'utile aux parties dans l'exposé de leurs moyens respectifs. Le duc de Choiseul s'opposa à ce qu'il devînt chancelier, en 1768. « Quels maux eût peut-être empêchés un homme qui avait le courage et la franchise des anciens chevaliers, avec la probité et les lumières des anciens magistrats ! » s'écriait plus tard sa veuve. Sa conduite dans l'affaire du parlement Maupeou fut tout ce qu'on pouvait attendre de son noble caractère, et le chancelier demanda son exil, mais ne l'obtint pas du roi. Aux premiers temps de la Révolution, on jeta les yeux sur lui pour la place de maire de Paris, qu'il refusa, malgré les immenses avantages pécuniaires qu'on voulait y attacher. Il quitta même la France, et, consumé des chagrins que lui causait le sort de sa patrie, il mourut à Tournay, d'une attaque d'apoplexie, le 25 janvier 1792. Son épitaphe, composée par son fils aîné, aujourd'hui premier président à la cour royale de

Paris, se terminait ainsi : « Il fut juge intègre, magistrat éloquent, défenseur éclairé de la religion, sujet fidèle à son roi. *Non habebis ossa ejus ingrata patria.* »

Quoique Séguier eût été désigné à l'Académie par Louis XV, son élection fut généralement approuvée des gens de lettres. Duclos dit à ce propos : « Voilà un nom qui peut se passer de mérite, et un mérite qui peut se passer de nom. » Toutefois le récipiendiaire ne se dissimula point que son titre principal aux honneurs académiques consistait dans son nom; il eut le bon goût de le reconnaître dans son discours. Le duc de Nivernais, qui le reçut, lui répondit ingénieusement : « Vous êtes académicien né, pour ainsi dire, et vous auriez pu réclamer, à titre de patrimoine, la place que nous vous déférons en ce jour à tant d'autres titres; car il ne vous a pas suffi, Monsieur, d'être annoncé, désigné par la gloire de votre nom, vous avez voulu être précédé par votre réputation personnelle, et j'oserai presque m'en plaindre à vous, au nom de l'Académie. Distingué, comme vous l'êtes, par des talents rares dans l'exercice d'une charge qui exige tant de talents, nous ne satisfaisons, en vous adoptant, que la justice; il ne reste rien pour la reconnaissance que nous devons à notre second fondateur, et vous nous avez mis dans l'impuissance de nous acquitter envers lui, en nous imposant la nécessité de nous acquitter envers vous. » Le discours de réception de Séguier et sa réponse à Chamfort, qu'il reçut, ont un mérite littéraire que plus d'un académicien, écrivain de profession, n'a pas égalé en pareille circonstance. Quelques plaidoyers, comptes rendus aux assemblées des chambres, réquisitoires, mercuriales, imprimés, mais devenus fort rares, honoreront à jamais sa mémoire.

V.

BERNARDIN DE SAINT-PIERRE.

1795.

Jacques-Henri Bernardin de Saint-Pierre, né au Havre, le 19 janvier 1737, d'un père qui se prétendait, sans trop de fondement, descendant du fameux bourgeois de Calais, Eustache de Saint-Pierre, annonça, dès l'enfance, ce caractère rêveur et passonné auquel il dut ses tourments et sa gloire. Ses premières études eurent peu de charmes à ses yeux. Il leur préférait la culture d'un petit jardin, où il s'abandonnait à l'observation des phénomènes naturels et à la contemplation amoureuse des beautés de la nature, qu'il était appelé à reproduire un jour d'un pinceau si suave. Il aimait aussi à se jeter, par la lecture, dans un monde idéal : ainsi les voyages, la Vie des saints et Robinson le fanatisèrent au point qu'à douze ans il se voulait tour à tour, ou même à la fois, solitaire, voyageur, fondateur et législateur de colonie. Un voyage fait en Amérique avec un de ses oncles, capitaine de vaisseau, durant lequel ce pauvre aventurier eut à subir, entre autres, et la subordination et le mal de mer, dissipa quelques-unes de ses illusions; mais, au collége des jésuites de Caen, où il fut mis pour continuer son éducation, il les retrouva toutes dans la lecture des voyages et des travaux apostoliques des missionnaires. Aussitôt le voilà qui ne veut plus être que jésuite, afin de devenir comme un autre apôtre et martyr; cette résolution s'accroît si fort dans son jeune cerveau, que sa famille dut l'arracher aux jésuites de Caen pour le placer au collége de Rouen. Il y termina ses études avec la plus grande distinction. Alors, à vingt ans, sans expectative de patrimoine, il sollicita du service dans le génie militaire, trompé peut-être par le premier prix de mathématiques, qu'il venait de remporter, et parvint à se faire admettre dans un corps de jeunes ingénieurs que formait le ministre de la guerre.

Après avoir fait, en 1760, la campagne de Hesse, où il montra du sang-froid et de la bravoure en plus d'une occasion; après avoir pris part, comme lieutenant et ingénieur géographe, à une expédition à Malte, où l'ordre s'attendait à entrer en guerre contre le Turc, ce qui n'eut pas lieu, il revint en France. Sans emploi, sans ressources, à peu près abandonné de sa famille, il dépensait, le poëte qu'il était, en projets ambitieux et en plans chimériques, mille fois plus d'esprit qu'il ne lui en eût fallu pour vivre; et ce fut au milieu de ce dénûment et de cet abandon qu'il conçut le projet d'aller fonder en Russie, sur les bords du lac Aral, une colonie à laquelle il il donnerait des lois, une république à la Platon. Il partit, muni d'une faible somme d'argent, mais riche de confiance en l'avenir, et, quand il arriva à Saint-Pétersbourg, après bien des traverses, il ne lui restait plus, pour toute provision, au milieu de la glaciale et morne cité, qu'un écu de six livres. La résignation, le courage, la dignité, la délicatesse ne l'abandonnèrent pas, non plus là qu'ailleurs; mais il fallait autre chose encore pour ne point mourir de détresse. Un heureux hasard le jeta sur le chemin du maréchal de Munich, gouverneur de Pétersbourg, lequel, après l'avoir éprouvé comme ingénieur, l'envoya avec des lettres de recommandation à Moscou, où se trouvait la cour. Là, grâce à la protection de deux Français, du général du Bosquet et du grand maître de l'artillerie Villebois, il obtint le grade de sous-lieutenant dans le génie, et se trouva dans une position meilleure. Villebois, frappé du charme de sa figure et de la distinction de toute sa personne, le présenta à Catherine, à laquelle sa bonne mine fut loin de déplaire et qui le reçut de l'air le plus gracieux, ce qui inspira au grand maître l'espoir de supplanter Orloff en donnant Saint-Pierre pour favori à l'impératrice; mais ce dernier, agité de pensées plus nobles et de sentiments plus élevés, se garda bien de se prêter aux vues que l'ambition et l'intrigue avaient pu jeter sur son esprit et sa grâce française, et il en revint plus fort que jamais à ses plans de république. Mais comment les réaliser, surtout dans un pays aussi despotique que la Russie? C'était là sa grande préoccupation. Le général du Bosquet y fit quelque diversion en l'emmenant dans la Finlande pour en examiner les positions militaires et y établir un système de défense. Après quatre mois d'absence, trouvant la cour changée et la fortune de ses protecteurs évanouie, Saint-Pierre, indigné de leur disgrâce, quitta le service de la Russie, où ne purent le retenir ni la perspective assurée d'avancement et de fortune, ni les offres généreuses du général du Bosquet, qui lui proposait de l'adopter pour son fils et de lui donner la main de sa nièce, et se rendit en paladin dans la Pologne, dont l'indépendance commençait à être menacée par les desseins ambitieux de Catherine.

Accueilli avec empressement dans les camps des insurgés, commandés par le prince Radziwil, il fut de plus remarqué par une jeune, spirituelle et jolie Polonaise, la princesse Marie. Un amour vif et partagé les réunit bientôt, et leur liaison durait depuis une année quand la princesse rompit avec son amant par égard pour les ordres de sa mère et les sollicitations de sa famille. La mort dans le cœur, Bernardin se rendit à Vienne; puis bientôt, entraîné par un désir désordonné, il revint en toute hâte à Varsovie. Il croyait retrouver sa princesse dans les larmes, il la surprit au milieu des plaisirs d'une fête brillante. Froissé profondément, il résolut d'aller en Saxe prendre du service contre la Pologne, afin de se ménager le plaisir de rentrer un jour en vainqueur et les armes à la main dans la terre de la princesse ; mais il ne s'arrêta pas longtemps à cette idée, et, après avoir erré quelques mois en Allemagne, il se décida pour le retour en France. Son père mort, sa sœur dans un couvent, ses frères aux Indes, il ne retrouva, pour lui faire les honneurs de sa ville natale, qu'une vieille domestique qui avait pris soin de son enfance. Revenu à Paris pour y chercher fortune, il se confina dans un village des environs, où il s'occupa de mettre en ordre et de rédiger ses notes et mémoires sur le nord. Il espérait se voir récompenser de ce travail par les faveurs du gouvernement ; mais il n'obtint, après bien des sollicitations, qu'un emploi d'ingénieur à l'île de France. Il accepta, car on eut le soin de présenter un but imaginaire, la civilisation de Madagascar, tandis que le but réel de l'expédition était un commerce d'esclaves. Il ne fut instruit de ces projets que dans la traversée, en eut horreur, et, profitant de son brevet, il s'arrêta à l'île de France. Le séjour de trois ans qu'il y fit fut secondé par la contemplation et l'étude de la nature, dont il avait été longtemps détourné par les deux passions de sa jeunesse, l'ambition et l'amour.

A son retour en France (1771), il publia la relation de son voyage. Ce livre, où il est facile de pressentir la nature et la portée de son talent à venir, réussit assez pour éveiller l'attention publique ; les salons distingués, entre autres celui de Mme Lespinasse, s'ouvrirent pour son auteur, et Bernardin put nouer des relations de société avec plusieurs des hommes de lettres en réputation à cette époque. Mais une timidité naturelle, l'embarras de ses manières l'empêchant de profiter de ses avantages extérieurs et de faire ressortir les qualités de son esprit, il se dégoûta bien vite de l'existence du grand monde et se retira dans la solitude. Une vie de calme et d'étude, son véritable élément, devint enfin la sienne. C'est alors qu'il connut et aima J.-J. Rousseau. Ces deux âmes tendres, aimantes, également inquiètes et visitées par la souffrance, n'eurent pas de peine à se comprendre ; aussi sympathisèrent-elles à merveille, jusqu'au moment où le départ de Rousseau pour Ermenonville termina leur liaison.

Bientôt de grands malheurs domestiques rendirent la culture des lettres plus précieuse à Bernardin, qui, pour se consoler, travailla sans interruption à ses *Etudes de la nature.* Quand il eut terminé son livre, comment le publier ? Plusieurs libraires le rejetèrent successivement. Il se résolut à l'imprimer à ses frais ; mais y parvenir, si pauvre ! Enfin Didot jeune consentit à faire les avances : les *Etudes*, parues en 1784, obtinrent un succès général, éclatant, fait pour dédommager l'auteur de toutes ses souffrances. « Beaux-arts, politique, histoire, voyages, langues, botanique, géographie, harmonie du globe, l'auteur traite de tout, et toujours il est original, a dit M. Aimé Martin, l'éloquent biographe de Bernardin. Il relève des abus, indique des remèdes, attaque l'injustice, soutient la cause du faible, et, lorsqu'il se place sur la route du malheur ou sur celle de la science, il y paraît environné des plus riants tableaux de la nature.» Si, pensant,ou parfois dans ses théories scientifiques, le poëte a toujours raison par la magie de son style et de sa couleur; et quels crimes ne feraient point excuser cette sensibilité délicate, exquise, cette imagination enchanteresse, cet art séducteur de reproduire avec la plus heureuse fidélité tous les charmes, toutes les grâces, toutes les beautés de la nature!

OEuvre capitale de Bernardin, les *Etudes* commencèrent sa réputation et sa fortune, qu'augmenta, quatre ans après, la publication de *Paul et Virginie*. *Paul et Virginie*, ce roman délicieux sur lequel on a tout dit quand on l'a nommé, cette adorable églogue que l'on ne quitte jamais sans s'être bien promis de la reprendre, « ce poëme, comme dit Chateaubriand, du petit nombre de ces livres qui deviennent assez antiques en peu d'années pour qu'on ose les citer sans craindre de compromettre son jugement ». Qui le croirait! cette ravissante composition, lue par son auteur devant l'élite des gens de lettres, Buffon, Thomas, Delille, Marmontel, La Harpe, Saint-Lambert, Suard, fut accueillie avec dédain, ou plutôt ne fut pas écoutée, et peu s'en fallut que le crédule Bernardin n'en jetât le manuscrit au feu. Ce fut le célèbre peintre Joseph Vernet qui, transporté d'admiration devant ce tableau plein de grâce, de fraîcheur et d'originalité, releva son courage et le décida enfin à ne pas priver plus longtemps le public de *Paul et Virginie*. Nul ouvrage n'a été réimprimé plus souvent et sous plus de formes; dans la première année seulement, il s'en fit plus de cinquante contrefaçons, sans compter les nombreuses éditions données par l'écrivain lui-même.

Une heureuse aisance, jusqu'alors inconnue fut enfin acquise à Bernardin de Saint-Pierre. Il acheta, dans un faubourg de Paris, une maison avec un jardin, retraite agréable et profonde, d'où il salua l'aurore de la Révolution avec ces *Vœux d'un solitaire*, théories de réforme et de perfectionnement trop pures et trop élevées pour être entendues au milieu des passions tumultueuses alors soulevées. En 1791, il donna une suite des *Vœux d'un solitaire*, puis sa *Chaumière indienne*, ce livre que Chénier appelait « le meilleur, le plus moral et le plus court des romans ». L'année d'après, il fut nommé intendant du Jardin des Plantes et du cabinet d'histoire naturelle, désigné par ses succès et ses talents au choix de Louis XVI, qui lui adressa ces paroles : « J'ai lu vos ouvrages, ils sont d'un honnête homme, et j'ai dû nommer en vous un digne successeur de Buffon. » Sa courte administration fut signalée par des améliorations importantes. Sorti pauvre de l'intendance, qui fut supprimée en 93, il se retira à Essonne, dans une île délicieuse où il s'était fait construire une modeste habitation. Quelque temps auparavant, il avait épousé, dans sa cinquante-septième année, la fille de l'imprimeur des *Etudes*, Mlle Didot, âgée seulement de vingt ans, union que vinrent troubler quelques chagrins domestiques. Il s'occupait activement de la composition de ses *Harmonies*, quand un décret de la convention (1794) le nomma professeur de morale à l'Ecole normale. Il ne possédait guère le talent de l'improvisation, lui qui, s'il faut l'en croire, était obligé de recommencer jusqu'à six fois le même manuscrit ; aussi y eut-il peu de succès comme orateur, mais il donna à son cours quelque célébrité en y parlant de Dieu : à ce moment où croire en Dieu était puni comme un crime, c'était un acte de courage que de proclamer qu'on y croyait.

Bernardin de Saint-Pierre, ayant eu le malheur de perdre sa femme à la fleur de l'âge, rendit une mère aux deux enfants qu'il en avait eus, et qu'il avait nommés Paul et Virginie, en épousant en secondes noces Mme de Pelleport. Cette union consola sa vieillesse de quelques persécutions littéraires auxquels ne put se résigner son irritable sensibilité et d'une banqueroute qui lui enleva presque tous les fruits de ses travaux et l'aurait rendu à son indigence première, sans la munificence du gouvernement, qui lui alloua une pension et le logement au Louvre. Ses jours se terminèrent doucement le 21 janvier 1814.

Bien que toutes les productions littéraires de Bernardin de Saint-Pierre méritent l'attention de l'ami des lettres, nous ne pouvons que mentionner, en passant, l'*Arcadie*, roman resté imparfait, mais qui se place auprès des plus ravissantes fictions du *Télémaque;* le *Voyage en Sibérie*, et le *Café de Surate*, où la touche piquante et spirituelle de Voltaire est souvent reproduite ; le drame de la *Mort de Socrate;* un *Essai* sur J.-J. Rousseau, etc., etc, — Bernardin de Saint-Pierre, entré à l'Institut dès la fondation (classe des sciences morales), arriva à l'Académie française par l'arrêté consulaire.

VI.

AIGNAN.

1815.

Etienne Aignan, littérateur honnête et laborieux, mais d'un talent médiocre, naquit à Beaugency en 1773, et mourut à Paris en 1824. En 1793, l'exécution du roi lui inspira, sous les yeux même des bourreaux, une tragédie en trois actes, *la Mort de Louis XVI*, qui n'était pas destinée au théâtre, mais qui fut imprimée trois semaines après la catastrophe. Quoique cette protestation par le drame eût pu être mieux conçue, plus éloquente et plus poétique, elle n'en fut pas moins généreuse, et elle prouve une âme peu commune. Des traductions de vogages et de romans anglais, spéculation fort à la mode à la fin du dernier siècle et au commencement du nôtre, furent les premiers travaux littéraires d'Aignan. La meilleure est celle du *Ministre de Wa-*

kefield de Goldsmith. Son opéra de *Clisson* (1802), n'eut aucun succès. *Nephtali*, autre opéra (1806), réussit beaucoup mieux ; il n'est dépourvu ni d'intérêt dans l'action, ni d'élégance dans le style. Au Théâtre-Français, ses tragédies de *Polyxène* (1804), de *Brunehaut* (1811), d'*Arthur de Bretagne* (1816), ne furent pas très-heureuses, malgré quelques scènes intéressantes et de nobles sentiments exprimés parfois en assez beaux vers.

Aignan, l'un des fondateurs de la *Minerve* et de la *Renommée*, sous la Restauration, prit une part active et honorable à la rédaction de ces journaux. Il publia aussi, vers le même temps, diverses brochures politiques, dictées par des sentiments louables, des compilations utiles, et une *Histoire du jury*, volume in-8°, qui eut l'avantage d'être traduit en espagnol et en allemand. Son titre le plus durable, celui qui attache le plus d'estime à son nom, c'est la traduction en vers de l'*Iliade* d'Homère, titre assez faible encore. Il dut le portefeuille principalement à la protection et à l'amitié dont l'honorait le comte de Ségur qui, grand maître des cérémonies, comme nous l'avons vu, l'en avait fait nommer aide dès 1804, et secrétaire impérial à l'introduction des ambassadeurs.

VII.

SOUMET.

1824.

C'est au sein de ce beau pays de Languedoc, déjà si fertile en poëtes célèbres, qu'Alexandre Soumet naquit le 8 février 1788. Destiné par sa famille à la profession des armes, son éducation, dirigée par un neveu du fameux dom Calmet, fut particulièrement conduite vers l'étude des mathématiques. Elle se fit avec rapidité ; déjà même les portes de l'Ecole polytechnique s'ouvraient au-devant du jeune homme, lorsqu'une voix impérieuse et douce le retint sur le seuil. Cette voix, c'était celle de la Muse.

Enfant, Soumet bégayait des vers, et, quoique encore très-jeune, chacune des compositions qu'il avait envoyées à l'Académie des jeux Floraux lui avait valu le prix. « Il avait, comme dit M. Vitet, cueilli l'amaranthe, le lis, la violette, le souci, toutes les fleurs dont Clémence Isaure a semé son poétique parterre. » Ces caresses de la gloire l'enhardirent. Venu à Paris (1808), le succès fit route avec lui. Il concourut à l'Académie française, et, dans cette lice nouvelle, il fut encore vainqueur. Mais, si ses essais avaient fait pressentir un poëte, en paraissant, son poëme sur l'*Incrédulité* ne laissa plus de doute sur un talent qui s'y montrait désormais formé. Le sentiment honorable qui l'avait dicté fut surtout applaudi ; quant à la façon dont il l'avait émis, il n'y eut qu'une voix pour la louer. Peu après, Soumet entra au conseil d'Etat comme auditeur ; mais, si nous en croyons son successeur au fauteuil académique, ces fonctions l'engagèrent peu. « Il avait trouvé l'art de n'être auditeur que de nom », dit M. Vitet, et l'on devine à quoi pouvait rêver, au milieu des discussions et des clameurs de la politique, l'indolent conseiller.

Ce fut en 1822 que Soumet aborda le théâtre. *Clytemnestre* et *Saül*, tragédies représentées à vingt-quatre heures de distance, l'une au Théâtre-Français et l'autre à l'Odéon, sont les débuts du poëte dans la carrière. « On admirera toujours, dit M. Vitet, dans la première, non-seulement de beaux vers, que l'enflure et les faux brillants ne déparent presque jamais, un dialogue nerveux et animé, une couleur sombre et pathétique, qui de scène en scène se répand sur la pièce entière, mais l'audace même du poëte, qui s'est senti assez de force à rajeunir un tel sujet. Porter encore une fois sur le théâtre la race de Pélops et les fureurs d'Oreste, reproduire, après tous les maîtres de l'art, ces grandes pensées, ces situations sublimes que l'admiration de tant de siècles a consacrées, c'était lancer de périlleux défis, c'était s'engager à découvrir, au fond de ces antiques richesses, quelques parcelles d'or oubliées ou inconnues. Le succès a justifié cette témérité. Jamais peut-être travail d'imitation ne fut exécuté avec plus de force créatrice : il semble que le poëte ait voulu passer par le sentier le plus battu pour nous prouver qu'il y marquerait encore l'empreinte de ses pas. *Saül* renferme des beautés d'un autre ordre. Ce n'est plus à la Muse antique, c'est à l'esprit de la Bible que l'auteur a demandé ses inspirations. Les saintes Ecritures lui ont fourni les teintes lumineuses dont presque tous ses vers sont colorés..... Toutefois, si l'exagération de quelques caractères ne permet pas de placer *Saül* au même rang que *Clytemnestre*, cette œuvre, toute d'invention, n'en est pas moins digne d'une haute estime et pleine de vraies et durables beautés. »

Cléopâtre, qui parut en 1825, un an après la réception de son auteur à l'Académie, laissa quelques regrets à un public accoutumé par Soumet à demander beaucoup. On y remarquait de beaux vers, d'excellents détails, un style nerveux et animé, mais ses grands défauts, la pauvreté de son invention, l'inexpérience qui perce sans cesse dans ses compositions, donnèrent à la critique trop lieu de se montrer peu satisfaite. Néanmoins, ces censures ne découragèrent pas le fécond, l'infatigable poëte. Puisant, au contraire, de nouvelles forces dans la lutte, il écrivit aussitôt sa tragédie de *Jeanne d'Arc*, dont le succès, d'abord hésitant, finit par ne plus être contesté ; puis, en 1828, *Elisabeth*, qui réussit ; en 1830, avec M. Belmontet, une *Fête de Néron*, qui eut un immense retentissement, et enfin *Norma* (1831), tragédie, après laquelle, s'éloignant brusquement de la scène, il n'y reparut qu'à dix ans de là, avec le *Gladiateur*, le *Chêne du roi* et *Jane Grey*.

Une œuvre plus grandiose que tout ce qu'il avait produit germait alors dans le cerveau du poëte. Nouveau Pygmalion, il animait en silence une superbe statue. Durant de longues années il y travailla, y retouchant sans cesse, tantôt l'augmentant, tantôt la réduisant, et toujours y apportant de nouvelles beautés. Enfin, l'heure approcha où la statue fut prête à descendre de son socle ; elle sonna ; mais, ce moment suprême si patiemment préparé par l'artiste, Soumet ne le vit pas : quand Galatée reçut le jour, Pygmalion n'était plus ; Soumet avait cessé d'exister ; du moins, il lui avait été permis, en expirant, de s'écrier : « Je puis mourir, mon œuvre est sauvée », car il l'avait léguée à sa fille.

Mme d'Altenheym, en effet, s'est religieusement acquittée de la tâche qui lui était imposée. Personne mieux qu'elle, du reste, ne pouvait la remplir. Admise à partager les travaux de son père, elle avait déjà attaché son nom aux dernières tragédies que nous venons de citer. Ajoutons que le gouvernement, vivement intéressé en apprenant que le sujet choisi par le poëte était cette Jeanne d'Arc, qui n'avait réussi qu'à faire marteler à Chapelain *douze fois douze cents méchants vers*, voulut s'associer au légataire pour faire oublier, par cette publication, et Chapelain et l'œuvre honteuse de Voltaire. M. de Salvandy, alors ministre de l'instruction publique, s'empressa d'écrire à Mme d'Altenheym : « Donnez-nous ce monument national ; il sera la réparation du génie et des lettres de France envers une illustre mémoire, la mémoire de Jeanne d'Arc. » Et, quelque temps après, ce beau poëme paraissait publié aux frais de l'Etat.

Nous laisserons ici parler un ami de Soumet, M. Lefèvre-Deumier ; son œuvre ne pouvait être appréciée par un juge plus éclairé, louée par un critique plus convaincu et un meilleur écrivain : « *Jeanne d'Arc*, dit-il, aura sans doute des imitateurs, mais n'aura pas de modèles. Le poëte ne s'est montré nulle part plus neuf et plus varié. Si l'homme est dans son œuvre, jamais homme n'aura donné, comme dit Montaigne, une plus vivante *portraicture* de lui-même. Le poëme résume Alexandre Soumet tout entier ; il semble qu'à la fin de sa carrière il ait voulu nous laisser pour adieux un spécimen complet de toutes les qualités de son génie ; il passe alternativement de la simplicité naïve de l'idylle aux larmes de l'élégie, au délire de l'ode, au pathétique du drame, au faste impérial de l'épopée ; il porte tour à tour le sceptre et la houlette. La même main qui touche le luth fleuri des troubadours brandit la masse d'armes ou l'épée ; il est aussi à l'aise dans les cours d'amour, vêtu, comme celles qui l'écoutent, de satin et de dentelles, que dans les tournois des chevaliers, habillé de buffle et d'acier, que dans les conseils de Dieu, couvert de la dalmatique ou de la toge. L'auteur a tous les tons, mais son style est toujours le sien, un mélange d'élégance et de splendeur qui n'appartient qu'à lui ; le caractère propre de son talent, c'est l'éclat, un éclat mélodieux qui commence par flatter les sens et finit par fasciner l'esprit. Alexandre Soumet s'était beaucoup occupé de la peinture et de la musique ; on le devinerait en le lisant. Il sait donner du relief et de la couleur à l'harmonie, il prête à ses images une sorte de rayonnement musical qui étonne et qui séduit. Imaginez l'âme de Mozart dans le cœur de Raphaël, et demandez-lui l'expression d'elle-même, elle fera les vers de Soumet. »

Notre académicien a laissé en outre un autre poëme qui renferme également de grandes beautés (la *Divine Épopée*) ; mais on regrette d'y trouver aussi les défauts que nous avons déjà signalés chez son auteur, et dont il ne s'est jamais dépouillé. Néanmoins si les beaux vers suffisent encore pour attirer les lecteurs, la *Divine Épopée* en contient assez pour faire sa fortune comme ils firent celle du poëte. « Je suis sûr de n'en plus manquer », avait dit Louis XVIII en nommant Soumet bibliothécaire de Saint-Cloud et de Rambouillet. Louis-Philippe, non moins sensible au mérite du poëte que ses prédécesseurs, lui avait également donné la direction de la bibliothèque de Compiègne.

Soumet mourut le 30 mars 1845. Bien qu'elle fût attendue depuis plusieurs mois, cette mort répandit un deuil général sur les lettres, et parmi ceux qui avaient été admis à connaître Soumet, à l'apprécier, à l'aimer. « Oublierez-vous, disait son successeur en se faisant l'interprète de ces derniers, oublierez-vous jamais cette bienveillance de caractère, cette aménité d'esprit, cette chaleur d'âme, qui rendaient M. Soumet si cher à l'Académie, si agréable à tous, si nécessaire à quelques-uns? Ceux même d'entré vous qui ne pénétraient pas jusqu'au foyer domestique, où l'homme de bien semblait fuir le grand jour, ont-ils pu ne pas connaître son ingénieuse charité, qui, même dans la plus étroite fortune trouvait le secret d'être secourable et quelquefois prodigue pour le malheur; sa piété sans faste, douce, tolérante, mais si vive que douze mois d'agonie ne purent troubler en lui, ni le calme de l'âme, ni la sérénité des traits? A côté de ces hautes perfections, j'oserais placer encore une vertu dont vous aviez incessamment les preuves, vertu bien grande chez un poëte! il aimait tous les beaux vers, ceux des autres aussi bien que les siens. Un grand succès était une fête pour lui, quelle que fût la main qui dût cueillir la palme; il écoutait avec bonheur, il admirait avec attendrissement les œuvres de ses émules, il faisait plus encore, il aimait ses successeurs : il exaltait leurs jeunes essais, les animait du regard, de la voix, et à force d'enthousiasme, les remplissait de courage et d'espoir. Parmi nos poëtes aujourd'hui célèbres, combien se plairont à vous dire que c'est à cette bienfaisante haleine, à la chaleur vivifiante de ces paternelles flatteries, qu'ils ont senti naître et grandir leur talent! »

VIII.

M. VITET.

1846.

M. LOUIS VITET est né à Paris le 18 octobre 1802. Sa famille, qui est très-ancienne, appartient depuis longtemps aux sciences. En 1356, un Vitet était attaché au prince de Galles en qualité de chirurgien. Un autre, Aymar Vitet, resté en France après la bataille de Poitiers, publia à Lyon divers traités de médecine. A l'exemple de ces aïeux célèbres, le père de M. Vitet était médecin, et son grand-père, Louis Vitet, dont la ville de Lyon conserve d'honorables souvenirs, avait embrassé cette carrière. Praticien distingué, outre des cures qu'on cite encore, son art lui doit d'importantes découvertes et un assez grand nombre d'ouvrages estimés. Lorsque éclata la Révolution, il en adopta chaleureusement les principes, fut nommé maire de sa ville natale, devint membre de la Convention nationale, et, par la suite, l'un des acteurs les plus dignes de ce grand drame social.

Ce fut dans le voisinage de cet homme distingué que M. Vitet fit ses études. Elève du collége Bourbon, cette assiduité et cet amour du travail, qui sont des dons héréditaires dans sa famille, l'y accompagnèrent. Jouffroy enseignait alors la philosophie : M. Vitet devint son élève et, qui plus est, son disciple. Ce titre permit au jeune homme de suivre le maître quand Jouffroy quitta sa chaire et transporta son cours chez lui. Là il retrouva, avec les belles leçons du philosophe, ses condisciples, les Ampère, les Barante, les Lherminier, les Magnin, les Patin, les Rémusat, et aussi M. Duchâtel, avec lequel il se lia particulièrement. Plus tard, lorsque le *Globe* fut fondé par les amis de Jouffroy, et pour ses élèves, il s'y trouva tout porté pour y faire ses débuts. On remarqua les articles qu'il fournit à ce célèbre journal, et on les relit aujourd'hui avec plaisir et non sans fruit dans les deux volumes d'*Etudes sur les beaux-arts* où il les a presque tous réunis.

La première œuvre sérieuse de M. Vitet est son histoire en dialogue des *Barricades* (1826). Cet ouvrage, qui est à la fois un livre instructif et un livre agréable, participe des deux genres : de l'histoire par le fond et du drame par la forme. Avant celui-ci, nous avions pu apprécier une composition analogue du président Hénault; mais si Hénault a la gloire de l'invention, M. Vitet, mieux partagé, gardera celle de l'avoir fait goûter. Autant le *François II* du président est privé d'intérêt, autant les scènes de son imitateur sont vives, attachantes, plaisantes à lire. La chronique, dépouillée chez lui de sa sèche exactitude, prend vie en des pages impartiales, mais libres. Ses personnages, loin d'être aussi factices et aussi douteux que ceux qui s'agitent dans *François II*, renaissent tels qu'ils furent. Les événements auxquels ils sont mêlés, ou pour mieux dire, l'action, est imprévue : elle se développe, intéresse, émeut. C'est alors qu'en dépit de l'intention première de l'écrivain, le lecteur devient spectateur et oublie l'historien pour le poëte dramatique. Vainement l'auteur réclame, vainement il nous expose tout ce qu'il eût fallu ajouter et retrancher à son œuvre pour en faire un drame, le lecteur ne lit plus ; il regarde, suivant avec anxiété l'intrigue qui se noue et se dénoue à la lueur d'une rampe idéale ; il se passionne pour les intérêts qui s'agitent derrière lui, il écoute aux groupes qui se forment. Il est ému et il juge, il condamne et absout ; et bien peu s'en faut qu'il ne redemande les acteurs le rideau baissé. Cependant, le livre fermé, il s'aperçoit que l'auteur s'est joué de son imagination ; et seulement alors, il pense comme nous, que, si ce n'étaient l'étendue de l'ouvrage, la quantité des détails, « les digressions et les épisodes », il tenait là avec ses passions, ses vertus, ses crimes et ses parties intéressantes ou comiques, un drame véritable ; car que lui importe, après tout, que ce livre qu'il tient soit un drame ou un livre d'histoire ? c'est le spectacle de la vie des hommes, représenté avec talent ; il n'en veut pas davantage.

Les *États de Blois* et la *Mort de Henri III*, composés et publiés en 1827 et 1829, complètent par leurs nouvelles scènes les diverses faces de cette histoire de la ligue dont les *Barricades* ne sont que la première partie. M. de Rémusat, qui en faisait l'éloge dans ses bonnes critiques du *Globe*, ne pouvait s'empêcher de s'appesantir sur les nombreuses qualités dramatiques qu'il y trouvait, sur l'habileté de M. Vitet à composer ses tableaux, et à donner à ses groupes le relief qui les rend animés, le mouvement à ses scènes; et, appuyant sur les qualités de son style, la fécondité de son pinceau et la richesse de son coloris, il lui reprochait presque de ne pas aborder hardiment l'œuvre du poëte dramatique. Plus tard, M. Vitet se souvint de l'avis. Lorsqu'en 1849, il reprit, après un long temps, le chemin de ses premiers succès par la publication des *États d'Orléans,* il notait dans sa préface le léger changement qui s'était opéré dans sa manière. « Bien que ces dialogues, dit-il, aient été conçus à peu près dans le même système que les scènes de la ligue, j'ai cherché à les coordonner davantage, à les unir par des liens plus étroits, et à me rapprocher des conditions ordinaires du théâtre. Ce ne sont plus seulement des groupes de scènes, mais des actes, et ces actes forment un tout qu'on pourrait, à la rigueur, appeler un drame, si ses dimensions n'en rendaient impossible toute représentation théâtrale. » Cet aveu est-il l'indice d'un prochain acheminement de M. Vitet vers le théâtre? Nous n'osons le décider; mais nous le souhaitons volontiers, d'abord pour lui-même, qui y trouverait le succès, et aussi pour nous, qui y prendrions autant de plaisir que ses dialogues nous en ont déjà procuré.

Cependant, quelque longues qu'aient dû être les recherches que tous ces travaux nécessitaient, et quelque assidus que fussent les soins que M. Vitet leur donnait, il n'en avait pas moins continué de fournir soit au *Globe*, soit aux revues qui paraissaient alors, son contingent d'idées nouvelles. Nous trouvons, entre autres bonnes pages qu'il ait signées de 1828 à 1830, dans la *Revue française*, cinq ou six articles, dont un sur la façon dont il comprenait l'arrangement des jardins, et deux autres (sur le Palais-Royal et Rossini) dont les mémoires cultivées ont toutes gardé le souvenir. Il nous faut distinguer aussi parmi ces pages semées çà et là et que leur auteur a depuis réunies dans les *Études sur les beaux-arts* (2 vol.), une petite brochure parue en 1827 et qui porte pour épigraphe : *Aide-toi, le ciel t'aidera*. Ce fut elle qui ouvrit à M. Vitet les sphères de la politique. Ecrite sous le coup des préoccupations que les fautes du ministre alors tout-puissant avaient jetées dans les esprits, elle prévoyait les événements qui allaient s'accomplir et provoquait la formation d'une société électorale. Le bons sens qui s'y montrait frappa le public, et son auteur eut la gloire de voir se réaliser sur-le-champ les idées qu'il émettait.

La révolution de 1830 trouva M. Vitet prêt à servir ce régime nouveau. Appelé au secrétariat général du ministère du commerce en 1834, il occupa ce poste pendant deux années avec l'exactitude, le soin qu'il apporte en toutes choses. Il passa ensuite au conseil d'État, et y présida le conseil des finances jusqu'aux événements de 1848, dont le succès lui fit, par un juste sentiment de délicatesse, donner sa démission le lendemain même du combat. Il a également fait partie des membres de la Chambre des députés, et il était représentant du peuple, lors du coup d'État de décembre 1852. Les rapports qu'il fit à diverses assemblées ne sont pas, comme on pourrait le croire, tous du ressort de l'homme d'État ou du financier. Bon nombre d'entre eux nous montrent combien était active sa sollicitude pour les beaux-arts. Nous soulignerons surtout ceux qui touchent à l'archéologie ou aux arts proprement dits : ils renferment des idées utiles, qu'il est impossible d'exprimer dans un langage plus ferme et plus précis. Son *Histoire des villes de France*, dont celle de Dieppe fut seule exécutée (1833), articles publiés vers cette époque dans la nouvelle *Revue française* sur les monuments de Paris et l'architecture anglaise, attestent d'autre part et plus éloquemment, qu'au milieu des travaux les plus ingrats et les plus absorbants, l'homme d'État n'était pas resté étranger à ces lettres auxquelles il devait sa renommée.

Qui se flatte posséder quelque érudition et quelque délicatesse de goût a lu dans la *Revue des deux Mondes*, en 1840, le *Tombeau de Napoléon*, où se trouvent les plus justes préoccupations de l'artiste et les conseils les meilleurs ; *Eustache Lesueur* (1841), un des plus beaux morceaux de la littérature moderne, et dans lequel la saine philosophie juge l'art; la *Salle des prix*, judicieuse critique ; *Notre-Dame de Troyes* (1844-45), savante et curieuse description ; enfin, la *Fresque de San-Onofrio*, la *Chanson de Roland* et quelques autres pages non moins élevées, non moins littéraires que les plus volumineux écrits de leur auteur. M. Molé insistait sur ce point, en recevant M. Vitet. « Je n'appelle pas, disait l'habile orateur, je n'appelle pas seulement littéraires les ouvrages d'esprit et d'imagination, d'une forme piquante et ingénieuse, écrits dans un style agréable et vivement coloré : je donne aux lettres une acception plus élevée, moins limitée et plus sérieuse. On ne saurait les séparer des arts, avec lesquels ils s'identifient et se confondent. Les arts et les lettres se résument dans ce beau qui revêt tout aussi bien la forme austère et inspirée de Bossuet, que celle de la grâce et de l'onction pénétrante de Fénelon ; qui respire dans le génie de Platon, tout aussi bien que sous le ciseau de Phidias. »

On conçoit aisément que M. Vitet fut de l'Académie après la provocation de tous ces orateurs, et l'on comprendrait aussi bien qu'il en eût été avant d'avoir réuni son bagage littéraire. Sa place y était marquée à côté des Guizot, des Thiers, des Duchâtel, des Salvandy, des Rémusat, des Barante, des Villemain, des Cousin, avec lesquels il fit ses études, prit ses grades et atteignit sa majorité de penseur et de citoyen. M. Vitet est un des hommes qui personnifient le mieux l'Académie française à notre époque, autant par son existence civile que par la place qu'il occupe dans les lettres. Le titre d'académicien est le seul dont il veuille en ce moment, mais de la façon dont il le porte, il est permis de penser qu'il doive lui suffire.

XXIX.

LE FAUTEUIL DE BALZAC.

LE FAUTEUIL DE BALZAC.

I.

BALZAC.

1634.

JEAN-LOUIS-GUEZ DE BALZAC est né à Angoulème en 1594. Après avoir dépensé une partie de sa jeunesse dans les voyages, il devint l'agent du cardinal de La Valette ; mais l'amour de l'indépendance l'emportant bientôt sur l'ambition, il prit congé de son protecteur, et quitta Rome qu'il habitait, pour revenir en France.

La gloire l'y attendait. Des lettres adressées à ses amis durant ses longues absences, commencèrent sa réputation : celles qu'il publia en 1624, l'achevèrent. Le succès qu'elles obtinrent fut immense. Ce fut dans la république des lettres à qui s'en montrerait le plus vivement épris. Richelieu en faisait le plus grand cas ; Duperron, qui n'écrivait pas mal, et qui croyait écrire le mieux, s'avouait surpassé ;

Racan lui faisait des vers pleins d'éloges les mieux sentis ; c'était beaucoup que ces suffrages ; mais telle fut sa gloire, que Boisrobert ne craignit point d'avancer dans l'une de ses odes que les *Lettres* de Balzac « étonnaient comme des miracles ». Puis vint le tour de Bayle et de Descartes. Toutefois ceux-ci ont été plus raisonnables, et ils ont mis l'œuvre de Balzac au rang où la postérité l'a laissée.

Quoiqu'il y ait chez lui de la raison, de l'esprit et parfois de la profondeur, c'est plus par le choix, la composition, le mérite d'ensemble, la pureté et la solidité de l'élocution que Balzac se rattache aujourd'hui à l'histoire littéraire, c'est déjà beaucoup : et nous concevons parfaitement l'engouement qu'a eu son siècle pour lui. Lorsque Jean Sirmond dans ses vers latins le saluait comme « la personnification de l'éloquence française », quand un poëte espagnol le nommait « l'unique éloquent », ils obéissaient, sans s'en rendre bien compte peut-être, à l'ascendant d'une impression qui a cela de sain qu'elle n'a point changé. Balzac est le fondateur de notre prosodie, en la resserrant, en lui donnant du nombre, en y introduisant, à l'aide de périodes longues et soutenues, l'ampleur et la noblesse dont elle était auparavant dépourvue. Il a fait pour la prose ce que Malherbe a fait pour le vers, et pris place à côté de lui. Il faut toutefois indiquer cette différence entre ces deux hommes, qu'on lira toujours Malherbe et qu'on ne lit plus guère Balzac, depuis qu'on a Pascal, Bossuet et d'autres prosateurs, dont la forme est aussi belle que la sienne, et qui offrent, de plus que lui, une nourriture solide à l'esprit.

La réputation dont jouit Balzac en son temps, comme nous l'avons dit, n'en fut pas moins générale et assez resplendissante pour s'attirer l'envie. Après avoir trouvé des défauts à l'ouvrage, on vint à en chercher à l'homme. La guerre qu'on lui fit alors est restée célèbre. Balzac, disons-le, y montra une modération très-rare, se contentant d'engager ses amis à le défendre, et malgré l'injustice des attaques, les plus violents défis ne purent le faire sortir de son silence. Parmi ces dernières, nous citerons les livres des PP. André et Garasse, et surtout celui du P. Goulu. Il est impossible de montrer plus d'emportement que ce général des Feuillants n'en fît voir. Balzac ne la lui pardonna pas moins avec sincérité, et si la mort ne lui avait pas ravi inopinément cet adversaire fougueux, il est probable qu'il eût fait pour lui ce qu'il fit pour les PP. André et Garasse, et formé une liaison aussi étroite avec lui qu'il la forma par la suite avec eux.

Les nombreux amis que lui avait valus l'excellence de son humeur le dédommageaient des chagrins que ses envieux lui causaient, et s'il eut des ennemis, comme l'a dit Bayle, il eut encore plus d'admirateurs. Sa réputation s'était à tel point répandue, qu'il « y avait peu de personnes de mérite, rapporte le grand critique, français ou étrangers, qui, en voyageant par la France, ne se fissent un plaisir de l'aller voir. » Il en reçut même une telle quantité, si nous en croyons ses *Lettres*, que cela lui était devenu une fatigue, ayant pris de bonne heure des goûts très-vifs pour la retraite. Enfin, à l'effet d'être plus seul, et de s'adonner avec plus de suite aux pratiques d'une dévotion rigoureuse, il se fit bâtir deux chambres aux Capucins d'Angoulême et finit par y demeurer tout à fait. C'est là, dit Bayle, qu'il composa le *Socrate chrétien*, où « il dit de fort belles choses » ; c'est là aussi qu'il mourut le 18 février 1654, et qu'il fut enterré, suivant son dernier vœu, *au pied des pauvres qui y étaient déjà inhumés*.

Outre le *Socrate chrétien*, Balzac a publié divers petits traités, tels que le *Prince* (1631), *Aristippe* (1658), les *Entretiens* (1657), qui, sans obtenir le même succès que ses *Lettres*, sont aussi remarquables par la délicatesse des pensées que par la manière dont ils les a écrits. Il faisait partie de l'Académie depuis sa fondation. Son admission, qui ne fut pas des premières, est racontée par d'Olivet de la façon suivante :

« Le 13 mars, dit-il, M. de Boisrobert fit voir une lettre qu'il écrivait de son chef à M. de Balzac. Il l'avertissait du dessein de M. le cardinal pour l'établissement de l'Académie, ajoutant que, « s'il désirait d'y être admis, il pouvait le témoigner à la » Compagnie par ses lettres, et qu'il ne doutait » point qu'elle ne le lui accordât volontiers, en » considération de son mérite ». D'Olivet ajoute qu'on en usa ainsi pour exécuter une résolution qu'on venait de faire, de ne recevoir personne qu'on ne l'ait fait demander; ce qu'on observe encore aujourd'hui. Notre historien rapporte en outre sa réception en ces termes : « M. de Balzac se contenta d'envoyer à M. du Chastelet quelques ouvrages de sa façon, le priant de les lire à l'Académie, et de les accompagner de quelques-unes de ses paroles, qui suffiraient, disait-il, pour le tenir quitte envers elle, non-seulement de remerciments, mais encore de la harangue qu'il lui devait. » Il demeura de plus, avec elle, toujours en rapports suivis. Son *Aristippe* n'était pas encore publié, il voulut qu'elle en eût comme la primeur, et, dans une réunion, il en fit lire un morceau. Enfin, voulant continuer, après sa mort, les leçons qu'il avait données de son vivant, il fonda un prix d'éloquence. C'était, comme nous l'avons déjà dit dans notre *Histoire générale*, une médaille d'or, qui d'un côté représentait saint Louis, et de l'autre une couronne de laurier avec ce mot : *A l'immortalité*, qui est la devise de l'Académie.

II.

BEAUMONT DE PÉRÉFIXE.

1640.

Hardouin de Beaumont de Péréfixe, archevêque de Paris, chancelier et commandeur des ordres du roi, proviseur de Sorbonne, né en 1605 et mort le

31 décembre 1670. Il avait achevé, sous les yeux du cardinal de Richelieu, son protecteur, les excellentes études qu'il avait commencées à Poitiers, et remplissait depuis longtemps les chaires de Paris de l'éclat de ses talents oratoires, lorsque le cardinal jeta les yeux sur lui pour servir de précepteur au futur Louis XIV. Choix intelligent et heureux, car « Jamais, dit l'abbé d'Olivet, la France ne se rappela l'idée de ce grand roi, qu'elle ne bénît la mémoire de ceux qui l'élevèrent dans la vertu. C'est à quoi tendent les deux ouvrages que M. de Péréfixe a publiés : l'un en latin (*Institutio principis*), et c'est proprement un recueil de maximes, qui renferment les devoirs du roi enfant ; l'autre en français, où il instruit un roi majeur, non plus par de simples maximes, mais par des exemples, d'autant plus propres à faire impression sur le feu roi, que c'étaient ceux de Henri IV. » Voici l'opinion de Voltaire sur cette œuvre, le seul titre éminent de Beaumont de Péréfixe : « Son *Histoire de Henri IV*, qui n'est qu'un abrégé, fait aimer ce grand prince et est propre à former un bon roi. On crut que Mézeray y avait eu part. En effet, il s'y trouve beaucoup de ses manières de parler ; mais Mézeray n'avait pas ce style touchant et digne en plusieurs endroits du prince dont Péréfixe écrivait la vie, et de celui à qui il l'adressait. Péréfixe émeut tout cœur né sensible, et fait adorer la mémoire de ce prince dont les faiblesses n'étaient que celles d'un homme aimable, et dont les vertus étaient celles d'un grand homme. »

Nommé à l'évêché de Rhodez en 1648, il pensa que l'emploi qu'il avait à la cour était incompatible avec ses nouveaux devoirs; il s'en démit, et quitta bientôt après son élève pour ses nouvelles ouailles. Il eut pendant ce voyage occasion de montrer son zèle, et le trait de son courage que l'on rapporte suffirait pour illustrer à tout jamais la vie d'un homme ordinaire. Ayant appris en chemin que la peste sévissait avec violence dans son diocèse, et, comme on lui représentait le danger qu'il allait courir en poursuivant sa route : « Non, non! s'écria le digne prélat, il faut marcher ; c'est maintenant que mon église a le plus besoin de moi. » Il se rendit en diligence à Rhodez, et dès qu'il y fut arrivé, il distribua dans la ville et dans la campagne tous les sècours propres à soulager les mourants, à sauver les malades et à éloigner le fléau. Plein de dévouement pour l'Eglise, il fit pour son service beaucoup d'autres choses importantes, mais qui, ajoute d'Olivet, appartiennent plus aux mémoires du clergé qu'à ceux de l'Académie.

Il était de cette dernière Compagnie depuis 1654. A sa mort, celle-ci, pénétrée de regrets d'autant plus vifs, que ses membres étaient bien mieux ses amis que ses collègues, voulut l'honorer une dernière fois; et sur son ordre, Cassagne prononça l'oraison funèbre de l'excellent prélat, fait, devons-nous noter, qui ne s'était encore présenté qu'un fort petit nombre de fois.

III.

HARLAY DE CHANVALON.

1670.

François de Harlay de Chanvalon, duc et pair de France, archevêque de Paris, commandeur des ordres du roi, né à Paris le 14 août 1625 et mort le 6 août 1695. Ses premières études furent brillantes, et la façon dont il soutint ses thèses de philosophie devant Richelieu fait dire à ce ministre qu'il n'avait jamais vu de répondant aussi sûr de lui-même ni de plus grande espérance. L'avenir confirma pleinement cet espoir du cardinal. L'examen qu'il passa pour obtenir sa licence fut tellement remarquable que son oncle, François de Harlay, archevêque de Rouen, voulant dignement le récompenser, se démit en sa faveur de son abbaye de Jumiéges. Dès lors, on regarda l'abbé de Chanvalon comme un homme devant faire honneur à l'Eglise et qui en soutiendrait la gloire avec éclat. Le jeune Harlay eut hâte de justifier la confiance qu'on lui montrait. Son ardeur au travail redoubla. Frappé des progrès étonnants qu'il lui voyait faire dans les sciences les plus diverses, son oncle résolut de l'en récompenser par un poste digne de lui. A cet effet, il se dépouilla une seconde fois et obtint pour le jeune Chanvalon le titre d'archevêque de Rouen. Celui-ci se montra digne de ce nouvel honneur et bientôt s'attira l'attention par ses rares talents oratoires. Chacun de ses sermons, profond de pensée et admirable de forme, était un succès, dit un de ses biographes, soit que la persuasion dont il savait l'empreindre donnât au bercail quelque brebis égarée, soit qu'il fortifiât à tout jamais dans l'âme des fidèles les vrais principes de la religion attaquée. Il avait une grande mémoire, l'esprit prompt et la parole facile. Cette anecdote en est la preuve : un jour, dans l'église métropolitaine de Rouen, il arriva que le prédicateur, atteint d'une subite indisposition, fut contraint d'abandonner la chaire, laissant son sermon au commencement et ses divisions arrêtées. Harlay, témoin de cet accident, prend aussitôt sa place, continue les divisions, les suit sans s'écarter d'un seul des points indiqués par son prédécesseur, et répète le sermon comme s'il l'avait appris ou médité depuis longtemps. Cet exemple d'une rare intelligence de la parole n'est pas le seul qui soit dans la vie de notre académicien, et il lui arriva plusieurs fois de monter en chaire et d'improviser merveilleusement de longs sermons en l'absence de ceux qui devaient les dire. Il n'excellait pas moins dans le discours latin, et répondait sur-le-champ, avec clarté et précision, aux harangues latines qu'on lui adressait souvent. Puisant ses talents et ses forces dans la saine religion et ses armes dans sa seule conscience, il combattit les jansénistes avec énergie, les convainquit parfois; parce qu'il n'usa jamais de l'aigreur et de l'emportement, et qu'il préféra toujours employer les arguments solides ou les moyens insinuants qu'il devait à l'étude approfondie de l'art oratoire. Nous pourrions même citer plusieurs faits qui lui fournirent l'occasion de déployer ses remarquables talents ; mais, comme l'a dit d'Olivet pour le fauteuil précédent, cela appartient mieux à l'histoire de l'Eglise qu'aux mémoires de l'Académie. Nommé par cette dernière, en remplacement de Péréfixe, auquel il succéda également à l'archevêché de Paris, Harlay s'employa activement pour cette Compagnie. A la mort du chancelier Séguier, l'Académie s'étant trouvée sans protecteur, ses membres durent songer à le remplacer. « Elle avait eu déjà plusieurs occasions de parler devant le roi, dit d'Olivet, et d'éprouver ses bontés. Ainsi, sans avoir égard à la timidité de quelques académiciens, qui doutaient que le roi voulût agréer le titre de protecteur, après que deux de ses sujets l'avaient porté si longtemps, il fut arrêté que la proposition lui en serait faite par M. de Harlay, académicien lui-même, et l'homme de France né avec le plus de talent pour la parole. » Sa mission, nous le savons déjà, fut couronnée d'un plein succès. « Au reste, ajoute plus loin l'historien, cette occasion n'est pas l'unique où M. de Harlay prit vivement les intérêts de l'Académie ; car, pour dire ceci en passant, la Compagnie, lorsqu'elle alla complimenter le roi sur la mort de Mme la Dauphine, n'ayant pas été reçue, selon l'usage, avec tous les honneurs rendus aux cours supérieures, il s'en plaignit directement au roi, et, affectant de rendre plus sensible la faute de l'officier, il dit à Sa Majesté que *François Ier, lorsqu'on lui présentait pour la première fois un homme de lettres, faisait trois pas au-devant de lui.* » Ne devait-il pas faire oublier qu'il n'avait rien publié ?

Harlay de Chanvalon était un homme charitable et très-pieux ; les hôpitaux lui durent bien des priviléges ; et, outre ce qu'il fit en public pour les pauvres lors de la cherté des vivres, on apprit à sa mort que, non content de se taxer plus que les autres, en retranchant le superflu de sa maison, il avait fait distribuer plus de 30,000 livres de sa bourse et qu'il continua secrètement ces aumônes envers des familles qui fussent mortes de honte et de misère sans sa noble assistance.

Il mourut d'une attaque d'apoplexie à Conflans, maison de campagne des archevêques de Paris, laissant un vide difficile à combler dans l'Eglise qu'il avait soutenue du poids de ses dignités et de sa puissance, défendue et augmentée par la propre valeur de ses heureux talents. Il était bien fait, d'une figure agréable, l'air affable, majestueux et doux, d'un entretien dont la simplicité délicate et l'aimable politesse le firent rechercher du roi lui-même, qui le choisit, dit-on, pour la célébration de son mariage avec Mme de Maintenon.

IV.

ANDRÉ DACIER.

1695.

André Dacier, bibliothécaire du roi, secrétaire de l'Académie française et membre de celle des inscriptions et belles-lettres, naquit à Castres, le 6 avril 1651, d'une famille appartenant à la religion réformée. Il était très-laborieux et montrait beaucoup de goût pour les sciences, aussi ses études furent-elles excellentes. Son père, voulant encourager ses heureux efforts, l'envoya à cet effet chez le célèbre Tanneguy Le Fèvre, son coreligionnaire, qui professait les belles-lettres à Saumur, afin, pensait-il, que le maître fût digne de l'élève. « Une circonstance heureuse et singulière hâta ses progrès sous ce nouveau maître, a dit de Boze : Mlle Le Fèvre, sa fille, était elle-même un prodige en fait de sciences; son père n'avait point de disciple plus avancé qu'elle dans aucun genre de littérature; elle était précisément de l'âge de M. Dacier, et cette première conformité, soutenue par celle de la religion et des talents, lui inspira toute l'émulation nécessaire aux grands succès. » Tous les biographes de ce couple fameux se sont plu à mêler leurs deux existences et à suivre du même regard chacun de leurs pas. Comment ne pas lier, en effet, à la vie de Dacier, à ses travaux, à ses succès, Anne Le Fèvre, son épouse, sa collaboratrice et quelquefois sa rivale! Avec des goûts et des talents pareils, égaux, on dut certainement au doux sentiment qui les animait, au désir de s'illustrer ensemble, ces œuvres nombreuses et difficiles qu'ils entreprirent avec tant de bonheur et qui ont rendu leurs noms impérissables. Mais nous n'en sommes point encore au jour de leur union, et nous préférons, d'ailleurs, laisser de Boze, avec une grâce toute particulière, parler de ce moment. Destiné par son père, avocat au parlement de Toulouse, à embrasser une carrière que celui-ci avait suivie avec distinction, André Dacier dut quitter Saumur pour Paris. Il l'abandonna l'âme pleine de regrets : car non-seulement il allait étudier une science qu'il n'affectionnait que fort médiocrement, mais Mlle Le Fèvre, pressée par la nécessité, venait d'épouser un libraire de sa ville natale. Dacier était donc depuis plusieurs mois dans la capitale, fréquentant bien plus les savants et les bibliothèques que les avocats et les cours de jurisprudence, lorsque Mlle Le Fèvre, veuve de son premier mari, accourut également à Paris et y débuta par sa belle édition de *Callimaque*. « Le bruit de ce coup d'essai, reprend de Boze, ne manqua pas de réveiller utilement la jalousie de M. Dacier, son compagnon d'études, qui chercha aussi à se faire connaître par un échantillon de sa version d'Horace et par ses remarques sur le texte grec de Longin..... La réputation naissante de ces deux émules parvint bientôt à M. le duc de Montausier, qui présidait à l'éducation de Monseigneur : il les engagea à travailler sur quelques auteurs latins pour l'usage de ce prince. Mlle Le Fèvre eut en partage le *Florus*, le *Dyctus de Crète*, l'*Aurelius Victor* et l'*Eutrope;* M. Dacier fut chargé du *Festus*, qui, pour l'étendue et les difficultés du texte, valait à peu près les quatre autres..... L'approbation publique et les gratifications de la cour ne furent pas pour eux la récompense la plus précieuse de ces ouvrages; une tendre amitié se joignit à la solide estime qu'ils avaient déjà l'un pour l'autre, et les Muses elles-mêmes, toutes vierges qu'elles sont, arrêtèrent leur mariage. M. Dacier, empressé de montrer à sa famille une si brillante acquisition, proposa le voyage du Languedoc : les nouveaux époux s'y rendirent sur la [illegible]nde 1684, et, au mois de juin de l'année suivante, ils y donnèrent l'édifiant spectacle de leur réunion au sein de l'Eglise dont leurs pères étaient sortis. » Dès lors, les deux époux se remirent avec plus d'ardeur que jamais à cette partie des sciences qu'ils avaient choisie, et que leurs succès étaient bien propres à encourager. Pendant que de son côté s'illustrait Mme Dacier, notre académicien, redoublant de zèle et d'activité, faisait se succéder, sous sa plume infatigable, les *Réflexions* de Marc-Antonin (1690), la *Poétique* d'Aristote, le *Manuel* d'Epictète (1715), les *Hommes illustres* de Plutarque (1721), l'*OEdipe* et l'*Electre* de Sophocle, divers morceaux des œuvres d'Hippocrate, de Platon, de Pythagore, d'Hieroclès et d'autres opuscules, qu'un succès franc et universel accueillait à leurs apparitions. C'est cependant moins par ces traductions que par les judicieuses remarques dont il les accompagnait que Dacier s'est distingué. Les unes, dont on a dit qu'elles avaient tout de leurs auteurs, hors la grâce et la finesse, ont été surpassées depuis ; mais les autres sont restées comme un monument philologique qui empêchera d'oublier jamais le nom de celui qui l'éleva.

Dacier entra à l'Académie à la fin de l'année 1695 ; il était de celle des inscriptions depuis le commencement de cette même année. Quand la mort de l'abbé Régnier eut rendu libre le titre de secrétaire de la première de ces deux Compagnies, l'Académie française le désigna sur-le-champ. Louis XIV, en l'apprenant, se montra très-satisfait. « Le roi, écrivait de Versailles, où se tenait alors la cour, le cardinal de Polignac à Dacier, le roi a fait votre éloge, Monsieur, lorsque j'ai eu l'honneur de l'informer que l'Académie vous avait choisi pour son secrétaire perpétuel. Il était très-nécessaire de lui en rendre compte, car Sa Majesté avait une attention particulière au choix qui serait fait. »

La mort de sa compagne étant survenue, il en conçut un tel chagrin qu'il négligea un ulcère qu'il avait à la gorge et dont il fut suffoqué le 18 septembre 1722.

V.

LE CARDINAL DUBOIS.

1722.

Guillaume Dubois, archevêque, cardinal et premier ministre, né le 6 septembre 1656 et mort le 10 août 1723. Son père était simple apothicaire à Brives-la-Gaillarde, en Limousin. Abandonné dès l'âge de douze ans à sa jeune raison et à sa précoce intelligence, Dubois vint à Paris et commença ses études au collége de Saint-Michel. Comme il était très-actif et qu'il aimait beaucoup le travail, il les termina rapidement ; ce qui fit que du collége de Saint-Michel il entra aussitôt, en qualité de précepteur, et sur la recommandation de son seul mérite, d'abord chez un marchand, puis chez le président de Gourgues et, en dernier lieu, chez le marquis de Pluraut, qui le fit connaître à M. de Saint-Laurent, sous-gouverneur du duc de Chartres, depuis régent de France. Les connaissances nombreuses qu'il avait acquises, son esprit, vif, net et délié, son goût pour les affaires, le firent promptement remarquer du vieillard, qui se l'adjoignit et le prépara à lui succéder près du duc. Quand M. de Saint-Laurent mourut, Dubois hérita effectivement de sa place. Avec l'habileté qui est l'essence première de son caractère, il comprit bientôt l'importance de son emploi et s'efforça de concilier ses intérêts avec ses devoirs, en méritant les remercîments de la famille de *Monsieur* et les bonnes grâces, plus difficiles à obtenir, du jeune prince ; aussi ne négligea-t-il rien pour leur plaire à tous. L'éducation qu'il donna à son élève fut à la fois brillante et solide : fortifiée par les meilleurs principes, elle n'eût rien laissé à désirer si la coupable faiblesse qu'il montra en fermant les yeux sur la conduite déréglée du jeune duc, n'en eût atténué les effets, sinon détruit les fruits. L'esprit dans lequel il semait la science était heureusement fécond ; et si Philippe d'Orléans fut un prince débauché, nous devons lui rendre cette justice qu'il fut aussi homme de grand cœur, d'un esprit généreux et d'une riche intelligence.

La part active qu'a prise Dubois à la conclusion du mariage du duc de Chartres avec Mademoiselle de Blois, l'une des filles de Mme de Montespan, fixa sur lui l'attention de Louis XIV, et lui attira ses bienfaits. Quelques temps après, Dubois accompagna le duc de Chartres à Steinkerque, et suivant son élève au milieu du combat, on le vit négliger tout soin de sa personne en en observant les diverses phases. Cette témérité fut remarquée du maréchal de Luxembourg, qui en parla au roi : « C'est l'abbé Dubois, disait-il, qui va au feu comme un grenadier ; le jour de Steinkerque, je le trouvai partout. » La relation que l'abbé écrivit de cette journée fut très-approuvée du monarque, qui ne cessa depuis lors de le voir avec plaisir et bienveillance. Mais sa mort survint ; la régence fut confiée aux mains de

Philippe d'Orléans et Dubois appelé aux affaires. Son génie avait enfin trouvé sa voie. La part qu'il prit au traité de la triple alliance, sa lutte contre le cardinal Albéroni, la découverte de la conspiration de Cellamare et d'autres actes non moins importants, établissent à tout jamais ses titres de diplomate habile et d'homme d'Etat. Une connaissance profonde des affaires de l'Europe, de la subtilité dans les démarches, de la finesse et une perspicacité rare dans l'esprit, de la sûreté dans le jugement et une éloquence particulière : voilà les qualités principales de ce premier ministre, auquel on fut si longtemps à pardonner la bassesse de son extraction ; mais à côté de cela, un caractère qui justifiait si bien ce qu'a dit Horace, touchant l'inquiétude éternelle des hommes sur leur sort. Nommé cardinal, accablé du poids des dignités les plus enviées, entouré du prestige qui les accompagne, son ambition n'ayant enfin plus rien à désirer, il ne se trouvait pas encore heureux : « Je voudrais être dans un cinquième étage, avec une gouvernante et cinq cents écus de rentes », disait-il en soupirant à Fontenelle, son ami.

On a fait au cardinal Dubois plusieurs reproches, que nous ne discuterions pas sans nous éloigner plus que nous ne le devons du chemin que nous nous sommes tracé. Nous laisserons donc cette tâche à quelques écrivains consciencieux, et surtout plus curieux de la vérité des sources que ne l'ont été quelques-uns des biographes du cardinal Dubois, et nous atteindrons rapidement la fin de cette notice, en mettant sous les yeux de nos bienveillants lecteurs cette appréciation du cardinal académicien, prise dans le discours de réception du président Hénault, son successeur. « En m'associant à tant de gloire, disait-il, faites-moi la grâce entière, Messieurs, oubliez à quel homme je succède. La mémoire de M. le cardinal Dubois sera toujours précieuse à cette Compagnie, par l'amour qu'il lui portait. Comblé de dignités et d'honneurs, ce fut encore un beau jour pour lui que celui de sa réception à l'Académie. Il ne la regarda pas comme un vain titre, qu'on se plaît à ajouter à de plus éclatants, et dont souvent on ne veut pas paraître sentir tout le prix, même en le cherchant. C'était un hommage éclairé qu'il aimait à rendre aux belles-lettres, et une reconnaissance publique de ce qu'il leur devait. » Le comte de Morville lui répondait : « Celui auquel vous succédez faisait de ce commerce ses délassements les plus doux ; tout ce qui portait cette marque lui était cher. C'était, comme vous l'avez dit, une reconnaissance dont il ne rougissait point de s'acquitter envers les lettres, qui s'étaient plu à faire voir dans sa personne de quoi elles étaient capables. L'art de concilier les intérêts divers, celui de réunir les hommes, en les rendant utiles les uns aux autres, l'amour de la paix, les soins pour la procurer, c'est ce qui avait mérité à M. le cardinal Dubois les bienfaits d'un prince en qui toutes ces qualités étaient dans le degré le plus éminent. »

VI.

LE PRÉSIDENT HÉNAULT.

1723.

Charles-Jean-François Hénault, membre de l'Académie des inscriptions et belles-lettres, de celles de Berlin, de Stockholm, etc., président au parlement de Paris et surintendant de la maison de la reine, né à Paris le 8 février 1685, mort le 24 décembre 1770. Il était fils d'un riche fermier général, qui lui fit faire de bonnes études. Entré dans la congrégation de l'Oratoire, comme dans le sanctuaire des bonnes lettres, le jeune Hénault eut le double bonheur d'y rencontrer le grand Racine, avec lequel il se lia, et Massillon, qui fut son maître. Mais l'élève de Massillon était destiné à la magistrature; il prit bientôt la robe et devint, en 1706, président du parlement, puis, en 1710, président de la chambre des enquêtes.

Avouons-le sans peine, le jurisconsulte n'avait pas pénétré fort avant dans l'étude des lois; mais un grand fond d'intégrité, un esprit juste et droit, le sentiment délicat de l'équité naturelle, suppléaient facilement aux connaissances qu'il n'avait pas acquises. Son goût le plus décidé le portait toujours vers la littérature. Ce qu'il aimait de sa charge, c'était le titre et non pas les fonctions. Les unes, il les exerçait peu, l'autre lui ouvrait toutes les portes, l'introduisait au sein des meilleures compagnies, où l'on applaudissait à ses premiers essais littéraires.

Les débuts, en effet, furent accueillis avec faveur; ils reçurent même les couronnes de notre Académie et de celle des jeux Floraux. On n'était pas poëte, alors, sans avoir fait au moins une tragédie; le président Hénault en fit deux : *Cornélie vestale* et *Marius* (1715). L'oubli, qui n'a rien laissé de la première, a épargné quelques bons vers de la seconde. Les poésies légères furent plus heureuses. Il est vrai que le genre supporte l'incorrection et la faiblesse, compensant l'une par la grâce et l'autre par la facilité. Le président Hénault écrivit encore quelques comédies, très-goûtées du public délicat auquel elles étaient offertes; mais ses travaux vraiment académiques, c'est-à-dire ceux qui appartiennent à la postérité, sont ses dissertations insérées dans le recueil de l'Académie des inscriptions, son drame historique de *François II*, et par-dessus tout son *Abrégé chronologique de l'histoire de France*.

« Resserrer, a dit M. Walkenaër, resserrer dans l'espace d'un ou deux volumes les sommaires de notre histoire, puisés dans les monuments originaux; présenter, en quelques mots, les résultats de longues recherches et de discussions approfondies sur les points importants du droit public; éclairer souvent, par une seule phrase, des doutes historiques qui ont demandé un long examen; surprendre agréablement son lecteur par des réflexions courtes et justes, qui le forcent de s'arrêter et de réfléchir; faire ressortir par un trait rapide ou une remarque ingénieuse, les mœurs particulières de chaque siècle et les caractères des principaux personnages ; offrir des plus illustres d'entre eux des portraits quelquefois dessinés avec vigueur, et toujours avec élégance et précision ; choisir avec un jugement exquis, parmi cette multitude de faits dont se compose notre histoire, les plus importants à connaître et à retenir ; les ranger dans un ordre chronologique ; disposer avec clarté, en tableaux synchroniques, les noms et les dates, de manière à les rendre plus faciles à consulter et à rappeler ; tels sont les divers genres de mérites de cet abrégé. »

C'est à la fois une excellente analyse et un brillant éloge. Sans nous dissimuler quelques omissions (volontaires), que signalerait un critique plus exact, nous nous associons à cette louange d'un continuateur digne de son devancier. D'ailleurs, si le nombre des traductions rend témoignage au mérite d'un livre, celui-ci a été traduit en anglais, en italien, en allemand, en chinois même. Quant au nombre des éditions qui furent faites en France de l'*Abrégé chronologique*, on n'en compte pas moins de huit, et cela de 1744 à 1768 seulement.

François II n'eut pas le même succès, aussi n'est-ce pas une œuvre dont l'exécution soit achevée ; mais, à la prendre comme un essai, on peut lui assigner sa date et la compter parmi les monuments curieux de notre littérature. Letourneur venait de publier sa brillante traduction de l'Eschyle anglais, et, malgré l'amertume des boutades de Voltaire contre celui qu'il appelait Gilles-Shakspeare, l'ouvrage avait pour souscripteurs, à commencer par le roi, les plus illustres personnages du XVIIIe siècle. Le président Hénault fut frappé de cette forme inconnue de la tragédie, et, ce qui est remarquable, il en fut frappé par l'endroit même où elle devait le moins plaire à l'esprit français, par le côté du théâtre historique. Cette façon de représenter l'histoire sans y ajouter le roman, sans chercher d'autre artifice, d'autre lien d'action que la suite même des faits et l'ordre supérieur des choses, cette manière de donner le passé en spectacle au présent, se trouva répondre à ses instincts, à ses études, aux vagues recherches de sa pensée : il voulut imiter Shakspeare et évoquer de la mort le règne de François II ; mais il fallait sans doute un souffle plus puissant pour ranimer d'aussi mâles personnages que ceux qui ébauchaient déjà la Ligue : la vie manque à cette tentative de résurrection, et l'œuvre du président Hénault n'excita même pas la curiosité de ses contemporains. Elle n'en est pas moins une origine, une tête de lignée dans les lettres françaises. Le jour où M. Vitet publia les *Etats de Blois*, à la lumière que jeta le livre nouveau, le livre ancien sortit de l'ombre, et la gloire de celui qui fut créateur après Shakspeare fit de son devancier un ancêtre.

Ainsi, le président Hénault passait sans effort des productions légères de l'esprit aux travaux sérieux de l'érudition, et les travaux de l'érudition le rendaient de même aux jeux faciles de la littérature. Historien et chansonnier, dissertateur savant, poëte aimable, il y a en lui deux caractères si bien tranchés que l'on a peine à les joindre. On se surprend quelquefois à réunir les deux hommes, l'homme de cabinet et l'homme du monde, le président Hénault de l'*Abrégé chronologique* et le président Hénault des soupers. Il faut les réunir pour rendre justice à celui qui fut tout ensemble esprit judicieux et bel esprit, littérateur, musicien, quoi encore? causeur plein d'agrément et, au premier degré, homme de bonne compagnie.

Le président Hénault vivait fort répandu, recherché de tous pour l'enjouement de son caractère et les saillies de sa conversation. « C'était, a dit M. Villemain, une espèce d'Atticus qui se ménageait avec art entre les ministres et le parlement, la cour et les philosophes. » Quoi qu'il en soit, modeste au milieu des succès, sans envie, conciliant, généreux, prompt à rendre service, le président Hénault eut beaucoup d'amis et les aima, ce qui est rare, jusqu'au dévouement quand il le fallut.

Lorsque le président Hénault eut atteint l'âge de cinquante ans, il renonça, pense-t-on, à toute occupation frivole pour se donner entièrement à la dévotion et à l'étude. Ce serait alors, s'il faut en croire les recueils d'anecdotes, que, préparant une confession générale, il aurait dit spirituellement : « On n'est jamais si riche que quand on déménage. »

Pour que le mot soit vraiment spirituel, il a besoin d'être mis à sa place. Resterait donc à supposer que le président se trouvait devant la mort prochaine. Ce qui est plus certain, c'est qu'il vécut jusqu'à l'âge de quatre-vingt-cinq ans, riche et considéré, environné d'amis, dans l'éclat des hautes dignités, heureux enfin de tout ce qui fait le bonheur de la terre et qui ne suit pas l'homme au delà du tombeau.

VII.

LE DUC DE BEAUVAU.

1770.

CHARLES-JUSTE DE BEAUVAU, maréchal de France, gouverneur de province et ministre de la guerre, né à Lunéville le 10 septembre 1720. Il avait pour père le valeureux prince de Craon, le même qui eut vingt enfants. Comme lui, il embrassa de bonne heure la carrière militaire, et commença dès sa treizième année, et par une action d'éclat, une existence remplie depuis par des traits sans nombre de courage, de bienfaisance, de patriotisme et d'humanité. Sage autant que brave (on disait de lui que c'était Ulysse dans les conseils et Achille dans les combats), ses contemporains l'avaient surnommé le Bayard de son temps; et jamais, peut être, semblable surnom ne s'allia à plus beau caractère. Nommé commanmandant du Languedoc en 1763 et gouverneur de la province en 1782, l'homme de guerre fit aussitôt place à l'homme de bien. Loin de se renfermer dans les égoïstes limites de devoirs faciles à remplir, Beauvau se sentit animé d'une intelligente philanthropie là où d'autres fussent restés insensibles. Plusieurs familles qui gémissaient depuis nombre d'années dans les cachots infects de la tour de Constance, lui durent, en dépit des ordres formels de Maupeou, la liberté et la vie. Sous son active et intègre administration, les arts et le commerce refleurirent ; les académies furent encouragées et la navigation perfectionnée ; des monuments nouveaux s'élevèrent à côté des anciens ; enfin, semant le bien-être et la prospérité partout il passait, la Provence, après avoir vu, grâce à lui, se rétablir ses Etats, allait entrer dans une ère toute nouvelle lorsque éclata la Révolution. Ennemi du despotisme, mais attaché par son cœur, bien plus que par son rang, à ces grandes vérités morales qui sont avant tout les bases de toute civilisation, il aida quelques réformes, sans cesser un instant de prodiguer au roi les marques de l'affection la plus sincère et du dévouement le plus absolu. Prié par Louis XVI d'accepter, en même temps que Malesherbes rentrait au ministère, le portefeuille de la guerre, comme étant, suivant les expressions mêmes du roi, l'homme de France qui jouissait de la considération la plus générale et la plus distinguée ; il le garda cinq mois. Mais sa voix resta malheureusement sans écho, et l'on reconnut trop tard que « si les avis ouverts par M. de Beauvau eussent été suivis, beaucoup de malheurs eussent pu être évités ». Le maréchal ne survécut pas à ceux qui désolèrent bientôt sa patrie : il cessa d'en souffrir le 21 mai 1793, et mourut en emportant les regrets et le respect de tous les partis.

Protecteur éclairé des lettres, et lui-même littérateur aimable et écrivain élégant et pur, le duc de Beauvau, bien qu'il n'eût produit qu'une *Lettre à l'abbé Desfontaines* (1745, in-12), ne se trouvait aucunement déplacé à l'Académie. Il y remplit ses devoirs en bon académicien, et montra surtout un zèle soutenu pour la rédaction du *Dictionnaire*. « Sa seule présence parmi nous, rapporte Marmontel, recommandait, dans nos assemblées, la décence, le calme, l'union, la modération, l'amour de l'ordre et du travail. Sa bonté, sa politesse noble et délicate avertissaient les gens de lettres de la bienveillance et des égards qu'ils se devaient les uns aux autres. Si, dans des temps de troubles ou de désordre, l'Académie a conservé son caractère de dignité, de sagesse et de bienséance, elle en est surtout redevable à l'exemple que lui donnait le plus considérable de ses membres, sans parler des lumières qu'un goût sévère et pur, un sentiment exquis des convenances du langage, répandaient habituellement sur les travaux de l'Académie ; le moindre mérite du maréchal, aux yeux de ses confrères, fut d'être un excellent académicien. »

VIII.

MERLIN.

1803.

Philippe-Antoine Merlin, naquit à Arleux, ancienne petite ville du Cambrésis, le 30 octobre 1754. Son père, simple cultivateur, mais dont l'aisance était honnête, ayant découvert chez lui une intelligence peu commune et des goûts très-vifs pour l'étude, mit à profit ces excellentes dispositions en lui faisant donner une éducation libérale. Celle-ci terminée, le jeune Merlin étudia le droit et se fit bientôt recevoir avocat au parlement de Flandre. Doué d'un talent vigoureux, instruit, honnête, il acquit bientôt une réputation étendue et une clientèle nombreuse ; mais les soins auxquels le contraignait celle-ci ne suffisaient pas pour absorber toute l'activité de son esprit. Indépendamment des études les plus approfondies sur les différents droits qui régissaient alors la France monarchique, un dictionnaire qui se publiait à cette époque sous le titre de *Répertoire universel et raisonné de jurisprudence en matière civile, criminelle, canonique et bénéficiale*, reçut de lui un nombre considérable d'articles. Il venait en outre de publier un *Traité des offices*, lorsque la Révolution éclata. Merlin en adopta aussitôt les principes avec chaleur. Député à l'Assemblée constituante, tandis que la plupart de ses collègues détruisaient, sa tâche fut de reconstruire, en proposant, discutant et faisant adopter les lois. « Pendant cette mémorable époque, a dit M. Mignet, on est frappé de l'abondance et du mérite de ses travaux. Ses rapports à l'Assemblée constituante furent de véritables modèles. »

La clôture de cette assemblée prononcée, Merlin fut en même temps nommé, par les électeurs de la Seine, président d'un des tribunaux d'arrondissement de Paris, et, par ses concitoyens, président du tribunal criminel du Nord. Il opta pour ces dernières fonctions, qu'il remplit avec son zèle accoutumé, jusqu'à la fin de 1792. Cette année, il fut appelé à siéger à la Convention nationale; là, comme à l'Assemblée constituante, il déploya ses rares talents. Lorsqu'on s'y occupa de refaire un code qui pût remplacer ceux que la Révolution venait de détruire, il fut choisi, avec Cambacérès, pour l'érection de ce nouveau monument social. Ce code, que l'on consulte encore, est écrit sans sécheresse, avec netteté et presque d'une façon élégante. La Convention le vota de confiance, et pendant quinze ans on s'en servit comme du recueil définitif des lois françaises.

Le 19 novembre 1795, le Directoire ayant créé un ministère de la police, ce fut à Merlin qu'en fut confié le portefeuille. Jamais aucun ministre ne fut aussi laborieux et ne mit autant de précision et de célérité dans sa correspondance. Il remplaca ensuite Barthélemy comme directeur, titre dont il se démit en 1799, pour entrer dans la retraite. Mais il ne devaît pas y languir longtemps : Bonaparte, promu à la dignité de consul, n'oublia pas l'illustre législateur sur la liste des hommes dont il sentait le besoin de s'entourer ; seulement, comme il se méfiait un peu de l'ex-constituant, il ne voulut d'abord de ses services qu'au titre de substitut à la cour de cassation. Pour un homme qui avait rempli des charges aussi importantes que celles où nous avons vu Merlin, ces fonctions nouvelles étaient, il est vrai, bien médiocres. Cependant Merlin les accepta, et fit bien : car, devenu peu de temps après procureur général de la même cour, ce poste lui a servi à établir le fondement le plus durable et le plus pur de sa gloire.

« Riche de la longue étude qu'il avait faite des diverses parties de l'ancien droit, dit un biographe, initié à toutes les pensées qui avaient présidé à la confection des lois nouvelles ; ayant retenu de toutes les impressions intermédiaires, une connaissance exacte des incidents qui avaient successivement amené les actes législatifs, dont il se trouvait chargé de surveiller et de diriger l'application, on le vit pendant treize ans, à la tête de la science par son érudition, servir de régulateur à la Cour suprême, préparer, par ses réquisitoires, des arrêts qui n'étaient ordinairement que la sanction de ses opinions ; et cela dans les questions les plus difficiles et les plus variées ; car il se montrait également fort, également instruit, soit qu'il s'agît d'appliquer encore l'ancien droit français, soit qu'il s'agît du droit institué par les nouveaux codes, dans l'intelligence desquels personne ne l'a surpassé, soit enfin qu'il se rencontrât de ces questions qu'on a nommées transitoires, parce qu'elles étaient nées du passage, toujours difficile, d'une législation à une autre : questions vraiment papiniennes, si l'on apprécie équitablement la supériorité avec laquelle il a su les traiter. »

Dès lors, le pouvoir et les honneurs vinrent, sans qu'il les recherchât, récompenser son mérite et s'attacher à sa renommée. Il fut fait successivement conseiller d'Etat, comte de l'Empire, grand officier de la Légion d'honneur, commandeur de l'ordre de la Réunion, membre du comité pour les affaires contentieuses de la couronne et pour celles du domaine privé de l'empereur. Malheureusement, cette brillante situation dura peu. Avec les revers de sa cause, suivant l'expression de M. Mignet, commencèrent pour lui les disgrâces et les malheurs. La Restauration le dépouilla de tous ceux de ces titres qu'elle put lui ravir ; et, après les Cent-Jours, il ne lui resta plus que celui d'*exilé!* Revenu en France à l'époque de la révolution de 1830, « cet homme, dit l'écrivain que nous venons de citer, cet homme qui avait habité le palais des rois et qui avait un moment exercé leur autorité, cet auteur de lois importantes, ce fondateur principal de la jurisprudence française, cet habile et infatigable écrivain, devenu vieux et presque aveugle, privé du travail qui lui manquait beaucoup plus que la puissance, passa les huit dernières années de sa vie dans la plus modeste retraite. Il y était entouré des soins affectueux et des respects de sa famille. Universellement honoré, il portait avec simplicité sa grande renommée. Il ne recherchait pas les distractions du monde, auquel il était presque toujours resté étranger. Enfermé toute sa vie dans son cabinet, il n'avait établi d'étroites relations qu'avec les célèbres jurisconsultes et les grands écrivains de tous les temps, qu'il pouvait, comme le faisait Bolingbrocke, appeler ses *amis défunts*. Quoiqu'on l'eût contraint de renoncer à leur commerce assidu, il était souvent ramené vers eux par un irrésistible attrait, et lorsqu'il voulait charmer ses loisirs, devenus si longs, il se faisait lire, par son secrétaire, quelques pages de ce vieux Digeste qui, pendant soixante ans, avait été le fidèle compagnon de toutes ses fortunes. Mais peu à peu ses forces déclinèrent, et il finit par s'éteindre le 26 décembre 1838. »

Merlin avait été porté sur la liste de l'Académie lors de la réorganisation de l'Institut. Ses travaux, qui appartiennent tous à la jurisprudence, l'avaient également fait entrer à celle des sciences morales et politiques. Parmi ces derniers, nous citerons particulièrement son *Répertoire de jurisprudence*, dont M. Mignet disait des articles qu'il contient : « qu'ils valent des ouvrages. » C'est, de tous les monuments qu'il a élevés, le plus beau, et celui que viennent le plus souvent admirer les générations modernes.

IX.

L'ABBÉ DE MONTESQUIOU.

1816.

L'abbé FRANÇOIS-XAVIER MARC-ANTOINE DE MONTESQUIOU FEZENZAC, duc et pair de France, ministre d'Etat, membre de l'Académie des inscriptions et belles-lettres, naquit près d'Auch, en 1757, au château de Marsan. Destiné à l'état ecclésiastique, il s'y prépara de bonne heure. Son nom le promettait aux plus hautes dignités de l'Eglise. Agent général du clergé de Paris en 1785, il se distinguait dans ces fonctions honorables et laborieuses lorsque la Révolution éclata. Le coup qui frappa la noblesse et le clergé, en brisant la carrière de l'abbé de Montesquiou, lui ouvrit un nouvel avenir. Appelé à faire partie des Etats généraux, il y fut éloquent et écouté. Membre de l'Assemble constituante, le titre de président lui fut décerné deux fois, et l'habileté toujours digne avec laquelle il se tira des difficultés de cette position délicate lui valut à plusieurs reprises les remercîments de la tumultueuse assemblée.

Nous n'avons pas à nous étendre sur le rôle politique qu'y remplit l'abbé de Montesquiou ; disons seulement que, dévoué à la monarchie par sa naissance, à la religion par le caractère sacré dont il était revêtu, il défendit ces deux principes avec talent, avec fermeté, et, ce qui était plus rare alors, avec modération. « Jamais, dit Michaud, jamais on ne le vit, dans les débats si violents qui agitaient l'Assemblée constituante, sortir des bornes d'une discussion paisible ; et son éloquence adroite et douce lui fit des partisans, même parmi ses adversaires les plus prononcés. » En effet, au milieu des plus grands orages, un maintien calme et digne une logique facile, conciliante, persuasive dans le discours, tels seront toujours les plus sûrs moyens d'action sur les esprits. Mirabeau, qui le savait bien, et qui redoutait l'influence de cette sérénité supérieure, écoutait rarement l'abbé de Montesquiou sans impatience et sans colère. Méfiez-vous, s'écriait-il un jour en interrompant brusquement l'un des meilleurs discours de Montesquiou et en s'adressant à ceux qui l'entouraient, « méfiez-vous de ce petit serpent ! il vous séduira. » Mirabeau était déjà séduit lui-même.

La révolution du 10 août changea de nouveau la fortune de l'abbé de Montesquiou et l'éloigna pour longtemps de la tribune ; mais la Restauration le ramena dans l'arène politique. Membre du Gouvernement provisoire en avril 1814, il fut mêlé aux grands événements de cette époque, et prit surtout une part très-active à la rédaction de la Charte constitutionnelle, qui passe d'ailleurs pour être son ouvrage.

C'était un titre à la reconnaissance publique. Louis XVIII appela d'abord l'abbé de Montesquiou au ministère de l'intérieur ; il le fit duc et pair de

France ; plus tard, enfin, lors de l'élimination de Merlin du vingt-neuvième fauteuil, pour que rien ne manquât à une glorieuse distinction, il lui ouvrit les portes de l'Académie, où l'illustre homme d'Etat vint représenter, dans son expression la plus nette, la plus concise, la plus mesurée, la langue du gouvernement et des affaires.

L'abbé de Montesquiou garda le portefeuille jusqu'au 20 mars. Depuis ce moment, il ne fit plus à la Chambre des pairs que de rares apparitions. Il y prononça cependant quelques discours avec l'autorité croissante de l'expérience et de l'âge ; mais l'âge n'était pas venu sans les infirmités. Peu à peu, l'abbé de Montesquiou se tint à l'écart et finit par s'éloigner entièrement de la Chambre des pairs, de la cour, de la fatigue du monde, de la rumeur que font les ambitions et la jeunesse. Retiré dans son château de Cirey, il attendit, en se recueillant, parmi les soins d'une piété sincère et douce, la fin d'une vie agitée, mais noblement remplie.

L'abbé de Montesquiou mourut le 7 février 1832.

X.

JAY.

1832.

Antoine Jay, publiciste et historien, est né à Guitres, petit bourg situé près de Libourne, le 20 octobre 1770. Il étudia d'abord à Niort, chez les oratoriens, puis il passa au grand collége de Toulouse. Ses études achevées et faites d'une façon irréprochable, il embrassa la profession d'avocat, et exerça momentanément des fonctions administratives dans le district de Libourne. De là il passa en Amérique (1793), et la parcourut pendant sept années, non comme tant de voyageurs qui ne voyagent que pour dire qu'ils ont voyagé, mais en observateur aussi attentif que judicieux. Retiré dans le midi de la France, en 1802, Jay y exerça quelque temps la profession d'avocat, devint ensuite précepteur des enfants de Fouché, l'accompagna même en Italie; mais, lorsque le duc d'Otrante revint à Aix, le désir de se rapprocher de sa famille, de la capitale, de l'Académie, où il avait déjà été couronné, engagea son volontaire compagnon d'exil à venir se fixer à Paris.

Dès ce moment, distingué par le duc de Rovigo, qui eut plus d'une fois recours à ses lumières, Jay fut définitivement attaché à son ministère. C'est à lui qu'était échue la traduction raisonnée des journaux anglais, qu'on mettait chaque jour sous les yeux de l'empereur. Bientôt après il entra au *Journal de Paris*, qu'il dirigea. Nous le voyons ensuite remplir à l'Athénée la chaire de professeur d'histoire. Nommé, au mois de mai 1815, membre de la Chambre des représentants, il s'y signala par les mesures utiles qu'il fit adopter. Le 28 juin, il fut chargé de la rédaction d'une adresse à l'armée campée sous les murs de Paris; ce fut là le dernier acte de sa vie politique. Eloigné de l'arène par ses antécédents, 1815 fit entrer Jay dans une retraite dont il n'est plus sorti depuis cette époque.

Ces divers emplois cependant, qu'il remplissait avec cette activité et ce zèle particuliers à cette forte race des hommes de l'Empire, n'empêchaient pas Jay de se livrer aux travaux plus délicats de la littérature. En 1808, il avait concouru pour le prix d'éloquence avec un *Eloge de Corneille*, et avait été couronné. En 1810, son *Tableau de la littérature au* XVIIIe *siècle* avait eu le bonheur de l'emporter sur les ouvrages de M.-J. Chénier et de M. de Barante; mais son *Eloge de Montaigne*, moins heureux, avait dû, en 1812, abandonner le prix à M. Villemain, et il n'obtint que l'accessit. Ce discours n'en est pas moins un morceau d'un intérêt soutenu, rempli d'idées fortes, et où président une raison sévère et un savoir très-profond. La même année, Jay fit paraître le *Glaneur*, ou *Essais de Nicolas Freeman*; puis, en 1815, l'*Histoire du ministère du cardinal de Richelieu*, page étendue, savante, bien écrite; en 1816, une *Histoire moderne, à l'usage de tous les partis*; des *Considérations sur l'état politique de l'Europe* (1820); les *Ermites en prison* et les *Ermites en liberté* avec Jouy; la *Conversion d'un romantique* (1830), et vingt autres productions, pendant qu'il collaborait soit à la *Minerve*, dont il fut d'un des rédacteurs fondateurs (1818), soit au *Constitutionnel*, à l'*Abeille* (1822), ou bien encore à la publication des *Constitutions des différents peu-*

ples, au *Recueil de pièces* concernant le captif de Sainte-Hélène, à la *Biographie des contemporains*, et à une quantité de publications où sa présence se faisait toujours sentir par tout le talent qu'il y répandait.

Jay, néanmoins, n'a pas, malgré le succès que ces écrits ont eu à leur heure, jugé à propos de les reproduire tous. « Sur dix volumes que je pouvais publier, a-t-il dit en tête de son avant-dernière édition (1831), j'en ai choisi quatre qui ne m'ont pas semblé indignes de l'attention des amis des lettres; le reste est condamné à l'oubli. » Après l'*Eloge de Montaigne*, dont nous avons parlé, nous signalerons dans ce recueil, si modestement réduit, les *Nouvelles américaines*. L'auteur y a peint avec vérité les mœurs des Etats-Unis et leurs institutions; les lieux y sont décrits avec charme, les faits touchants, racontés avec naturel. Le publiciste qui médite sur la législation des différents peuples y trouvera des conseils, et la jeunesse y puisera, sous une forme vive et charmante, les meilleures leçons. Les *Dialogues des morts* sont des pages pétillantes d'esprit et de raison; l'*Essai sur l'éloquence*, publié pour l'édition des Discours parlementaires du général Foy, et qui lui fit dans le temps le plus grand honneur, vient ensuite; le style en est nerveux et animé. Dans les *Essais de Nicolas Freeman*, galerie de portraits et d'observations de mœurs, Jay entre dans une voie nouvelle, dans celle où l'avait précédé Etienne Jouy; dans les pages qui suivent, nous l'y voyons figurer en maître.

Un mois à Sainte-Pélagie, qu'il crayonna d'une main philosophique sous les verroux, où l'avait conduit un généreux souvenir accordé dans la *Biographie des contemporains* à l'ombre des frères Faucher de la Réole, est un petit ouvrage digne de Swift et d'Adison, rempli d'excellentes idées morales, d'une continuelle intention d'utilité publique et des traits d'un esprit du meilleur aloi. Citons encore son *Tableau de la littérature au* XVIIIe *siècle ;* il est écrit d'un style ferme et qui ne manque pas d'éclat. On y trouve un éloge de Voltaire, qui est un petit chef-d'œuvre. N'oublions pas non plus la *Conversion d'un romantique ;* c'est un des livres les plus plaisants de notre époque, l'un de ceux où perce le plus de verve. Jay s'y montre, il est vrai, un peu trop aveuglément dévoué aux doctrines classiques, mais le plus souvent avec esprit et logique ; et, tel qu'il est, il restera comme un monument précieux de la grande question en litige vers la révolution de Juillet.

Le dernier volume des œuvres de Jay contient des *Mélanges*. A part la notice de *Raynal*, où brillent de beaux morceaux écrits avec chaleur, sous l'inspiration de l'enthousiasme philosophique ; une autre *Notice biographique sur Mme Dufresnoy*, déjà imprimée en tête des œuvres de la moderne Deshoulières, et faite avec beaucoup de soin et de simplicité ; une critique fort étendue sur l'*Etat des protestants en France*, par M. Aignan, et qui est très-remarquable, ce ne sont plus que des analyses d'ouvrages importants qui terminent ce recueil ; mais, en les lisant, on sent qu'ils émanent d'un homme d'esprit et surtout d'un véritable écrivain, et, ce qui règne particulièrementdans ces écrits « c'est, comme l'a dit un critique, un ton de dignité morale et de douce philosophie qui font aimer leur auteur à ceux qui ne le connaissent pas ; ceux qui le connaissent le retrouvent tout entier dans son livre. »

Antoine Jay, éloigné des affaires, s'était retiré dans la contrée qui l'avait vu naître, à Chambreville, où il possédait de modestes propriétés, et dont les habitants l'avaient fait maire. C'est là, au milieu des soins et des recherches d'une active bienfaisance, que la mort est venue le saisir le 13 avril 1854. Antoine Jay était dans sa quatre-vingt-quatrième année ; il suivait dans la tombe, à une semaine de distance, Tissot, son ami, et le doyen de notre Académie.

XI.

M. DE SACY.

1854.

M. Silvestre de Sacy, conservateur, de la bibliothèque Mazarine et rédacteur du *Journal des débats*, est né à Paris en 1802. Peu d'événements composent son existence : c'est d'après ses seuls écrits que la postérité devra le juger, et cela n'en vaut que mieux. Car où trouver les traits capables de faire le mieux connaître l'écrivain ? est-ce dans le récit de ses actions et de ses démarches, que viennent faire, chacun à leur tour, les biographes? Non! c'est dans sa propre pensée, qui est le reflet de son âme, et dans l'intention de son livre, qui est le mouvement de son cœur, et non point dans ces narrations toujours contestées et souvent douteuses qui s'appellent *biographies*. Heureux celui dont l'existence, comme comme celle de La Bruyère, se tait devant l'œuvre : c'est une recommandation. On se la figure dignement remplie par le travail, uniquement animée du désir de bien faire, et il est rare qu'on se trompe le livre ouvert.

Tout ce que nous savons sur M. de Sacy, c'est qu'il appartient à l'une de nos plus illustres familles littéraires. Son père fut ce célèbre orientaliste auquel la France doit la grande impulsion que la littérature arabe a prise chez elle, et en même temps l'un des hommes les plus honorables de ce temps. Le baron Antoine-Isaac-Silvestre de Sacy, qui descendait déjà de Louis de Sacy, avocat au parlement et membre de notre Académie, fut d'abord conseiller en la cour des monnaies (1781), puis membre de l'Académie des inscriptions, dont il était secrétaire perpétuel à sa mort. Devenu, après la Révolution, professeur d'arabe à l'école spéciale des langues orientales et de persan au collége de France, la politique le tenta aussi. Il fut nommé membre du Corps législatif en 1808, puis, en 1815, membre de la Chambre des députés; enfin, après avoir rempli plusieurs fonctions dans le domaine de l'instruction publique, le titre de pair de France lui échut, en récompense de ses grands travaux administratifs et scientifiques.

Quant à ses ouvrages, nous ne saurions en parler ici ; il suffit que nos lecteurs sachent que le baron de Sacy a laissé comme savant un nom impérissable ; maintenant revenons à son fils. Après de bonnes études classiques, celui-ci, se sentant peu de goût pour l'orientalisme, où son père venait de conquérir une si vaste réputation, fit son droit, et devint avocat de très-bonne heure ; il a même plaidé dans sa jeunesse avec un certain succès. Mais bientôt, dégoûté d'une profession qui ne causait alors à ceux qui l'exerçaient que désenchantements de toutes sortes, il entra aux *Journal des débats*, où nous le retrouvons encore à cette heure.

Jeune, ardent, instruit, aimant la liberté et haïssant le despotisme, M. de Sacy s'y fit distinguer dès son premier article. La fermeté de son style et la manière large avec laquelle il développait les questions frappèrent tout le monde. Les encouragements lui vinrent de toutes parts ; si bien que Bertin, jaloux de se l'attacher, lui offrit dans son journal des avantages considérables ; mais ce qui y a retenu si longtemps M. de Sacy, c'est moins ces avantages que l'opinion professée depuis si longtemps par les *Débats* et la société des hommes distingués qui composent la rédaction de cette feuille.

Il est donc resté aux *Débats ;* et ce n'est pas nous qui l'en blâmerons, puisque les *Débats* l'ont conduit à l'Académie. A ce sujet quelques-uns, mécontents de cette élection, ont avancé que la grande Compagnie eût peut-être mieux agi en choisissant soit un poëte, soit un orateur, un philosophe, un historien, un professeur ou un homme de lettres : tel n'est pas notre avis. L'Académie possède déjà un assez grand nombre des uns et des autres : avant la nomination de M. de Sacy, seuls, les journalistes y manquaient de représentant : elle en a élu un, et elle a bien fait.

Il n'en est guère, d'ailleurs, parmi les confrères du nouvel académicien qui aient mieux mérité que lui la flatteuse distinction dont il vient d'être l'objet. M. de Sacy n'a jamais pris part à ces luttes de la presse dont nous somme témoins depuis si longtemps, hélas ! sans y faire preuve d'un talent hors ligne. Bien qu'il soit lui-même un homme plein de modestie et de simplicité, et qu'il ait constamment évité le bruit et l'éclat, un article signé *S. de Sacy* n'a jamais manqué d'éveiller l'attention de tous les hommes politiques, et toujours de produire une grande sensation dans le public. Qu'on ne s'en étonne point : à des connaissances très-étendues, M. de Sacy joint beaucoup de bon sens, de justesse d'esprit et d'expérience : il a rarement mal vu et s'est rarement trompé. Ses vues, toujours nettes et souvent profondes, ses aperçus lumineux, sont autant de guides, dont plus d'un s'est bien trouvé. Qu'on ajoute maintenant à ces qualités de penseur un style entièrement irréprochable, et l'on pourra se faire quelque idée de la supériorité de M. de Sacy sur ses confrères.

Cette supériorité, que n'a jamais contestée la critique, aurait même, dit-on, laissé aux amis de notre académicien, le regret de voir tant de raison et un langage si pur au service d'un art destiné à périr. Ces regrets ne sont point les nôtres. A chacun sa tâche ! Qui sait si sur un autre terrain M. de Sacy n'eût pas échoué ? Journaliste, au contraire, il s'est acquis une réputation qui ne périra pas ; il a, en outre, contribué au soutien de l'un des trois ou quatre recueils politiques qu'un esprit délicat peut lire sans choquer son goût, fausser son esprit et souiller ses meilleurs sentiments.

XXX.

LE FAUTEUIL DE FLORIAN.

LE FAUTEUIL DE FLORIAN.

I.

BARDIN.

1635.

Pierre Bardin naquit à Rouen en 1595, d'une famille qui le dota de plus d'esprit que de fortune, ce qui rendit ses commencements très-difficiles. Placé chez les pères Jésuites, il fit, sous leur direction, de solides études, et approfondit particulièrement la théologie, la philosophie, les sciences mathématiques. « Les prémices de sa plume, dit Godeau, furent consacrées à la gloire de Dieu, par la paraphrase de l'*Ecclésiaste*, qu'il composa, et à laquelle il donna le nom de *Pensées morales*. En cet ouvrage, la dignité du sujet est soutenue par une élocution forte, sans rudesse; riche, sans ornements; curieuse et agréable, sans affectation. Le public le reçut avec un applaudissement extraordinaire....

Cela lui donna le courage de faire un autre présent à la postérité, qui fut la première et la seconde partie de son *Lycée*, dans lesquelles, formant un honnête homme, il fit sa peinture sans y penser. » Il travaillait à la troisième partie, lorsqu'il se noya en voulant sauver son ancien élève, le jeune d'Humières, qui était tombé dans une eau rapide. A l'occasion de cette mort si imprévue et si digne à la fois, la première qui vint affliger l'Académie française, celle-ci décida que l'éloge du savant homme, dont elle regrettait la perte, serait prononcé, dans son sein, par un de ses membres, et, qu'à l'avenir, un pareil hommage serait rendu à la mémoire de tout académicien décédé. Elle établit également qu'un service aurait lieu à l'église des Billettes; mais, a dit Pellisson, « c'est le génie des Français de faire de très-bons règlements, et de les exécuter très-mal. On n'a presque rien pratiqué de celui-là que ce qui regarde le service. »

Le reproche de Pellisson n'a pas longtemps été fondé. L'Académie compléta bientôt un *très-bon règlement*, par une décision qui ne laissa plus de place aux difficultés de la pratique, et l'éloge de l'Académicien mort échut naturellement à son successeur. On sait quelle gloire l'illustre Compagnie tire maintenant de ces belles luttes d'éloquence qui remplissent les séances de réception.

Le commerce de Bardin était agréable, son abord plein d'aménité, sa probité sévère et son caractère d'une extrême douceur. Aussi Chapelain, poëte médiocre et excellent appréciateur du mérite, a-t-il dit avec raison de son ami :

Et lorsqu'au fond des eaux il fut précipité,
Les vertus, avec lui, firent toutes naufrage.

II.

NICOLAS BOURBON.

1635.

Nicolas Bourbon, né en 1574 à Vandœuvre, en Champagne, était fils d'un forgeron ou maître de forge qui lui fit étudier les belles-lettres sous Passerat. Après avoir enseigné la rhétorique aux colléges des Grassins, de Calvi et d'Harcourt, une belle et vigoureuse imprécation qu'il composa contre les assassins de Henri IV lui valut du cardinal du Perron la chaire d'éloquence grecque au collége royal. Il s'y distingua pendant neuf années, et ne quitta ce poste honorable qu'au moment où il entra dans la congrégation de l'Oratoire. Aussi disait-il plaisamment, que pour changer d'état, il lui avait suffi de mettre ses manchettes à son collet. La vieillesse et les infirmités qu'elle amène lui avaient fait rechercher cette retraite, où il mourut le 16 août 1644. Il avait été, durant sa jeunesse, grand ami de Régnier. « On le loue, dit Pellisson, que nous citons, d'une excellente mémoire, et on dit, entre autres choses, qu'il savait presque par cœur toute l'*Histoire de M. de Thou* et les *Eloges* de Paul Jove. Il était fort civil, grand approbateur des ouvrages d'autrui, en présence de leurs auteurs; mais quelquefois, comme on m'a dit, un peu chagrin, et un peu trop sensible aux injures qu'il s'imaginait avoir reçues. » Nous ajoutons à notre tour, l'exemple de Pellisson nous y autorise, qu'il avait apparemment l'humeur un peu querelleuse; puisque, sans motif personnel, et sur le seul prétexte de sa liaison avec les Feuillants, il épousa leur passion contre Balzac, et s'engagea même assez vivement dans leur querelle. Du reste, si ce fut une faute, il la racheta dignement par une réconciliation publique avec l'illustre prosateur.

Quoique le nombre des ouvrages de Bourbon soit fort restreint, et ne nous permette pas d'asseoir un jugement définitif, nous pouvons, ce nous semble, en réduisant au vrai les éloges excessifs de ses contemporains, reconnaître dans ce qu'il a laissé une hardiesse, une élévation de pensée peu communes, et le placer parmi les meilleurs poëtes latins de son siècle, assez près du premier rang.

III.

SALOMON.

1644.

François-Henri de Salomon, lieutenant général du sénéchal de Guyenne et président à mortier, naquit à Bordeaux le 4 octobre 1620 et y mourut le

2 mars 1670. Sa famille tenait un rang très-honorable dans la magistrature. Ainsi lui fut ouverte une carrière qu'il parcourut, d'ailleurs, avec distinction durant toute sa vie. La charge d'avocat au grand conseil l'obligea de résider à Paris ; il y vint et y publia son *Discours d'Estat à M. Grotius*, qui fut fort goûté et le conduisit à l'Académie. De nouvelles dignités le rappelèrent à Bordeaux. Salomon retourna sans regret dans la province, où il retrouvait le loisir propice aux études sérieuses. Les fruits de ce loisir furent deux importants ouvrages (*De officiis et pœnis Romanorum* et *De officiis vitæ civilis*) qui embrassent la vie civile des Romains dans toute son étendue et ses particularités. Le style en est correct. Ils accusent, en outre, une profonde connaissance du sujet et n'expliquent pas, assurément, le jugement sévère que porte Chapelain sur leur auteur : « Il parle avec facilité, mais avec peu d'ordre et de solidité, et ses vers latins ne sont pas plus excellents que sa prose française. » Nous sommes plus disposés à en croire Vigneul-Marville lorsqu'il nous assure que Salomon « avait de l'esprit, de l'érudition, de la probité, et qu'il connaissait parfaitement les devoirs du citoyen. »

IV.

QUINAULT.

1670.

PHILIPPE QUINAULT naquit à Paris le 3 juin 1635, et y mourut le 26 novembre 1688. Ses premières études achevées, Tristan L'Ermite, qui avait le jeune homme en amitié, à cause de ses heureuses tendances vers la poésie, voulut être son guide dans la voie des lettres. Quinault devint son élève. En 1753, ayant terminé une comédie, les *Rivales*, il engagea Tristan à la présenter aux comédiens comme un de ses propres ouvrages. Ce n'était point manque de confiance dans son œuvre ; mais Quinault craignait qu'en voyant la jeunesse de l'auteur, on ne les éconduisît tous deux, et la fille et le père. Il n'en fut point ainsi : la pièce fut jouée ; malheureusement la supercherie fut découverte ; et les comédiens, qui avaient promis cent écus, ne voulurent plus en donner que la moitié. On négocia, et la négociation réussit ; car il fut convenu que le poëte serait payé, chaque fois, au *prorata* de la recette ; et, telle est, dit-on, l'origine de ce qu'on nomme aujourd'hui la part d'auteur.

Quinault, encouragé par ce début, le poursuivit par de nouvelles productions. Comédies, tragi-comédies, tragédies même, se succédèrent dès lors sous sa plume avec une rapidité inconcevable. En 1666 elles s'élevaient au nombre de seize, et il n'était encore que dans sa trente et unième année. Il nous faut surtout citer, parmi celles-ci, la *Mère coquette*, comédie, et la tragédie de l'*Astrate*. La première a très-longtemps occupé la scène. « Elle fait voir, dit La Harpe, que Quinault avait plus d'un talent : elle est bien conduite; les caractères et la versification sont d'une touche naturelle, mais un peu faible. Il y a des détails agréables et ingénieux, de bonnes plaisanteries. » La seconde, si courue dans le temps, possède de belles scènes, qui ne valent cependant pas la peine qu'on prendrait à les défendre maintenant contre Boileau. On sait la guerre que ce satirique fit à notre auteur. Ils avaient été grands amis, et l'on ne s'explique pas encore l'espèce d'acharnement que Boileau fit voir pour notre académicien. « Dites bien, écrivait-il en 1687 à Racine, dites bien à M. Quinault que je lui suis infiniment obligé de son souvenir. Vous pouvez l'assurer que je le compte présentement au rang de mes meilleurs amis et de ceux dont j'estime le plus le cœur et l'esprit. » Et le lendemain il lui lançait ces traits qu'il savait si bien acérer. Plus tard, Perrault, voulant réconcilier les deux poëtes, les pria à dîner; tous deux vinrent, et au dessert Perrault les mit dans les bras l'un de l'autre; mais ce fut vainement. Si Quinault, pardonna, Boileau conserva son droit de raillerie. Il est vrai qu'il s'est excusé plus tard de ses attaques en rejetant leur vivacité sur sa jeunesse et sur l'ignorance où il était des bons ouvrages que sa *victime* produisit dans la suite. L'aveu venait trop tard, et aujourd'hui l'on se demande si ce n'est pas la fécondité de Quinault qui lui attira les attaques souvent déraisonnables de son *Zoïle*, comme le nommait Voltaire.

Pendant ce temps là, Quinault n'en marchait pas moins de succès en succès, comme son glorieux souverain de victoire en victoire. Pas une année qui ne vît naître une et quelquefois deux pièces de lui. Sans doute trouvera-t-on que ces œuvres ont cessé de mériter l'attention qu'elles ont jadis éveillée ; mais on ne saurait leur retirer l'habileté avec laquelle elles sont composées. On y rencontre aussi de bons et parfois de beaux vers, enfin pour leur auteur, d'excellents motifs d'abandonner ses premiers projets, qu'il nourrissait dès son entrée dans la carrière, de devenir avocat. Néanmoins, Quinault n'y songeait nullement ; il conduisait, au contraire, parfaitement de front les affaires et les Muses ; et l'anecdote suivante le prouvera mieux que toutes nos raisons.

Il avait été chargé par le procureur chez lequel il s'était mis pour apprendre son futur métier de mener une de ses parties, gentilhomme d'esprit et de mérite, près de son rapporteur, pour l'instruire de son affaire. Le rapporteur ne s'étant pas trouvé chez lui, et ne devant revenir que fort tard, Quinault proposa au gentilhomme de le conduire à la comédie, en attendant, et de le placer sur le théâtre. « A peine y furent-ils, dit Perrault qui rapporte le fait, que ce qu'il y avait de gens de la plus haute qualité vinrent embrasser M. Quinault et le féliciter sur la beauté de sa pièce, qu'ils venaient voir représenter, à ce qu'ils disaient, pour la troisième ou quatrième fois. Le gentilhomme étonné de ce qu'il entendait, le fut encore davantage quand on joua la comédie, où le parterre et les loges retentissaient sans cesse des applaudissements qu'on lui donnait. Quelque grande que fût sa surprise, elle fut encore tout autre, lorsque, étant chez son rapporteur, il entendit M. Quinault lui expliquer son affaire avec une netteté incroyable, mais avec des raisons si solides, qu'il ne douta presque plus du gain de sa cause. »

Aussi, Quinault, loin de renoncer à être avocat, se hâta-t-il d'en embrasser la profession dès qu'il le put. « On assure même, dit à ce propos d'Olivet, qu'il s'y rendit habile. J'en douterais volontiers; car un rimeur aussi fécond que l'était Quinault, ne saurait guère pâlir sur le code. » Pour ne rien outrer, bornons-nous à dire que la science qu'il acquit chez un procureur, si elle ne fut pas des plus profondes, fut, au moins, heureuse pour lui, puisqu'elle amena son établissement. Un riche marchand de Paris, homme de bonne foi, mais que ses associés commençaient à inquiéter, à cause de ses comptes, qui n'étaient pas clairs, eut recours à Quinault, comme à son ami, pour le tirer de leur chicane. Peu de temps après que ses affaires furent terminées, ce brave homme mourut, et Quinault épousa sa veuve. Une charge d'auditeur étant alors venue à vaquer, il la prit, et renonça même au théâtre, pour en remplir les fonctions avec plus d'exactitude ; mais Quinault n'avait point compté avec Lulli non plus qu'avec Louis XIV. Le musicien, chargé par le roi de lui composer des opéras, pensa à Quinault, comme l'homme de son temps dont l'imagination lui semblait la plus brillante et la plume la plus prompte. D'abord, ce ne furent que des paroles qu'il lui demanda pour des divertissements déjà faits, et comme Quinault s'en tira fort bien, il en vint bientôt à le prier de composer des tragédies lyriques ; Quinault se laissa tenter, et c'est ainsi qu'il retourna sur une scène déjà pleine de son nom, et où l'attendaient ses plus vertes couronnes.

Ces opéras, parmi lesquels nous citerons particulièrement *Armide*, son chef-d'œuvre ; *Amadis*, qui lui valut le cordon de Saint-Michel ; *Atys*, *Isis*, *Roland*, sont au nombre de quatorze : tous ont obtenu dans leur temps un succès prodigieux, et la plus grande gloire de Quinault, ou, pour mieux dire, toute sa gloire y réside aujourd'hui. Il ne faut point, cependant, lui décerner le titre de créateur du genre, qu'on lui donne assez communément. Longtemps avant lui, Corneille avait fait représenter deux tragédies lyriques, *Andromède* et la *Toison d'Or*, pièces, il est vrai, inférieures aux chefs-d'œuvre de l'auteur d'*Armide*, mais qui ont suffi pour faire dire à Voltaire : « Le génie de Corneille se pliait à tous les genres. Il fut le premier qui fit des comédies, le premier qui fit des tragédies et le premier qui ait donné des pièces à machines. » Le talent extraordinaire de Quinault en ce genre, loin d'avoir été exagéré, n'est pas assez senti. Aucun des poëtes qui lui ont succédé ne s'y est montré plus inventif, n'y a fait voir autant de facilité, d'imagination et n'a rendu le vers plus propre à s'adapter à la mesure du musicien. Il a *désossé* la langue, a-t-on dit à ce sujet; l'expression est un peu crue, mais elle est, au fond, très-juste. Son vers, débarrassé de toute âpreté et de toute consonnance dure et difficile, est doux, aisé, mélodieux. Il semble que sa poésie soit une autre musique, molle, langoureuse, charmante. Le compositeur Paësiello, qui était d'un pays où la langue est une sorte de musique, trouvait, malgré les opéras de sa patrie, assez d'admiration pour placer ceux de Quinault à côté de ceux-ci : « Ils sont pleins de suavité et de *musicalité* », disait-il. Chez Gluck, ils excitaient l'enthousiasme.

Mais laissons parler un juge plus compétent : « Une intrigue nette et facile à nouer et à dénouer, dit Marmontel, des caractères simples, des incidents qui naissent d'eux-mêmes, des tableaux variés, des passions douces, quelquefois violentes, mais dont l'accès est passager ; un intérêt vif et touchant, mais qui, par intervalles, laisse respirer l'âme ; voilà les sujets que chérit la poésie lyrique, et dont Quinault a fait un si beau choix..... La passion qu'il a préférée est, de toutes, la plus féconde en images et en sentiments ; celle où se succèdent, avec le plus de naturel, toutes les

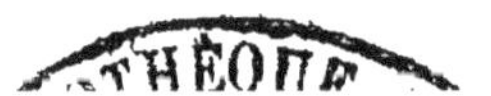

nuances de la poésie, et qui réunit le plus de tableaux riants et sombres tour à tour. Les sujets de Quinault sont simples, faciles à exposer, noués et dénoués sans peine. C'est en étudiant ses œuvres qu'on sentira ce qu'il est difficile de définir, le tour élégant, la précision, l'aisance, le naturel, la clarté du style arrondi, cadencé, mélodieux, tel enfin qu'il semble que le poëte ait lui-même écrit en chantant. Et ce n'est pas seulement dans les choses tendres et voluptueuses que son vers est doux et harmonieux ; il sait réunir, quand il le faut, l'élégance avec l'énergie et même avec la sublimité. »

Les critiques du siècle qui suivit celui de Quinault ne sont pas moins admirateurs que Marmontel du talent du poëte lyrique; et Voltaire, La Harpe et Palissot lui paient un magnifique tribut d'éloges. Nous devons dire qu'ils sont allés un peu loin peut-être. Quoi qu'il en soit, néanmoins, ils ont eu le mérite de lui reconnaître un grand talent : ce qui est équitable, car la postérité n'a que très-peu modifié ce jugement.

Quinault mourut à Paris le 26 novembre 1688. Profondément religieux, comme tous les hommes distingués de son siècle, la mort de Lulli, en lui enlevant un ami, l'avait frappé ; dès ce moment, il sentit le regret d'avoir donné dans ses pièces l'exemple d'une morale relâchée ; il abandonna le théâtre, et pour mieux exprimer ces scrupules il avait même commencé un poëme dans lequel il espérait démontrer avec éclat la supériorité de la religion. Mais la

mort, qui vint le surprendre, ne lui a pas laissé le temps de l'achever. Il fut regretté. C'était un homme aimable, d'une société douce, d'une conversation agréable, d'une politesse attentive et prévenante. Plus riche que ne le sont d'ordinaire les poëtes, il jouissait d'un revenu considérable : sa femme lui avait apporté en dot cent mille écus ; le roi lui faisait deux mille livres de pension, et chacun de ses opéras lui était payé quatre mille livres par Lulli.

Quinault était membre de l'Académie des inscriptions depuis 1674, et de l'Académie française depuis 1670. Le discours qu'il prononça le jour de sa réception, et deux autres qu'il fit au roi sur ses conquêtes, à la tête de cette Compagnie, prouvent qu'il n'était pas moins bon orateur qu'heureux poëte. « Ayant appris la mort de Turenne au moment où il allait haranguer le roi, il en parla sur-le-champ d'une manière si juste et si touchante, dit un contemporain, qu'il excita la surprise de toute la cour. »

V.

CALLIÈRES.

1689.

François de Callières, dont nous avons déjà parlé dans la notice sur le comte de Créci, et qui eut avec son collègue de l'Académie l'honneur de prendre part au fameux traité de Ryswick, naquit à

Thorigny, en Normandie, le 14 mai 1645, pour mourir le 5 mai 1717. Il était fils d'un maréchal de bataille qui lui-même avait laissé quelques bons écrits, et qui inspira de bonne heure à son fils l'amour de l'étude et des lettres. Callières se produisit d'abord dans la politique en attachant son nom, comme nous l'avons vu, à plusieurs des grandes négociations de son gouvernement; puis s'adonna aux lettres et vit applaudir ses nouveaux débuts. Un éloquent *Panégyrique de Louis XIV* lui valut les éloges de la cour et la bienveillance du souverain, qui le fit secrétaire de son cabinet. Reçu à l'Académie, « M. de Callières (c'est d'Alembert qui parle), M. de Callières se montra digne du titre d'académicien par le zèle qu'il témoigna toujours pour la Compagnie, par l'intérêt qu'il prit à ses travaux en venant les partager le plus souvent qu'il lui fut possible, enfin par différents ouvrages utiles ou agréables, dont il se croyait redevable à la république des lettres depuis qu'il en avait demandé et obtenu les honneurs. » On remarque parmi ces ouvrages quelques poésies dont un siècle délicat a goûté le mérite, un *Traité du bon et du mauvais usage de s'exprimer*, œuvre tout à fait académique, heureusement exécutée sur un plan bien conçu; d'autres ouvrages encore sur les *Mots à la mode*, la *Science du monde*, le *Bel Esprit* et la *Guerre des anciens et des modernes*. Il est arrivé de ces livres ce qui arrive souvent des bons écrits : on ne les lit plus, mais on les consulte.

VI.

LE CARDINAL DE FLEURY.

1717.

André-Hercule de Fleury, fils d'un simple gentilhomme de Lodève, devenu évêque de Fréjus, cardinal, précepteur de Louis XV et premier ministre, naquit le 28 juin 1653. Ce fut à Paris, au collége de Clermont, qu'il commença ses études, et à celui d'Harcourt qu'il les acheva. Elles furent brillantes et solides, si nous en croyons ses biographes, et les thèses qu'il soutint en langue latine et grecque prouvèrent les succès particuliers qu'il avait obtenus dans ses humanités. A cette époque, ces sortes de thèses devenaient de plus en plus rares, et Boivin le cadet et Rollin furent les derniers qui eurent à en soutenir de semblables.

Choisi jeune encore pour aumônier de la reine, il devint ensuite celui du roi. Il avait d'abord été chanoine de Montpellier et docteur en Sorbonne. Introduit à la cour par ses nouvelles fonctions, un grand zèle pour son état et, ce qui ne nuit jamais, une figure agréable, un esprit délicat, une conversation assaisonnée d'anecdotes, une plaisanterie fine, lui gagnèrent promptement tous les cœurs. Nommé, en 1698, à l'évêché de Fréjus : « Je vous ai fait bien attendre, lui dit Louis XIV ; mais vous avez tant d'amis que j'ai voulu avoir seul ce mérite auprès de vous. » Le futur ministre se révéla dans l'accomplissement des devoirs que lui imposait cette dignité; mais l'habileté, l'exactitude qu'il mit à les remplir ne sont pas les seuls souvenirs qu'y laissa ce prélat distingué. Sa conduite, lors de l'invasion du duc de Savoie dans le midi de la France (1707), appartient aux plus belles pages de notre histoire. Son diocèse était envahi, des hordes ennemies allaient tout ravager : Victor-Amédée, auquel imposaient les vertus de Fleury, le pressait de partir. « Il n'y a pas assez longtemps, répondit l'évêque, que Votre Altesse royale est dans mon diocèse, et elle ne compte pas y rester assez longtemps pour se flatter de faire oublier à un évêque ce qu'il doit à son roi et à sa patrie. Que penserait Votre Altesse royale d'un de ses sujets qui écouterait de semblables propositions ? » Victor-Amédée, désarmé par cette fière réponse, consentit à tout ce que Fleury exigea de lui, et, grâce à l'excellent prélat, la ville fut non-seulement épargnée, mais la fortune des habitants respectée.

Le roi, en lui faisant don de cet évêché, ignorait sans doute l'insalubrité du climat ; car la santé de Fleury, bientôt attaquée, le contraignit de l'abandonner (1715) et de retourner à Rivour, dont il était abbé. Ce fut là que le testament de Louis XIV vint le chercher pour le placer en qualité de précepteur près du futur Louis XV. Honoré par ce choix, Fleury fit voir qu'il n'en était pas indigne. Il s'appliqua à rendre le jeune prince vertueux, assez fort pour supporter le poids de la couronne, habile aux affaires et capable de grandes actions. Il s'en fit aimer, et l'attachement de l'auguste élève fut tel, que, celui-ci ayant disparu pendant quelques moments, lorsque le régent fit arrêter M. de Villeroi, le jeune prince ne cessa de pleurer jusqu'à ce que Fleury lui eût été rendu. A cet attachement succéda la confiance ; car, plus tard, Louis XV ne sut mieux faire, pour s'acquitter près de son maître, que de lui donner son peuple à gouverner ; afin, pensait-il, que ses sujets pussent jouir des bienfaits qu'il lui avait conseillés. Fleury avait alors soixante et dix ans.

Nous n'entrerons pas dans les particularités du gouvernement du cardinal Fleury ; mais, nous pouvons le dire hardiment, de tous les ministres qui l'ont précédé et qui le suivirent, il en est peu qui puissent se vanter d'avoir gouverné avec autant de douceur, de sagesse et de modération qu'il en montra pendant les vingt années qu'il fut chargé de l'administration publique. Peu touché d'immortaliser son nom par des actions d'éclat, il se contenta de maintenir en France la paix le plus longtemps qu'il put, cherchant surtout à l'utiliser par l'accroissement et le perfectionnement des établissements utiles. Son administration fut probe, économe et juste, parce qu'il possédait lui-même ces qualités, faisant refléter ainsi sur ses actions les doux sentiments qui étaient dans son âme. Dispensateur de tous les bénéfices, il se fût facilement enrichi s'il l'eût voulu; mais il préféra rester intègre. « A sa mort (ce sont les termes de Duclos), sa succession se trouva être à peine celle d'un médiocre bourgeois, et n'aurait pas suffi à la moitié de la dépense du mausolée que le roi lui fit élever. Cette mort, ajoute-t-il, pourrait rappeler ces temps éloignés où des citoyens, après avoir servi leur patrie, mouraient si pauvres qu'elle était obligée de faire les frais de leurs funérailles. »

Reçu presque simultanément par les trois Académies, il s'efforça de mériter ces honneurs que lui décernaient les immortels. Par ses soins fut agrandie la Bibliothèque du roi; par ses ordres, des académiciens furent envoyés dans le Nord et au Pérou pour mesurer un des degrés du méridien et déterminer la figure de la terre, et des savants partirent pour l'Egypte et la Grèce, afin de rechercher et de recueillir les manuscrits précieux qui auraient échappé aux barbares.

« M. le cardinal de Fleury, dit Mairan, parlait purement et avec facilité; sa manière de raconter était élégante et naïve. Il remplissait adroitement ces vides que la réserve indispensable aux grandes places jette ordinairement dans la conversation. Il écartait, autant qu'il lui était possible, la gêne du cérémonial, et il en rompait volontiers le sérieux par un aimable badinage. La raillerie devenait toujours entre ses mains une marque de faveur pour ceux qu'elle semblait attaquer. C'est dans ce goût qu'il écrivait quelquefois à ceux de ses amis les plus distingués par l'esprit et par les talents; il entrait en lice avec eux, et il ne se montrait pas inférieur à de pareils adversaires. On voit par les mandements qu'il publia dans son diocèse, par les discours qu'il a prononcés dans les assemblées du clergé et devant le roi, qu'il était orateur ou né pour l'être. Il avait écrit quelques morceaux d'histoire, de politique ou de morale pour l'éducation de Sa Majesté; mais il a toujours moins aimé à rédiger ses connaissances qu'à les mettre en pratique. Les années s'étaient accumulées sur sa tête sans affaiblir son esprit et sans en chasser les grâces. . .. Sa vie a coulé uniformément au milieu de la cour, parmi les plus grandes affaires et malgré les vicissitudes des temps, comme la vie d'un particulier qui cultive en paix le champ de ses ancêtres. Il vit la mort approcher, il l'attendit avec une patience chrétienne, et il expira, le 29 janvier 1743, dans la quatre-vingt-dixième année de son âge. »

VII.

LE CARDINAL DE LUYNES.

1722.

Paul d'Albert de Luynes, archevêque de Sens et cardinal, né à Versailles le 5 janvier 1703, et mort à Paris le 21 janvier 1788. Il descendait de ce connétable de Luynes, favori de Louis XIII, et comptait dans sa famille plusieurs vaillants soldats et des prélats distingués. Son enfance s'écoula près de son grand-père, le duc de Luynes et de Chevreuse, homme d'une haute vertu et intime ami de Fénelon; mais la mort lui ayant enlevé ces deux tuteurs, la duchesse de Chevreuse, sa grand'mère, continua leur rôle en lui inculquant les préceptes de la religion, que sa piété ne pouvait que rendre plus solides. Plus tard, ces premières années passées au milieu de cette noble et pieuse famille, près de l'immortel archevêque de Cambrai, s'offraient souvent à sa mémoire; il aimait à en parler, à retracer surtout le portrait de l'excellent prélat. « Le doux spectacle des vertus de Fénelon, a dit Florian, du bien qu'il faisait dans son diocèse, de l'amour qu'on lui portait, devait remplir d'émulation un disciple digne du maître. A l'âge où la plupart de ses égaux, à peine échappés de la gêne d'une éducation finie sans être achevée, consacrent les prémices de leur liberté aux passions et aux plaisirs, l'abbé de Luynes vint s'enfermer dans le plus austère des séminaires, et méditer les grands exemples dont il avait été témoin. Là il recommença ses études; il développa et nourrit ce goût pour les beaux-arts, qu'il n'a cessé de cultiver. La langue latine, l'italienne lui devinrent familières; la poésie, l'éloquence, l'astronomie, la peinture le délassèrent de ses travaux. Rien ne lui coûtait; la nature, sans lui accorder ces grands talents qu'elle fait payer souvent si cher, lui avait donné la facilité de tout apprendre, le goût nécessaire pour jouir de tout, et cette modération si désirable qui empêche de se tourmenter de rien. » Destiné à la carrière militaire, le comte de Montfort (c'était le nom qu'il portait) y entra, quoique à regret; un duel, qu'il s'attira de quelque spadassin de régiment, lui fit quitter un état auquel s'opposaient ses mœurs, et qui répugnait à la sensibilité de son cœur. Nommé à l'abbaye de Cerisey, puis à l'évêché de Bayeux, il s'empressa d'aller y exercer un ministère bien digne de ses talents. Là il put déployer à son aise ses aimables vertus : son excessive bonté, sa charité prodigue et son zèle de toute heure pour l'Eglise. Lorsqu'il fut appelé à l'archevêché plus considérable de Sens, il ne voulut pas que ses *enfants* de Bayeux, comme il nommait ses ouailles, eussent à souffrir de son départ, et les aumônes qu'il avait commencé à répandre dans ce diocèse y furent, par ses soins, continuées jusqu'à sa mort.

Un jour qu'on lui représentait combien il avait tort de ne pas demander à ses fermiers plus qu'il n'en exigeait d'ordinaire, puisque les abbayes qu'il possédait depuis long temps avaient triplé de valeur : « Tant mieux pour eux et pour moi, répondit-il, leurs filles n'en seront que mieux mariées, et le compte que je dois à Dieu en sera plus facile à rendre. » Que de traits touchants de semblable charité! que d'exemples rares de vertu, que de faits sans nombre n'aurions-nous pas à citer! « La bonne action qu'il pensait était déjà commencée, dit Florian ; le sentiment qu'il éprouvait était déjà sur ses lèvres. Son âme était son unique maître; elle commandait, il obéissait; elle l'inspirait, il parlait; elle était attendrie, il donnait. »

Le pape Benoît XIV lui ayant envoyé la pourpre romaine, autant pour rendre hommage à l'homme que pour récompenser le soldat du catholicisme, qu'il n'avait cessé de défendre, le nouveau cardinal vint à Paris : « Forcé de venir à la cour et d'aller trois fois au conclave, M. le cardinal de Luynes, continue Florian, y porta cette candeur qui était le grand caractère de son âme. Paisible au milieu des orages, estimé de tous les partis, sans se laisser asservir par aucun, honoré d'une faveur qu'il n'avait pas recherchée, appelé par plusieurs voix au trône pontifical, il regarda toujours les honneurs sans dédain comme sans envie; et réservant pour ses seuls devoirs toute l'énergie dont il était capable, l'homme qui n'aurait pu faire un pas pour des dignités ou des richesses nouvelles, était levé dès l'aurore, et sortait du Vatican, comme du palais de nos rois, pour aller lire l'Evangile au peuple. »

A une époque fatale, où les écrivains croyaient n'avoir pas mis le sceau à leur réputation s'ils ne publiaient pas quelque écrit de mauvaise philosophie ou de fausse morale, le cardinal de Luynes fut un des premiers à donner l'exemple de la réfutation et de l'énergie dans la répression des tendances irréligieuses; il commença par une *Instruction* contre le pernicieux *Système de la nature*, en adjurant ses diocésains de se tenir en garde contre les mauvais livres. Plein d'activité, il ne se reposait des incessants travaux que lui imposait son état et sa conscience du bien, que pour se livrer aux lettres et aux sciences, qu'il chérissait. On a de lui un *Mémoire sur le mouvement du vif-argent* et quelques observations sur l'astronomie, insérés dans le recueil de l'Académie des sciences, dont il était membre honoraire.

Si le cardinal de Luynes ne produisit pas davantage, il faut attribuer cette sobriété aux affaires dont il fut surchargé : car il avait l'esprit ouvert à tous les sujets, les idées belles et grandes et une vaste érudition ; ses discours, dit-on, étaient pleins des images les plus touchantes et les mieux senties, sa logique était claire ; ses expressions, simple set justes, s'assortissaient toujours au sujet qu'il traitait. Il est resté manuscrit entre les mains de Sédaine, un ouvrage que « tout écrivain aurait pu livrer à l'impression, disait celui-ci ; c'est la relation très-étendue qu'il a faite de son voyage à Rome, lorsqu'il y fut reçu cardinal. Il est écrit avec pureté, noblesse et simplicité. Il renferme les réflexions les plus judicieuses sur les arts, qu'il aimait, et, lorsqu'il y parle des cérémonies religieuses et du respect qu'elles exigent, on le voit pénétré de cette vérité, que la religion et la philosophie ne font qu'une ; non cette philosophie audacieuse qui, dit-on, s'arroge le droit de tout renverser, mais cette philosophie épurée, sanctifiée par son objet, qui est la connaissance approfondie de nos devoirs, et leur accomplissement envers Dieu, le roi et la patrie. »

VIII.

FLORIAN.

1788.

Jean-Pierre Claris de Florian naquit le 6 mars 1755, au château de Florian, sis dans les Cévennes. Il y fut élevé, et passa, près de son grand-père, qui l'habitait, et au milieu des sites pittoresques qui l'entouraient, ces douces et heureuses premières années, dont on se souvient avec un charme si vif, à mesure que l'âge en éloigne. Cet aïeul étant mort, il dut pourtant quitter ces lieux chers à son cœur, et il entra en pension à Saint-Hippolyte, où son aptitude et son intelligence ne tardèrent pas à le faire distinguer d'entre ses condisciples.

Son oncle, le marquis de Florian, qui allait souvent à Ferney, ayant épousé une des nièces de Voltaire, parlant un jour au célèbre écrivain de l'esprit naturel qui faisait l'admiration des maîtres de son jeune neveu, Voltaire souhaita de le voir. Florian vint donc à Ferney. Quel supplément à des études superficielles! Il vit Voltaire à un âge où il ne pouvait encore être ébloui par sa gloire, ni intimidé par son génie. Gai, aimable, doué d'une figure charmante, il plut dès l'abord au vieux philosophe. Bientôt Florian devint son élève. Aimé de chacun dans cet asile, il égayait les soirées des deux nièces de Voltaire et de celle du grand Corneille. N'était-il point tout porté pour apprendre les vers de *Zaïre* et du *Cid ?* nourriture vivifiante qui devait laisser les meilleurs traces dans son esprit.

Cependant l'âge où l'on cesse d'être un enfant et où l'on commence à devenir un homme, était arrivé sur ces entrefaites. Le petit *Florianet*, ainsi que l'appelait le patriarche de Ferney, allait avoir quinze ans : on lui chercha donc un état ; mais lui ne laissa pas le temps de le choisir : il aimait le bruit, les chevaux, les uniformes : on en fit un militaire.

Envoyé près du duc de Penthièvre pour entrer dans ses pages (1770), son esprit vif et gracieux lui ouvrit la maison du pieux gentilhomme, de même qu'il avait charmé le sceptique philosophe. Lui seul eut le don de dissiper l'ennui dont les nuages s'amassaient si souvent sur le front du vieux courtisan, aussi le duc le prit-il dès ce moment en amitié ; et lorsque, son noviciat fini, le jeune homme voulut prendre du service, ce ne fut qu'avec le plus grand regret qu'il s'en sépara. Toutefois ces adieux ne devaient pas être de longue durée. En effet, placé dans le corps royal d'artillerie, Florian entra à Bapeaume ; mais l'étude des mathématiques était trop peu en harmonie avec sa vive et brillante imagination pour qu'elle lui pût plaire longtemps. Il revint près de son bienfaiteur, qui lui accorda d'abord une lieutenance dans le régiment de Dragons-Penthièvre, qu'il échangea plus tard contre une compagnie. Enfin, après avoir passé quelque temps à Maubeuge, en garnison, et fait plusieurs voyages à Paris, il obtint une réforme, au moyen de laquelle son service comptait toujours, sans qu'il fût obligé de rejoindre.

C'est vers cette époque que nous voyons Florian débuter dans la carrière académique. Voltaire l'encourageait. Toutefois, né d'une mère castillane d'origine, et que la mort lui avait ravie de bonne heure, c'est au souvenir pieux qu'il lui conservait, plus encore qu'aux conseils de Voltaire, qu'il est permis d'attribuer ce besoin de répandre son âme au dehors, qui poussait Florian dans l'arène, non moins que son goût prononcé pour les lettres espagnoles. Quelques petites pièces lui servirent de début, mais elles ne montraient encore que de la grâce et une touche délicate. On remarqua davantage *Galatée* (1783). Légèrement frappé du cachet d'un cœur sensible, ce petit roman, quoique imité de Cervantes, fonda sa réputation. Bientôt *Estelle* le suivit et se fit lire, mais n'eut point, malgré la pureté de la diction, la fraîcheur des peintures et son style élégant, le succès de son aînée. Quel livre, d'ailleurs, a pu se flatter de distraire alors ce Paris si gros d'événements?... Mais parlons de son théâtre. Les Italiens lui faisaient des avances. Le désir de changer de genre, et peut-être aussi quelque sentiment le poussant vers la scène, Florian composa les *Deux Billets*, puis le *Bon Ménage*, la *Bonne Mère*, etc.

Nous les connaissons tous, ces pièces mignardes et charmantes. On y trouve, dans un cadre simple, du naturel et de la gaieté, une sensibilité douce et attrayante, une morale pure et qui excite à la fois l'attendrissement et le rire. L'auteur nous apprend lui-même dans quel esprit il les composa et dans quel esprit nous devons les lire : « Je ne pouvais développer de grands sujets, dit-il, ni prétendre corriger les hommes en attaquant les grands vices ; j'essayai du moins de les exciter à la vertu en leur rappelant combien elle est aimable, combien elle donne de vrais plaisirs ; je voulus surtout présenter le tableau de ces vertus familières, de ces vertus de tous les jours, les plus utiles peut-être, les plus nécessaires au bonheur : car ce ne sont pas, ce me semble, les grands préceptes de morale et de la philosophie que l'on trouve à mettre en pratique le plus souvent. On est rarement dans le cas de sacrifier à son devoir, à sa patrie, à l'honneur, son repos, sa fortune, sa vie ; mais on est obligé à tous les instants d'être un bon fils, un bon époux, un bon père. » Il n'était point besoin de cet avertissement ; il s'échappe de ces petites pièces on ne sait quel parfum délicat et charmant qui vous embaume le cœur et suffit à faire connaître l'âme honnète qui les a conçues.

Ici, cependant, nous relèverons particulièrement une de ces qualités qui séduisent et font estimer l'auteur : nous voulons parler du point de vue nouveau sous lequel il a envisagé la comédie italienne. En corrigeant ses personnages, Florian les a réhabilités. « On a dit de lui, a écrit La Harpe à ce propos, qu'il avait créé une nouvelle famille d'Arlequins. Non, l'auteur de cette famille est Marivaux ; mais Florian a donné plus de charme à ses Arlequins qu'aucun de ceux qui l'avaient précédé, il leur a donné une bonhomie naïve qui n'est altérée par aucun mélange, et tout l'esprit qui la relève n'est autre chose qu'un composé fort heureux de bon cœur, de bon sens et de bonne humeur... Florian, dont le talent est surtout marqué par le bon goût, en se modelant sur Marivaux et Gessner, s'est approprié l'esprit de l'un, mais sans abus, la naïveté de l'autre, mais sans fadeur. Il a fait de son *Arlequin* le contraire de ce qu'a fait Beaumarchais de son *Figaro*. Celui-ci est brillant par son immoralité, l'autre est charmant dans sa bonté. » Non content de les faire parler, il les mettait souvent lui-même en scène, et se faisait applaudir chez M. d'Argental par son jeu à la fois comique et de bon ton. Quelquefois aussi, il obtenait, mais non sans peine, de dérider, par son talent d'auteur et d'acteur, le front de son grave Mécène. Plus tard, cependant, Florian n'a pas moins fait à son pieux protecteur le sacrifice de ses derniers ouvrages dramatiques.

Tout en badinant, Florian n'en songeait pas moins très-sérieusement à l'Académie. C'est pour y parvenir qu'il composa *Numa Pompilius*, ouvrage important, et qu'il destinait naïvement à remplacer le *Télémaque* de Fénelon. Mais si l'Académie accueillit le père, le public ne montra pas la même bienveillance pour le fils. Son livre eut peu de succès en France ; à l'étranger il en obtint davantage, et eut presque partout les honneurs de la traduction. Mentionnons encore les poésies légères de Florian : on y rencontre deux petits chefs-d'œuvre, le *Serf du mont Jura* et *Ruth*, nobles et touchants accents d'un cœur sensible et généreux. L'Académie leur a accordé ses couronnes. Au reste, du poëte au fablier, il n'y a qu'un pas.

« Essayez de faire des fables », lui avait dit un jour le duc de Penthièvre. Florian essaya, et nous savons tous si elles ont réussi. Mais laissons parler M. Sainte-Beuve, c'est toujours une bonne fortune. « Les fables de Florian, dit-il, sont bien composées, d'une combinaison ingénieuse et facile ; le sujet y est, presque partout, dans un parfait rapport, dans une proportion exacte avec la moralité. Et en même temps on n'y sent pas l'arrangement artificiel, comme chez La Motte, ni ce genre d'esprit, qui ayant pour point de départ une idée abstraite, a besoin ensuite de s'avertir lui-même qu'il faut être figuré, riant, familier, et même naïf. Les qualités du fabuliste sont naturelles chez Florian ; il a la fertilité de l'invention, et les images lui viennent sans effort. »

Lorsque vint la Révolution avec ses lois de despotisme, de sang et de proscription, Florian, atteint et convaincu du crime impardonnable de noblesse, fut banni de Paris, puis emprisonné. Il s'apprêtait déjà à marcher au supplice, lorsque le dix thermidor lui rendit la liberté. Mais la violence qu'il avait subie et le chagrin que son âme délicate en conçut, altérèrent sa santé, et il mourut un an après, le 12 septembre 1797, à l'âge de trente-neuf ans.

Enjoué, spirituel, plein de saillies, l'esprit fin et décent, sa joyeuse humeur le faisait rechercher de tous; son cœur excellent et son âme bienfaisante et honnête le faisaient chérir de tous les malheureux, et, ce qui n'est pas le moins clair de sa gloire, le fruit de son travail servit à acquitter les dettes de sa famille, seul héritage qu'il eût reçu d'elle.

Ce ne fut qu'après sa mort que fut publié son *Don Quichotte*. On peut adresser à cet ouvrage, qui renferme certainement de nombreuses qualités, le reproche qu'on a fait à tous les ouvrages que Florian a traduits de Cervantes. Il *corrigea* l'auteur espagnol, croyant bien faire. Il lui donna une autre allure, sans doute agréable à un grand nombre d'esprits, mais maladroite pour les admirateurs de Cervantes, et dignes du blâme de la critique. Au reste, Florian ne connut jamais l'importance de ses retranchements, il les fit de bonne foi, et comme ses contemporains s'en sont trop permis.

IX.

CAILHAVA.

1806.

JEAN-FRANÇOIS CAILHAVA, dit DE L'ESTENDOUX, auteur dramatique, naquit à Estendoux, dans le Languedoc, le 28 avril 1731. Après des études fructueuses, quoique peu suivies, Cailhava, qu'une irrésistible vocation entraînait vers le théâtre, débuta de bonne heure dans la carrière dramatique, en faisant représenter, à Toulouse, l'*Allégresse champêtre*, pièce de circonstance, mêlée de chants et de danses, œuvre assez faible, comme sont les essais en général, mais qui n'en reçut pas moins les enthousiastes applaudissements des Toulousains, et qui engagea notre poëte à venir chercher fortune à Paris. Il y vint donc, ayant pour tous bagages de l'espérance, de la facilité à versifier, et surtout une vive jeunesse. D'ailleurs, il était Gascon, et, conséquemment, sûr de lui-même. Mais, comme l'a dit un vieux proverbe : « L'homme propose et Dieu dispose » ; quelquefois aussi, et particulièrement pour les auteurs dramatiques, ce sont les comédiens. Le premier ouvrage que Cailhava présenta au théâtre, *Crispin gouvernante*, fut refusé à l'unanimité. Notre académicien n'était pas homme à se décourager pour si peu ; il rima à la hâte la *Présomption à la mode*, comédie en cinq actes, qui tomba au Théâtre-Français. Le public, il faut le dire, se montra sévère, car la pièce était véritablement digne d'un meilleur sort. A part quelques défauts que l'inexpérience de son auteur eut dû faire pardonner, des vers heureux, de bonnes pensées et un bon style, s'y faisaient remarquer. Cette chute servit néanmoins de leçon à notre Gascon ; il mit de côté la grande confiance qu'il avait en son talent ; il réfléchit, et, pour témoigner de son repentir, il fit imprimer sa pièce sous le titre du *Jeune Présomptueux ou le Nouveau débarqué*.

Une nouvelle comédie en prose et en cinq actes : le *Tuteur dupé ou la Maison à deux portes*, imitée d'une pièce italienne, eut cette fois les honneurs d'une brillante représentation aussi bien accueillie à Fontainebleau qu'à Paris ; la cour daigna montrer son plaisir en exigeant que l'auteur vînt sur la scène recevoir ses applaudissements. Cette comédie, d'un genre assez neuf, fonda la réputation de Cailhava : vive, gaie, agréable, elle plut beaucoup ; l'intrigue y est habilement conduite, nouée et dénouée avec habileté ; elle manque, toutefois, d'un but moral, et l'on reproche généralement à son auteur d'avoir sacrifié un peu trop les caractères. Les *Etrennes de l'Amour*, comédie-ballet en un acte et en vers, et le *Mariage interrompu*, furent très-goûtés. Préville, qui s'y montrait supérieur, s'attira, dans cette dernière, la jalousie de Molé, qui en voulut longtemps à Cailhava des succès de son camarade. Cette sotte inimitié fut fatale à Cailhava. Ayant fait représenter plus tard, en 1777, l'*Egoïsme*, pièce d'un mérite incontestable, Molé, par inintelligence, ou plutôt par mauvaise volonté, contribua de toutes ses forces à sa chute.

Dans l'intervalle, Cailhava avait travaillé pour le théâtre Italien : *Arlequin Mahomet ou le Cabriolet volant*, *Arlequin cru fou*, *Sultane favorite et Mahomet*, drames *philosophi-comi-tragiques-extravagants*, tirés des *Mille et une Nuits*, y obtinrent un succès prodigieux : le premier eut quatre-vingts représentations. En 1771, la *Bonne Fille*, opéra-comique, d'après Goldoni, avec la musique de Baccelli, eut un sort aussi heureux que ses drames philosophicomi, etc. Les *Journalistes anglais*, pièce satirique dirigée contre les journalistes français, et particulière-contre La Harpe, contenant de bonnes scènes, de fréquentes remarques, de fines critiques tempérées par une aimable gaieté, obtint du succès. Cailhava n'en abandonna pas moins la scène quelque temps après, non pour se livrer au repos, mais à de consciencieuses études sur notre théâtre et sur Molière. Profondément pénétré du génie de ce dernier, Cailhava professait pour notre immortel comique un enthousiasme qui allait jusqu'à la manie, jusqu'au *moliéranisme*, comme a dit M. Audiffret. Dans la conversation, son nom revenait sans cesse sur ses lèvres ; il montrait chez lui des objets qu'il prétendait lui avoir appartenu, et si ses ouvrages ne sont pas des imitations du célèbre poëte, ce n'est pas qu'il ne l'ait relu et appris chaque jour. Un travail qu'il fit sur les œuvres de l'auteur du *Misanthrope*, était, suivant lui, ce qu'il avait produit de meilleur. Mais lorsqu'il voulut le faire paraître, l'aspect volumineux du manuscrit effraya tellement l'éditeur, qu'il ne consentit à l'imprimer qu'à la seule condition de l'abréger considérablement. Cailhava, quoique obligé de couper çà et là, parvint cependant à en extraire un excellent livre, sous le titre d'*Etudes sur Molière*. « Toute l'instruction que l'on peut retirer de l'ample travail de Bret se trouve ici rassemblée en moins d'espace, et revêtue d'une pareille forme (dit Chénier). Les faits authentiques y sont consignés ; les anecdotes incertaines n'y sont point admises ; les observations littéraires y abondent, et quelques-unes des plus importantes étaient restées neuves encore. Les sources nombreuses où puisait Molière y sont exactement indiquées ; mais on y fait admirer, en ses imitations mêmes, les créations de ce génie, qui change en or le plomb qu'il emprunte, et devant qui ses propres modèles paraissent de faibles copistes. Les principes qu'avait exposés M. Cailhava dans son inestimable *Traité sur l'art de la comédie*, sont développés de nouveau dans ses *Etudes sur Molière*. La lecture attentive de ces deux ouvrages est propre à former le goût des jeunes écrivains qui veulent tenter la difficile entreprise de corriger les mœurs et de punir le vice par le ridicule. »

Cailhava avait été nommé membre de l'Assemblée électorale en 1792, et chargé par elle de l'approvisionnement de Paris. Dans ces fonctions, il déploya une activité et un courage dont ses concitoyens ne lui tinrent pas assez compte. Persécuté pendant la Terreur, malgré la tranquillité de sa vie, l'urbanité de son caractère, la douceur de ses mœurs et ses façons obligeantes, il échappa aux terribles arrêts. Plus tard, en butte aux basses tracasseries des comédiens et aux critiques jalouses de La Harpe et de Palissot, dépossédé d'un capital de vingt mille francs, fruit de ses travaux, Cailhava se retira à Sceaux. Là, entouré des soins touchants d'une fille dont l'esprit et l'amour filial le consolèrent un peu, il retrouva cette vive et spirituelle gaieté qui était chez lui comme la fleur de son âme; mais les maladies qui l'avaient fui jusqu'alors ne lui permirent pas de jouir longtemps du bonheur qu'il s'était créé, et auquel elles l'enlevèrent le 26 juin 1813.

On doit à Cailhava un travail excellent sur l'*Art de la comédie* (4 vol., 1772), et une pièce, les *Ménechmes grecs*, qui mérite, si ce n'est de rivaliser avec celle de Regnard, d'occuper du moins une des premières places après la comédie de Plaute.

X.

MICHAUD.

1813.

Joseph-François Michaud, l'auteur célèbre de l'*Histoire des Croisades*, est né le 19 juin 1767 au bourg d'Albens, en Savoie. Sa famille, dont l'origine ne remonte rien moins qu'au xe siècle, était de bonne noblesse, mais était loin de jouir, à l'époque de la naissance de notre académicien, de l'éclat et de la fortune que lui avait légués en mourant Hugues Michaud, un des hommes d'Etat les plus illustres qu'ait produits la Savoie. Le père de Joseph Michaud, fixé et marié en France, près de Bourg en Bresse, quoiqu'il possédât encore plusieurs propriétés au pays de ses ancêtres, vivait alors avec le titre modeste de notaire, à Terrier, et dans les fonctions de commissaire. Déjà, cependant, il voyait la fortune lui sourire, lorsqu'une mort prématurée l'ayant ravi, il laissa une veuve chargée, avec peu de biens, d'une famille nombreuse, et dont Joseph Michaud était l'aîné. « Ses deux frères et lui, dit M. Parisot, le plus instruit de ses biographes, n'en reçurent pas moins une bonne éducation au collége de Bourg, qui longtemps avait été aux mains des Jésuites, et qui, confié depuis leur suppression à des prêtres séculiers moins expérimentés et moins sérieux, n'avait pas encore perdu toutes leurs traditions. Joseph Michaud fut un excellent rhétoricien; son style avait l'abondance, la solennité semi-poétique si recommandées par les professeurs aux élèves; il composait des vers français avec facilité. » A côté de lui, son frère, M. L. G. Michaud, ne se distinguait pas moins que son aîné par son goût du travail et l'excellence de ses études; et si nous le remarquons ici, c'est que nous avons eu à en apprécier si souvent les fruits dans le cours de cette histoire de l'Académie, qu'il y aurait une trop grande ingratitude à ne pas le faire. M. L. G. Michaud ne s'est pas seulement conquis, par son *Tableau historique et raisonné des premières guerres de Napoléon Bonaparte*, une des meilleures places parmi les historiens modernes, il est aussi le créateur et l'un des architectes les plus actifs de ce magnifique monument que l'on nomme la *Biographie universelle*. Intelligence vigoureuse et saine, écrivain instruit, exact, élégant, il est l'auteur d'appréciations qui resteront liées à la mémoire des hommes dont il a écrit la vie; et nous-mêmes, si nous avons osé traiter après lui la biographie de plusieurs de ces mêmes hommes, et qu'on ait pris quelque intérêt à la parcourir, hâtons-nous d'avouer que c'est parce que nous nous sommes inspirés aux sources du savant historien, dont nous aurons sans doute gardé le reflet.

Ses études terminées, ce qui eut lieu en 1786, Michaud entra d'abord dans une maison de librairie, à Lyon, attiré dans cette branche de trafic, comme dit son biographe, par l'affinité du libraire et de l'homme de lettres; puis il vint à Paris. Deux partis s'y trouvaient alors en présence : l'un, celui de la Révolution et des idées nouvelles, et l'autre, celui de la monarchie qui tombait, se disputaient l'avenir dans des luttes courtes mais solennelles. Emporté par les généreux sentiments qui l'ont toujours animé, Michaud se hâta d'embrasser le dernier de ces deux partis, c'est-à-dire celui du malheur et des périls incessants. D'abord attaché à la rédaction de la *Gazette universelle* et du *Postillon de la guerre*, il travailla ensuite au *Courrier républicain*, journal alors rédigé par Poncelin, et qui n'avait guère de républicain que le nom. Mais non content de jeter chaque matin dans ces feuilles les principes les plus absolus de ses opinions, il devint bientôt l'un des propriétaires de la *Quotidienne*, le célèbre organe de la monarchie.

Il était écrit que Michaud devrait toute sa gloire à la royauté. Après s'en être fait le champion et l'avoir défendue plus vivement encore que son devoir ne l'y invitait, il en devint le chantre. Poëte avant d'être soldat, il rimait quand il avait cessé de combattre, et, à l'exemple de ces bardes des peuplades du nord, il prenait la lyre en déposant le glaive. Déjà un petit ouvrage en prose et en vers, *Voyage littéraire au Mont-Blanc* (1787), devait faire dire aux esprits restés sains qu'il était écrit avec grâce et promettait un poëte ; une autre composition sur *Ermenonville* (1794) était venue confirmer leurs espérances. Vers 1794, la fille de Louis XVI ayant obtenu sa délivrance pour se rendre en Autriche, Michaud composa, avec Beaulieu, un petit volume de félicitations, sous le titre d'*Adieux à Madame*. Lu avec avidité par tous ceux qui n'avaient point encore trahi la cause royale, il n'eut pas le même succès auprès de ceux qui luttaient contre elle. Le triomphe de la Convention, au 13 vendémiaire, devint le signal des nombreuses persécutions que Michaud allait essuyer. Réfugié à Chartres, mais bientôt découvert, il fut ramené à Paris. Là, Michaud appelé devant le conseil de guerre, c'en était fait du courageux royaliste, lorsqu'un de ses amis, nommé Giguet, lui vint en aide de la façon suivante : « Dès son arrivée à Paris, rapporte M. Parisot, Giguet, qui l'avait vu passer, au milieu de soldats, devant les Champs-Elysées, lui avait témoigné les gages de l'affection la plus vive. Comme chaque jour on conduisait Michaud des Quatre-Nations, alors converties en prison, aux Tuileries, siége du conseil militaire qui devait le juger, Giguet ne pensait à rien moins qu'à brûler la cervelle aux deux gendarmes qui servaient d'escorte au prisonnier. Il comprit, cependant, que ce n'était pas là un bon moyen, et il imagina un expédient plus doux et plus sûr. Au jour convenu il se trouve, à la sortie du Pont-Royal, sur le passage de Michaud, et feignant de le voir pour la première fois après une longue absence, il lui demande ce qu'il fait, où il va, s'il veut venir déjeuner avec lui. — « Non, non, répond Michaud, j'ai une petite affaire là, aux Tuileries! quelques mots d'explication! c'est l'affaire d'un instant. Commencez le déjeuner sans moi, je vous rejoins tout à l'heure. — On ne commencera pas par toi, peut-être; déjeunons d'abord. Ces Messieurs, sans doute (montrant les gendarmes), n'ont pas déjeuné, ils ne refuseront pas une côtelette et un verre de vin de Bordeaux. Justement, voilà un restaurant tout proche. » Les gendarmes, après quelques hésitations, se laissent affriander : prisonnier, gardiens, amis, les voilà tous attablés; on verse rasade, on mange, on parle un peu de tout, de la Bresse surtout et de la délicieuse chère qu'on y fait. Les poulardes sont sur le tapis : l'eau en vient à la bouche des gendarmes. « Parbleu, Messieurs, s'écrie Giguet, puisque vous ne connaissez pas les poulardes de notre pays, je tiens à vous convaincre qu'il n'en est pas de pareilles dans les quatre-vingt-trois départements. Nous avons le temps, et vous mangerez bien encore un morceau, et l'appétit vient en... buvant (*et il remplit les verres*). Garçon, une poularde de Bresse, mon ami, et non du Mans.... Tiens, Michaud, toi qui t'y connais, surveille-moi un moment ces coquins-là, descends à la cuisine. A votre santé, Messieurs! » Pendant qu'on trinque, Michaud se lève, et bientôt est hors d'atteinte. Giguet eut encore l'art de les retenir près d'une demi-heure à table, disant que son ami surveillait le rôtisseur; puis, quand ils surent que le prisonnier n'était pas à la cuisine, Giguet, feignant de croire que son ami n'avait voulu que plaisanter, ou bien s'était trouvé incommodé et était retourné chez lui, leur fit perdre encore une heure ou deux en vaines courses. »

Ainsi rendu à la société, Michaud, loin de profiter de sa liberté pour apaiser ses ennemis, ne fit qu'envenimer leur haine en les inquiétant. A peine sa contumace était-elle purgée, qu'il reparaissait ouvertement à la *Quotidienne*, et l'on devine avec quelle aigreur il dut s'y exprimer! Non loin de cette époque, Dusaulchoy, rédacteur du *Batave*, autre feuille royaliste, trouvait en lui un défenseur, bien qu'il ne maniât pas aisément la parole; et à quelque temps de là, il ne craignait pas de s'attaquer à Chénier et à Louvet dans une satire qu'il intitulait railleusement *Petite dispute entre deux grands hommes*. Aussi, quand arriva le 18 fructidor ne faut-il pas s'étonner si l'on retrouve Michaud sur les listes de déportation que se hâta de dresser le parti vainqueur. Toutefois l'imprudent royaliste put se soustraire encore au sort qui l'attendait. Réfugié dans les montagnes du Jura, si la cause qu'il défendait perdit l'un de ses plus fermes soutiens, la littérature y gagna l'une de ses pages les plus agréables. Le style du journaliste brisé, Michaud redevint poëte ; il rima de nouveau, et le fruit de ses inspirations fut le *Printemps d'un proscrit*, poëme où l'on rencontre des descriptions qui valent des tableaux pour l'exactitude du dessin et l'éclat des couleurs ; aussi obtint-il dès son apparition le beau succès qu'il méritait. Un prix fut même proposé pour l'auteur, dans le rapport des prix décennaux ; mais lorsqu'on vint à considérer l'esprit contre-révolutionnaire qu'il avait laissé percer dans son ouvrage, on se contenta d'accorder à ce dernier une mention honorable.

Le 18 brumaire brisa l'arrêt qui condamnait Michaud à l'exil. Revenu à Paris, il y fit paraître deux petits pamphlets : les *Adieux à Bonaparte* (c'est-à-dire contre Bonaparte), en 1799, et, en 1800, les derniers *Adieux à Bonaparte victorieux*. Mais bientôt, fatigué de ces luttes infructueuses dans lesquelles il succombait toujours (il venait d'être incarcéré de nouveau), et, comme dit M. Parisot, décidé à ne plus faire d'opposition qu'en silence et avec la circonspection voulue, il chercha des ressources dans la littérature proprement dite et dans le commerce d'imprimerie et de librairie. Associé à son frère et à Giguet, son libérateur, il commença par une *Histoire de l'empire de Mysore sous Hyder-Haby et sous Typpo-Saïb* (1801). En 1806 il publiait la *Biographie moderne*, qui doit être regardée comme la première de ces biographies des contemporains qui se sont tant multipliées depuis. Michaud a rédigé en outre, vers la même époque, des notes pour la traduction des *Bucoliques*, par M. de Langeac, et pour les six derniers livres de l'*Enéïde*, de Delille. A ces divers travaux il faut joindre le *Tableau historique des trois premières croisades*, placé, par lui, en tête du tome premier du roman de Mme Cottin, *Mathilde*. C'est cette première étude qui lui donna l'envie de traiter le sujet d'une manière plus étendue.

Peu de sujets d'ailleurs, convenaient mieux à Michaud, à ses sentiments religieux et à ses idées philosophiques que l'*Histoire des croisades*. Une fois son parti pris de traiter à fond celui-ci, il commença les recherches que nécessitait cette énorme entreprise. Il y employa près de dix années. Enfin parut ce bel ouvrage (1811-22). Accueilli dès l'abord par d'unanimes applaudissements, ce succès ne l'a pas encore abandonné. L'*Histoire des croisades* a été traduite en plusieurs langues, et compte aujourd'hui en France un nombre déjà très-considérable d'éditions. Il méritait, au reste, cet empressement du public. L'*Histoire des croisades* est l'un des monuments historiques les plus importants de notre époque, et l'on peut ajouter, sans exagération, que l'écrivain Michaud a rendu un vrai service à nos annales, qui ne possédaient encore rien d'étendu, ni de très-soigné sur cette belle époque de l'humanité.

« Le premier, a dit M. Flourens, il a montré ces guerres saintes sous un point de vue social, moral et politique ; le premier il a jugé ces temps anciens suivant leurs idées, leurs mœurs, leurs besoins. Par là même, il les a rendus intéressants. L'histoire a cessé d'être la censure des vieux âges ; et par là encore le patriotisme s'est agrandi, car le vrai patriotisme embrasse toutes les gloires, tous les âges. » Pour arriver à la perfection de son œuvre, et pour lui donner l'intérêt et l'utilité qui devaient lui assurer la place distinguée qu'il occupe, Michaud n'avait rien voulu négliger. Son intelligence éclairée, sa vaste érudition l'avaient guidé vers les meilleures sources ; les chroniques et les récits des occidentaux et des orientaux passèrent tous devant ses yeux, et les extraits curieux et intéressants qu'il en a donnés depuis dans la *Bibliographie de l'histoire des croisades*, attestent assez la perspicacité et le travail assidu de leur auteur. « Sous le rapport de l'étendue de la chronique historique et de la composition, a dit un de ses critiques, son livre est un de ceux qui ont le plus de titres à la confiance du lecteur. La sagacité, un jugement sain, caractérisent en général ses réflexions. La narration est presque partout vive et attachante, mais surtout dans les premiers volumes, où l'on sent que le sujet inspirait heureusement l'écrivain. Enfin, la correction unie à la fermeté du style, signalent un de nos talents les plus estimés. »

Non content, toutefois, de ces sources, où il avait puisé pour écrire les belles descriptions qui abondent dans son ouvrage, ou plutôt, et pour s'assurer que son imagination de poëte ne l'avait pas trompé, Michaud, alors âgé de soixante-deux ans, voulut entreprendre à son tour le voyage de Palestine, où l'avaient précédé les héros qu'il avait fait revivre. Il partit avec M. Poujoulat, et vit ces lieux chantés par lui, ces déserts, ces ruines, où, d'après sa belle expression, *à quelque endroit que l'on frappe, on entend résonner un nom français.*

Le récit circonstancié de ce voyage parut, dès leur retour, sous forme de lettres et avec le titre de *Correspondance d'Orient.* Ce fut l'adieu de Michaud à la littérature : la mort, dit-on, ne lui a pas permis de l'achever, et s'il a pu paraître, on le devrait à son compagnon de voyage, M. Poujoulat,

Indépendamment du *Printemps d'un proscrit,* de l'*Histoire* et de la *Bibliographie de l'histoire des croisades,* qui sont les titres principaux de Michaud, il nous faut y joindre les opuscules que renferment ses œuvres complètes. Tous, sans être d'égale valeur, portent l'empreinte d'un goût pur et délicat. Ses notices pour la *Biographie universelle* méritent surtout d'être citées, ainsi que la continuation de l'*Abrégé chronologique* du président Hénault, jusqu'en 1830. Michaud a composé, en outre, diverses pièces de poésie parmi lesquelles l'*Enlèvement de Proserpine,* sujet mal choisi, mais bien traité, et un très-grand nombre de vers de société, fort bien tournés et très-spirituels, dit M. Parisot, et qui eussent formé un très-joli recueil, si le peu d'estime que Michaud leur montrait n'eût aidé à les disperser et à les faire oublier.

Lors du retour des Bourbons, Michaud reçut la récompense de son dévouement. Nommé membre de la Légion d'honneur, en 1814, il fut appelé, en 1815, à remplir les fonctions de député du département de l'Ain, non sans avoir mérité cette distinction par l'opposition qu'il fit durant les Cent-Jours, et le zèle qu'il montra de nouveau pour la cause qu'il avait embrassée. On lui doit de salutaires mesures; mais Michaud, n'étant pas doué du talent oratoire, y parla peu. Il était lecteur du roi. En 1837, il obtint le titre de membre de l'Académie des inscriptions et belles-lettres ; c'est le dernier honneur qu'il ait reçu. Depuis longtemps malade, un voyage qu'il avait fait en Italie lui avait procuré quelque soulagement ; mais de retour en France, sa santé ne tarda pas à décliner jusqu'au 30 septembre 1839, où la mort vint le surprendre et l'enlever à l'affection de sa famille et à l'estime de ses ennemis eux-mêmes.

« Michaud, dit M. Philarète Chasles, qui l'a apprécié avec beaucoup de sagacité, et auquel nous empruntons le portrait suivant, M. Michaud était assurément l'un des esprits distingués et rares de la génération qui nous précède. L'érudition et le style ne lui manquaient pas ; mais ce qui le distinguait d'une manière spéciale et entre tous, c'était la finesse. Ses lecteurs n'étaient attirés par rien de véhément ; ses auditeurs ne cédaient à aucune manifestations d'éloquence. Il ne nous appartenait presque pas, à nous, hommes agités de 1830 : il remontait plutôt jusqu'au XVIIe siècle et touchait par la pensée à l'époque de Saint-Evremond et de Chapelle. L'exquise nonchalance d'une délicatesse sans apprêt le faisait remarquer entre les écrivains de son temps. Il s'en détachait par la modestie même de sa nuance et l'extrême sobriété de sa couleur. Dans le flot général de nos opinions et de nos styles bigarrés, cette simplicité offrait une singularité fort piquante. La sagacité patiente et la finesse pratique de l'esprit l'avaient fait historien, comme la sensibilité délicate, et pour ainsi dire la finesse de l'âme, l'avaient fait poëte. Je ne crois point que les dons originaux et éclatants de l'imagination qui colore et de l'éloquence qui entraîne, fussent de son domaine naturel. Homme du monde, homme très-aimable, fidèle à tous ses attachements, exempt des petites vanités et des petits ridicules littéraires, ayant tous les dons exquis en demi-teinte et comme dans le clair-obscur : esprit, style, causerie, érudition, poésie et même courage, qualité chez lui sincère et réelle, mais flexible et délicate jusqu'à échapper au coup d'œil ; plein de doux encouragements pour la jeunesse studieuse ou spirituelle de tous les partis ; il y a peu de portraits plus difficiles à traiter que le sien. » M. Philarète Chasles nous semble cependant l'avoir très-bien réussi. Il a toutefois oublié de noter cette science de la conversation que Michaud possédait au suprême degré. M. Mignet ne passait pas sous silence, le jour où il recevait M. Flourens, ce don qui faisait de l'auteur des *Croisades* l'un des hommes les plus recherchés de la Restauration. « Il abondait en saillies, dit-il ; il avait le degré de malice qui rend la plaisanterie piquante, sans la rendre blessante. Son esprit, avec quelque lenteur, et ses à-propos un peu tardifs, frappaient d'autant plus qu'ils semblaient vouloir se laisser attendre. » Nous ne citerons qu'un exemple de cette facilité de repartie, et nous le citerons d'autant mieux qu'il a trait à notre histoire. Nous avons dit que, sous Charles X, quand parut la loi contre la presse, l'Académie française, après une honorable discussion, présenta à la couronne une respectueuse supplique. Michaud, qui avait pris part à cet acte, perdit le titre de lecteur du roi et les mille écus qui y étaient attachés. Quelque temps après, le roi lui ayant reproché doucement la part qu'il avait prise à cette discussion : « Sire, lui répondit Michaud, je n'y ai prononcé que trois paroles, et chacune d'elles m'a coûté mille francs ; je ne suis plus assez riche pour parler. » Et il se tut.

XI.

M. FLOURENS.

1840.

« De tout temps, Monsieur, l'Académie française s'est fait un devoir d'accueillir au milieu d'elle des membres de l'Académie des sciences, fondées l'une et l'autre dans ce siècle, aussi grand par ses découvertes que par ses chefs-d'œuvre, qui a eu la gloire de produire Descartes et Corneille, Pascal et Molière, Huygens et La Fontaine, Leibnitz et Bossuet, Newton et Racine. Ces deux Académies étaient appelées à cimenter l'étroite alliance des lettres et des sciences par le commerce et en quelque sorte l'échange de leurs grands hommes. Aussi l'Académie des sciences, voulant donner à ses travaux l'influence de la clarté et de la popularité de l'esprit, emprunta Fontenelle à l'Académie française pour en faire auprès du public son ingénieux interprète. Depuis lors, les savants apprirent à devenir écrivains, et au lieu de *se servir comme dans l'ancienne Egypte*, pour employer les paroles mêmes de Fontenelle, *d'une certaine langue sacrée, entendue des seuls prêtres et de quelques initiés*, ils adoptèrent la langue de tout le monde, et ne crurent plus que découvrir avec génie les dispensait d'écrire avec talent. La révolution opérée à cet égard fut si féconde, que l'Académie française s'associa bientôt le plus grand des naturalistes, comme le plus magnifique des écrivains, et qu'elle trouva dans le profond géomètre qui, à l'Académie des sciences, continuait Newton et rivalisait avec Euler, un élégant organe des lettres et l'un de ses plus célèbres secrétaires perpétuels. »

Ainsi disait M. Mignet à M. Flourens, le jour de la réception de notre académicien, et il ajoutait :

« Cette utile intimité qu'ont maintenue autrefois entre les deux corps, Buffon, d'Alembert, Maupertuis, La Condamine, Condorcet, Bailly, Vicq d'Azir, a été renouvelée de nos jours par trois hommes du premier ordre, Laplace, Fourrier, Georges Cuvier. Mais après les avoir perdus, l'Académie française ne comptait plus dans ses rangs aucun représentant de la science. Tant de glorieux souvenirs, et la fidélité à une coutume déjà plus que séculaire, la disposaient à porter ses suffrages sur un membre de l'illustre Compagnie à laquelle vous appartenez à plus d'un titre. Votre mérite, Monsieur, l'y a décidée. Elle a ajourné un moment les lettres pour renouer, en vous choisissant, avec les sciences. »

Il était nécessaire que M. Mignet expliquât de cette façon le choix de ses collègues ; car le public, habitué à regarder l'Académie française plutôt comme l'asile des lettres que celui des sciences, n'avait pas manqué de s'étonner lors de la nomination de M. Flourens. Mais ce que ne disait pas M. Mignet, c'est la portée significative qu'avait un tel choix, dans un temps où la forme est, de toutes les qualités exigibles chez l'homme de lettres, celle qu'il néglige le plus ; et ce qu'il sous-entendait, c'est la manifestation importante en faveur du langage que faisait l'Académie en nommant le savant héritier des Fontenelle et des d'Alembert.

M. Flourens en effet, se recommande bien plus à notre *Histoire* par l'usage distingué qu'il a fait du style que par des titres foncièrement littéraires. « Nous ne trouvons éloquent aujourd'hui, a-t-il dit quelque part, que ce qui l'est par le style. La grande influence s'est déplacée. L'art d'écrire est aujourd'hui ce que fut l'éloquence parlée dans les temps antiques ; toutes les forces de l'esprit humain se résument dans ce grand art ; et, comme il appartenait à Buffon de le proclamer, la puissance des temps modernes est le style. » Il suffit de feuilleter les beaux travaux de M. Flourens pour s'assurer combien cette conviction l'a guidé, et combien est magnifique la forme dont il les a revêtus. C'est cette forme qui les fait, non pas lire (des mérites plus sérieux les imposent), mais rechercher même de ceux auxquels ils sont étrangers ; qui insinue dans l'esprit le plus rétif les vérités qu'ils renferment, et les y fait demeurer, tandis qu'elle imprime à tout jamais chez ceux que leur état conduit à les étudier, les découvertes nouvelles dont ils sont remplis.

Les œuvres de M. Flourens, cependant, contiennent des pages qui sont autant du domaine des lettres que de celui des sciences. Nous voulons parler des éloges de Georges et Frédéric Cuvier, de Laurent de Jussieu, de Chaptal, de La Billardière, de Desfontaines, de Pyramus de Candolle, de Dupetit-Thouars, prononcés par lui au sein de l'Académie des sciences. M. Mignet le disait à notre académicien : « Ce sont eux, Monsieur, qui vous ont désigné à l'attention de l'Académie française. Ce genre de littérature que vous avez regardé, non sans raison, comme une des richesses propres à la France, et qui devait naître dans le pays où la bienveillance des sentiments et la politesse des habitudes commandent de juger en louant, a donné des modèles exquis. Vous les avez étudiés sans les imiter, et continués avec succès.

» Après l'esprit de Fontenelle, la finesse judicieuse de d'Alembert, la hardiesse philosophique de Condorcet, la savante et gracieuse abondance de Cuvier, vous avez su vous distinguer encore en vous montrant exact dans vos vues, simple dans vos formes, ferme dans vos jugements, précis dans votre langage, plus sobre de traits qui plaisent que de vérités qui instruisent ; en n'admettant que les idées sorties du fond même de vos sujets, en rapprochant avec habileté les méthodes des découvertes et en ne séparant jamais l'histoire des savants de la marche de la science. »

Parmi ces remarquables appréciations, il faut citer d'abord celles de Georges Cuvier et de Laurent de Jussieu : M. Flourens loue ces deux grands naturalistes comme ils méritaient de l'être, en les faisant connaître. Il ne s'est pas moins élevé dans l'éloge de Buffon et l'examen de ses œuvres (1844). Dans un petit volume de trois cents pages environ, il expose ses travaux avec autant de clarté que d'élégance, étalant ici toutes les grandes idées de Buffon, redressant celles qui ont été reconnues fausses, confirmant celles dont les expériences modernes ont prouvé la justesse, et là, mêlant la saine critique avec la louange bien méritée, il a retracé de main de maître cette colossale figure du génie, sans omettre aucune de ses innombrables beautés, aucun de ses rares défauts. « Tantôt, a dit M. Julia, admirateur sincère et enthousiaste de Buffon, éloquent historien des travaux de ce grand homme ; tantôt savant interprète, juge spirituel, sans cesser d'être impartial, M. Flourens sait toujours nous séduire et nous charmer. »

Mais n'est-il point temps, à présent, d'aborder la biographie de M. Flourens ? Quoique, à la rigueur, elle soit pour nous tout entière dans les lignes qui précèdent, sortons néanmoins de l'Académie française pour le retrouver à l'Académie des sciences.

Marie-Jean-Pierre Flourens, commandeur de l'ordre de la Légion d'honneur et professeur-administrateur du Muséum d'histoire naturelle de Paris, membre des sociétés royales de Londres et d'Edimbourg, des Académies royales des sciences de Belgique, Stockholm, Turin, Munich, etc., etc., est né à Maureilhon, près Béziers, le 13 avril 1794. Sa vocation l'entraînait vers la médecine. Après s'être distingué à la faculté de Montpellier comme élève, il y fut reçu docteur en 1813. Il se rendit ensuite à Paris, et s'appliqua, dès lors, à compléter ses études dans les sciences médicales. Doué d'un esprit curieux à l'excès et possédant une excellente mémoire, avide de travail, les progrès qu'il ne tarda pas à y faire furent énormes. Dirigeant particulièrement ses recherches dans les ténèbres de la physiologie et de l'anatomie comparée, il était, en 1819, assez instruit pour publier une *Analyse de la philosophie anatomique*, essai qui vaut une œuvre, et dans lequel, résumant les principes de la théorie anatomique établie par M. Geoffroy Saint-Hilaire, sous les noms de *Théorie des analogues*, il contribuait à donner à cette théorie la célébrité dont elle jouit à cette heure. La même année, il se faisait connaître aux lecteurs de la *Revue encyclopédique*; il collaborait ensuite au *Journal complémentaire des sciences médicales*, puis aux *Annales des sciences naturelles* et, plus tard enfin, aux *Mémoires du Muséum* et au *Journal des savants*, dont il est encore aujourd'hui l'un des rédacteurs assidus. C'est dans ces diverses feuilles qu'il publia cette belle série d'observations qui l'ont fait connaître comme l'un des plus grands représentants de la science moderne.

Toutefois la gloire de M. Flourens ne s'est pas arrêtée aux limites du livre ou de la revue. En 1821, il donna à l'Athénée royal de Paris une suite de leçons sur la *Théorie physiologique des sensations*, où il s'efforça de prouver que cette théorie bien entendue est le lien réel de la physiologie et de la philosophie. « Entre les physiologies et les philosophies proprement dites, dit-il dans le *prospectus* de ses leçons, s'élève une science nouvelle, tour à tour parcourue ou indiquée par Locke, Condillac, Cabanis, Bichat, MM. Gall, de Tracy, etc., et cette science est l'objet de ce cours. Il commence où finissent les *physiologies* proprement dites, et finit où commencent les philosophies ordinaires. » « A une époque où le mysticisme de certains philosophes rêveurs cherche à nous faire reculer jusqu'aux abstractions du platonisme et du brahaminisme, écrivait, en 1836, l'un des plus judicieux biographes de M. Flourens, il faut lui savoir gré du courage dont il a fait preuve en se montrant le défenseur éclairé de la doctrine qui prend l'organologie pour base de tout système tendant à expliquer le moral de l'homme. »

Plus tard nous retrouvons M. Flourens continuant la belle carrière du professeur qu'il avait ainsi commencée. C'est d'abord au collége de France, dont Cuvier lui confia la chaire d'*histoire naturelle* en 1828; puis au Muséum, où il professe depuis 1829 l'anatomie et la physiologie comparées; et ses enseignements, loin de perdre leur attrait sous cette forme nouvelle, n'ont fait que répandre davantage sa renommée.

Maintenant, citerons-nous ses savantes études sur le cerveau, ses profondes recherches sur le système nerveux, et les découvertes sans nombre qui lui sont dues dans les diverses branches de l'histoire naturelle? Ce serait aller plus avant que notre cadre ne nous le permet. Nous nous contenterons de répéter avec M. Mignet que s'il suffisait de ces solides travaux pour siéger à l'Académie des sciences, il fallait les exposer avec art pour être admis à l'Académie française. « Vous l'avez fait, Monsieur, disait-il, en vous montrant fidèle à la langue de notre pays dans des Mémoires composés avec méthode, écrits avec talent, et où l'on trouve à la fois la clarté qui est la condition fondamentale du style, la concision qui en est la force, et l'élégance qui en est l'ornement. » Ajoutons que ces travaux, dont le plus grand nombre a été lu dans les séances de l'Académie des sciences depuis 1822 et en a obtenu les couronnes, marquaient trop éloquemment la place de M. Flourens au sein de cette belle Compagnie, pour que celle-ci ne songeât pas à se l'approprier. Aussi, en 1828, une place étant venue à vaquer, il y entra, et peu de temps après il en devenait le secrétaire. C'est à ce titre qu'il a composé les *Eloges* que nous avons cités. Là, cependant, M. Flourens ne s'est pas seulement rendu cher à ses collègues par toute la gloire qu'il leur a apportée; travailleur infatigable et scrupuleusement attaché aux règlements, M. Flourens, comme savant et comme secrétaire perpétuel, est doublement utile à l'Institut. Indépendamment des travaux qu'il n'a cessé d'y soumettre, des volumes qu'il a publiés et des morceaux fournis par lui aux recueils scientifiques que nous avons désignés, et auxquels il faut joindre le *Plutarque français* et l'*Histoire des villes de France*, qui contiennent plusieurs de ses articles, il a aussi pris part pendant un temps aux affaires publiques. M. Flourens a été député de l'Hérault en 1839. Elevé, en 1846, à la dignité de membre de la Chambre des pairs, il y a siégé jusqu'à la dissolution de cette Chambre. Au milieu des hommes illustres qui la composaient, M. Flourens sut pourtant s'y distinguer; ses discours, qui sont assez nombreux, ont les sciences pour sujet, leur enseignement et leurs progrès pour but; tous, enfin, sont marqués au sceau de l'esprit supérieur dont ils émanent. Celui qu'il a prononcé le jour de sa réception à l'Académie n'a pas été moins remarqué : justesse des idées, finesse des vues, convenance parfaite, élégante simplicité, il contient tout ce qui est exigible dans un pareil ouvrage, et, comme l'a fort bien remarqué M. Charles Magnin : « On eût dit que, représentant de l'austérité de la pensée dans l'asile des richesses de l'imagination, il y venait avec une parure discrète, pour mieux attester l'objet de son mandat. »

XXXI.

LE FAUTEUIL DE D'OLIVET.

LE FAUTEUIL DE D'OLIVET.

I.

BOISSAT.

1634.

Pierre de Boissat, seigneur de Licieu et d'Avernais, chevalier et comte palatin, membre de l'Académie d'Avignon, né en 1603 à Vienne, et mort le 28 mars 1662. Doué d'un esprit propre aux sciences, il fit ses humanités avec un grand succès, et donna de bonne heure de telles marques de sa facilité à tourner les vers, qu'il reçut dans sa province le surnom de *Boissat l'Esprit*. L'espoir de le voir succéder à l'abbaye que possédait l'un de ses parents, l'abbé de Saint-Arnauld de Metz, engagea sa famille à lui faire prendre l'habit ecclésiastique. Mais Boissat ne se sentait pas assez digne d'exercer le sacerdoce; un beau jour il laissa la soutane, endossa la casaque du soldat, et alla se joindre au connétable de Lesdiguières, qui s'avançait contre les huguenots du Vivarais (1622). La bravoure l'y suivit; aussi, la gloire qu'il en recueillit mit-elle bientôt une infranchissable barrière entre son nouvel état et les premiers projets de sa famille. Il alla ensuite à Malte, puis s'attacha à Henri de Montmorency, gouverneur du Languedoc. Le besoin d'action qui bouillonnait en lui ne devait pas l'y laisser longtemps. La noblesse du Dauphiné marchait alors au secours du duc de Savoie, attaqué par les Génois (1625) : il l'accompagna, et dans la lutte qui ne tarda pas à s'engager, « il se distingua, dit d'Olivet, et par l'épée et par la plume : car, les Génois décriant fort la conduite du soldat français, il arrêta le cours de leurs libelles par une *Apologie* qu'il fit en latin, et qu'il adressa au pape Urbain VIII. »

En 1627, Boissat, continuant ses exploits, se trouvait à la défense de l'île de Ré ; l'année suivante, on le voyait au siége de la Rochelle, « d'où il revint, reprend d'Olivet, à la suite de Gaston, duc d'Orléans, prince qui aimait les esprits cultivés, et qui, dans les temps où la guerre lui donnait du relâche, faisait tenir chez lui de savantes conférences, où l'on arrivait préparé sur les matières qu'il avait indiquées lui-même. Ce fut par là que M. de Boissat, dès longtemps préparé par un prince auquel nous devons quelques bons écrits, eut occasion de se lier avec ceux de nos écrivains qui primaient alors, et nommément avec Faret, Baudouin et Bourbon. Il s'était fait une habitude, même à l'armée, d'apprendre par cœur quelque chose tous les jours, et de le réciter à haute voix. De là, une grande facilité à parler d'un ton soutenu, et une mémoire enrichie de mille traits remarquables qui le faisaient infiniment briller dans ces assemblées. »

Quelques duels qu'il eut à cette époque, et où il fut heureux, achevèrent de le mettre bien dans l'esprit du chevaleresque Gaston. Boissat devint gentilhomme de sa chambre, et dans tout ce que ce prince entreprit contre le roi en Lorraine, en Flandre, en Allemagne, il n'eut point, nous apprend Pellisson, de confident plus chéri que Boissat, « dont la bouche était propre à persuader, et le bras prompt à exécuter ». Réconcilié avec son frère, Gaston n'en garda pas moins près de lui son compagnon d'aventures. Boissat, bientôt admis à l'Académie, honoré de l'amitié d'un prince, riche et considéré, croyait son bonheur assuré, et la vie lui souriait, lorsqu'en 1636, le désir de revoir ses parents le fit retourner dans sa patrie, où l'attendait une mortification qui troubla pour toujours ce bonheur.

Dans un bal qui se donnait chez le comte de Sault, et où Boissat avait été invité, prenant fait et cause pour la société de Grenoble, qui avait sans cesse à souffrir des médisances de la comtesse, il résolut de la faire repentir de son mauvais esprit. Masqué, à cet effet, d'une façon singulière, il venait passer et repasser plusieurs fois devant elle, un morceau de papier blanc dans une main, et dans l'autre des ciseaux avec lesquels il déchiquetait ce papier, pour faire sentir à cette dame le ridicule qu'elle se donnait en déchirant son prochain. Malheureusement, la comtesse prit mal la leçon, et loin d'en profiter, elle en fut au contraire tellement outrée qu'elle fit cruellement insulter le donneur de conseils par ses gentilshommes et ses valets. Mais Boissat ne fut pas seul à s'émouvoir de cette injure. Toute la noblesse du Dauphiné, se croyant intéressée dans cette affaire, se plaignit de l'offense et en demanda hautement réparation. On fut seize mois entiers à convenir des faits, et ce ne fut qu'au bout de ce temps que se fit l'accommodement dont on peut lire l'acte solennel dans l'*Histoire de l'Académie* de Pellisson.

« Après un si triste accident, dit cet historien, il perdit toute idée de reparaître à la cour, et il se confina pour toujours à Vienne. Heureusement, il avait une ressource, avec laquelle point de séjour qui ne plaise, point de disgrâce qu'on ne dévore; je veux dire l'amour de l'étude. Il crut qu'une femme pourrait lui être aussi de quelque consolation, et il épousa Clémence de Gessans, nièce d'un grand maître de Malte. Une autre secours encore, mais le plus efficace qu'il pût opposer à ses adversités, ce fut la dévotion solide qu'il embrassa pour le reste de ses jours. Il poussa même l'esprit de pénitence jusqu'à des signes extérieurs que les bienséances du monde ont peine à souffrir. Il négligeait ses cheveux, se laissait croître la barbe, affectait de porter des habits grossiers, attroupait et catéchisait les pauvres dans les carrefours, et faisait de fréquents pèlerinages à pied. On raconte même, à ce propos, que la reine de Suède passant par Vienne, en 1654, les principaux de la ville prièrent M. de Boissat, qui leur était connu par ses poésies, de marcher à leur tête pour lui faire compliment, et que, s'étant présenté devant elle avec un air de malpropreté, il lui fit un sermon pathétique sur les jugements de Dieu et sur le mépris du monde. Christine, rentrée depuis peu dans le sein de l'Eglise, mais toujours femme et princesse, souffrit impatiemment qu'au lieu de lui donner des louanges, l'orateur se jetât sur une matière si lugubre. Quand il se fut retiré : « Ce n'est point » là, dit-elle, ce Boissat que je connais : c'est un » prêcheur qui emprunte son nom. »

Boissat, en effet, avait bien changé ; mais ce qu'il ne donnait plus au monde, comme le disait Pellisson, il le donnait aux lettres. Outre un premier ouvrage que nous avons cité, et qui est en latin, Boissat en a composé d'autres également dans la même langue. Ce sont les relations des expéditions où il s'était trouvé, telles que le siége du Vivarais (*Pusinensis obsidio*), l'expédition de Gênes (*Ligustica expeditio*), etc., etc.; le récit de son voyage à Malte (*Navigatio Melitensis*, et enfin un poëme épique en six livres sur la défaite des Sarrasins par Charles Martel (*Martellus*), duquel Chapelain loue « la gravité magnifique »; une paraphrase des *Institutes* de Justinien et d'autres poésies sur des sujets de piété dont on a dit qu'elles avaient « plus de facilité que d'élégance, et plus de fécondité que de choix. » Toutes ont été réunies en un volume in-folio. Mais cet ouvrage a disparu, ou, du moins, il n'est pas venu à notre connaissance qu'il en existât un seul exemplaire. Pellisson prétend qu'on ne doit pas s'étonner de cette rareté, mais qu'il faut l'attribuer à l'extrême modestie de l'auteur : « On m'a dit, écrit-il, que peu de temps avant sa mort, l'édition prête à paraître, il la supprima par délicatesse de conscience, de peur qu'elle ne lui attirât des louanges.» Il a également laissé des ouvrages en langue française : une *Histoire négrepontique* (1631), roman tiré des manuscrits d'Ottavio Pinelli, estimé de quelques-uns, mais qu'on ne lit plus, et dans lequel La Calprenède a pris les principales situations de sa *Cassandre ;* les *Fables d'Esope*, illustrées de *discours moraux, philosophiques et politiques* (1633), ouvrages écrits, le premier en vingt jours et le second en quinze, et publiés sous le nom de Jean Baudouin ; une *Relation des miracles de Notre-Dame de l'Ozier* (1659), en français et en latin, *avec des vers à la louange de la sainte Vierge, en cinq langues* (grecque, latine, espagnole, italienne et française). Pellisson rapporte aussi que, vers la fondation de l'Académie, alors que les premiers de ses membres, parmi lesquels il met Boissat, s'exerçaient entre eux à faire des discours d'éloquence, il en fit un sur l'*Amour des corps*, pour l'opposer à celui que Des Marets avait fait sur l'*Amour des esprits*, « et, dit notre historien, par des raisons physiques prises des sympathiès, il y fait voir que l'amour des corps n'est pas moins divin que celui des esprits ». C'est tout ce que nous pouvons en apprendre à nos lecteurs.

II.

FURETIÈRE.

1662.

Antoine Furetière, le premier académicien exclu, né à Paris en 1620, mort le 14 mai 1688. Il eut du succès dans ses études. Après s'être rendu savant en droit civil et en droit canon, il se fit recevoir avocat au parlement, et exerça la charge de procureur fiscal de la justice de l'abbaye royale de Saint-Germain-des-Prés. Ayant ensuite embrassé l'état ecclésiastique, il obtint l'abbaye de Chalivoy et le prieuré de Chuynes. D'un esprit généralement bilieux, ses premières productions littéraires furent des satires en prose et en vers, intitulées, l'une, *Nouvelle allégorique* ou *Histoire des derniers troubles arrivés au royaume d'Éloquence* (1658) ; l'autre, le *Voyage de Mercure* (1659), dans lesquelles il censure et les gens de lettres et les savants avec lesquels il commençait déjà à ne plus s'entendre. L'Académie française ne l'en reçut pas moins dans son sein quatre ans après (1662). Il n'y eut pas d'ennemis. Instruit et spirituel, il s'y créa, au contraire, beaucoup d'amis.

Boileau, Racine et La Fontaine étaient de ces

derniers. Ceux-ci, néanmoins, avaient très-souvent à se plaindre du fâcheux usage qu'il faisait de son esprit naturellement tourné à la malignité, et rarement l'amertume de ses railleries manquait de les blesser. A la longue, cela les fatigua, et le bon La Fontaine lui-même se fâcha jusqu'à lui décocher une épigramme. Cela n'empêche point que Furetière ne fût un homme de beaucoup de talent, comme le prouvent son *Roman bourgeois*, dédié au bourreau (1666), et où, avec une verve peu commune, il peint les mœurs de la classe inférieure de son temps; des poésies (1672); ses *Fables*, dont l'invention lui appartient; la parodie de *Chapelain décoiffé*, qui est presque tout entière de lui, et la part qu'il a prise aux *Plaideurs*. Mais où Furetière découvrit tout à fait son caractère haineux et digne des critiques dont ses contemporains l'ont accablé, ce fut dans l'affaire du *Dictionnaire*.

L'Académie s'occupait alors de la rédaction du sien. Furetière, loin de tenir compte du droit qu'elle avait obtenu d'être le seul éditeur qui pût mettre au jour ce monument de notre langue, entreprit d'en mettre un autre au jour. A cet effet, ayant surpris un privilége, il s'apprêtait à en profiter, lorsque, l'Académie apprenant ses projets, il fut sommé de soumettre à l'examen de ses collègues le travail qu'il avait commencé. Furetière le montra; et quel ne fut pas l'étonnement de l'Académie, en retrouvant dans cet ouvrage non-seulement ses propres définitions, mais encore les phrases mêmes dont elle s'était servie ? Dès lors tout se rompit entre le coupable et la Compagnie. « Il n'y eut plus, reprend d'Olivet, d'autre parti à prendre que de procéder contre lui dans les formes. C'était à l'Académie à s'en faire justice elle-même, puisque ses statuts l'autorisent et même l'obligent à destituer un académicien qui aura fait *quelque action indigne d'un homme d'honneur*. Et quelle action plus indigne d'un homme d'honneur que d'avoir usurpé le travail de sa Compagnie ? Aussi ne balança-t-on pas. Furetière, après avoir été de l'Académie pendant vingt-trois ans, en fut exclu le 22 janvier 1685. »

Dès ce moment, elle n'eut point d'ennemi plus acharné que lui. « Après avoir oublié ce qu'il devait à sa Compagnie, dit encore d'Olivet, il oublia ce qu'un honnête homme se doit toujours à lui-même. La colère lui dicta des volumes de médisances et de railleries contre ses anciens confrères : mais railleries grossières, médisances brutales, qui ne donnent pas une trop bonne idée de son esprit, et qui en donnent une bien plus mauvaise de son cœur. C'est ainsi qu'il passa les trois dernières années de sa vie à écrire des libelles diffamatoires. Le torrent de ses invectives ne put être arrêté, ni par la censure publique des magistrats, ni par la modération de ses confrères, qui ne lui opposèrent qu'un généreux silence, dont l'Académie leur donna l'exemple. » On dit cependant qu'avant sa mort, il employa ses amis pour se raccommoder avec elle et qu'il se soumit à leur donner satisfaction ; mais nous laissons toute la responsabilité de cet *on dit* à Moréri qui le rapporte. Quoi qu'il en soit, Furetière ne vit point la fin de son procès. Le privilége qu'il avait obtenu lui fut retiré, et il fut forcé d'avoir recours aux libraires étrangers pour la publication des premières pages de son ouvrage. Celui-ci parut en Hollande, en 1689, accompagné des *factums* dont se plaint d'Olivet. Mais on n'en vit une édition recevable qu'en 1690, deux ans après la mort de son auteur, car il n'est pas possible de mettre à ce rang quelques éditions fort imparfaites qui parurent avant ce temps-là. Elle fut intitulée : *Dictionnaire universel*, etc., 3 vol. Ajoutons que les *factums* eurent ce succès que ne manquent jamais d'avoir en France ces sortes de productions ; quant au *Dictionnaire* même, qui est encore estimé, après plusieurs réimpressions, toutes retouchées, il finit par donner naissance au bel ouvrage qui porte le titre de *Dictionnaire de Trévoux*.

Il faut dire, à la louange de l'Académie, que le fauteuil de Furetière est resté vacant jusqu'à sa mort, et que cette exclusion, parmi cell s qui figurent dans ses annales, est la seule qui ait eu lieu par sa volonté : les autres, depuis celle du bon abbé de Saint-Pierre, lui ont été imposées.

III.

LA CHAPELLE.

1688.

Jean de La Chapelle, né à Bourges en 1655. Son père, qui était le doyen des professeurs de l'Université de la capitale du Berry, et d'une famille qui, au dire de ses biographes, aurait eu plusieurs chevaliers de Rhodes, lui donna de bonne heure une éducation digne à la fois du nom qu'il était appelé à porter et des titres qu'il espérait lui léguer. Mais La Chapelle ne se plaisait pas aux affaires, il aimait les lettres et montrait peu de goût pour l'enseignement. Après avoir acquis une charge de receveur général des finances à la Rochelle, dont il remplit les fonctions durant plusieurs années, le théâtre, que venait de rendre moins redoutable la retraite de Racine, lui fit des avances auxquelles il ne résista pas. « Il fit plus, dit d'Alembert, il s'essaya tout à la fois dans le tragique et dans le comique, et reçut, dans l'un et dans l'autre, des applaudissements. » Il faut surtout citer, parmi les œuvres du plus léger des deux genres, la petite pièce des *Carrosses d'Orléans*, bouffonne, spirituelle, amusante ; elle s'est longtemps maintenue sur la scène. Le célèbre comédien Baron se chargea du succès des œuvres plus sérieuses. « La Chapelle, ajoute d'Alembert, n'oubliait jamais, dans les tragédies, d'exciter l'attention et l'intérêt par quelques scènes propres à faire briller cet incomparable acteur. Il est vrai que la fortune de ces scènes baissait quelquefois à la lecture, mais il restait au moins à La Chapelle le mérite d'y avoir su mettre ce qui devait les faire réussir au théâtre. Par là, il montrait plus d'adresse et de ressources que beaucoup d'autres auteurs, qui, ayant le même moyen à leur disposition, n'avaient pas eu comme lui le secret d'en profiter. » Le mérite, disons-le, n'est pas bien grand ; quoi qu'il en soit, La Chapelle réussit, et c'est déjà beaucoup. *Zayde*, *Téléphonte*, dont le sujet a servi à Voltaire pour *Mérope*, *Ajax* et surtout *Cléopâtre*, obtinrent dans leur temps les applaudissements les plus sincères.

Déjà poëte de théâtre, La Chapelle voulut l'être encore, mais sous une forme nouvelle. Il écrivit les *Amours de Catulle* (1680), roman historique entremêlé de traductions ; puis les *Amours de Tibulle*, ouvrage du même genre que le premier. « Mais, comme l'a très-justement remarqué d'Alembert, en lisant l'auteur français on se rappelle les vers des deux auteurs latins, et ce souvenir, il faut l'avouer, nuit à leur traduction ; nos meilleurs poëtes auraient peine à soutenir le parallèle avec deux voisins si redoutables ; on doit donc pardonner à La Chapelle de n'avoir pas été heureux dans un si dangereux essai de ses forces. » Toutefois, les succès qu'il avait eus au théâtre, quoique passagers, et les suffrages mêmes que ses romans lui avaient obtenus, parce qu'il y avait conservé quelques traits de Tibullé et de Catulle, quoique fort affaiblis, lui méritèrent une place d'académicien. Ce fut celle qu'en mourant Furetière laissait vacante. La Chapelle, loin d'accabler, dans son discours de réception, l'homme qui l'avait précédé, s'exprima, au contraire, avec une noble et sage réserve. Nommé directeur, à diverses reprises, il s'en acquitta à la satisfaction de ses confrères et de ses auditeurs. « Il ne parut pas même déplacé dans les occasions brillantes, reprend d'Alembert, où l'assemblée attendait beaucoup de celui qui était chargé de porter la parole ; elle rendit à l'orateur, dans ces circonstances, toute la justice qu'il pouvait désirer. On applaudit surtout sa réponse au maréchal de Villars, qui entrait à l'Académie couvert des lauriers de Denain : *La fortune*, lui dit La Chapelle, *devait mettre Cicéron à ma place pour répondre à César*. Touché de cet aveu modeste, le public jugea que César avait été dignement loué, quoiqu'il ne l'eût pas été par Cicéron. »

Notre historien nous représente La Chapelle comme un homme joignant « aux qualités de l'esprit la douceur du caractère et l'honnêteté de la conduite et des mœurs ». Aussi les princes de Conti se l'étaient-ils attaché de très-bonne heure, en qualité de secrétaire des commandements, en lui accordant une confiance aussi entière qu'à un ami ; il fit avec eux la campagne de Hongrie. Envoyé en Suisse pour y terminer des affaires qui concernaient ses protecteurs, Louis XIV lui-même apprécia de la sagesse et du zèle qu'il y découvrit, et peu de temps après les mit de nouveau en œuvre pour des négociations qu'il avait à traiter dans le même pays. Le monarque eut lieu d'être satisfait de son choix, et le public même a recueilli le fruit des réflexions et des connaissances politiques du négociateur. Il les a développées dans un ouvrage assez considérable, publié pendant le cours de la guerre que la succession d'Espagne avait allumée; cet ouvrage a pour titre : *Lettres d'un Suisse à un Français* (1703). Ces lettres sont très-bien et surtout très-finement écrites. Leur intérêt a en partie disparu aujourd'hui; mais comme elles sont faites sur les mémoires mêmes que les ministres de la cour de France communiquaient à leur auteur, elles ne manquent pas d'un certain intérêt historique qui les fera toujours consulter.

Jean de La Chapelle est mort à Paris le 29 mai 1723.

IV.

L'ABBÉ D'OLIVET.

1723.

Pierre-Joseph Thoulier d'Olivet, le second historien de l'Académie française et l'un de nos meilleurs grammairiens, est né le 1er avril 1682, à Salins, d'une famille de robe. Ses études achevées, il entra dans la Société des Jésuites. Il vint ensuite à Paris, et s'y lia avec Boileau d'une façon particulière; le grand satirique devint son maître. On peut du moins attribuer à leurs relations toute la sévérité des jugemens littéraires que d'Olivet devait porter dans la suite, la franchise et l'espèce de rudesse qu'il apportait dans le commerce de la vie, et ce goût pur, cette correction qui ont donné une supériorité si vive à ses écrits. Ne nous étonnons donc point de le trouver dès l'abord figurant dans la grande querelle des anciens et des modernes, et de l'y voir, à côté de Mme Dacier, contre Perrault, La Mothe, Fontenelle et ce singulier abbé de Terrasson « qui ne se levait tous les jours à trois heures du matin que pour ne pas penser comme les autres ». D'Olivet y prit sa bonne part, et si le bon sens de son parti ne triompha pas de la gaieté du parti contraire, ce n'est certes pas faute d'y avoir fourni beaucoup du sien. Nous le voyons ensuite s'essayer dans la poésie et produire même un assez grand nombre de vers, si nous en croyons ses amis; mais ces essais ne nous sont pas parvenus; car d'Alembert nous apprend qu'il fut assez juste ou assez sévère, dans un âge plus avancé, pour les dévouer à ce qu'il appelait en souriant *emendaturis ignibus*. L'étude qu'il faisait en même temps de l'art oratoire le mena à de meilleurs résultats. Pour se pénétrer du principe et du goût d'une éloquence saine, et pour avoir sous les yeux, dans le même écrivain, le précepte et l'exemple, il s'était attaché à Cicéron. Il prit aisément pour lui le goût le plus vif; bientôt, à force de le lire et de le méditer, à ce goût succéda une espèce de passion.

« Cet enthousiasme déclaré, dit d'Alembert, cette profession de foi constante a été parmi les gens de lettres comme l'écusson de l'abbé d'Olivet, ou, si l'on veut, sa cotte d'armes distinctive. »

Ce furent d'abord les traductions de l'*Entretien sur la nature des dieux* (1721) et des *Catilinaires* (1727), qu'il donna comme les preuves de son admiration. Puis recueillant, dans les divers ouvrages de Cicéron, les morceaux qui lui parurent les plus propres à former le goût des jeunes gens, « à leur inspirer (ce sont les termes de d'Alembert) des principes solides et lumineux de justice, de sagesse et de bienfaisance, » il les traduisit avec soin, et les offrit au public sous le titre de *Pensées de Cicéron* (1744). « C'est, reprend l'historien, une espèce d'*esprit* de cet orateur philosophe, mais un *esprit* infiniment plus digne de ce nom que ces extraits informes et mal choisis de tant d'auteurs modernes, compilés aussi sous le nom d'*esprit* et quelquefois de *génie*, par des hommes qui ne donneront à personne la peine de recueillir le leur. » Ces traductions sont écrites avec la plus scrupuleuse correction grammaticale, et à ce mérite il faut joindre la fidélité la plus exacte. Aussi, Rollin qui s'y connaissait, disait-il qu'en les lisant on croyait lire l'original.

Notre abbé, cependant, ne crut pas avoir assez fait pour son auteur favori; c'est ce qui le détermina à entreprendre, en fin de compte, la belle édition de Cicéron que chacun connaît, et qui se trouve contenue dans la collection *ad usum Delphini* (1740-42).

Elle ne supportait encore tout récemment aucune comparaison : la correction du texte, la netteté, la précision, le savoir, le goût qui brillent dans les remarques, dont d'Olivet a fait, à côté des siennes, un choix habile, parmi celles des nombreux commentateurs sur Cicéron, et la beauté typographique aussi l'ont longtemps laissée sans rivale. Mais ce qui ne fait pas moins l'éloge de l'homme que celui du savant, c'est le désintéressement avec lequel d'Olivet entreprit ce beau travail : car les Anglais lui en ayant offert une somme importante, il la refusa, et malgré tout ce que la récompense avait de tentant, il préféra doter gratuitement son pays du fruit de ses veilles. Disons, toutefois, que ce patriotisme ne resta pas sans rémunération, et que le cardinal de Fleury en sut gré à d'Olivet par une pension de 1,500 livres, « prix modeste de ses peines, dit d'Alembert, mais qui suffisait à ses désirs, et qui n'était à ses yeux qu'une marque précieuse et chère de la satisfaction de son souverain ».

Revenons un peu sur nos pas, maintenant; car notre abbé nous a entraîné, à la suite de son cher Cicéron, plus loin qu'il n'eût fallu pour rester dans l'ordre. Nous l'avons laissé arrivant à Paris. Son talent déjà formé ne tarda pas à éveiller l'attention de sa communauté, on pensa à en tirer parti. L'*Histoire de la Société* était restée inachevée, d'Olivet fut chargé de la continuer. Il alla même à Rome dans ce but; mais à peine eut-il les documents nécessaires entre les mains qu'il s'en dégoûta. Vainement les

Jésuites lui offrirent, pour le retenir, la place d'instituteur du prince des Asturies : peu soucieux d'aller, sous un ciel étranger, jeter les fondements d'une fortune dont sa sobriété eût été embarrassée, il les quitta, et s'en revint à Paris, où une petite pension lui assurait une existence honorable

Nous avons vu ses débuts. Après ceux-ci, d'Olivet publia un *Traité de prosodie*, « ouvrage, dit Voltaire qui subsistera aussi longtemps que la langue française » ; ce qui est sans doute avancer beaucoup, dans un pays où l'on trouve si commode de faire un livre nouveau d'un vieil ouvrage ; mais celui-ci a au moins servi de fond à tous les travaux du même genre qui lui ont succédé. Il la fit suivre de *Remarques de grammaire sur Racine*, pleines de précision et de finesse, et enfin de la continuation, si souvent citée par nous de l'*Histoire de l'Académie française*.

L'ouvrage de Pellisson jouissait encore de la réputation de supériorité dont il était digne : le reprendre, l'annoter et enfin le continuer était donc considéré comme une entreprise hardie. Aussi d'Olivet ne l'entreprit-il qu'en tremblant ; mais s'il était décent qu'il parût effrayé de son prédécesseur, au fond il ne devait pas le redouter beaucoup ; sa continuation de l'*Histoire de l'Académie*, éloge rare chez un continuateur soutient le parallèle avec avantage ; elle mérite surtout d'être recommandée pour la fidélité des recherches et par une foule de faits particuliers à la Compagnie, et qu'il a soigneusement enregistrés.

On y désirerait cependant plus d'élévation dans les idées, plus de finesse dans les vues et de force dans le style. L'austérité uniforme de l'histoire, la sécheresse assidue des anciens dont il était rempli, en lui conseillant l'impartialité la plus rigoureuse, lui avaient inspiré un juste éloignement pour l'affectation et l'enflure; mais peut être, dit d'Alembert, « a-t-il donné dans l'écueil contraire, en cherchant la simplicité jusqu'à l'excès; peut-être tombe t-il quelquefois dans le style bourgeois et familier, en voulant éviter le style guindé et précaire ». Cette critique est du reste la seule qu'on puisse faire de cet ouvrage, qui est resté l'un des plus précieux monuments littéraires du XVIIIe siècle, et de ces témoignages historiques, qu'en notre qualité d'historien de l'Académie française, nous nous garderons bien de ne pas complétement admirer.

L'abbé d'Olivet mourut le 8 octobre 1768. Avec un extérieur peu attirant, il portait au fond du cœur une envie d'obliger sincère, et non point inactive, qui le faisait chérir de tous ceux qui l'approchaient. Nous avons dit l'étroite liaison qui l'unissait à Boileau ; il faut y joindre l'estime de tous les hommes célèbres de son temps et l'amitié du plus grand nombre d'entre eux. Mais ce fut surtout au sein de l'Académie que sa perte fut le plus sentie : il en était le doyen d'âge et presque de réception. Lorsqu'il y fut élu, son désir de l'être et la première de ses traductions représentaient tous ses titres. On ne lui en ouvrit pas moins les portes sans qu'il le sollicitât, et dans un temps où il était allé rendre les derniers devoirs à son père. « D'Olivet, dit d'Alembert, y fut toujours d'une assiduité exemplaire ; il écoutait avec autant d'intérêt que d'attention toutes les questions qui s'y proposaient, et opinait sur ces questions avec tout le savoir et toute la justesse possibles. Il a fait plus : il a laissé un monument touchant de ses sentiments pour nous, en adressant à l'Académie, une année avant sa mort, la dernière édition de ses *Opuscules sur la langue française*. « Puis-je me flatter, dit-il à ses confrères, qu'un jour l'examen de ces remarques vous dérobera quelques instants ? Ajoutez, retranchez, corrigez ; je prévois que vous aurez souvent à dire : Il s'est trompé ; mais dites quelquefois, je vous prie : Il nous aimait, il nous respectait. »

Nous distinguerons, outre ces *Opuscules*, qui ont tous pour sujet la langue française, et auxquels Huet, Dangeau, Choisy et Patru, ont travaillé, un autre *Recueil d'opuscules*, mais *littéraires*. On y trouve, après quelques réflexions sur le goût, qui sont bonnes, six lettres de d'Olivet à Bouhier. Il en est une, celle où il fait l'apologie de la rime attaquée par les néologues, qui est un chef-d'œuvre de goût et de raison ; les autres n'ont que de l'intérêt. Nous y joindrons une traduction des *Philippiques*, de Démosthènes, enrichies de très-curieuses dissertations ; les nombreux travaux qu'il a édités, parmi lesquels les *Poésies latines*, de Fraguier ; les *OEuvres posthumes*, de Maucroix ; le *Huetania*, les *Mémoires pour servir à l'histoire de Louis XIV*, de Choisy; le *Banquet de Platon*, de Racine; le *Journal de Henry IV*, de l'Estoile; les *OEuvres diverses*, de l'abbé Gédoyn, et d'autres travaux encore, qu'il a publiés avec préfaces, notes, pièces inédites, etc. On doit en outre à d'Olivet une petite pièce en vers latins : *Origo salinarum Burgundiæ ecloga*, dans le goût des *Métamorphoses* d'Ovide, et qui prouve que si notre académicien n'avait pas été très-heureux avec les muses françaises, celles du Parnasse latin le traitaient avec moins de rigueur.

V.

CONDILLAC.

1768.

Etienne Bonnot de Mably de Condillac, abbé de Mureaux, membre d'un grand nombre d'académies et l'un de nos métaphysiciens les plus distingués, est né à Grenoble en 1715. Autant son talent a jeté d'éclat, autant l'ombre couvre les particularités de son existence. Après une éducation dont on peut juger de la solidité aux fruits qu'elle a portés, il embrassa, à l'exemple de son frère Mably, l'état ecclésiastique, puis se renferma de nouveau au sein de l'étude. Là, ne recevant absolument que J.-J. Rousseau, Diderot et Duclos, il se livra aux profondes recherches qui donnèrent bientôt lieu à son *Essai sur l'origine des connaissances humaines*

(1746-54), dans lequel il explique catégoriquement, avec le principe de la liaison des idées, la plupart des phénomènes de l'esprit humain : vaste conception qui excita l'admiration générale. Aussi, comme on s'occupait de choisir un précepteur pour l'infant duc de Parme, petit-fils de Louis XV, le titre lui en fut confié. Condillac justifia aussitôt ce choix par son *Cours d'études* (1775), méthode profonde et lumineuse qui étonne autant par sa hardiesse que par sa simplicité. « Il renferme, dit M. Bouillet dans la solide analyse des travaux de Condillac qu'il a insérée dans le *Dictionnaire de la conversation*, il renferme la *Grammaire*, où l'auteur remonte à l'origine des langues, montre leur rapport avec la pensée, et signale les importants services que les signes rendent à l'intelligence ; l'*Art d'écrire*, où toutes les règles du style et de la composition sont réduites à un seul précepte, celui de se conformer à la liaison la plus naturelle des idées ; l'*Art de raisonner*, où l'on détermine le genre d'évidence propre à chaque science, et où les règles du raisonnement, au lieu de n'être que des formules vides et abstraites, reçoivent immédiatement les applications les plus utiles et servent à expliquer les plus importantes découvertes ; l'*Art de penser*, où se trouve reproduit, mais avec un nouveau degré de simplicité, ce que l'auteur avait déjà dit dans son premier *Essai* sur l'art qui préside à la formation de nos idées et sur les moyens les plus propres à nous donner des connaissances solides ; enfin l'*Histoire*, ouvrage rédigé dans des vues toutes philosophiques, et où les principes de la plus saine morale sont partout appliqués au jugement des faits. » On doit en outre à Condillac un *Traité des animaux* (1755), dans lequel il réfute victorieusement plusieurs des assertions de Buffon sur les facultés de l'homme et sur la nature des animaux ; puis *le Commerce et le Gouvernement considérés relativement l'un à l'autre* (1776), exposé très-clair et très-méthodique, mais généralement peu estimé des économistes ; la *Logique* (1779), où il développe les avantages de l'analyse ; la *Langue des calculs*, ouvrage posthume, où l'on voit comment l'homme est parvenu peu à peu à l'institution des divers genres de signes propres à exprimer la quantité ; et comment, par l'invention de chaque nouveau genre de signes, il a multiplié ses forces et est devenu capable d'embrasser des quantités de plus en plus considérables et d'exécuter des opérations de plus en plus difficiles. On considère cet ouvrage comme celui où Condillac a le mieux montré toute la force et toute l'étendue de son esprit, et l'on regrette beaucoup qu'il soit resté incomplet. Enfin, antérieurement à tous ces travaux que nous venons de désigner, il avait composé une *Dissertation sur l'existence de Dieu*, qu'il avait envoyée à l'Académie de Berlin ; mais cette dissertation n'a pas été conservée, et se trouve fondue dans les autres écrits de notre académicien.

Condillac a joui pendant un demi-siècle d'une autorité presque absolue, et quoique aujourd'hui il soit fort discrédité, il ne faut pas moins lui accorder une grande place dans l'histoire de la philosophie en France. « Il est, a dit M. Bouillet, au dix-huitième siècle, le représentant le plus distingué d'une doctrine qui s'est reproduite à toutes les époques, mais qui n'avait jamais reçu avant lui des développements aussi étendus, et surtout qui n'avait jamais été exposée avec autant de lucidité : je veux parler de la doctrine qui fait tout dériver de la sensation, et pour laquelle on a, de nos jours, créé le nom de *sensualisme.* »

... Quelque voisine du matérialisme qu'une telle doctrine puisse paraître au premier coup d'œil, elle s'en distingue cependant ; elle n'y conduirait qu'autant qu'on accorderait la sensation à la matière : or, c'est ce que n'a pas fait Condillac ; nul, au contraire, n'a démontré avec plus de force et de clarté la spiritualité de l'âme. Au reste, quels que soient les torts de ce philosophe, on doit reconnaître qu'il a rendu de grands services à la science, et l'on ne peut trop étudier ce qu'il dit de l'influence des signes sur la pensée, des effets de la liaison des idées, des avantages de l'analyse et des inconvénients de la synthèse. Son style est, d'ailleurs, un modèle à suivre, comme le reconnaît La Harpe, qui jugeait cet auteur bien moins sévèrement qu'on ne l'a fait plus tard : « Le style de Condillac, dit-il, est clair et pur comme ses conceptions : c'est en général l'esprit le plus juste et le plus lumineux qui ait contribué dans ce siècle aux progrès de la saine philosophie. »

Condillac mourut le 30 août 1780 à Beaugency. Il laissait derrière lui d'impérissables travaux, une réputation immense et l'estime de tous les gens qui l'avaient approché.

VI.

TRESSAN.

1781.

Louis-Elisabeth de La Vergne, marquis de Broussin et comte de Tressan, né au Mans le 4 novembre 1705, et mort à Paris le 31 octobre 1783. Il acheva son éducation près de Louis XV. Une charmante figure, des grâces naturelles, le désir et le don de plaire lui assurèrent l'amitié du jeune monarque, tandis que des connaissances supérieures à son âge, une imagination vive et pleine de saillies, un amour précoce pour les lettres, les sciences et les arts lui conciliaient l'affection des hommes illustres qui se réunissaient au Palais-Royal. Montesquieu, Massillon, Voltaire, Fontenelle, l'abbé de Chaulieu et le président Hénault lui donnèrent des conseils. Ce fut à leur école qu'il se forma ; déjà même il s'apprêtait à suivre leurs traces lorsqu'il dut embrasser la profession des armes. Admis d'abord dans le régiment du roi (1723), il le quitta pour entrer, avec le grade de mestre de camp, dans celui du régent, qu'il devait quitter encore, mais momentanément, pour voyager en Italie. Nous le voyons ensuite au siége de Kehl, puis, l'année suivante, figurer à l'attaque des lignes d'Eslingen, devant Philisbourg, où il fut blessé. En 1741, il est à l'armée de Flandre; en 1744, on le revoit à Menin ; puis à Ypres et à Furnes, en qualité de maréchal de camp ; à Tournay, à Fontenoy, où il remplissait les fonctions d'aide de camp de Louis XV. C'est à cette bataille que, ayant obtenu de quitter un moment le roi, pour aller se mettre à la tête de sa brigade, qui allait attaquer la fameuse colonne anglaise, il reçut deux blessures, l'une au bras, l'autre à la cuisse : « Vous m'avez bien servi, lui dit ce prince après la victoire ; que ferai-je pour vous? — Sire, répondit le gentilhomme, je supplie Votre Majesté de m'accorder de servir toute ma vie en ligne, suivant mon grade ! »

Le comte de Tressan était l'un des officiers généraux désignés pour commander l'armée que la France envoyait en Angleterre au secours du prétendant. L'expédition n'ayant pu avoir lieu, il resta chargé du commandement de l'armée des côtes. En 1750, il fut nommé gouverneur du Touloi et de la Lorraine française, et, peu de temps après, le roi Stanislas l'appela à Lunéville, avec le titre de grand maréchal.

On rapporte que Stanislas se prit bientôt pour lui d'une telle amitié que, ses exercices de piété et ses travaux achevés, il avait coutume de demander : *Où est Tressan ?* S'il ne paraissait pas, il fallait qu'on le cherchât jusqu'à ce qu'on l'eût trouvé. Dès lors, il ne pouvait s'éloigner qu'après le coucher du roi.

Le courtisan avait-il sa goutte, son maître se faisait porter près de son lit. « Plains-toi, mon ami, lui disait-il alors, avec son paternel sourire ; plains-toi, jure, crie, gronde à ton aise. » Le malade, qui, d'ailleurs, s'en acquittait bien, s'égayait, faisait rire le monarque et oubliait ainsi ses maux. D'ordinaire, le repas royal, où ses enfants même étaient admis ; la promenade, les visites, le jeu et surtout la conversation occupaient ses loisirs ; les soirées se passaient à l'hôtel de la marquise de Boufflers, qui réunissait chez elle la société la plus spirituelle et la plus brillante de Lunéville. « C'est là, dit l'un de ses biographes, c'est là que le comte de Tressan, stimulé par la gaieté si naturelle et si piquante du bon roi, par les agaceries et les plaisanteries du meilleur ton, faisait, pour ainsi dire, assaut d'amabilité ; la marquise de Boufflers, son fils, déjà célèbre par des poésies légères et des contes ingénieux ; sa fille, ses sœurs, ses frères, ses amis les plus intimes, ont souvent donné lieu à d'heureuses saillies, à des vers charmants, dont une partie est conservée dans les œuvres du comte de Tressan. Le roi prenait plaisir à le mettre aux prises avec eux. « Le voici, disait-il un jour ; je vais lui arracher quelque mauvaise plaisanterie ou quelque bonne méchanceté. »

Il est presque permis de dire que Stanislas et Tressan ont régné ensemble. Non content de seconder le monarque dans tous ses paternels efforts, il lui fit prendre quelques bonnes mesures. En même temps, il payait de sa personne. Tantôt parcourant la province pour en rectifier les cartes, pour en visiter les mines, les productions, les montagnes, il donnait lui-même l'exemple de l'ordre et de l'activité, et tantôt recherchant dans l'obscurité les hommes qui semblaient promettre un bel avenir, il mettait tous ses soins à augmenter dans la province l'opulence et le goût des lumières. Nancy lui doit son Académie.

La mort du bon Stanislas ramena le comte de Tressan en France. Là, avec les débris de son traitement de lieutenant général (on le lui avait supprimé pour quelques épigrammes imprudemment lancées), il acheta une terre à Nogent-l'Artaut. Une fois établi dans cette retraite, il y partagea son temps entre l'éducation de sa jeune famille et les lettres. Toujours lié avec ce que celles-ci et les sciences comptaient de représentants illustres, sa maison ne tarda pas à devenir pour eux un rendez-vous plein d'agrément. Ils y trouvaient, offerte avec simplicité, une table frugale où régnait sans cesse le ton de la bonne compagnie. Accueilli à Paris comme il recevait à Nogent, il était recherché des sociétés les mieux composées, et il s'y livrait avec toute l'activité d'un jeune homme ; mais la goutte lui rappela bientôt qu'il avait soixante et dix ans. Après un séjour de quelque temps dans la capitale, il reprit le goût de la campagne et s'établit à Franconville, dans la vallée de Montmorency, dont il a célébré les délices dans ses romans, ses pièces fugitives, et dans le cinquième livre de sa traduction libre des *Amadis*.

A cetté époque, le marquis de Paulmy enrichissait

la littérature de la *Bibliothèque des romans*. Il invita le comte de Tressan à y travailler. Celui-ci dont l'imagination ardente avait, dans sa jeunesse, dévoré la plupart de ces monuments gothiques, et qui avait toujours conservé du goût pour les romans de chevalerie, donna *Tristan de Léonois*, *Artus de Bretagne*, *Flores et Blanche-Fleur*, *Cléomades et Claremonde*, le *Roman de la rose*, *Pierre de Provence*, la *Fleur des batailles*, *Huon de Bordeaux*, *Guérin de Montclave*, *Dom Ursino le Navarin*, *Petit Jehan de Saintré*, *Gérard de Nevers*, *Regner Lodbrog*, les *Amadis*, et *Zélie ou l'Ingénue*, roman composé d'après une pièce de théâtre de Mme de Genlis. Il faut joindre à cette collection le *Roland furieux*, de l'Arioste, et un court extrait de *Roland*, de Boyardo, qui font suite.

Membre de l'Académie des sciences et de la plupart des sociétés savantes et littéraires de l'Europe, Tressan regrettait de n'être pas de l'Académie française, qui pourtant l'avait comme adopté dès 1747, et qui n'avait différé son élection que parce qu'étant éloigné de Paris, il n'était pas à portée d'assister à ses séances. Enfin Condillac étant mort, il prit sa place. Ce nouveau titre répandit des charmes sur ses dernières années. Il venait de sa campagne à l'Académie aussi exactement que s'il eût habité la capitale : puis, comme il trouva bientôt que ses fréquents voyages devenaient pour lui trop fatigants et trop dispendieux, il reprit une maison à Paris ; mais il n'y goûta qu'à demi les jouissances paisibles qu'il venait y chercher. Avec la vieillesse étaient venues les infirmités ; néanmoins, nous disent ses contemporains, celles-ci n'avaient encore éteint ni son extrême sensibilité, ni le feu de son imagination, ni les grâces de son amabilité ; il avait conservé le don de plaire et le ton de cette galanterie française qui fit le charme des premières sociétés de son siècle, et qui, aujourd'hui perdues, ne se retrouve plus que dans les petits ouvrages de son temps, ses propres vers et ses romans de chevalerie.

Indépendamment de ces productions le comte de Tressan a laissé quelques travaux qui méritent l'attention. C'est d'abord son *Essai sur le fluide électrique*, composé en 1749 et publié après sa mort ; il lui assure d'une manière incontestable l'honneur d'avoir expliqué, le premier, les principaux phénomènes de cet agent puissant. Ce sont ensuite des *Eloges*, parmi lesquels ceux de Maupertuis, de Fontenelle, de Stanislas le *bien-aimé*, ont surtout été remarqués ; puis des discours ; une *Dissertation sur l'état de la littérature française* au moyen âge, des *Recherches sur l'origine des romans*, d'excellentes et trop sommaires *Réflexions sur l'esprit*, un *Mémoire sur un nain* (1760), pour l'Académie des sciences ; en dernier lieu, sa correspondance, des chansons aussi malignes que jolies, des épigrammes dirigées contre quelques-uns des personnages de son temps, et qui contribuèrent beaucoup à lui aliéner l'esprit de Louis XV, et enfin une foule de petits vers, bien tournés, lestes, et d'une lecture agréable.

VII.

BAILLY.

1784.

JEAN-SYLVAIN BAILLY naquit à Paris le 15 septembre 1736. Son père, Jacques Bailly, peintre du roi, le destinait à son art et se proposait de lui céder l'emploi qu'il remplissait de garde des tableaux du roi; mais le jeune Bailly, qui avait d'autres goûts, se laissait entraîner vers la littérature dramatique. Il dut pourtant y renoncer après deux essais que des juges expérimentés condamnèrent. Bailly se retourna alors du côté des sciences et fut plus heureux. Il y fit même de rapides progrès, et les observations qu'il présenta bientôt à l'Académie des sciences révélèrent à celle-ci un talent capable de l'honorer un jour. Reçu dans cette Compagnie en 1763, outre les nombreux travaux purement scientifiques qu'il mit au jour, il publia successivement des *Eloges* qui firent voir qu'il n'avait pas tout à fait abandonné les lettres : c'étaient ceux de Leibnitz, de Charles V et de Molière. Quoique ces ouvrages annonçassent plus de bel esprit que d'imagination, et plus de recherche que d'élégance, l'éloge de Charles V fut honorablement mentionné par notre Académie, celui de Molière obtint un accessit, et, avec celui de Leibnitz, Bailly remporta le prix proposé par l'Académie de Berlin. On ne remarqua pas moins ceux qu'il fit de

Pierre Corneille, de Gresset, de Cook et de l'abbé de Lacaille, qui avait été son maître ; et ils posèrent leur auteur, non-seulement comme un homme très-versé dans les sciences dont il faisait en même temps l'éloge, mais comme un littérateur capable de donner, un jour, un continuateur à Fontenelle.

L'*Histoire de l'astronomie moderne*, qu'il publia de 1778 à 1783, acheva d'asseoir sa réputation. Les astronomes et les géomètres y auraient cependant désiré plus de profondeur ; ils souhaiteraient que les découvertes créatrices y fussent plus nettement détachées et que les faits y fussent moins enveloppés de réflexions étrangères. Mais ce sont là des taches ; elles blessent trop peu de lecteurs pour détruire le mérite d'une œuvre dont le style brillant contribue encore à les cacher. Aussi, après l'Académie française, qui crut devoir en récompenser la forme en lui ouvrant ses portes (1784), vint l'Académie des inscriptions, qui se chargea d'en récompenser le fond en le nommant l'un de ses membres.

Peu de temps après, il fut chargé d'examiner la doctrine de Mesmer sur le magnétisme ; puis l'Académie lui demanda un rapport sur la construction des hôpitaux. Un égal succès fut le fruit de ces deux commissions. Notre académicien montra autant de discernement dans l'une que d'humanité dans l'autre, en dépouillant le mesmérisme du merveilleux qu'on lui attribuait, et en faisant servir les sciences et les lumières au soulagement des malheureux.

Bailly se trouvait alors, et par son caractère et par ses beaux travaux, entouré de l'estime générale : aucune jalousie n'avait osé venir troubler cet honnête savant ; les trois corps littéraires et scientifiques l'avaient appelé dans leur sein, honneur rare, et dont Fontenelle seul avait joui avant lui. Telle est la première partie de sa carrière : elle est honorée, tranquille, heureuse même, toute de gloire enfin, et de cette vraie gloire qui arrive sans tache à la postérité ; la seconde, qui s'offre maintenant à nous, est plus brillante peut-être, mais moins pure. Bailly fut ébloui par son éclat et cet éclat le trompa ; il voulût le soutenir par des vertus, à un moment où les vertus étaient proscrites, et il périt la plus déplorable victime de l'époque la plus déplorable de notre histoire.

Il semble que la fatalité ait pris, pour l'entraîner plus sûrement à l'abîme au fond duquel était l'échafaud, ses liens les plus séducteurs. En 1789, lorsque s'assemblent les électeurs de Paris pour nommer les députés les plus dignes de les représenter aux États généraux, c'est aussitôt sur Bailly qu'ils jettent les yeux, et il est le premier de ceux qu'ils élisent. Il devient, la même année, maire de Paris. Les États généraux assemblés, c'est lui qui est encore choisi pour les présider ; quand cette chambre se constitue en Assemblée nationale, il conserve la dignité qui lui avait été confiée. N'était-ce point un gage de sagesse propre à calmer toute inquiétude que le choix d'un homme aussi honorable pour présider cette assemblée ? Tous le crurent, et Bailly y fut trompé comme les autres. Dès ce moment, il ne s'appartient plus : il glisse et ne sait pas se retenir. Le 20 juin, le roi fait fermer la salle où s'assemblaient les Communes ; Bailly indique le Jeu de Paume : on s'y rend, il y préside cette fameuse séance, où le serment s'est prêté, et lorsque le maître des cérémonies vient, de la part de son maître, intimer l'ordre d'évacuer ce lieu, ordre qui ne provoqua que cette tempête de protestations si bien résumée par la fière apostrophe de Mirabeau : « La nation assemblée n'a pas d'ordres à recevoir », répond Bailly à son tour. Et sa popularité s'en accroît. Il sentit pourtant, après n'avoir pu sauver Flesselles, Foulon et Berthier du massacre, qu'il ne pouvait plus être, s'il voulait y échapper, que le spectateur muet de l'orage, dont ces tueries particulières n'étaient que les éclairs : il le fit voir et sa popularité en souffrit. On le trouva froid, on lui reprocha de ne pas mêler sa voix aux vociférations tumultueuses des réunions populaires. S'il agissait, on lui faisait un crime de ses plus insignifiantes actions. Parlait-il, on cherchait comment on pourrait tirer sa condamnation de ses plus honnêtes paroles. Enfin, cette popularité qui le fuyait à tout moment davantage trouva son terme le jour où il eut à faire son devoir. Bailly s'était rendu au Champ de Mars pour dissiper les attroupements qui s'y étaient formés ; les sommations faites, et n'ayant rien obtenu, il commanda deux décharges de mousqueterie, dirigées de façon à ne blesser personne ; la foule n'en devint que plus furieuse ; une troisième décharge eut lieu, et celle-là, en tuant et blessant quelques factieux, parvint à les dissiper. Mais la victoire ne restait pas à Bailly pour cela : les factieux chassés du Champ de Mars, il les retrouva partout. Si bien que, haï et méconnu de tous, il fut forcé de donner sa démission (1791).

Retiré en Bretagne, Bailly avait entièrement abandonné les affaires. L'excellent homme oubliait même, au milieu du calme de la famille, les ennemis que ses vertus lui avaient faits ; mais ceux-ci ne l'oubliaient point. Arrêté après le 10 août, sa condamnation suivit de près son incarcération. Loin de s'en étonner, il la vit venir comme la récompense naturelle d'une existence vouée à la Révolution. Mais cet instant qui, pour les autres victimes, était le terme de leurs malheurs, fut pour lui le commencement de la plus terrible agonie. Il avait à compter avec la canaille qu'il avait fait charger au Champ de Mars ! Derrière la charrette qui le conduisait au supplice, et à laquelle on avait attaché le drapeau rouge qu'il avait déployé en proclamant la loi martiale, une bande de scélérats suivait en l'accablant des injures les plus grossières. Une pluie fine et froide tombait. Arrivés sur la place de la Révolution : « Non ! non ! s'écrie-t-on de toutes parts, ce n'est pas ici qu'il doit mourir, mais au Champ de Mars ! » L'échafaud est démonté et Bailly traîné à sa suite On arrive au lieu préféré ; mais là les mauvais traitements recommencent. On brûle le drapeau rouge aux yeux du vieillard ; et, comme il reste indifférent, ses bourreaux l'agitent tout enflammé sur sa figure. Excédé de douleur, de fatigue et de froid, Bailly ne peut résister aux brutalités qu'il lui faut subir de nouveau : il s'évanouit. Lorsqu'il reprend ses sens, il demande avec calme que l'on termine ses maux ; et, comme ses membres humides de pluie et glacés sont agités d'un tremblement involontaire : « Tu trembles, Bailly ! lui dit ironiquement l'un de ses bourreaux. — Oui, je tremble, répond le vieillard, mais c'est de froid. » Pendant ce temps-là, on avait reconstruit l'échafaud ; déjà Bailly entrevoit le dénoûment de la hideuse comédie dont il est le héros ; mais son supplice n'est pas terminé, un nouveau raffinement de cruauté fait encore une fois déplacer l'instrument de mort. Les cannibales qui l'entourent ont pensé que le sang d'un si grand criminel *souillerait* le Champ de Mars ! A quelques pas de l'enceinte *sacrée* est un tas de fumier : on y dresse l'échafaud, et Bailly y reçoit enfin la mort avec cette fermeté qui est le cachet distinctif des grandes âmes.

Cet homme, qui avait administré les revenus de la ville de Paris, ne vivait que de la nourriture journalière que la section lui faisait. Ce désintéressement, bien qu'il fût un devoir, est un exemple assez peu fréquent pour qu'on le cite. Aussi ne légua-t-il à sa femme que la plus profonde indigence. En 1797, cependant, Pastoret la fit assimiler aux veuves des députés morts pour la patrie, et une pension lui fut accordée ; mais elle ne commença à la toucher qu'après le 18 brumaire. Ce fut un des premiers actes qui ont honoré le ministère de Laplace, le vieil ami de Bailly.

VIII.

SIEYÈS.

1803.

Emmanuel-Joseph, abbé Sieyès, l'un des acteurs les plus célèbres du grand drame de la Révolution, est né à Fréjus le 3 mai 1748. Il était destiné à la carrière ecclésiastique. Sa philosophie et sa théologie achevées, il en embrassa effectivement l'état ; mais ses goûts ne le portaient pas vers cette voie. Fils du XVIIIe siècle, il en respira de bonne heure les idées : Locke, Condillac, Bonnet étaient ses auteurs de prédilection. « Sieyès montre d'assez fortes dispositions pour les sciences, écrivaient ses supérieurs ; mais il est à craindre que ses lectures particulières ne lui donnent du goût pour les nouveaux principes philosophiques. » Un autre jour, ils mandaient à son évêque : « Vous pourrez en faire un chanoine honnête homme et instruit ; du reste, nous devons vous prévenir qu'il n'est nullement propre au ministère ecclésiastique. » Ils avaient raison. Sieyès n'en accepta pas moins un canonicat en Bretagne (1775), et devint ensuite vicaire général et chanoine de l'évêque de Chartres. Facilement remarqué, grâce à l'aptitude qu'il laissa voir pour l'administration, le clergé de Bretagne l'envoya aux Etats de la province. Le diocèse de Chartres, à son tour, le choisit pour son conseiller commissaire dans la chambre du clergé de France. Ce furent les premiers pas de Sieyès dans la carrière politique : il allait bientôt en faire d'énormes.

On était à la veille de cette grande époque, que Sieyès considérait comme la plus belle de l'histoire moderne. Déjà, et comme pour donner un avant-goût de l'anarchie qui allait envahir l'Etat, la république des lettres donnait l'exemple du désordre. Le royaume se couvrait d'écrits. Partisan des sentiments nouveaux, Sieyès ne fut pas le dernier à les exprimer. Il publia trois brochures : l'une, dont Chamfort lui donna l'idée, est restée célèbre : *Qu'est-ce que le tiers état ? Tout. Qu'a-t-il été jusqu'à présent dans l'ordre politique ? Rien. Que demande-t-il ? Devenir quelque chose.* Tel en était le titre, et ce titre seul est tout l'ouvrage. Sans entrer dans l'examen d'une production qui n'est pas de notre ressort, nous dirons cependant que le succès en fut si prodigieux qu'il ameutait le peuple dans les rues, et qu'il n'en fut pas tiré moins de trente mille exemplaires. Porté par ce succès sur les bancs des États généraux, son auteur s'y distingua et se trouva membre de l'Assemblée nationale lorsqu'il n'y eut plus d'États généraux. En 1790, il y remplissait les fonctions de président. Après l'Assemblée constituante, et pendant la durée de l'Assemblée législative, il se retira à la campagne. Mais il reprit à la Convention le rôle qu'il avait précédemment rempli en votant pour la mort de Louis XVI, et en s'y signalant par son acquiescement aux proscriptions qui émanèrent de cette assemblée.

Il fit ensuite, dans l'intérêt de la politique de son gouvernement, divers voyages, dont on a vanté les fruits avec raison; puis, le Directoire le compta parmi ses membres; et après le 18 brumaire, il fut l'un des trois consuls provisoires. Mais le génie positif et clair de Bonaparte ne pouvait s'accommoder des conseils d'un homme qui avait, autant que Sieyès, contribué aux événements dont on sortait. « C'est un idéologue », disait de lui le jeune général avec son bon sens. Plus tard, cependant, il le fit comte, l'envoya au Sénat conservateur, et ne s'en occupa plus.

C'est alors que Sieyès entra dans la classe des sciences morales et politiques de l'Institut. Ce corps supprimé par Napoléon, il passa dans la classe de littérature, et on l'y vit s'asseoir à la place même d'où l'on avait arraché le vertueux Bailly pour en faire l'une des victimes de cette Révolution dont Sieyès était le héros heureux. Mais il y resta peu. Le retour des Bourbons l'en élimina à son tour; et il ne dut sa réintégration dans la classe des sciences morales qu'à la politique généreuse de M. Guizot, qui, en rétablissant ce corps (26 octobre 1832), l'y rappela en même temps que Talleyrand, Lacuée,

Dacier, Garat, Merlin, Pastoret, Rœderer, etc., qui en faisaient partie à l'époque de sa suppression.

Sieyès est mort le 20 juin 1836. Ses œuvres, où nous cherchons vainement quelques morceaux spécialement littéraires, appartiennent davantage à la science de la politique qu'à la littérature proprement dite. Ce sont, après les brochures que nous avons citées, des productions qui complètent par la pensée son rôle d'homme d'action. On y trouve des opinions sur les priviléges, sur les droits de l'homme, sur les biens ecclésiastiques ; des discours, des rapports, et les théories de toutes sortes qui lui ont fait la réputation dont il jouit encore aujourd'hui ; mais ces travaux ne méritent plus que de figurer au nombre des documents destinés à l'histoire de la Révolution française.

IX.

LE DUC DE RICHELIEU.

1816.

Armand-Emmanuel-Sophie-Septimanie du Plessis, duc de Richelieu, fils du duc de Fronsac et petit-fils du maréchal de Richelieu, né le 25 septembre 1766, était le dernier rejeton de la famille Vignerot du Plessis-Richelieu. Il fit avec distinction ses études au collége du Plessis, fondé par le cardinal son grand-oncle, et ce fut particulièrement vers la connaissance des langues étrangères qu'il les dirigea. Après un voyage en Italie, le désordre où il trouva la France en 1789 l'engagea à prendre du service à l'étranger. Il assista au siége d'Ismaïl, et y entra un des premiers à la tête de l'un des bataillons de Souwarow. Plus tard il fut promu au grade de colonel et général-major au service de la Russie; puis en 1792 vint se joindre à l'armée de Condé. Les tentatives des émigrés ayant échoué, il retourna en Russie, où, en 1803, les fonctions de gouverneur d'Odessa lui furent confiées. Grâce à ses soins, cette ville prit un accroissement immense, et les contrées qui l'avoisinent se civilisèrent peu à peu. La peste s'étant déclarée en 1812, il donna les preuves les plus touchantes et les plus héroïques de sa sollicitude pour les habitants, soit en se transportant dans tous les lieux où sa présence pouvait porter des consolations, soit en prenant les mesures les plus propres à éloigner le fléau.

En 1815, le duc de Richelieu revint en France avec le titre de pair. Devenu ministre des affaires étrangères, et en dernier lieu président du conseil des ministres, on lui a reproché de n'avoir pas soutenu assez hautement le parallèle qu'on n'a pas manqué de faire entre ce diplomate et son grand-oncle. « Mais, dirons-nous avec M. Villemain, le duc de Richelieu, par son zèle et par ses efforts, n'eût-il que de quelques jours hâté la fin de l'occupation étrangère et du deuil public, tout cœur français lui devrait un hommage. » Il fit en effet beaucoup, non-seulement en arrachant aux étrangers, qui se les disputaient, quelques lambeaux de notre territoire, mais en adoucissant tout ce que l'invasion étrangère avait laissé derrière elle de rigueurs. Ses vues, appliquées au gouvernement intérieur de la France, n'obtinrent pas une influence moins heureuse. « Des études variées, reprend M. Villemain dans le discours qu'il adressait au successeur académique du duc de Richelieu, une attention vive et pénétrante, exercée par de longs voyages, par le spectacle des révolutions et par les épreuves du malheur, avaient étendu son esprit. Son âme, naturellement haute et modérée, était étrangère aux passions communes, et n'admettait que la justice et le devoir. Un dévouement inaltérable à la monarchie, une ferme confiance dans ses propres intentions, et cette heureuse sécurité d'une vertu toujours la même, lui inspiraient des pensées calmes et conciliatrices. Il ne se précipitait pas vers le bien, il savait le préparer et l'attendre. »

Quoique le duc de Richelieu soit entré à l'Académie par le décret de 1816, celle-ci l'accueillit avec empressement. Il y avait sa place par droit de naissance, bien qu'à la rigueur il eût pu se faire des titres de ses discours, souvent éloquents, toujours pleins de raison et constamment bien écrits.

X.

DACIER.

1822.

Bon-Joseph, baron Dacier, né le 1er avril 1742 à Valognes. Il fit, en compagnie de Talleyrand et de Choiseul-Gouffier, ses études au collége de Harcourt. Celles-ci terminées, il prit ce qu'on appelle les ordres mineurs, étant destiné à l'état ecclésiastique; mais s'il en porta la robe, il ne la garda guère. Ses goûts l'entraînaient vers les lettres. Encouragé d'ailleurs par Foncemagne à suivre sa vocation, il s'attacha de bonne heure à ce savant; il prit même, dit-on, une part très-active aux travaux sur l'histoire de France que préparait celui-ci avec Sainte-Palaye. L'aptitude qu'il y montra, son discernement, son ardeur, émerveillèrent les deux érudits; ils le présentèrent à l'Académie des inscriptions, qui, en 1772, consentit à lui ouvrir ses portes, sur la seule recommandation de ses deux parrains.

« Le bien que j'ai rêvé jusqu'ici, dit alors Dacier, je vais maintenant le tenter. » Il fit mieux, il l'obtint. Grâce à lui, la valeur du jeton de présence fut doublée; les académiciens pensionnaires devinrent plus nombreux; la classe des associés libres fut fondée et le comité des manuscrits établi. En même temps il s'occupait de la publication d'une foule de morceaux littéraires et scientifiques restés inédits; et l'on peut voir parmi ceux qui touchent à l'histoire de France quel soin leur éditeur apportait dans ses recherches, et comment il savait y rattacher tout ce qui pouvait jeter quelques lumières nouvelles. « S'il n'embrasse pas en général des sujets d'une grande étendue, a dit à ce propos M. S. de Sacy, il joint au mérite d'approfondir ceux dont il s'occupe celui d'intéresser les lecteurs et de ménager leur attention par l'ordre qui règne dans ses discussions, et par une rédaction toujours claire, élégante et constamment appropriée au sujet. » Aussi, en 1782, lorsque Dupuy donna sa démission de secrétaire perpétuel, fut-ce à Dacier que l'on songea aussitôt pour le remplacer. Il en a rempli les fonctions durant cinquante-trois années.

Outre la mise au jour des manuscrits dont nous venons de parler, on doit également à Dacier une traduction des *Histoires diverses d'Elien*, et une autre de la *Cyropédie* de Xénophon, puis une quantité de mémoires pour les six derniers volumes de l'ancien recueil de l'Académie des inscriptions et les neuf premiers du nouveau. A lui seul appartient la partie qui retrace l'histoire de l'Académie et de ses travaux depuis 1784 jusqu'en 1830, et les notices ou éloges historiques, sortis de sa plume pendant ce même espace de temps, sont au nombre de plus de cinquante. « Parmi tant de travaux, dit S. de Sacy, c'est surtout dans les notices historiques qu'on peut apprécier l'étendue et la variété des connaissances de leur auteur, la justesse de son esprit, la finesse de son goût, l'élégance de son style, tantôt nerveux et oratoire, tantôt simple et naïf, toujours pur, toujours exempt d'affection et de recherche. »

Un autre travail occupa longtemps Dacier. Il voulait donner à la France, comme il l'écrivait lui-même, « un Froissart presque neuf, augmenté de près d'un tiers, dans lequel les noms des personnes et des lieux, ainsi que les passages altérés, eussent été rétablis, les lacunes remplies, les leçons vicieuses remplacées par d'autres, qui sont incontestablement bonnes; enfin, où le style de l'auteur, défiguré dans toutes les éditions, aurait été corrigé sur les manuscrits les plus voisins du temps où il écrivait ». Malheureusement, tous ses soins furent perdus; le secrétariat de l'Académie des inscriptions ayant été bouleversé en 1793, les papiers qu'il contenait égarés, Dacier vit disparaître le fruit d'un travail immense et fort long.

Il avait été nommé, sur la fin du règne de Louis XVI, historiographe des ordres réunis de Saint-Lazare, de Jérusalem et de Saint-Michel; il se livra même à de très-grands travaux historiques sur ces ordres; mais la Révolution lui fit tout anéantir. Celle-ci ayant éclaté, il devint membre du corps municipal de Paris, et il dirigea pendant quelque temps l'établissement du nouveau système des contributions directes. Le roi lui offrit alors le ministère des finances, qu'il refusa. A l'heure des désordres révolutionnaires, il se réfugia à la campagne, et y employa ses loisirs à fonder la Société d'agriculture du département de Seine-et Oise. L'Institut réorganisé, il y vint reprendre sa place aux applaudissements de ses vieux collègues. En 1800, il fut nommé conservateur de la Bibliothèque nationale, dont on lui dut la conservation en 1815. Il fut, en 1802, chargé de reconstituer l'Institut, et à la même époque il s'est distingué par des rapports très-étendus sur les finances. Comme homme d'État et comme savant, Dacier obtint les récompenses que sollicitaient ses divers mérites. Membre de la Légion d'honneur sous l'Empire, Louis XVIII le fit officier du même ordre et lui donna le cordon de Saint-Michel, et Charles X le créa baron.

Dacier est demeuré comme le modèle le plus parfait de l'académicien. Membre des trois grandes classes de l'Institut, il n'en est pas une où il n'ait mérité d'avoir sa place, soit par ses talents, soit à cause du zèle qu'il ne cessa de leur témoigner. « Il avait les idées les plus saines sur l'érudition, a dit Tissot, et il tendait sans cesse à lui donner une direction utile et philosophique. « Ne cherchons » que des mines d'or », disait-il à ses confrères et surtout à leurs jeunes émules. Tous les grands poëtes, tous les grands prosateurs lui étaient familiers; leurs chefs-d'œuvre remplissaient sa vaste mémoire sans la surcharger. En matière de goût, ses jugements unissaient la promptitude d'un instinct à la solidité d'une opinion réfléchie. Il avait reçu de la nature un sentiment exquis des beaux-arts, dont il savait parler la langue avec autant d'élégance que de justesse; ses lettres mériteraient d'être recueillies comme des modèles d'atticisme; un attrait singulier, attaché à ses paroles, lui donnait la puissance de la persuasion. Peu de temps avant sa mort, il témoignait quelque inquiétude sur l'avenir : « Rassurez-vous, lui répondit un ami, si » Dieu vous entend un quart d'heure, vous êtes » sauvé. » Il étincelait d'esprit, et aurait pu prendre pour devise ce vers de Gresset :

« Les sots sont ici-bas pour nos menus plaisirs. »

» Rien de plus dangereux parfois que ses éloges; on les craignait comme une épigramme de Lebrun. En revanche, il aimait à seconder l'essor du talent; après le bonheur de l'avoir trouvé quelque part, son plus grand plaisir était de le produire au grand jour. Jamais la jalousie n'approcha de son cœur; il savait d'ailleurs qu'on ne peut dérober la gloire de personne. »

« Dacier avait toujours été d'une constitution délicate, dit à son tour S. de Sacy; une évacuation de sang périodique avait souvent paru menacer ses jours. Il avait déjà plus de quatre-vingts ans lorsqu'une maladie violente sembla ne laisser aucun espoir de le conserver; il se rétablit pourtant, et reprit même l'exercice de ses fonctions. C'est qu'il y avait une grande énergie dans ce corps en apparence si frêle, ou plutôt dans l'âme qui en faisait sa demeure. Cette vie intellectuelle, il l'a conservée jusque pendant les trois dernières années qu'il a passées sur un lit de douleur. Son cœur alors même battait encore pour l'Académie, pour celle surtout dont les souvenirs plus anciens s'étaient moins effacés de sa mémoire; c'était quand il parlait avec quelqu'un de ses plus vieux amis de la vieille Académie que tout en lui se ranimait, et que la plus longue visite lui paraissait encore trop courte. Elle s'est enfin éteinte cette vie qui n'était plus pour lui-même qu'une pénible et laborieuse existence, et dont cependant sa famille, ses amis, ses confrères redoutaient de voir la fin, et il a terminé sa carrière le 4 février 1833. »

XI.

TISSOT.

1813.

Pierre-François Tissot, né à Versailles le 10 mai 1768, et mort à Paris le 7 avril 1854. Placé, en 1782, dans l'un des pensionnats de Paris qui suivaient les cours du collége Montaigu, il donna de bonne heure les signes de cette aptitude au travail qui, appliquée à la littérature, devait lui ouvrir, plus tard, une si belle carrière. Il en sortit poëte. Les professeurs remarquèrent les vers qu'il fit à cette époque, et quelques-uns purent lui prédire la brillante destinée qui l'attendait. Toutefois, Tissot n'était point destiné aux lettres. Il entra chez un procureur au Châtelet. Là, il eut sans doute beaucoup de peine à se faire au travail aride qui venait remplacer l'étude de ses chers poëtes Virgile et Racine. Tissot, néanmoins, ne tarda pas à voir, au delà des sèches doctrines dont il lui fallait se pénétrer, mieux que la science du droit, mais les émouvantes discussions de la philosophie. « Il y avait, comme l'a dit très-justement M. de Salvandy, il y avait en lui naturellement, dans les matières où le goût n'était pas intéressé, quelque chose d'excessif dans l'expression et, pour ainsi dire, de déclamatoire dans les sentiments, qui tenait à l'époque, et que devait aisément séduire cette sorte de déclamation universelle, composée des programmes de liberté, philanthropie, d'égalité indéfinie qui était partout. » Tissot fit, en effet, plus que de goûter ces programmes, ceux-ci le passionnèrent. Rousseau devint pour lui une sorte de bréviaire où son esprit puisait sans cesse. « Il ne voulait rien moins, dit M. de Salvandy, que le *Contrat social* dans toute sa vérité. » Aussi, lorsqu'éclate la Révolution, trouvons-nous Tissot un des premiers sur la brèche; non point, sans doute, comme l'un des acteurs les plus célèbres, mais comme un soldat pénétré de son devoir et modeste. Admis, en 1791, à la société des Amis de la constitution de Sèvres, puis, en 1792, à celle de Versailles, il contribua peu cependant aux événements dont ces sociétés furent témoins. Trop honnête homme pour prendre part aux décisions cruelles qu'on y prit, tout son rôle (et il ne fut pas médiocre) consista à concilier les partis, à empêcher des massacres, que, dans son ignorance des hommes, il croyait retarder pour toujours, et qu'il ne faisait qu'éloigner. Devenu quelque temps après (septembre 1792), secrétaire général de la commission de commerce et d'approvisionnement, il suivit son beau-frère, le vertueux Goujon, à l'armée de Rhin-et-Moselle. A son retour, il fut arrêté, on ne sait pour quel crime imaginaire, et détenu durant l'espace de vingt jours; après quoi, le dégoût le prenant, il s'éloigna des affaires, se jeta dans l'industrie et fonda une fabrique. De celle-ci, il passa dans les bureaux de la police générale comme secrétaire-rédacteur. Nommé député aux élections de l'an VI, toutes les opinions concoururent à sa nomination, qui eut lieu à une immense majorité; mais un de ces abus de pouvoir, qui coûtaient si peu à cette époque, annula son élection. C'est alors que Tissot aborda la carrière littéraire. Il ne le put faire, cependant, sans côtoyer de nouveaux précipices. Ses *Bucoliques* de Virgile à peine traduites, il fut inscrit sur la liste des proscrits du 3 nivôse, et peu s'en fallut qu'il ne fût déporté. Il resta cependant; et ce fut le premier consul qui, revenu d'une erreur, le raya de sa propre main.

Peu de temps après, Tissot entrait dans l'administration paternelle de Français de Nantes. C'est là que Delille vint le chercher pour le suppléer dans sa chaire de poésie latine du collége de France, où Tissot lui succédait en 1813.

Instruit, éloquent, sa parole y captiva quarante-cinq ans entiers un nombreux auditoire, et l'on peut dire que ce cours a été l'œuvre principale de sa carrière. Toutefois le succès qu'il y obtint ne doit pas nous faire oublier les autres moyens par lesquels Tissot s'empara de la réputation dont il a joui jusqu'à sa dernière heure. Nous avons cité sa traduction des *Bucoliques*, « ... Dans tous les temps, a dit M. de Salvandy, elle aurait frappé comme un modèle de l'art des vers et de l'art de la traduction. Dans ce moment, au lendemain de tant de désespoirs et parmi tant de ruines, elle fut un événement quand des événements gigantesques ébranlaient de tous côtés et surprenaient le monde. » Ce furent ensuite les *Baisers de Jean Second* qu'il offrit au public ; puis des *Poésies érotiques*, où nous retrouvons la mollesse élégante qu'il avait puisée dans le commerce littéraire de son ami Parny, et le facile abandon qui respire dans le poëte hollandais qu'il avait traduit. Viennent après, ses *Etudes sur Virgile*, ouvrage admis, en 1830, par l'Université comme un des livres les plus propres à contribuer au succès des études littéraires. Un des juges les plus compétents sur la matière, M. Villemain, dans son rapport à l'Université, en parlait en ces termes : « L'ouvrage de M. Tissot est un commentaire, non pas philologique et minutieux, mais littéraire dans le sens le plus complet du mot. Non-seulement l'auteur sait apprécier le grand art et les nombreuses beautés de Virgile, comparé avec Homère et toute la grande école épique, mais encore il le juge et le critique avec une sagacité pleine de science et de goût. Si quelquefois ses remarques à cet égard sont susceptibles d'objections, on ne peut nier qu'il ne les appuie par des recherches très-étendues, des comparaisons très-piquantes. Poëtes grecs, poëtes latins du second siècle et des siècles suivants, poëtes modernes, historiens, grands orateurs français, M. Tissot met tout à contribution dans ses ingénieux parallèles. Cette forme de critique présente une lecture qui serait particulièrement utile aux élèves des classes supérieures des lettres. Ils y puiseraient un goût passionné pour le beau en littérature. Ce sentiment anime l'élocution généralement noble et abondante de M. Tissot. Ce qu'il dit d'Homère, d'Euripide, du Dante, de Milton, de Bossuet, respire l'enthousiasme et s'élève à l'éloquence. »

Nous trouvons également dans les œuvres volumineuses de Tissot, une *Histoire de France*, une *Histoire universelle* et celle des *Fastes civils de France*. Toutes trois se distinguent par la grandeur et la netteté des traits qui dessinent l'ensemble des faits, et par la justesse de l'appréciation des causes qui les ont amenés : qualités bien rares et indispensables pourtant pour l'intelligence, et surtout pour l'utilité de ces grandes synthèses historiques, que la plupart des écrivains réduisent aux mesquines proportions d'un tableau chronologique. L'*Histoire de la Révolution française*, dont l'*Histoire des guerres* de cette même Révolution n'est que le prélude, mérite la même attention. L'auteur y représente les hommes et les événements tantôt comme un témoin sûr et fidèle chez qui une longue préoccupation du sujet a sans cesse entretenu la fraîcheur et la vivacité des souvenirs ; tantôt comme un historien qui, après avoir vu l'histoire se faire devant lui, a lu tout ce qui a été écrit sur son sujet. Le style en est nerveux, comme dans les autres morceaux historiques de Tissot, mais un peu emphatique ; et c'est le reproche que l'on peut également adresser, après M. de Salvandy, aux idées de cet académicien.

Nous mentionnerons ensuite son *Parallèle du christianisme.* Il contient une multitude d'excellentes choses, et son auteur s'y fait remarquer par son savoir et la vigueur de sa dialectique. On trouvera néanmoins qu'il y a trop de cette métaphysique transcendante qui risque bien souvent d'être subtile, et, par suite, trop de sécheresse, soit dans la forme, soit dans le fond. Son recueil de *Leçons et modèles de littérature* est plus estimable. Ce n'est pas une compilation, comme celle de Noël et Laplace, mais un choix intelligent de morceaux supérieurs, accompagnés de notices biographiques, de jugements littéraires, de remarques critiques, et le résultat de trente années de travaux. Puis, nous citerons encore les mille pages solides et vivement écrites que Tissot a répandues dans les nombreux recueils publiés depuis 1800 : ces notices, ces préfaces, ces articles de revues ou de journaux qui ont tant contribué à le rendre populaire, mais dans lesquels se dépensait sa réelle valeur. Parmi les publications qui l'ont compté longtemps parmi leurs plus fermes soutiens, il faut citer le *Constitutionnel*. Ce journal lui doit une bonne partie de son ancienne renommée.

Avec un tel bagage, on conçoit facilement l'introduction de Tissot à l'Académie française. En 1833, il y succédait à Dacier, en s'y distinguant dès l'abord par un excellent discours, et, plus tard, comme l'un de ses membres les plus zélés. « Il avait été, dit M. de Salvandy, d'une assiduité intrépide. » Doué d'une constitution solidement organisée, son esprit conserva longtemps sa vigueur. L'an dernier, il faisait entendre au Collége de France sa voix écoutée et applaudie. Il dut cependant renoncer à ce ministère, qui était son juste orgueil ; mais il ne renonça point pour cela aux travaux de l'Institut. Quelques semaines avant sa mort, on l'y voyait encore. Enfin il cessa d'y venir siéger. « Son absence, reprend M. de Salvandy, nous apprenait que ses jours étaient comptés. Il ne devait plus vivre que dans l'histoire littéraire de notre temps, où il tiendra sa place entre Delille, d'un côté, Jouy, Etienne, ses amis, de l'autre. On peut dire qu'il l'aurait tenue plus grande, avec tout ce qu'il avait de vive imagination, d'instruction classique et de talent d'écrire, si (ajoute le sévère académicien) des règles plus fermes et plus hautes avaient gouverné son esprit et sa vie. »

XII.

Mgr L'ÉVÊQUE D'ORLÉANS.

1854.

M. l'abbé Félix Dupanloup, évêque d'Orléans, est né en Savoie en 1802, et n'est Français que depuis 1833. Après de bonnes études, sa vocation l'entraînant vers l'enseignement et la chaire, il devint, grâce au zèle et au talent qu'il ne tarda pas à déployer, successivement supérieur du séminaire de Saint-Nicolas, professeur d'éloquence sacrée à la Faculté de théologie de Paris, puis vicaire général de Paris, titre éminent, et si bien tenu par lui, qu'il ne l'a quitté que pour venir occuper cet évêché d'Orléans, où nous le trouvons aujourd'hui.

Homme instruit, M. Dupanloup a spécialement consacré ses trésors d'érudition et de goût à la composition de petits livres généralement consacrés à la jeunesse. Nous citerons dans le nombre ses *Evangiles choisis de tous les jours de l'année;* il les a enrichis de notes littérales qui sont excellentes ; de prières durant la sainte messe, qui respirent les sentiments les plus élevés, l'onction la plus touchante ; son *Manuel des catéchistes, ou Recueil de prières, billets, cantiques*, etc. Cet ouvrage a obtenu et conservé une vogue qui s'accroît de jour en jour. Une exposition *des principales vérités de la foi catholique*, de Fénelon, qu'il a recueillies et mises en ordre, n'a pas été moins bien reçue. On a également accueilli avec empressement la *Vraie et solide vertu sacerdotale*, tirée des ouvrages du doux et vertueux archevêque de Cambrai; la *Journée du chrétien*, de Bossuet; les *Eléments de rhétorique sacrée, ou préceptes et modèles de la véritable éloquence*, d'après Fénelon; ces livres sont devenus classiques dans les séminaires. Il faut y joindre la *Méthode générale de catéchisme* que notre académicien a recueillie dans les productions des pères et docteurs de l'Eglise et des catéchistes les plus célèbres depuis saint Augustin jusqu'à nos jours; le *Manuel des petits séminaires*, ouvrage destiné à toutes les maisons d'éducation chrétienne.

Prêtre militant et confesseur plein de zèle de la foi, M. Dupanloup s'est fait, comme orateur sacré, une vaste réputation. On cite, parmi les nombreux sermons qu'il a prononcés, ses conférences à Notre-Dame, en 1834. Le succès qu'il y a obtenu s'est même répandu si loin, qu'en 1845, lors d'un voyage qu'il fit à Rome, le roi de Sardaigne, désireux de le fixer dans sa première patrie, lui fit les offres les plus brillantes, et lui promit, entre autres choses, un évêché. M. Dupanloup a mieux aimé continuer en France le noble sillon qu'il y avait commencé. A cet effet, il a publié, comme pour mieux appuyer ses prédications, plusieurs ouvrages religieux, qui, destinés à ceux dont il avait entrepris la guérison morale, ont été lus de tous. C'est nommer le *Chris-*

tianisme présenté aux gens du monde, par Fénelon, qu'il a édité ; le *Manuel pratique de piété chrétienne*, et les *Lettres de piété adressées* par Fénelon *aux hommes du monde*. M. Dupanloup les a fait précéder et enrichis d'introductions, de notes, etc., qui encadrent parfaitement ces admirables pages.

Le goût de la correction et du mieux qui est un don chez lui, et qu'a encore perfectionné l'enseignement, se retrouve tout entier dans le livre que M. Dupanloup a publié, il y a peu de temps, sur l'*Éducation*. « Ce livre, dit notre académicien lui-même, ce livre..... s'est trouvé fait, je le dois avouer, sans que j'eusse songé à le faire. La rapidité du temps, des occupations trop multipliées, une infirmité douloureuse, ne m'auraient laissé ni le loisir ni la force de faire un livre. Aussi, ce ne sont que de simples souvenirs et des pensées qui m'occupèrent longtemps, quand je vivais avec la jeunesse. Ces pensées, que je recueillais alors seulement pour quelques-uns, on m'a pressé de les offrir aujourd'hui à tous. J'y ai consenti trop facilement peut-être ; mais la jeunesse, après avoir été la sollicitude et l'affection de ma vie entière, n'a pas cessé de m'être chère ; je sens que mon cœur, malgré les années, ne vieillit point pour elle ; elle est le dernier espoir de la religion et de la patrie ; à ce titre, elle a un attrait et un charme irrésistibles pour quiconque aime l'une et l'autre ; et j'ai cédé à l'espérance de la servir encore, en lui offrant publiquement aujourd'hui des leçons et des conseils, que j'aimais autrefois à lui communiquer en famille. » — Tel est le sujet de ces pages qu'il dédie à la jeunesse qu'il instruisait naguère, et à laquelle il continue à prodiguer ses conseils aujourd'hni qu'il ne peut plus la guider, l'émouvoir dans cette chaire de la Sorbonne, où le vide qu'il a laissé en partant se fait encore sentir à cette heure.

XXXII.

LE FAUTEUIL DE VAUGELAS.

LE FAUTEUIL DE VAUGELAS.

I.

VAUGELAS.

1634.

Claude Favre de Vaugelas, baron de Péroges, naquit en 1585, à Chambéri, et mourut à Paris en février 1650. Il était fils d'un jurisconsulte qui a laissé des ouvrages de jurisprudence longtemps estimés. Né cadet d'une famille nombreuse, il n'eut en partage qu'une petite baronnie, possédée en Bresse par sa maison, et une pension de deux mille livres que le roi Henri IV avait accordée à son père et aux siens. Il vint à la cour fort jeune; doué d'une physionomie heureuse et d'un abord agréable, doux, civil, dévot, il y plut. Gaston d'Orléans en fit l'un de ses gentilshommes ordinaires, puis son chambellan. Lorsque celui-ci dut chercher une retraite hors du royaume, Vaugelas le suivit partout où il alla. Richelieu, qui prit mal ce zèle, lui retira sa pension.

Vaugelas aimait l'étude : il se consola aisément de ce revers, en s'y livrant plus assidûment. Bientôt même il se fit une telle réputation de causeur érudit, spirituel et surtout correct, que cette correction, cet esprit et cet amour de l'étude devinrent des titres aux yeux de l'Académie. Reçu dès sa fondation, Vaugelas a mérité par la suite l'honneur qui lui était fait ; sa connaissance approfondie de notre langue réussit, non-seulement à lui faire confier les cahiers du *Dictionnaire* par le cardinal, mais encore à lui faire rétablir par celui-ci sa pension qu'il lui avait retirée. Il en fut remercier le cardinal, rapporte Pellisson à ce propos ; et comme il avait l'esprit fort présent et fort poli, avec une longue pratique de la cour et des belles conversations, il lui fit une repartie très-heureuse. Car on dit que le cardinal le voyant entrer dans sa chambre, s'avança avec cette majesté douce et riante qui l'accompagnait presque toujours, et s'adressant à lui : « Eh bien ! Monsieur, lui dit-il, vous n'oublierez pas du moins dans le *Dictionnaire* le mot de pension. » Sur quoi M. de Vaugelas lui faisant une révérence fort profonde, répondit : « Non, Monseigneur, et moins encore celui de reconnaissance. » Le *Dictionnaire* dut donc beaucoup à Vaugelas. Malheureusement, sa mort étant survenue, les cahiers sur lesquels il travaillait furent tous saisis, avec ses autres papiers, par ses créanciers, dès qu'il eut fermé les yeux ; en sorte que l'Académie se vit forcée de plaider pour les leur retirer des mains.

Vaugelas a publié des *Remarques sur la langue française* (1647) et une traduction de *Quinte-Curce* qui ont joui à leur heure d'une admiration générale. « On a remarqué dans le premier de ces deux ouvrages des puérilités, dit Pellisson; mais la matière est généralement excellente et le style merveilveilleux, surtout dans la préface, qui est un vrai chef-d'œuvre; de plus, il y a dans le corps de l'ouvrage je ne sais quoi d'honnête homme, tant de franchise et d'ingénuité, qu'on ne saurait s'empêcher d'en aimer l'auteur. » Sa *Traduction de Quinte-Curce* est le fruit d'un scrupuleux travail qu'il n'a pas été moins de trente années à exécuter. « Si l'Alexandre de Quinte-Curce est invincible, disait Balzac à son sujet, celui de Vaugelas est inimitable. » C'est, ajouterons-nous, le premier ouvrage écrit dans notre langue avec une pureté continue. Vaugelas est également l'auteur de quelques vers, et Voltaire a remarqué qu'on lui en doit en langue italienne qui sont meilleurs que ceux qu'il a composés en français. Ces derniers sont effectivement médiocres. Vaugelas, disons-le en nous résumant, excellait davantage dans la prose. Boileau le considérait comme l'*un de nos plus sages écrivains*, Balzac l'étudiait, il eut Faret pour disciple ; l'Académie le regardait comme une de ses lumières, et l'hôtel de Rambouillet comme un oracle. Tous les gens de lettres de son temps le consultaient, et il fut lié d'une façon particulière avec Voiture, Chapelain et Conrart ; enfin, si aujourd'hui ses ouvrages sont peu lus, ils l'ont été assez dans leur temps pour que nous conservions le nom de Vaugelas comme celui de l'un des hommes qui ont le plus contribué à l'éducation et à la grandeur de notre langue.

II.

SCUDÉRY.

1650.

Georges de Scudéry, frère de la célèbre Madeleine de Scudéry, sortait d'une bonne famille, originaire du royaume de Naples, établie depuis plusieurs siècles en Provence. Son père, après avoir servi sur mer et sur terre, obtint le gouvernement du Havre-de-Grâce, où notre académicien naquit en 1601. Il embrassa d'abord le parti des armes, et le suivit avec assez de distinction pour que Turenne l'en complimentât un jour en pleine cour. Le harnais délaissé, il prit la plume, et aborda la scène, où, à son dire, il n'excella pas moins qu'à la guerre. « Ne pensant être que soldat, écrit-il en tête de sa première pièce de théâtre, je me suis encore trouvé poëte. » Cependant, il ajoute dans cette préface, qui est un chef-d'œuvre de forfanterie gasconne, « Si je rime, ce n'est qu'alors que je ne sais que faire ; » et plus loin : « Tu couleras aisément, lecteur, par-dessus les fautes que je n'ai point remarquées, si tu daignes apprendre que j'ai passé plus d'années parmi les armes que d'heures dans mon cabinet, et usé beaucoup plus de mèches en arquebuses qu'en chandelles; de sorte que je sais mieux ranger les soldats que les paroles, et mieux carrer les bataillons que les périodes; » et encore : « Je n'ai pour but, en ce travail, que le seul désir de me contenter; car, bien loin d'être mercenaire, l'imprimeur et les comédiens témoigneront que je ne leur ai pas vendu ce qu'ils me pouvaient payer. » Cette affectation de désintéressement est singulière de la part d'un homme que Segrais nous dépeint mangeant son morceau de pain sous son manteau, dans le jardin du Luxembourg, parce que, fort souvent, il n'eût pu dîner ailleurs. C'était la fatuité en personne. Ayant fait exécuter son portrait, il y mit cette épigraphe :

Et poëte et guerrier,
Il aura du laurier.

Un plaisant y substitua :

Et poëte et Gascon,
Il aura du bâton.

Aussi, lorsqu'on lui donna le gouvernement de Notre-Dame-de-la-Garde, Mme de Rambouillet pouvait-elle dire : « Cet homme-là n'aurait pas voulu un gouvernement dans une plaine; je pense le voir sur le donjon de Notre-Dame-de-la-Garde, la tête dans les nues, regarder avec mépris tout ce qui est au-dessous de lui. » Toutefois, il y resta moins longtemps qu'on ne pensait. En 1656, lorsque

Chapelle et Bachaumont voulurent visiter ce donjon, quelqu'un leur dit :

...... Là dedans
On n'entre plus depuis longtemps.
Le gouverneur de cette roche,
Retournant en cour par le coche,
A, depuis environ quinze ans,
Emporté la clef dans sa poche.

« Si Scudéry abandonna son poste de gouverneur, dit à ce sujet M. Gérusez, c'est qu'il croyait que son absence mettrait en péril les affaires de l'Etat. Il n'épargnait pas les conseils aux ministres, il en donna même aux rois, dans des discours qui ont été publiés. Sa manie était de se croire propre à tout et supérieur à tout. Ces prétentions, qui dépassaient de beaucoup son mérite, le rendirent ridicule ; mais de nobles qualités de l'âme compensaient ces travers de l'esprit et du caractère. Il se montra fidèle à la disgrâce de son ami Théophile, que d'autres abandonnèrent lâchement. Il fut, avec sa sœur, un des courtisans de la captivité du prince de Condé, pendant la Fronde, quoiqu'il ne fût rien moins que frondeur ; mais il gardait le souvenir des bienfaits du prince et de la duchesse de Longueville. Il fit mieux encore : Christine de Suède, pour laquelle il composa son *Alaric*, lui demanda d'effacer du poëme des vers en l'honneur du comte de La Gardie, qu'elle avait disgrâcié ; elle promettait une chaîne d'or pour prix de ce sacrifice. Scudéry répondit : « Quand la chaîne serait aussi grosse et aussi pesante que celle dont il est fait mention dans l'histoire des Incas, je ne détruirais jamais l'autel où j'ai sacrifié. »

On lui a cependant reproché les *Observations* dont il accueillit le *Cid* (1637); elles prouvent son peu de goût, en même temps qu'elles laissent percer une envie qu'on a peine à comprendre lorsqu'on sait que Scudéry fut l'un des auteurs les plus heureux du XVIIe siècle. Ses œuvres, qui se composent de pièces de théâtre et de romans, ont obtenu à leur heure des succès brillants, dont la postérité a, il est vrai, fait justice, mais dont il n'a pu voir la décadence. On remarque parmi les premières, *Lygdamon*, la *Mort de César*, et l'*Amour tyrannique*. Elles ont le mouvement de l'action et la facilité du style, parfois même l'éclat et la vigueur s'y rencontrent; et, sans contredit, elles sont supérieures à celles de Mairet, de Tristan et de Boisrobert, qu'on admirait à la même époque. Quant aux autres, il faut les laisser sous la poussière qui les recouvre depuis longtemps. On y trouve pourtant quelques beautés; mais elles sont tellement ensevelies sous les défauts, ou les platitudes, qu'elles ne valent point la peine qu'on prendrait de les y chercher.

III.

DANGEAU.

1663.

Philippe de Courcillon, marquis de Dangeau, frère de cet abbé de Dangeau que nous avons vu au cinquième Fauteuil, né le 21 septembre 1638, mort le 9 septembre 1720, « Il fut élevé en homme de condition », nous apprend Fontenelle, et cela s'entend aisément d'un descendant d'une famille aussi illustre que celle des Dangeau. On en voit dès le temps de Philippe-Auguste qui sont *milites* ou chevaliers. Plus tard, on a regret de leur voir embrasser le calvinisme ; mais Dangeau eut le bonheur de s'en dégager assez jeune pour que Louis XIV ne s'en souvienne pas, lorsqu'il lui plut de combler notre académicien de ses bienfaits.

Après avoir été cornette et ensuite capitaine de cavalerie, il fut fait en 1665 colonel du régiment du roi, qu'il garda jusqu'en 1670. Dès l'année 1666 le roi lui donna le gouvernement de Touraine, avec celui de la ville et château de Tours. En 1672, ce prince, allant en personne faire la guerre en Hollande, en fit l'un de ses aides de camp, et sur la fin de la même année, il le nomma envoyé extraordinaire près de l'électeur de Trèves et de l'électeur palatin. L'année suivante, après avoir été complimenter l'électeur de Mayence sur son avénement à l'électorat, il revint auprès du roi, qui, la campagne terminée, l'envoya à Modène pour faire le mariage de la princesse Marie d'Est avec le duc d'York, qui fut depuis Jacques II, roi d'Angleterre, où il eut l'honneur de mener cette princesse. En 1674, ayant servi avec son titre d'aide de camp, il fut choisi en 1675 pour commander, non-seulement dans son gouvernement, mais dans ceux d'Anjou et du Saumurois. « Le reste de sa vie, dit Fontenelle, n'est plus que celle d'un courtisan, à cela près, selon le témoignage dont le feu roi l'a honoré publiquement, qu'il ne rendit jamais de mauvais office à personne. Auprès de Sa Majesté, il a eu toutes les dignités auxquelles, pour ainsi dire, il avait droit, et qu'une ambition raisonnable lui pouvait promettre. Il n'a jamais eu le désagrément qu'elles aient fait une nouvelle surprenante pour le public. » Il a été le premier des six menins que Louis XIV donna au dauphin, chevalier d'honneur des deux dauphines de Bavière et de Savoie, conseiller d'Etat d'épée, chevalier des ordres du roi, grand maître des ordres royaux et militaires de Notre-Dame-du-Mont-Carmel et de Saint-Lazare de Jérusalem, qui durent à ses soins une splendeur nouvelle.

Fontenelle nous le représente sous les couleurs les plus favorables. « Il avait, dit-il, une figure fort aimable, et beaucoup d'esprit naturel, qui allait même jusqu'à faire des vers. » Mais ce qui étonnait particulièrement chez lui, c'étaient ses singulières dispositions pour le calcul. Avec une tête naturellement algébrique, et pleine de l'art des combinaisons, puisé dans les réflexions seules, il pouvait résoudre les problèmes les plus difficiles; ce qui, au jeu, où il figurait souvent, devint pour lui la source d'une fortune considérable. Cependant, loin de ressembler à ces joueurs sombres et sérieux, dont l'application profonde découvre le dessein, et blesse ceux qui ne pensent pas tant, il parlait avec toute la liberté d'esprit possible : divertissant ses adversaires et égayant leurs pertes.

« Un jour, dit Fontenelle, qu'il s'allait mettre au jeu du roi, il demanda à Sa Majesté un appartement dans Saint-Germain, où était la cour. La grâce n'était pas facile à obtenir, parce qu'il y avait peu de logements en ce lieu-là. Le roi lui répondit qu'il la lui accorderait pourvu qu'il la lui demandât en cent vers, qu'il ferait pendant le jeu ; mais cent vers bien comptés, pas un de plus ni de moins. Après le jeu, où il avait paru aussi peu occupé qu'à l'ordinaire, il dit les cent vers au roi. Il les avait faits, exactement comptés, et placés dans sa mémoire ; et ces trois efforts n'avaient pas été troublés par le cours rapide du jeu. »... Voilà pour le jeu ; quant à sa facilité à versifier, Fontenelle y appuie encore. « Sa poésie, dit-il, lui valut une autre aventure. Le roi et feue Madame avaient entrepris de faire des vers en grand secret, à l'envi l'un de l'autre. Ils se montrèrent leurs ouvrages, qui n'étaient que trop bons ; ils se soupçonnèrent réciproquement d'avoir eu du secours ; et par l'éclaircissement où leur bonne foi les amena bientôt, il se trouva que le même marquis de Dangeau, à qui ils s'étaient adressés chacun avec beaucoup de mystère, était l'auteur caché des vers de tous les deux. »

Dangeau qui jouissait à la cour d'une grande faveur, l'employait surtout à y faire pénétrer le goût des lettres. Ce fut lui qui y fut le protecteur de Boileau, dont la reconnaissance se traduisit, en 1665, par la dédicace qu'il lui fit de sa satire *sur la noblesse.* « Ce goût déclaré pour la littérature, reprend Fontenelle dans son *Histoire de l'Académie des sciences*, et pour tous ceux qui s'y distinguaient, firent juger que la place d'honoraire, qui vint à vaquer ici en 1704 par la mort du marquis de l'Hôpital, lui convenait, et que l'Académie des sciences pouvait le partager avec l'Académie française. Il n'accepta la place qu'en faisant bien sentir la noble pudeur qu'il avait de succéder à un des premiers géomètres de l'Europe, lui qui ne s'était nullement tourné de ce côté-là, et il n'a jamais paru ici sans y apporter une modestie flatteuse pour l'Académie, et cependant accompagnée de dignité. »

Dangeau a laissé en manuscrit des *Mémoires, ou journal de la cour de Louis XIV*, commençant en 1684 et finissant en 1720. Loin de ressembler à Saint-Simon, dont les mémoires sont une sorte de commentaire hardi, spirituel, passionné des événements auxquels il assiste, Dangeau se contente de regarder ces événements, de les consigner avec la plus grande exactitude, sans autre ordre que celui de chaque jour, et sans autre talent qu'un naturel qui va jusqu'à la négligence. Aussi ces mémoires, écrits avec impartialité, doivent-ils être considérés plutôt comme d'utiles matériaux que comme une histoire toute faite : ils n'en resteront pas moins comme les fastes les plus curieux et les plus authentiques de la monarchie de Louis XIV.

IV.

LE MARÉCHAL DE RICHELIEU.

1720.

Louis-François-Armand Duplessis, duc de Richelieu, né le 13 mars 1696, mort le 8 août 1788. Son éducation fut confiée à des maîtres habiles ; mais il profita peu des leçons qui lui furent données. Il était heureusement de ces êtres particulièrement favorisés de la nature, chez lesquels le tact et l'esprit naturel suppléent aux connaissances que d'autres n'acquièrent que par une longue application. Introduit à la cour en 1710, à l'âge de quatorze ans, les grâces de sa figure et la vivacité de son esprit y produisirent dès l'abord la plus grande sensation. « Je suis ravie, mon cher duc, écrivait au duc de Richelieu Mme de Maintenon, je suis ravie d'avoir à vous dire que M. le duc de Fronsac (c'est le nom qu'il portait alors) réussit très-bien à Marly. Jamais jeune homme n'est entré plus agréablement dans le monde ; il plaît au roi et à toute la cour. Il fait bien tout ce qu'il fait, il danse très-bien, il joue honnêtement, il est à cheval à merveille, il est poli; il n'est point timide, il n'est point hardi, mais il est respectueux; il raille, il est de très-bonne conversation; enfin rien ne lui manque. » Malheureusement le duc de Richelieu devait bientôt perdre l'estime de tous ceux qui avaient commencé à en concevoir pour lui. Peu de temps après son introduction, ses légèretés, ses indiscrétions alarmèrent son père; il fut enfermé à la Bastille. On espérait que là, le jeune duc perdrait, grâce aux leçons du vénérable abbé de Saint-Remi, qui l'avait suivi dans cette retraite forcée, les défauts naissants qui chagrinaient sa famille; mais il n'en fut rien. Tout ce que Fronsac garda de cette punition fut une connaissance assez complète du latin.

Sorti de la Bastille au bout de quatorze mois, il entra à l'armée et débuta dans la fameuse campagne de 1712. Villars, charmé de ses dispositions guerrières, le fit son aide de camp. Il assista en cette qualité au siége de Marchiennes, de Douai, du Quesnoy, de Fribourg, où il fut blessé; puis il retourna à Paris, où, chargé par son général de rendre compte au roi des opérations de la campagne, il en fit le récit avec une telle netteté et une présence d'esprit si remarquable, que Louis XIV, étonné des connaissances qu'il avait acquises en si peu de temps, lui prédit le plus brillant avenir.

Adroit, vaillant, aussi propre aux négociations qu'à la guerre, le duc de Fronsac était homme à justifier la prédiction. A la mort de son père, il quitta ce nom de Fronsac pour celui de Richelieu, et commença par le soutenir en payant les dettes énormes contractées au service de Louis XIV par le duc. Mais, puisqu'il faut tout dire, il fut l'un de ceux qui inaugurèrent le plus scandaleusement le règne de Louis XV. Aventures amoureuses, duels, débauches de toutes sortes, rien ne manqua à la renommée de libertin qu'il se conquit alors et qui ne l'abandonna plus. Il fut même compris dans la conspiration de Cellamare; jeté à la Bastille pour ce fait, il n'en sortit qu'au bout de plusieurs mois, mais un peu corrigé cette fois. Aussi le voyons-nous quelque temps après remplir, avec plus de dignité qu'il n'en avait montré jusque-là, les fonctions d'ambassadeur à Vienne. Nous le retrouvons ensuite au siége de Kehl, puis devant Philisbourg, où il fut blessé. Le grade de maréchal de camp, qu'il obtint le 1er mars 1738, fut le prix de ce nouvel exploit. Nommé vers la même époque lieutenant général du roi en Languedoc, il sut se donner un nouvel éclat par la magnificence qu'il déployait chaque fois que l'occasion s'en présentait. Au milieu d'une cour où les grandes traditions s'éteignaient de jour en jour, nul ne fut plus rigide observateur de l'étiquette et des anciens usages. Etant à Vienne, l'ambassadeur d'Espagne ayant voulu prendre le pas sur lui, il le menaça avec tant de violence que cet envoyé fut obligé de quitter la ville. Ami des grandeurs, le faste qu'il déploya lors de son entrée dans la capitale de l'Autriche surpassa tout ce que l'on pourrait rêver. On rapporte, entre autres faits, que le nombre des voitures de sa suite ne s'élevait pas à moins de soixante-quinze, et que les chevaux de son carrosse et ceux de ses officiers étaient ferrés en argent, mais de manière qu'ils pussent perdre leurs fers, lesquels furent abandonnés au peuple. Cette fois le duc de Richelieu se contenta d'exiger tous les honneurs dus à sa place, ne voulant déroger en rien.

Lorsque la guerre de succession d'Autriche embrasa l'Europe, il suivit le roi comme aide de camp (1744), et se signala à la malheureuse journée de Dettingen, en soutenant la retraite. L'année suivante, il était à Fontenoy, dont quelques historiens lui attribuent tout l'honneur. La bataille de Raucoux, gagnée l'année suivante, fournit au duc l'occasion de signaler sa brillante valeur. Après quoi, nous retrouvons l'heureux guerrier, non moins heureux, comme ambassadeur à Dresde, puis, de nouveau, soldat à Laufelt, où il reçut plusieurs blessures. Envoyé, en 1748, en Italie, pour achever ce qu'avait si bien commencé le maréchal de Boufflers, il parvint à délivrer Gênes et à la pacifier. Les Génois reconnaissants, et un peu oublieux peut-être des services que leur avait rendus son prédécesseur, inscrivirent le nom de Richelieu sur le livre de noblesse, et placèrent sa statue dans le palais du Sénat, à côté des hommes illustres de leur république. Richelieu fut, de plus, nommé, sur leur demande, maréchal de France.

„Mais ce fut surtout dans l'expédition de Minorque

que Richelieu se couvrit de gloire. Rarement on vit un capitaine tirer un plus grand parti de petites ressources. Dépourvu du matériel nécessaire à attaquer le port Mahon, il dédaigna les règles de la vieille tactique, et se confia tout entier à l'héroïsme du soldat français. Il avait interdit l'*honneur de monter à l'assaut* à tout soldat qui s'enivrerait. Lors de cet assaut, ses troupes étant descendues dans un fossé de trente pieds de profondeur, on s'aperçut que les échelles étaient trop courtes. On monte néanmoins, et, parvenus au dernier échelon, officiers et soldats s'élancent à l'envi sur les épaules les uns des autres, et, en dépit d'un feu bien nourri, parviennent à gagner le sommet du rocher. Tout le monde sait que la place fut prise, et que les vainqueurs tentant de répéter de sang froid cette manœuvre hardie, ils ne purent y parvenir. La récompense de Richelieu fut le commandement de l'armée de Hanovre ; et dans la campagne nouvelle où il s'engagea, il ne resta pas au-dessous de ses premiers exploits. C'est à son retour qu'il fit bâtir ce petit pavillon, si connu des Parisiens sous le nom de pavillon de Hanovre.

Après la dissolution des Parlements, qu'il exécuta un peu trop en duc et pair, Richelieu devint le directeur de la Comédie italienne ; mais il y mit un tel despotisme, il s'y montra si minutieux, que ses administrés s'en plaignirent. « Ce sera bien pis, répondit-il, sous mon successeur! » Ce successeur, c'était son fils, le duc de Fronsac, homme non moins débauché que son père, et auquel il reprochait d'avoir tous ses défauts sans avoir aucune de ses qualités. Il obtint encore, comme doyen des maréchaux de France, le tribunal du point d'honneur (1781); et ce fut la dernière faveur qui lui ait été accordée.

Le nom qu'il portait ouvrait à Richelieu la porte de l'Académie; mais il n'imposait pas aux académiciens la nécessité de le nommer. Son rang, ses dignités, ses talents d'homme d'Etat et d'homme de guerre, la protection qu'il étendait sur les lettres, son esprit ingénieux et plein de saillies, ajoutèrent encore au désir qu'avait l'Académie d'accueillir ce représentant célèbre de la famille de son fondateur. Il fut élu d'une voix unanime (1720). Fontenelle, qui savait l'ignorance du maréchal, s'était chargé de son discours; Destouches, Campistron, l'imitèrent. Leurs compositions achevées, Richelieu lut les principaux traits de chacune d'elles; et guidé par le tact exquis dont la nature l'avait doué, il écrivit de sa main un discours qui, au mérite de la concision joignait la convenance du style. On y remarqua surtout un assez bel éloge de Louis XIV; mais ceux qui ont vu ce discours s'accordent à y trouver un nombre considérable de fautes d'orthographe. Quoi qu'il en soit, il lui fit honneur. Richelieu fut moins heureux dans une autre occasion. Lors de la paix de 1748, se trouvant directeur de la Compagnie, il pria Voltaire de lui composer le discours de félicitations au roi. Voltaire communiqua d'avance son discours; on en prit copie; et, à mesure que Richelieu débitait une phrase de son compliment, beaucoup de personnes prononçaient à demi-voix la phrase suivante, ce qui courrouça si fort le directeur, qu'il resta très-longtemps fâché avec son ami Voltaire.

Par un effet extraordinaire de la nature, le maréchal de Richelieu conserva jusqu'à sa dernière heure ses facultés intellectuelles et toute la vigueur d'un homme dans la force de l'âge. A quatre-vingt-douze ans, on le voyait encore se tenir debout pendant des heures entières, pour son service, sans en paraître fatigué; et seul entre les quatre gentilshommes de la chambre, il était en état de le remplir. Le duc de Fronsac, au contraire, quoique beaucoup plus jeune, gisait presque continuellement dans son lit, rongé par la goutte. Fier de sa belle santé, le père va le voir un soir, et tout en le raillant de sa caducité précoce : « Il faut du courage, lui dit-il; faites comme moi, quand j'ai la goutte à un pied, je me tiens sur l'autre »; et pour lui en donner la preuve, il reste plus d'une minute sur une seule jambe.

Le maréchal de Richelieu a laissé un très-grand nombre de lettres où pétille l'esprit, et des mémoires, écrits en partie de sa main, en partie sous sa dictée, mais corrigés entièrement par lui-même. Ils n'ont pas encore été publiés et ne le seront peut-être jamais. Richelieu gagnerait cependant beaucoup à ce qu'ils le fussent : ce serait la meilleure réponse que puisse faire sa famille aux indigestes compilations connues sous les titres de *Vie privée*, de *Mémoires du maréchal de Richelieu*, etc.

V.

LE DUC DE HARCOURT.

1788.

François-Henri, comte de Lillebonne, duc de Harcourt, né le 12 janvier 1726, mort le 22 juillet 1802. Le nom illustre qu'il portait, et dont l'illustration était surtout due aux armes, lui en ouvrait naturellement la carrière. Entré au service en 1739, il fut fait, en 1741, capitaine de dragons dans le régiment de son nom; il suivit ensuite en Bavière, comme aide de camp, le deuxième duc de Harcourt, son oncle, qui y commandait; puis servit sous le maréchal de Saxe. Après plusieurs combats où il prit une part glorieuse, il devint maréchal de camp (1758), et, en 1764, lieutenant général de la Normandie.

Instruit, savant même en de certaines sciences, ami des lettres, son plaisir était, lorsqu'il ne s'enfermait pas pour travailler, de réunir chez lui des savants, des littérateurs, comme lui jaloux de la culture de leur esprit. Doué de beaucoup d'affabilité, de manières gracieuses, s'exprimant avec charme, il les recevait, disent ses contemporains, d'une façon qui ne leur laissait que les plus agréables souvenirs. Ce qu'il ne leur donnait pas de son temps, il le consacrait soit au travail nécessité par ses fonctions, soit à l'étude; et quelques pièces de théâtre, dont ses hôtes de Harcourt furent les seuls spectateurs, ainsi que divers morceaux de poésie, échappés de sa plume facile et gracieuse, ont fait voir, d'ailleurs, qu'il ne possédait pas seulement l'esprit du monde et des affaires. C'est de ce séjour de Harcourt, près de Caen, et de l'ouvrage que le duc a laissé sur l'arrangement des jardins, dont Delille fait l'éloge dans l'un de ses poëmes; c'est là aussi que notre académicien eut l'honneur de donner l'hospitalité à Louis XVI, à son retour de Cherbourg, en 1786.

Ce fut à cette occasion que le roi, charmé de son esprit, de ses manières et de ses nombreuses connaissances, le chargea de l'éducation du dauphin, son premier-né. Bientôt, le duc entrait à l'Académie, et s'y distinguait, dès le premier jour, par un discours excellent. Malheureusement pour ses collègues, dont il était déjà l'ami, il n'y fut pas assidu aussi longtemps qu'il l'eût désiré : la mort du dauphin survenue peu de temps après, l'affligea au point de lui porter un coup dont sa santé se ressouvint toujours. Il alla aux eaux d'Aix-la-Chapelle; et, comme la révolution éclatait, il passa en Angleterre, où les frères de Louis XVI le chargèrent de veiller, près de la cour de Londres, à leurs intérêts et à ceux des émigrés; ce qu'il fit avec un désintéressement si complet et une ardeur telle, que ses propres affaires et sa santé en eurent beaucoup à souffrir. Enfin, forcé de se retirer à Stains, il y languit quelque temps, et finit par y mourir le 22 juillet 1802.

VI.

LUCIEN BONAPARTE.

1803.

Lucien Bonaparte, prince de Canino, frère puîné de Napoléon, est né à Ajaccio vers 1775. Favori, dans sa jeunesse, de Paoli, qui l'appelait « son petit philosophe », il avait à peine douze ans, lorsque la Révolution éclata. La famille Bonaparte embrassa le parti de la Convention nationale contre Paoli, et fut obligée de subir un décret de bannissement qui la jeta en Provence (1793). Là, Lucien s'attacha à l'administration des vivres de l'armée des Alpes maritimes; il devint ensuite garde-magasin des subsistances militaires de Saint-Maximin; puis, après son mariage avec Mlle Christine Boyer, il obtint, à la fin de 1795, l'emploi de commissaire des guerres, dont il abandonna les fonctions à quelque temps de là, pour entrer au conseil des Cinq-Cents, en dépit de ses vingt-quatre ans. On connaît l'événement du 18 brumaire. Si Lucien n'en fut pas le héros, on peut dire qu'il en a été le *Deus ex machinâ*. Ce fut lui qui dirigea l'affaire, et qui, en qualité de président, et, grâce à la fermeté de son caractère, assura le succès de ce coup d'Etat salutaire. Quelque attaché qu'ait été Lucien aux principes de la Révolution, il faut le louer d'avoir compris que l'heure était sonnée où l'anarchie devait être détruite. Le désintéressement qu'il montra dans la suite ne mérite pas un éloge moins sincère. Seul entre tous ses frères, il n'a point senti sur son front le poids de la couronnne ; et, si on a dit que Joseph, Louis et Jérôme n'avaient accepté les leurs qu'à regret, Lucien a eu, au moins, la fermeté de refuser celle que le grand distributeur de royaumes lui offrait. Son ambition se bornait à être un citoyen utile et un écrivain estimé, gloire qui, à ses yeux, valait beaucoup mieux que l'autre.

Ce serait, toutefois, demeurer dans l'erreur que de croire que Lucien n'aurait pas rempli sa tâche aussi bien que ses frères. Sa carrière est là pour prouver tout le zèle et tout le talent qu'il y aurait mis. Membre du conseil des Cinq-Cents, on l'avait vu, pénétré des besoins de la France, prendre les mesures les mieux faites pour les satisfaire. Devenu ministre de l'intérieur, après le 18 brumaire, c'est à lui qu'est dû l'établissement d'un second prytanée à Saint-Cyr, et l'organisation des préfectures n'est pas un des actes les moins importants de son administration. Son ambassade d'Espagne devint pour son nom une source nouvelle d'illustration. Aimable autant qu'habile, il réussit complétement. Revenu en France, il s'y signala par des actes politiques et diplomatiques qui attestent une grande habileté ; membre du Tribunat en 1801, il s'y montra de nouveau à la hauteur des hommes d'État les plus célèbres de son temps. Ce fut lui qui demanda au Corps législatif l'adoption du projet qui créait une Légion d'honneur ;

et il prononça à cette occasion un discours où des principes sages et de grandes vues politiques se faisaient remarquer. Nommé, au mois de juillet 1802, grand officier de cette légion, et membre de son grand conseil d'administration, il devint aussi sénateur de droit, et, peu de temps après, fut nommé titulaire de la sénatorerie de Trèves, avec la dotation de la terre de Soppelsdorf, ancienne maison de plaisance des électeurs.

Le 3 février 1803, l'Institut national ayant été réorganisé, grâce à ses soins, tous ceux qui aidèrent à cette réorganisation, se souvenant de la protection active, éclairée, éclatante, qu'il avait accordée aux arts et aux artistes, aux lettres et aux sciences, alors qu'il était ministre, se souvinrent aussi de la *Tribu indienne*, petit roman plein de sentiment et écrit avec grâce, que Lucien avait publié en 1799, et ils inscrivirent son auteur sur la liste des membres de la classe de la littérature française, ce qui, au dire de Lucien lui-même, lui procura une de ses joies les plus vives; aussi s'est-il empressé de la mériter. Il est toutefois regrettable de devoir le premier ouvrage qu'il fit dans ce but, à sa captivité. Ayant manifesté hautement son opinion sur l'ambitton de son frère et sur les persécutions que ce prince suscitait au saint-père, il fut obligé de quitter Rome. Il se retira d'abord près de Viterbe, dans la terre de Canino, que le pape avait, par amitié pour lui, érigée en principauté; mais inquiet, à tort ou à raison, des dispositions de Napoléon à son égard, il se rendit à Civita-

Vecchia, où il s'embarqua pour les Etats-Unis (1810). Pris aussitôt par deux frégates anglaises qui croisaient dans les environs, il fut conduit en Angleterre, où il a résidé jusqu'en 1814. C'est alors que Lucien composa le livre destiné à payer sa dette à l'Institut, *Charlemagne, ou l'Église délivrée*, poëme en vingt-quatre chants, d'abord publié à Londres en 1814, puis à Paris en 1815. Sans être un chef-d'œuvre, cet ouvrage renferme des beautés. On y trouve de beaux vers, et des notes très-nombreuses et très-exactement établies. Les Anglais l'ont traduit, et le saint-père en a accepté la dédicace.

Rendu à la liberté par le traité du 11 avril 1814, Lucien en profita pour retourner en Italie, où le pape lui fit l'accueil le plus distingué. Lors des Cent-Jours, il revint en France et reparut à l'Institut, où le 18 mai 1814, il lut une ode, intitulée l'*Odyssée*, dans laquelle il célébrait la gloire d'Homère et vengeait ce grand poëte des attaques de ses détracteurs. A la même séance, il offrit à Aignan, traducteur d'Homère, un camée antique représentant le prince des poëtes grecs. Il figura également un moment à la Chambre des pairs. Enfin lorsque Waterloo envoya, suivant la belle expression de Byron, Napoléon « s'éteindre comme un boulet dans les flots de l'Océan », Lucien se retira de nouveau en Italie. Là, rendu à tout jamais aux lettres et aux arts, qui étaient sa véritable vocation, il dit un éternel adieu à la politique. En 1819, il fit imprimer à Paris un second poëme épique de sa composition, ayant pour titre : *La Cyrnéide, ou la Corse sauvée*, en douze chants. En 1822, il publia une *Collection de gravures choisies, d'après les peintures et sculptures de sa galerie*, pour faire suite au recueil qu'il avait déjà fait paraître à Londres en 1812. Il fit exécuter, de 1828 à 1829, des fouilles dans sa principauté de Canino, et en publia les résultats dans un ouvrage intitulé : *Muséum étrusque de Lucien Bonaparte*. Vers la fin de sa vie, il rassembla ses souvenirs et raconta les événements dans lesquels il avait joué un rôle ; c'est ainsi qu'il fit paraître, en 1835, la *Vérité sur les Cent-Jours, suivie de Documents historiques sur* 1815. Il avait également entrepris la publication de ses *Mémoires*. Le premier volume, qui s'arrête au 18 brumaire, a même été mis au jour en 1836. « C'est, dit M. Amédée René, dans son article des *Bonaparte littérateurs*, une sorte d'instruction préparatoire du procès intenté au Directoire, une série de pièces justificatives du coup d'Etat que Lucien prétend faire absoudre par le droit comme par la nécessité. Le prince de Canino, pour ce qui est de lui-même, se concentre dans sa carrière publique et parlementaire; les choses privées y ont peu de place. » On y trouve pourtant quelques détails curieux sur la personne de Lucien, et ce livre mérite d'ailleurs de rester comme un précieux document de l'histoire de la fin de la Révolution. Ces *Mémoires* n'ont malheureusement point été terminés, la mort étant venue surprendre leur auteur le 29 juin 1840, dans sa terre de Canino.

Lucien Bonaparte a, en outre, composé quelques brochures, dont la plus célèbre, *Parallèle entre César, Monk et Bonaparte* (1800), a, dit-on, été revue par Napoléon. Né avec une imagination brillante, beaucoup de facilité dans l'élocution, les discours qu'il eut à prononcer dans le cours de sa carrière politique, et qu'on a recueillis, renferment souvent de beaux mouvements oratoires. Il a laissé une tragédie (les *Enfants de Clovis*) qui est restée manuscrite. De bons juges qui l'ont examinée prétendent que l'auteur l'a composée dans la forme antique, avec des chœurs, et que ces chœurs sont forts beaux, que la plupart des situations sont intéressantes, et que de jolis vers achèvent de placer cette tragédie au-dessus des œuvres vulgaires.

VII.

AUGER.

1816.

Louis-Simon Auger, né à Paris le 19 décembre 1772. Ses études terminées, il entra dans l'administration des vivres, qu'il délaissa durant la Révolution pour s'attacher au ministère de l'intérieur. Mais Auger aimait les lettres; quoiqu'il n'eût que des loisirs à leur consacrer, il les cultivait. Sans doute les productions qu'il mettait au jour alors n'étaient-elles pas d'une bien longue haleine; mais si leur volume n'imposait point, elles étaient achevées. Après quelques petits vaudevilles lestes, bien tournés, pleins de saillies, diverses brochures, la plus forte partie de son bagage (*Mélanges philosophiques et littéraires*) se compose de notices. On le sait, s'il fut une époque fertile en réimpressions, c'est celle qui ouvre ce siècle. Auger était de ce temps; homme de goût, esprit fin et cultivé, qui mieux que lui pouvait s'acquitter du soin de mettre en tête de ces éditions nouvelles les biographies propres à faire connaître les auteurs, les notes capables d'éclaircir leurs ouvrages aux endroits obscurs et les aperçus destinés à les faire mieux goûter? Pendant trente ans il ne cessa de battre monnaie avec les maîtres qu'il aimait et qu'il voulait qu'on aimât comme lui. Il faut surtout citer parmi ces éditions celle des *Oraisons* de Boismont, des *Directions de conscience* de Fénelon, des *Proverbes* de Carmontelle, du *Cours* de La Harpe, des *Lettres* de Mmes de Maintenon, de Caylus, de Villars, Aissé, etc., etc.; « car (ce sont les termes d'Etienne) c'est particulièrement parmi les renommées des deux siècles qui ont précédé le nôtre que se plaisait sa raison éclairée et sévère. Il s'était fait le contemporain de tous les grands hommes qui les ont illustrés; il ne quittait La Fontaine et Boileau que pour réfléchir avec Duclos et avec La Bruyère; et quand son esprit s'était fatigué à suivre Pascal, Bossuet et Montesquieu dans leurs sublimes profondeurs, il se reposait sur les pages brillantes de Voltaire, et aimait à se jouer tour à tour avec les fictions ingénieuses d'Hamilton et avec les grâces simples et piquantes des La Fayette, des Deshoulières et des Sévigné. » Il collaborait en outre à la *Biographie universelle*, dont on lui doit le discours préliminaire; « travail important, difficile, dit l'un des rédacteurs de cette biographie, et dont il s'est tiré avec une mesure parfaite et un rare talent. Il a de plus éminemment contribué au succès de ce vaste recueil en l'enrichissant d'un assez grand nombre de notices littéraires, écrites dans le style concis et sévère du genre, remplies de recherches, d'aperçus, de rapprochements curieux. » Ce qui ne l'empêchait pas de concourir dans les luttes académiques lorsqu'il trouvait quelque sujet à sa convenance. C'est ainsi qu'ayant écrit en 1805 l'*Eloge de Boileau*, il obtint la couronne, et que son *Eloge de Corneille* lui valait un accessit en 1808. Aussi fécond qu'actif, il prenait part en même temps aux luttes de la *Décade philosophique*, où, malgré sa pseudonymie, son bon sens et son esprit le décelaient toujours; au *Mercure*, au *Journal de l'empire*, au *Journal général de France*, dans lesquels il examina pendant plusieurs années, avec une sûreté de jugement et un goût sévère, toutes les productions qui paraissaient.

Mais le monument le plus solide de la gloired'Auger, c'est sa publication des *OEuvres complètes de Molière;* c'est aussi la meilleure édition qu'on ait donnée du théâtre de notre grand comique. Auger l'a fait précéder d'un discours préliminaire, où il jette un coup d'œil général sur la comédie depuis son origine jusqu'à nos jours. Dans cette forte étude, la naissance, les progrès et la chute de l'art, tant chez les anciens que chez les modernes, sont tracés avec une rapidité brillante, et les différentes parties de ce même art traitées avec une supériorité de vues et un ensemble qui en forment presque une théorie complète; une excellente biographie de Molière l'accompagne, et chaque pièce est en outre suivie d'une notice historique et littéraire.

En 1812, Auger abandonna sa place du ministère de l'intérieur; il devint censeur royal en 1814, et le roi lui accorda une pension en 1816. C'est à cette époque que, l'Institut ayant été réorganisé, il se mit sur les rangs pour l'une des deux places que l'ordonnance du 21 mars laissait vacante dans l'Académie française. Il y fut élu avec Laplace, le 12 avril suivant, avant l'installation de l'Institut. Son assiduité et son aptitude à remplir les fonctions académiques ne tardèrent pas à lui donner beaucoup d'influence sur ses confrères. Après avoir été membre de la commission du *Dictionnaire*, on pensa, lors de la démission inattendue de Raynouard, que personne ne pourrait mieux le remplacer; aussi fut-il nommé d'une voix unanime secrétaire perpétuel. Actif et ferme, intelligent et plein de persévérance, dès ce moment tout se fit à l'Académie par son entremise. MM. Villemain, de Quélen, Soumet et Casimir Delavigne lui ont en partie dû leur élection. Quant à ses harangues, on les cite encore comme des modèles d'éloquence académique. Auger avait en outre conçu pour sa chère Académie un dessein dont il doit être parlé ici. C'était la lithographie des signatures de cent soixante dix-sept membres de l'ancienne Académie française. Les registres de présence lui furent d'un grand secours pour ce travail, mais ce ne fut pas sans difficultés. Le plus ancien de ces registres avait disparu, lorsque Pellisson, le premier historien et secrétaire perpétuel de l'Académie, fut mis à la Bastille. D'un autre côté, plusieurs académiciens n'avaient jamais siégé. Auger eut donc à se mettre en quête d'une cinquantaine de signatures qui lui manquaient encore; enfin, il parvint à réunir le nombre qu'il souhaitait, et qui forme six feuilles in-folio, dont il ne fit tirer que soixante exemplaires. Il voulait également publier une collection, non plus de signatures, mais de lettres autographes et de portraits de tous les membres de l'Académie. On remarqua même toute l'ardeur qu'il montrait dans l'exécution de ce nouveau projet, lorsque la mort la plus affreuse et la moins explicable vint l'y arracher, en répandant le deuil au milieu des siens.

Le 2 janvier 1829, Auger avait dîné chez lui avec sa femme et quelques amis. Le repas achevé, la société se sépare, Auger entre dans son cabinet et ne reparaît plus; on entre, on le cherche, un billet s'offre aux yeux, il portait ces mots : « Ma chère amie, je ne puis plus supporter la vie; je t'adore, mais il faut que je meure; pardonne-moi, ne maudis pas ma mémoire, adieu! » Quelques jours après, on retrouvait son corps dans la Seine, à Meulan.

« Cet événement étonna tout Paris, dit à ce propos, dans la *Biographie universelle*, M. Durozoir. Toutefois, plusieurs personnes qui avaient connu particulièrement Auger se rappelèrent que ses idées personnelles avaient souvent été dirigées vers le suicide. On se souvint encore qu'en 1817, à la suite d'un projet de mariage manqué, il avait déjà voulu mettre fin à ses jours, et que c'en eût été fait sans l'arrivée subite d'un ami. Ayant connu personnellement Auger, nous pouvons dire que, comme homme privé, il était à l'abri de tout reproche. Son extérieur froid, son abord et sa parole souvent un peu durs, cachaient un cœur droit, sensible et bon. S'il n'était pas commode de l'avoir pour ennemi, il n'y avait pas d'ami plus serviable et plus dévoué. Au reste, son plus bel éloge est dans le grand nombre d'amis honorables qui lui sont restés fidèles jusqu'à sa mort, et dans les regrets unanimes qu'a excités sa catastrophe. »

VIII.

ÉTIENNE.

1811 — 1829.

Charles-Guillaume Etienne, auteur dramatique, publiciste, orateur politique, naquit le 6 janvier 1778 à Chamouilly, dans la Haute-Marne. Il vint à Paris en 1796. Tout son bagage consistait en une bonne éducation et beaucoup d'esprit. « Il y joignait dans la jeunesse, dit M. Sainte-Beuve, un extérieur agréable, une belle taille qu'il eut toujours, une physionomie heureuse et prévenante. » Simple teneur de livres d'abord, chez un marchand de bois de la Rapée, il demanda des ressources à son talent ; il écrivit dans les journaux ; il fit des pièces pour les divers théâtres, quelquefois seul, le plus souvent en collaboration de quelques jeunes auteurs qui débutaient comme lui. On peut suivre aujourd'hui, de point en point, la série de ses essais et de ses progrès dans les quatre volumes d'*OEuvres dramatiques* publiées, en 1846, par sa famille, ou, ce qui vaut mieux parfois, dans la spirituelle et bonne notice que M. Sainte-Beuve a faite sur Etienne, dans ses *Causeries du lundi*.

La première pièce d'Etienne est un opéra-comique qui a nom *le Rêve* (1799). « On y voit, dit M. A. François, l'ingénieux éditeur ; on y voit toutes ses qualités, une imagination naturelle et gaie, un style clair et piquant, surtout l'art si difficile de conduire une action et d'enchaîner les scènes. » En effet, pas une des petites pièces, que le succès de cette première engagea Etienne à produire dans la suite, où ces qualités fassent défaut ; et non-seulement nous les retrouvons dans les productions destinées au musicien, et telles que : *Une Heure de mariage* (1801), *Un jour à Paris*, *Rembrandt*, *Cendrillon*, *Jeannot et Colin*, le *Rossignol*, *Gulistan*, *Zéloïde*, *Joconde*, *Ala-*

din, etc.; mais à une dose non moins vive dans le *Pacha de Suresne* (1802), les *Deux Mères*, la *Petite Ecole des pères*, les *Maris en bonne fortune*, la *Jeune Femme colère*, le *Carnaval de Beaujency*, *Brueys et Palaprat*, *Racine et Cavois*, les *Plaideurs sans procès*, etc., comédies en prose ou en vers. Elles contiennent de la gaieté, de la facilité, de l'esprit, mais peut-être un peu de commun. « Le fond est bon, disait Geoffroy, de la *Petite Ecole des pères ;* il était même susceptible d'être plus étendu ; la morale de la pièce est en action et non pas en sentences ; on y trouve de l'instruction et point de sermons. » *Une Heure de mariage* est une spirituelle folie, un peu gâtée par les couplets, mais qui contient des scènes heureuses, un jeu de partie carrée, qui est mené avec habileté. «La *Jeune Femme colère*, assez généralement louée, me plaît peu, dit pourtant M. Sainte-Beuve; la leçon morale qui consiste, de la part du jeune mari, à vouloir corriger le défaut de sa femme en l'imitant lui-même et en le lui présentant comme dans un miroir grossissant, me paraît brusque, outrée et peu vraisemblable. Lu, ce n'est point un moment admissible ; bien joué, il suffit que cela amuse. J'aime bien mieux *Brueys et Palaprat*, acte très-agréable en vers, vif, rapide, semé de vers bien nés et qui se font retenir. C'est par où M. Etienne préludait véritablement aux *Deux Gendres*, cette pièce qui est le point central où son œuvre dramatique vient aboutir. »

Cependant, depuis ses premiers essais, Etienne

avait été heureux. Au camp de Boulogne, alors employé dans les fourrages de l'armée, il avait composé pour le divertissement des troupes, deux petites pièces qui l'avaient mis en vue ; et Maret, depuis duc de Bassano, s'était chargé de son avenir. Il avait accompagné dans plusieurs voyages ce laborieux commis de l'empereur. Plus tard, Etienne fut choisi pour remplacer Fiévée comme censeur au *Journal des débats* ; et bientôt après, la fortune lui souriant toujours, il remplaça Esménard comme chef de division des journaux et de la librairie au ministère de la police générale. C'est à ce moment que le succès éclatant de la comédie des *Deux Gendres* vint le désigner, d'autre part, comme un successeur presque direct de Molière. La pièce avait été représentée à la Comédie française le 11 août 1810 ; l'année suivante, la mort de Laujon laissant une place vacante dans la seconde classe de l'Institut, Etienne y fut nommé de préférence à Alexandre Duval. Etienne reçut avis de sa nomination par un billet qui ne contenait que ce passage des Actes des apôtres : *Et elegerunt Stephanum verum plenum spiritu.* Il prit séance le 7 novembre 1811 par un discours de réception qui fut très-remarqué, et « où, a dit M. Sainte-Beuve, il soutenait cette thèse piquante que, quand tout serait détruit des deux derniers siècles, il suffirait que les comédies seules survécussent, pour qu'on pût deviner par elles toutes les révolutions politiques et morales de ces deux siècles. Il faisait une assez spirituelle démonstration de son paradoxe sur les principales comédies, depuis le *Misanthrope* jusqu'à *Figaro*. Il y avait là une apparence d'idée neuve, un aperçu poussé à l'effet. M. de Fontanes, qui répondait à Etienne, ramena d'un mot les choses dans leurs justes bornes; il loua d'ailleurs le récipiendiaire en des termes dignes et d'une parfaite convenance : « Les applaudissements du public, disait-il, ont déterminé nos suffrages plus que la bienveillance des illustres amis dont votre jeunesse a droit de s'honorer. » Etienne n'avait alors que trente-trois ans. »

Les *Deux Gendres*, avons-nous dit, marquèrent la place d'Etienne au rang de nos hommes de lettres les plus distingués. On lui reprocha toutefois d'avoir emprunté son sujet... Mais, comme Molière, Etienne avait pris son bien où il l'avait trouvé. A part quelques points par lesquels on pourrait rattacher cette comédie à d'autres comédies, le reste appartient en propre à son auteur. Ce qui est surtout à lui (et dans cette pièce, là est l'essentiel) c'est le caractère des deux gendres. « De l'un, dit M. Sainte-Beuve, qui l'a examiné avec le soin qu'il apporte dans toutes ses études, il a fait un vaniteux, actif et brillant, un ambitieux politique qui vise au ministère; de l'autre, un fade et faux philanthrope du moment, et dont on peut dire :

Il s'est fait bienfaisant pour être quelque chose ;

grand auteur de brochures, grand orateur de comités, et franc égoïste sous ces beaux semblants de bienfaisance :

> Il a poussé si loin l'ardeur philanthropique
> Qu'il nourrit tous ses gens de soupe économique.

Et encore (car ce constraste entre la conduite et les écrits est perpétuel et d'un effet sûr) :

> Vous y plaignez le sort des nègres de l'Afrique,
> Et vous ne pouvez pas garder un domestique.

Ces caractères, qui étaient bien dans la coupe du jour, et qui sont soutenus jusqu'au bout ; le ressort de la crainte de l'opinion opposé à celui de l'avarice pure ; d'heureuses descriptions jetées en passant des dîners du grand ton :

> Ceux qui dînent chez moi ne sont pas mes amis.

une peinture légère de faillites à la mode, qui ne ruinent que les créanciers, et après lesquelles le banquier, s'élançant dans un brillant équipage, dit nonchalamment :

> Je vais m'ensevelir au château de ma femme ;

l'intervention bien ménagée de deux femmes, l'une fille du vieillard, et l'autre sa petite-fille ; l'habile arrangement et le balancement des scènes ; d'excellents vers comiques, semés sur un fond de dialogue clair, facile et toujours coulant : voilà des mérites qui justifient pleinement le succès et qui mettent hors de doute le talent propre de l'auteur. » Maintenant, ce talent était-il de nature à récidiver et à montrer dans une invention plus complète, autant d'adresse, de facilité élégante, de combinaison et d'habileté ? Il n'est plus permis d'en douter lorsqu'on a jeté les yeux sur l'*Intrigante*, comédie en cinq actes et en vers, qui suivit, en 1813, celle des *Deux Gendres*.

Ce nouvel ouvrage réussit entièrement dès la première représentation. Déjà même d'heureuses situations, des scènes piquantes, des détails ingénieux, une fidèle peinture des mœurs, assuraient à cette pièce une longue série de représentations, quand les comédiens reçurent défense de la jouer. L'empereur y avait saisi des allusions qui lui déplaisaient : il en fit même rechercher les exemplaires. Plus tard, le gouvernement qui avait succédé à celui par lequel cette pièce avait été arrêtée, leva l'interdit. Etienne, disons-le à sa louange, ne crut pas devoir profiter de cette bienveillance. Il craignit de devoir une partie de son succès nouveau au souvenir de la proscription que son ouvrage avait essuyée sous un autre régime, régime qu'il avait servi comme citoyen, et dont il avait reçu les bienfaits. « La défense d'une comédie n'est pas un malheur pour un auteur, écrivait-il à cette occasion ; mais l'ingratitude est un malheur pour tout le monde. » Et puis, pourquoi ne pas le dire ! c'était une façon de protester contre le gouvernement de la Restauration, qui lui avait tout ravi et auquel il en voulait. Privé de ses places, rayé de la liste des membres de l'Institut après les Cent-Jours, on conçoit d'ailleurs qu'Etienne ait eu quelque droit de se plaindre. Il se plaignit donc, mais il le fit avec talent. Ses *Lettres sur Paris*, dans la *Minerve française*, sont peut-être le modèle d'un genre de polémique qui n'existait pas encore parmi nous. Tout ce que notre langue a de finesse, de grâce, de piquante désinvolture, s'y trouve mis en œuvre avec le plus grand bonheur pour peindre les fautes ou les erreurs du gouvernement qu'Etienne combattait. Leur succès en fut prodigieux; et ce succès ayant donné à leur auteur une popularité toute nationale, le département de la Meuse le choisit en 1820 pour un de ses députés, et le renomma en 1822.

Là, Etienne sut s'attirer les mêmes applaudissements qui l'avaient accompagné dans sa carrière littéraire. Abordant les questions politiques les plus élevées avec cette facilité et cette grâce qui étaient les caractères distinctifs de son esprit, il s'est attiré le singulier éloge d'être le *Fontenelle de la politique*; mais nous devons dire qu'il mérite un éloge plus juste que ce rapprochement avec un philosophe timide, qui se serait bien gardé *d'ouvrir sa main* si elle eût été *pleine de vérités*. Etienne en a dit de courageuses dans de certaines occasions, et c'est ce courage à les dire qui le fit renommer une troisième fois député après la révolution de 1830, de même que c'est l'estime que sa franchise inspirait qui lui fit, plus tard, trouver sa place à la Chambre des pairs.

Outre les ouvrages que nous avons cités, les discours qu'Etienne eut à prononcer, soit comme académicien, soit comme homme politique, nous mentionnerons encore, après quelques brochures et des *Rapports* nombreux, la part qu'il a prise à la rédaction du *Nain jaune* et du *Constitutionnel*. Il a donné aussi une bonne dissertation sur le *Tartufe* ; des remarques historiques, scientifiques et littéraires sur les œuvres de Voltaire, qui sont très-bonnes ; des notices d'un style précis, clair et vif.

Ces ouvrages lui gardèrent sa place à l'Académie, place qui appartenait dès longtemps à son mérite. Etienne eut cela de piquant dans sa vie d'y être reçu deux fois. Même avant la fin de la Restauration, l'injustice dont il avait été victime fut réparée par une réélection éclatante, et il fit sa rentrée dans la Compagnie en prononçant un second discours de réception le 24 décembre 1829. Il succédait cette fois à Auger, son ami, mort si malheureusement, et il terminait son discours par ce mot heureux : « O triste infirmité de notre nature ! O fragilité des raisons les plus fermes comme des plus puissants génies ! Cet abîme que Pascal voyait sans cesse à ses pieds, M. Auger y tomba ! »

Etienne mourut le 13 mars 1845. Sa perte fut vivement sentie. Au milieu des éloges qui furent prodigués à sa mémoire, l'Académie se distingua, comme toujours, par l'éclat et l'émotion pleine de dignité des siens ; car, ce qu'elle avait à regretter, ce n'était pas seulement le littérateur, mais l'homme même. « Nous louerons surtout l'honnête homme, disait, sur la tombe du collègue qu'il perdait, M. Villemain, l'excellent et l'affectueux confrère, l'ami sûr et dévoué, le citoyen modéré non moins qu'indépendant, dont le talent fut heureusement excité par la polémique, sans que jamais son âme fût aigrie par la haine, l'homme de lettres dont l'imagination élégante et pure respecta toujours la dignité morale et la vertu. » Nous emprunterons maintenant à M. Sainte-Beuve un dernier trait qui achèvera de le peindre : « Il était fabuleusement distrait, dit-il ; j'ai entendu citer, à cet égard, des anecdotes qui sont singulières et pourtant de toute vérité. A un certain dîner, où il avait commencé par déclarer qu'il ne mangeait pas de bouilli, on lui en fit manger trois ou quatre fois de suite sans qu'il s'en aperçût. A sa campagne de Sorcy, aux environs de Commercy, on l'a vu quelquefois, le matin, en robe de chambre dans son verger, au pied d'un arbre, et le soir il y était encore. » Sous l'homme distrait, il y a presque toujours le bonhomme.

IX.

M. DE VIGNY.

1846.

M. le comte Alfred de Vigny est né à Loches, en Touraine, le 27 mars 1799. Bien que sa famille doive surtout aux armes son illustration, et que son père lui-même ait longtemps servi comme officier de cavalerie, une autre voie que la carrière militaire était destinée au jeune de Vigny. « Bon sang ne peut mentir », dit le proverbe, et le proverbe dit vrai cette fois. Envoyé à Paris pour y faire ses études, « j'y fus un lycéen distrait, raconte notre académicien. La guerre était debout dans le lycée ; le tambour étouffait à nos oreilles la voix des maîtres, et la voix mystérieuse des livres ne nous parlait qu'un langage froid et pédantesque ; les logarithmes et les tropes n'étaient à nos yeux que des degrés pour monter à l'étoile de la Légion d'honneur ». Il avait à peine seize ans, qu'il entrait dans le corps des mousquetaires rouges de la maison du roi. En 1816, à la suppression de ces mousquetaires, il passa dans l'infanterie de la garde. Malheureusement pour le belliqueux gentilhomme, l'étendard des guerres était replié ; il avait rêvé le champ de bataille, il trouvait le Champ de Mars ; en guise de camp, il avait la caserne, et la parade en guise de combat. Aussi, dégoûté bientôt de l'insipide métier qu'il avait choisi, se tourna-t-il du côté où l'entraînait, à son insu, sa vraie nature. Poëte, il dépouilla sa muse de l'uniforme qui la gênait ; et, dès ce moment, M. de Vigny n'appartint plus qu'à l'histoire littéraire (1826).

Huit volumes composent son bagage ; c'est bien peu à une époque, où tant d'auteurs médiocres comptent leurs productions par douzaines ; mais pour M. de Vigny, il n'en est pas besoin de plus pour se maintenir éternellement à la place qu'il s'est conquise. Un recueil de poésies, un roman historique, *Cinq-Mars*, quatre ou cinq nouvelles, cinq pièces de théâtre, et un roman moderne, forment ces huit volumes. On sait quelle faveur accueillit *Cinq-Mars* à son apparition, et quelle popularité ce livre a conservée; les études approfondies qu'il révèle sur une époque devant laquelle la hache du terrible cardinal frayait un chemin à la royauté absolue de Louis XIV, l'art ingénieux avec lequel les faits y sont présentés sous le voile d'une fable attachante, le soin qui perce dans la peinture des caractères, et mille qualités du premier ordre que tout le monde a signalées, ont assuré à *Cinq-Mars* une réputation qui ne doit pas diminuer.

Cependant, ce n'est là que de la prose; et avant de dispenser à M. de Vigny les éloges qui lui sont dus comme écrivain, nous indiquerons ses œuvres de poëte. C'est sous ce titre qu'il est entré dans la carrière. N'eût-il pas commencé par rimer, nous mettrions, d'ailleurs, ses poésies au premier rang de ses œuvres. Chez lui, le poëte est encore supérieur à l'écrivain. Aucun, en effet, parmi les littérateurs modernes, n'a été mieux inspiré; il n'en est aucun, non plus, qui ait su donner à sa pensée un tour plus suave et cependant plus précis. Chacune de ses pages est un chef-d'œuvre. Dans leur nombre trop restreint, nous citerons surtout *Eloa*, *Moïse* et *Dolorida*. « Ces petits poëmes, a dit M. Sainte-Beuve, assignent à la noble muse du poëte des traits qui sont ceux d'une immortelle. »

Après ces poésies, qui ont été recueillies sous le

titre définitif de *Poëmes antiques et modernes*, après *Cinq-Mars* viennent les *Consultations du docteur noir* ou *Stello*, et le beau livre de *Servitude et Grandeur militaires*. Ici, descendu des régions éthérées où planait son génie, notre académicien se fait le défenseur de ces deux êtres que la société admire toujours, et pour lesquels elle oublie si souvent des récompenses : le poëte et le soldat. Les nouvelles que renferment *Servitude et Grandeur militaires*, « nous amènent, dit M. Sainte-Beuve, à travers un savant labyrinthe concentrique et par de délicieux méandres, à un but philosophique et social élevé. L'auteur énonce sur l'état arriéré des armes, sur leur transformation nécessaire, des idées miséricordieuses et équitables, les vues d'un philosophe militaire qui a profité de toutes les lumières de son temps et qui s'est souvenu de Catinat ». Dans les *Consultations*, l'auteur raconte la mort de Gilbert, de Chatterton et d'André de Chénier. L'exemple de Gilbert lui sert à établir que le gouvernement monarchique craint les poëtes comme penseurs ; celui de Chatterton, que l'aristocratie les dédaigne comme inutiles ; celui d'André de Chénier, que les républicains les haïssent comme supériorités aristocratiques ; enfin, il conclut en prouvant que leur race « est une race toujours maudite par les puissances de la terre ».

Le théâtre de M. de Vigny (car il est aussi poëte dramatique) compte cinq pièces : le *More de Venise* et le *Marchand de Venise*, traductions intelligentes de Shakspeare; la *Maréchale d'Ancre*, drame historique; *Quitte pour la peur*, comédie, et *Chatterton*.

Ce dernier drame est le développement des idées émises dans les *Consultations*. *Stello* et *Chatterton* sont en quelque sorte le double écho d'une même pensée; dans celui-ci seulement, l'idée du livre théorique s'est faite action par la mise en scène. Avec quelle puissance de relief, d'ailleurs; avec quelle pénétrante vigueur et quel éclat de style! Tout le monde a lu *Chatterton*, et tout le monde l'a applaudi. Nous n'essaierons donc pas de l'analyser lorsque son retentissement bruit encore; mais nous nous étonnerons de ne pas voir ce charmant pastel à la plume qui s'intitule *Quitte pour la peur* figurer à côté des *Proverbes* de M. de Musset, dans le répertoire du Théâtre-Français. Il n'est rien de plus joli, de plus finement écrit et de plus spirituellement conçu que cette comédie qui est entre la *Maréchale d'Ancre* et *Chatterton*, comme un tableau de Watteau entre des toiles de Raphaël et du Titien.

Nos lecteurs connaissent à présent les titres littéraires de notre académicien ; mais ce qu'ils ignorent peut-être, c'est que la vie de M. Alfred de Vigny (et ce n'est pas le moindre hommage que nous nous plaisions ici à lui rendre) est une vie de dévouement et de culte à la littérature. Ses actes, non moins que ses œuvres, ont constamment plaidé la cause de la dignité des lettres. Son nom n'a jamais figuré dans les coteries, et ses succès, si complets qu'ils aient été, il ne les a ni mendiés, ni achetés. Sans passion, sans haine, sans engouement immodéré, il s'est constamment isolé des partis dans sa solitude de rêveur, caressant avec bonheur sa pensée, vivant avec ses idées, pur, honorable, et, plus que personne, peut-être, marquant sa place au sein de notre Académie. Elu à la fin de 1845, il y entra le 29 janvier 1846, et s'y signala, dès ce jour, par un discours où se retrouvent toutes les qualités qui distinguent l'excellent écrivain. Les pensées fines, ingénieuses et remplies de délicatesse exquise, l'élégance de bon goût qui plaît et captive toujours, et cette bienveillance qui, chez lui, ne s'est jamais démentie. Celui de M. Molé, qui lui répondait, bien que très-remarquable aussi, ne saurait, toutefois, obtenir ce dernier éloge. Ce n'est plus un discours académique, mais une véritable mercuriale. Quoi d'étonnant à cela, d'ailleurs! M. Molé aime l'ancienne littérature, il en goûte l'esprit et la moralité, il en a les sentiments et les goûts, il en parle la langue à la fois fine et sévère ; son discours le prouve. M. de Vigny est, après M. Victor Hugo, un des chefs de cette littérature nouvelle qui, il y a trente ans, s'annonça avec tant d'éclat. Il ne goûte et n'estime donc que médiocrement notre ancienne littérature. C'était, entre les deux académiciens un premier contraste, qu'ils ne se sont pas le moins du monde donné la peine de sauver ou d'adoucir dans leurs discours : ils l'ont vivement et franchement exprimé. Disons-le donc en passant : si le spirituel secrétaire perpétuel recevant M. Scribe, le fin

M. Briffaut recevant de Saint-Aulaire qu'il appelait l'homme le plus poli de France, l'auteur d'*Alonzo* recevant M. Victor Hugo, avaient tous déjà quelque peu changé la tournure des réceptions, en recevant M. de Vigny, M. Molé les a littéralement transformées en une arène où l'esprit a eu depuis, et aura désormais ses, coudées franches.

XXXIII.

LE FAUTEUIL DE VOLTAIRE.

LE FAUTEUIL DE VOLTAIRE.

I.

VOITURE.

1634.

Vincent Voiture, né à Amiens en 1598, mort à Paris le 27 mai 1648, était fils d'un marchand de vin fournisseur de la cour, et, à ce que nous disent ses biographes, homme de bonne chère et se portant bien. Son fils était, au contraire, d'une complexion faible et ne buvait que de l'eau, ce qui faisait dire à son père qu'on le lui avait changé en nourrice. Plus tard, c'est-à-dire lorsqu'il eut acquis cette réputation d'écrivain qu'il ne partageait même pas avec Balzac, et qu'il passait, aux yeux de ses contemporains, pour une sorte de phénix littéraire, il eut souvent à souffrir de l'obscurité de son origine; et, comme la cour était (c'est Pellisson qui le prétend) le théâtre de l'envie, la naissance de notre académicien lui était souvent reprochée par des railleries et des bons mots, dont le même biographe nous rapporte les plus mordants. Ainsi, un jour qu'il assistait à un repas d'officiers, l'un d'eux lui adressa ce couplet :

> Quoi, Voiture, tu dégénère?
> Hors d'ici, maugrebi de toi ;
> Tu ne vaudras jamais ton père :
> Tu ne vends du vin ni n'en boi.

Une autre fois, on disait, à propos de son dégoût pour le jus de la treille : « Le vin, qui fait revenir le cœur aux autres, le faisait pâmer à Voiture » ; et Bassompierre disait de lui en une autre rencontre, mais avec plus d'aménité : « C'est dommage qu'il ne soit du métier de son père ; car, aimant les douceurs comme il fait, il ne nous aurait fait boire que de l'hypocras. » C'était, en effet, un esprit fort gracieux et un poëte. Elevé à la cour, il y avait pris cet art du bien-dire et des belles manières, cette tournure délicate de l'intelligence et ces allures qu'on ne trouvait alors qu'en ce lieu-là. Il achevait en même temps son éducation aux colléges de Calvi et de Boncours. On trouve ses essais dans le recueil imprimé du premier de ces deux colléges. Ce sont deux pièces de vers : l'une en vers latins et l'autre en vers français sur la mort de Henri IV (1612). La même année fut publiée une autre pièce latine de sa composition : *Hymnus Virginis seu Astrææ.* Enfin, en 1614, des *Stances adressées à Monsieur* attirèrent sur lui l'attention de ce prince. A sa mort, on trouva parmi ses papiers une quantité de morceaux de poésie qu'on s'est hâté d'imprimer. Il y en a de toutes sortes : de vigoureux, d'élevés ; mais, le plus souvent, ils se contentent d'avoir de l'élégance, de la finesse et une certaine mélancolie douce, dont Pellisson disait qu'elle *cherchait à s'égayer.* Le temps n'est plus, cependant, où, par la voix de ce même Pellisson, la critique disait de Voiture : « Il méprise les règles, mais en maître » ; il est aussi bien loin de nous, le temps où Boileau le mettait au niveau d'Horace, et où J.-B. Rousseau l'égalait à La Fontaine. Toutefois, Voltaire, qui le juge avec sa partialité habituelle et sévèrement, ne peut s'empêcher de citer quelques-unes des poésies de Voiture comme des modèles de goût, de délicatesse et d'agrément. On ne saurait nier non plus qu'il n'ait fait beaucoup pour notre Parnasse. Il a rétabli l'usage des ballades, des triolets et des rondeaux, tombés en désuétude depuis que la poésie charmante de Marot et de Melin de Saint-Gelais avait cédé la place au genre plus grave de Malherbe et de ses imitateurs ; et il faut dire qu'il l'a fait très-souvent avec éclat. On lui doit également l'introduction en France des romances à la manière espagnole. Quelques-unes de ses élégies sont tout à fait supérieures, et l'on y peut louer le *molle atque facetum.* Plusieurs de ses chansons, empreintes d'une douce gaieté, quelques-uns de ses vaudevilles, animés d'une malice sans amertume, ont véritablement le mérite du genre. Il a composé aussi des sonnets, dont l'un surtout est resté célèbre : c'est celui d'*Uranie*. On connaît la querelle à laquelle il donna lieu ; nous-même en avons parlé dans notre notice sur Benserade. La duchesse de Longueville était, avec les marquises de Montausier et de Sablé, à la tête des partisans de Voiture. Ceux-ci dirigeaient contre leurs adversaires les traits les plus piquants. Moins ardents, les jobelins adressèrent à cette princesse une épigramme, ou, pour mieux dire, un madrigal, qui se terminait ainsi :

> Le destin de Job est étrange
> D'être toujours persécuté,
> Tantôt par un démon et tantôt par un ange.

Néanmoins, la querelle n'était point près de s'apaiser, quand le prince de Conti, chef des jobelins, parvint à désarmer les combattants en disant que l'un (le sonnet de Voiture) était *plus grand*, *plus élevé*, mais qu'il eût voulu *avoir fait l'autre*.

Voiture avait connu, étant au collége, le comte d'Avaux ; ce fut ce seigneur qui l'introduisit à cette cour, où il devait moissonner de si beaux succès. Jouissant du talent assez rare d'amuser les grands, entendant à merveille la raillerie et sachant égayer les entretiens les plus sérieux par les étincelles d'une gaieté qui brûlait en lui sans jamais s'éteindre ; il avait surtout le don de l'à-propos, qui donnait à sa conversation un attrait extraordinaire. Un jour qu'on lui reprochait de ne pas avoir appris le grec : « Tout Français, dit-il, de par Francus, descend d'Hector ; j'ai toujours haï les Grecs comme ennemis de mes pères. » On s'entretenait à l'hôtel de Rambouillet de taches nouvellement découvertes dans le disque du soleil. Voiture entre au même moment : « Eh bien ! monsieur, quelles nouvelles ? » lui demande la marquise. « Madame, répond-il, il court de mauvais bruits sur le soleil. » Un mot de meilleur aloi est l'application de la fameuse épigramme de Martial, sur la lenteur d'un barbier, que Voiture fit à Vaugelas, son ami, qui ne mit pas moins de trente ans à retoucher sa traduction de Quinte-Curce : « Jamais vous n'aurez achevé, lui disait-il ; et pendant que vous en polissez une partie, notre langue venant à changer, vous obligera à refaire toutes les autres : *Altera lingua subit ;* » et l'on connaît le texte de Martial : *Altera barba subit.* Nous en citerions mille autres de Voiture ; mais l'exiguité de notre cadre nous force de renvoyer nos lecteurs à la source même, c'est-à-dire aux mémoires du temps.

Voiture possédait surtout ce tact des hommes et des choses qui le mit aussitôt de pair avec les plus hauts personnages. C'est ainsi qu'il captiva, par les grâces de son esprit, le cardinal de La Valette, le comte de Guiche, le maréchal de Schomberg, Chavigny, le président de Maisons, etc., qui furent non-seulement ses protecteurs, mais ses amis. Les dames de la cour ne le virent pas d'un œil moins favorable, et l'on raconte à ce propos mainte aventure, qui ne laisse pas que d'avoir été fort agréable pour lui. Admis à l'hôtel de Rambouillet, où Julie d'Angennes, depuis duchesse de Montausier, tenait avec sa mère le sceptre du bel esprit et du mauvais goût, il ne tarda pas à en devenir le héros. De là cette sympathie de l'hôtel de Rambouillet, que nous relevions tout à l'heure, pour le sonnet d'Uranie.

Devenu introducteur des ambassadeurs de Gaston, duc d'Orléans, Voiture suivit ce prince en Lorraine, à Bruxelles et dans le Languedoc. C'est le récit de ces voyages qui servit de thême aux *Lettres* qui commencèrent sa réputation. Comme il s'exprimait dans l'idiome castillan avec autant d'élégance que de facilité, Gaston l'envoya peu de temps après en Espagne. Il y allait pour obtenir du duc d'Olivarès des secours contre le roi de France, mais il échoua. Tout ce qu'il put faire dans cette mission, ce fut de s'insinuer dans l'esprit du duc, qui conçut pour lui une grande estime. Ce ministre prenait plaisir à s'entretenir avec lui. Sous ces auspices, Voiture entreprit un voyage dans le midi de l'Espagne et jusque sur les côtes de Barbarie (1633). On cite les lettres qu'il écrivit alors comme ses meilleures. Il y en a une (celle adressée à M. de Chaudebonne) qui est un chef-d'œuvre. Une autre de ces épîtres aimables, adressée à l'un des favoris de Gaston, contenait ces mots : « Si d'aventure le soleil, la mer ou les pirates (j'ai tout cela à craindre) accourcissent mon voyage et ma vie, je vous prie très humblement, Monsieur, d'avoir soin de mon père en lui faisant obtenir ma survivance, » etc. La mort cependant ne ravit point ce bon fils. Revenu sain et sauf en Espagne, il prit congé de d'Olivarès, qui, contrarié de ne le pouvoir retenir, lui répéta plusieurs fois : « N'oubliez pas de m'écrire, si ce n'est d'affaires, ce sera du moins de belles choses. » Il passa de là en Portugal, puis en Angleterre et dans les Pays-Bas, où se trouvait alors son maître.

Lorsque Gaston se fut réconcilié avec son frère, Voiture l'imita près de Richelieu ; le ministre se l'attacha aussitôt. En 1638, il l'envoya à Florence pour notifier au grand duc la naissance du fils de Louis XIII ; et revenu en France, il accompagna le roi et son ministre dans les divers voyages qu'ils firent dans le royaume. Aux titres de maître d'hôtel du roi et de favori de Richelieu, titres qui lui fournissaient les moyens de diriger les faveurs du fondateur de l'Académie sur les littérateurs de son temps, sa connaissance profonde de la plupart des langues européennes lui permettait d'y joindre celui d'interprète des ambassadeurs chez la reine. Un jour qu'il prêtait, suivant sa coutume, à un ministre étranger de belles paroles qui n'étaient point dans son discours, quelqu'un en fit la remarque : « S'il ne les dit pas, répond Voiture, il doit les dire. »

Richelieu mort, Mazarin le remplaça près de Voiture. Quand le comte d'Avaux fut nommé contrôleur général des finances, il devint son premier commis avec vingt mille livres d'appointements et dispensé de toute fonctions. Il jouissait en outre de plusieurs pensions; mais, joueur et ami des plaisirs, ces revenus ne lui suffisaient pas. La passion du jeu était surtout poussée chez lui à un point extrême. Un soir, il perdit chez Monsieur, frère du roi, quatorze cents louis dans une seule. seule séance. Ayant besoin de deux cents louis pour compléter la somme, il écrivit en ces termes à son ami Costar : « Envoyez-moi, je vous prie, promptement deux cents louis dont j'ai besoin pour achever la somme de quatorze cents que je perdis hier au jeu. Vous savez que je ne joue pas moins sur votre parole que sur la mienne. Si vous ne les avez pas, empruntez-les : si vous ne trouvez personne qui veuille vous les prêter, vendez tout ce que vous avez, jusqu'à votre bon ami M. Paucquet ; car absolument il me faut deux cents louis. Voyez avec quel empire parle mon amitié, c'est qu'elle est forte : la vôtre, qui est encore faible, dirait : Je vous supplie de me prêter deux cents louis, si vous le pouvez sans vous incommoder. » Costar lui fit cette réponse : « Je n'aurais jamais cru avoir tant de plaisir pour si peu d'argent. Puisque vous jouez sur ma parole, je garderai toujours un fonds pour la dégager ; je vous assure de plus, qu'un de mes parents a toujours mille louis dont je puis disposer, comme s'ils étaient dans votre cassette : je ne voudrais cependant pas vous exposer par là à quelque perte considérable. Un de mes amis me dit hier que *feu son bien* avait été le meilleur ami qu'il eût au monde : je vous conseille de garder le vôtre ; je vous renvoie votre promesse. Je suis surpris que vous en usiez ainsi avec moi, après ce que je vous vis faire l'autre jour pour M. de Balzac. » Le fait est que quelques jours auparavant, Balzac ayant envoyé demander quatre cents louis à emprunter à Voiture, celui-ci remit aussitôt la somme, et prenant le reçu que lui présentait le valet de son ami, il écrivit au bas : « Je soussigné confesse devoir à M. de Balzac la somme de huits cents écus pour le plaisir qu'il m'a fait de m'en emprunter quatre cents ; » puis il rendit le reçu. Une autre fois, cet homme véritablement généreux, apprenant que le marquis de Pisani, avec lequel il était lié, avait perdu au jeu, devant Thionville, non-seulement tout son argent, mais ses équipages, il lui envoyait cent pistoles avec ce billet ingénieux... « M'imaginant que, comme je jouai pour vous à Narbonne, vous avez peut-être joué pour moi à Thionville, et que c'est en mon nom que vous avez massé lcs mulets, je vous envoie cent pistoles sur et tant moins de la perte que vous pouvez avoir faite pour moi. » Ces manières d'une noble et confiante amitié se retrouvent à chaque page de la vie de Voiture. « Je me soucie moins que jamais d'avoir du bien, écrivait-il à Mme de Sablé, à cette heure que je suis assuré que vous en aurez. » Aussi conçoit-on sans peine tout le vide que laissa sa mort dans le cercle de ses amitiés, au milieu du monde dont il fut à son heure l'un des plus beaux ornements, et au sein de l'Académie. Celle-ci, qui l'avait admis l'année même où elle fut fondée, porta son deuil lorsqu'il mourut, et cet honneur ne s'est renouvelé depuis pour aucun de ses membres.

Aucune des productions de Voiture ne vit le jour de son vivant. On ne connaissait son talent que par les vers qu'il adressait à ses amis et les lettres qu'il semait avec une prodigalité qui décèle toute la richesse de son génie. La renommée qu'il s'était faite des uns et des autres avait suffi pour lui ouvrir les portes de l'Académie française ; et, comme il tournait les vers italiens et espagnols assez bien pour qu'on les confondît avec ceux de Lope de Vega et de Guarini, l'Académie des humoristes, de Rome, l'avait voulu compter parmi ses associés (1638). Sa renommée ne se démentit point lorsqu'on publia et ses *Lettres* et ses *Poésies*. Le succès de cette publication fut même si rapide, qu'il s'en fit deux éditions en six mois. Quatre autres parurent de 1650 à 1656. Enfin il en fut donné une autre sous le titre de Nouvelles OEuvres (1729), qu'il faut regarder comme ses œuvres complètes. Outre des lettres jusqu'alors inédites, elle contient une *Histoire d'Alcidalis et de Zélide*, roman de chevalerie non achevé et sans mérite ; un fragment de l'*Eloge du comte d'Olivarès* qui est meilleur, et d'autres morceaux qui n'avaient point encore vu le jour.

Ces ouvrages, qui firent considérer pendant un long temps Voiture comme le premier génie de son époque, ont perdu, à l'exception de quelques-unes de ses lettres et de ses pièces de poésie, tout le prestige qu'ils eurent au XVIIe siècle ; ils ont même été fort rabaissés. On ne saurait nier, toutefois, que Voiture n'ait, à côté des défauts les plus grands, de l'esprit et du talent. Moins pompeux et moins élevé que Balzac, il est plus étendu et son jugement plus sûr. S'il ne s'arrête pas toujours dans les limites fixées par le goût, il abonde en pensées fines et en remarques ingénieuses. Quoi qu'on en puisse dire, il faut s'accorder pour le regarder comme l'un des plus corrects prosateurs de son temps.

II.

MÉZERAY.

1649.

Le véritable nom de cet historien célèbre est François Eudes. Il naquit en 1610 près d'Argentan, et ne prit ce nom de Mézeray que pour se distinguer de ses frères. Il fit ses études à Caen, puis vint à Paris, où Vauquelin des Yveteaux lui fit obtenir l'emploi de commissaire des guerres. Mais il s'en dégoûta bientôt. Son intention était de s'adonner aux lettres. Le besoin pressant, les troubles qui agitaient l'Etat lui fournirent le sujet de quelques satires, qui lui rapportèrent une somme assez considérable. Dans cette voie, cependant, il ne se plut pas longtemps. Il lut nos historiens, vit leurs fautes et résolut de les réparer. A cet effet, il s'enferma dans le collége Sainte-Barbe ; et là, enseveli durant six ou sept années de suite au milieu d'un tas d'imprimés et de manuscrits, il prépara et arrangea les matériaux de son *Histoire de France*, qui commença à paraître en 1643.

« Il la commença, nous dit d'Olivet, par des traductions. » Nous découvrons, en effet, dans ses œuvres, la *Vanité de la cour*, traduit du latin, de Jean de Sarisbéry (1640); puis, la *Vérité de la religion chrétienne*, de Grotius (1644). « Avant que de se mettre à la composition d'un ouvrage, dit judicieusement d'Olivet, il faut avoir travaillé à se faire un style. Rien de plus utile pour cela que de traduire; car la nécessité où l'on se trouve d'essayer vingt phrases, avant que de tomber sur une qui réponde exactement à la pensée de l'original, nous fait mieux sentir la propriété des mots, et nous donne une plus grande abondance de tours. » — Ce travail, joint à ses principales études, dans lesquelles il mettait un emportement tout juvenile, ne tarda pas à l'épuiser. Une fièvre lente survint, qui fit désespérer de sa vie. La force de son tempérament et sa jeunesse le tirèrent heureusement de ce mauvais pas. Le cardinal de Richelieu, appliqué à découvrir tout ce qu'il y avait de mérites cachés dans les greniers de Paris, apprit en même temps le nom, les projets, la maladie du jeune historiographe, et, sur-le-champ, lui envoya cinq cents écus d'or.

Le succès de l'*Histoire de France* surpassa les espérances de Mézeray; il fut si complet que les historiens qui l'avaient précédé tombèrent presque en oubli. Il faut dire qu'il n'avait rien négligé. Afin de donner à son œuvre des ornements que ses prédécesseurs n'avaient pas accoutumé le public à y voir, il l'avait enrichie des portraits des rois, reines et dauphins de France. Jean Baudouin s'était, en outre, chargé de composer des vers en forme d'épigrammes ou de quatrains, destinés à servir d'argument à chacune des vies dont l'historien avait semé son travail. Cette histoire n'a pu, néanmoins, échapper à quelques reproches de la critique, entre autres à celui de contenir un très-grand nombre d'erreurs ; ce qui faisait dire à celui qui les avait commises, qu'il y avait un si petit nombre de lecteurs capables de les relever, que la gloire qui en pouvait revenir ne valait pas la peine qu'elle lui eût demandée. Dans la suite cependant, il se corrigea en partie de ce défaut. Aussi, son *Abrégé de l'histoire de France*, qui la suivit, est-il très-préférable, et passe-t-il pour son meilleur ouvrage. Le style, quoique dur, incorrect et quelquefois barbare, en est vif, énergique, rempli de tours inimitables, d'expressions pittoresques et de saillies heureuses, qui naissent de son âpreté même. Les faits qu'il rapporte sont toujours rangés dans l'ordre le plus clair, un trait souvent lui suffit pour peindre les personnages ; et s'il se permet des réflexions, il leur donne ce degré de vigueur nécessaire pour faire une impression durable sur l'esprit du lecteur.

Il fut moins heureux depuis, soit qu'il écrivît son *Traité de l'origine des Français* (1688), qui ne décèle qu'une connaissance très-étendue de notre histoire ; soit qu'il donnât une traduction de l'*Histoire des*

Turcs, de Chalcondyle, soit enfin qu'il composât les *factums*, qu'il dirigeait ensuite contre Mazarin. Ces ouvrages n'ont plus aujourd'hui le moindre intérêt; et lorsqu'on veut juger Mézeray, c'est son *Abrégé chronologique* et son *Histoire de France* à la main.

L'un de ses biographes, La Roque, nous représente Mézeray comme un homme d'une taille médiocre. « Sa physionomie ne décidait rien ni pour ni contre lui, dit-il; son esprit le distinguait mieux que son air, mais il manquait d'une certaine politesse, qui est du goût de tout le monde, quoiqu'elle soit le partage de peu de personnes. Ennemi de la contrainte, il s'assujettissait aux lois sans les aimer. Sa sincérité n'aurait mérité que des louanges s'il l'eût contenue dans de justes bornes, ou que des motifs cachés ne l'eussent pas quelquefois fait passer au delà. Il aimait à contredire, soit que ce défaut lui fût naturel, soit qu'il eût remarqué que son esprit brillait davantage par la contrariété. Il assaisonnait ses railleries d'un sel trop âcre, et en faisait volontiers l'instrument de son dépit. » C'était, en effet, une espèce d'Alceste, mais un Alceste bonhomme au fond. Voici quelques traits qui le peindront mieux que tous les discours. Ses amis, honteux pour lui de l'inexactitude qu'il avait montrée dans son *Histoire*, et qui ressemblait si bien à de l'ignorance, se plaignirent à lui-même de ce qu'après lui avoir fourni une infinité de pièces originales, propres à le garantir des fautes où il était tombé, il n'avait daigné consulter aucun de ces originaux. Il se disculpa le mieux qu'il put de leurs reproches, et leur avoua avec ingénuité qu'il avait tort; car il était si éloigné du mensonge, qu'il ne l'employait jamais à se justifier. Cette bonté naturelle donnait lieu à ses amis de lui dire leurs sentiments sans façon, et quelquefois jusqu'à en abuser. En effet, demandant un jour au P. Petau (que l'on consultait comme un oracle sur tous les points d'érudition) ce qu'il pensait en général de la *Nouvelle Histoire de France*, celui-ci répondit durement « *qu'il y avait découvert mille fautes grossières* ». Un autre que Mézeray se serait déconcerté d'une repartie si imprévue; mais il n'en fit que rire, et dit d'un ton ironique : « J'ai été plus sévère observateur que vous, car j'y en ai trouvé deux mille. »

Mézeray avait obtenu du gouvernement une pension de quatre mille livres. Mais plusieurs traits hardis qu'il inséra dans son *Abrégé*, sur l'origine de la plupart des impôts, déplurent à Colbert, qui donna ordre à Perrault de l'aller trouver, et de lui dire, de sa part, que « le roi ne lui avait pas donné une pension pour écrire avec si peu de retenue ». Mézeray promit de corriger, dans une seconde édition, ce qui avait déplu au ministre. Il le fit, mais en apprenant au public que des ordres supérieurs l'avaient forcé de pallier la vérité. Pour le punir, on supprima la moitié de sa pension; l'historien murmura et perdit l'autre moitié. Il déclara aussitôt qu'il ne voulait plus écrire ni continuer son histoire; et afin qu'on n'ignorât pas le motif de son silence, il mit à part, dans une cassette, les derniers appointements qu'il avait reçus en qualité d'historiographe, et y joignit un billet sur lequel il écrivit ces paroles : « Voici le dernier argent que j'ai reçu du roi ; il a cessé de me payer, et moi de parler de lui, soit en bien soit en mal ». Il aimait peu les traitants, comme on le peut voir dans ses ouvrages ; cette rigueur du financier Colbert le révolta contre eux. Non-seulement il les poursuivit de ses satires durant sa vie, mais à sa mort on trouva, dans le fond d'un coffre, un écu d'or frappé au coin de Louis XII, le père du peuple. Cet écu était enveloppé de différents morceaux de papier, dont le dernier, écrit et signé de sa main, portait ces paroles : « Il y a plus de trente ans que je garde le présent écu d'or, pour louer une fenêtre à la place de Grève, lorsqu'on y pendra un maltôtier ». Comme il travaillait au *Dictionnaire de l'Académie*, il ajouta cette phrase au mot *comptable :* « Tout comptable est pendable » ; phrase que les autres académiciens ne voulurent jamais lui passer, et qu'il fut obligé d'effacer; ce qu'il ne fit cependant qu'en ajoutant par dépit à la marge : « *Rayé, quoique véritable.* » Aussi, Richelieu, qui connaissait l'homme et savait jusqu'où pouvait aller son ressentiment, le craignait-il malgré sa toute-puissance. Mézeray ne l'ignorait point. Lorsqu'il allait toucher sa pension, et qu'on lui disait au trésor royal qu'il n'y avait point de fonds pour la lui payer, il se présentait au ministre, non pour en solliciter le paiement, mais pour lui demander la permission d'écrire l'histoire de Louis XIII, lors régnant. Le cardinal, sans répondre à sa demande, lui disait qu'il allait donner des ordres au garde du trésor de lui payer son année, et il la touchait.

Mézeray fut l'un de nos écrivains qui ont apporté le plus de bizarrerie dans leurs mœurs. Ainsi, on ne le rencontrait jamais que vêtu comme le dernier des mendiants ; si bien qu'un jour des archers, le prenant pour un vagabond, le conduisirent en prison. S'il travaillait, il ne le faisait qu'à la chandelle, même en plein cœur de l'été ; et, comme s'il se fût alors persuadé que le soleil n'éclairait plus, il ne manquait pas de reconduire jusqu'à la porte de la rue, le flambeau à la main, ceux qui lui rendaient visite. Habituellement, il joignait aux lumières une douzaine de montres qu'il plaçait en cercle autour d'une bouteille de vin ; et, dit La Roque, il y a toute apparence que la bouteille n'était pas ce qu'il regardait le moins, et que Mézeray en buvait de temps en temps, pour se délasser ou pour rappeler les esprits qui se dissipent à force de travail. Ce penchant rabelaisien pour la dive bouteille, qu'il ne poussa, d'ailleurs, jamais plus loin qu'il ne faut, lui avait fait choisir pour ami un singulier homme. C'était un cabaretier de la Chapelle, « un de ces bons Parisiens de l'ancienne roche, aimant la joie, parlant librement et sachant par cœur les noms des principaux vignobles de France et leurs divers degrés de bonté ». Il en fit son légataire universel.

Les portes de l'Académie française s'étaient ouvertes pour Mézeray en 1649, et son introduction dans ce corps illustre fut d'autant plus glorieuse pour lui, qu'il ne l'avait point briguée. A la mort de Vaugelas, on lui confia les cahiers du *Dictionnaire*, et « il s'acquitta très-dignement de son travail », rapporte d'Olivet. L'Académie lui donna ensuite la place qu'avait si bien remplie Conrart, comme à son membre le plus laborieux, et dont la volonté était la mieux disposée à se tourner au bien de la Compagnie. Ce qui n'empêcha pas qu'un jour on s'aperçut qu'il ne manquait jamais d'accueillir par une boule noire tous ceux qui se présentaient à l'Académie; et, comme on lui demandait la cause d'une résolution de nuire aussi opiniâtre, il répondit que c'était « pour laisser à la postérité un monument de la liberté de l'Académie dans les élections ».

François-Eudes Mézeray est mort le dix juin 1683.

III.

BARBIER D'AUCOUR.

1683.

Jean Barbier d'Aucour, né vers l'année 1641, de parents pauvres, quitta, dès l'âge de quatorze ans, Langres sa patrie, « dans la vue, dit d'Olivet, de se pousser lui-même ». Son premier asile fut Dijon, où il fit sa philosophie, logeant chez un riche magistrat, qui le prit moins pour précepteur de ses enfants, que pour leur compagnon d'étude. Il gagna ensuite Paris, se mit répétiteur au collége de Lisieux, et en même temps étudia le droit.

Il se brouilla alors avec les jésuites, et c'est à cette brouillerie que nous devons ses premiers ouvrages. Tous les ans, ces pères exposaient dans l'église de leur collége une suite de tableaux énigmatiques, dont les spectateurs étaient invités à donner l'explication en latin; Barbier ayant laissé échapper quelques termes peu décents, le jésuite qui présidait à l'exercice l'en reprit, en lui rappelant la sainteté du lieu. Il répondit brusquement : « *Si locus est sacrus, quare exponitis...?* Il ne put achever sa phrase; car de toutes parts, les écoliers, comme autant d'échos, répétèrent son barbarisme; les maîtres en rirent, et le sobriquet d'*avocat sacrus* lui en demeura.

« Si je rapporte cette petite histoire de sa jeunesse, reprend d'Olivet, de qui nous la tenons, c'est pour montrer de combien peu s'engendrent quelquefois les aversions ou les inclinations qui nous dominent toute la vie. Jamais M. d'Aucour n'oublia que les jésuites avaient ri. Il fit d'abord contre eux une satire en vers burlesques intitulée l'*Onguent pour la brûlure* (1664); et, parce qu'on l'accusa d'y avoir effleuré des matières trop sérieuses pour trouver place dans le burlesque, aussitôt il publia son apologie, sous le titre de *Lettre d'un avocat*, mais conçue de telle sorte qu'en tâchant de mettre sa religion à couvert, il redouble les injures qu'il avait dites à ses ennemis. »

Par la même raison qu'il s'éloignait des jésuites, Barbier se lia avec Port-Royal ; et, quand l'illustre Racine les eut attaqués par son ingénieuse *Lettre à l'auteur des hérésies imaginaires*, il rechercha l'honneur de lutter contre un athlète si redoutable. Il attaqua ensuite le P. Bouhours sur ses *Entretiens d'Ariste et d'Eugène* par son ouvrage des *Sentiments de Cléante* (1671), touchant ces *Entretiens*. Quoique l'œuvre du jésuite eût été capable de servir de modèle à plus d'un écrivain de son temps, Barbier ne découvrit pas moins dans ce livre, que tout le monde admirait, une infinité de petites taches. « Preuve bien sensible de cette vérité, reprend notre historien, qu'il y a peu de bons livres dont on ne puisse faire une critique très-bonne ; car il faut convenir que l'ouvrage de M. d'Aucour est admirable en son genre ; qu'on y trouve de la délicatesse, de la vivacité, de l'enjouement, un savoir bien ménagé et un goût sûr, qui saisit jusqu'à l'ombre du ridicule dans un amas d'excellentes choses, comme le creuset sépare un grain de cuivre dans une once d'or. On lui doit aussi quelques *Factums* et *Mémoires* qui passaient pour des modèles, et, parmi ceux-là, il nous en faut citer un qui honore son auteur : c'est celui que fit Barbier pour un pauvre domestique, nommé Lebrun, qu'on avait injustement condamné à la peine capitale comme ayant assassiné sa maîtresse, et qui mourut des suites de la question.

Ces *Factums* prouvent d'ailleurs que, « si leur auteur avait voulu plaider, dit d'Olivet, il aurait été l'ornement du barreau. Mais, la première fois qu'il y parut, devant faire un plaidoyer d'apparat, il n'en prononça que cinq ou six lignes et demeura court. Depuis cet accident, qui peut arriver à des orateurs consommés dans leur art, il ne voulut plus s'exposer à plaider, et il se contenta d'écrire dans les occasions d'éclat. Hardi la plume à la main, il avait, hors de là, une certaine timidité, dont je m'imagine que sa mauvaise fortune, encore plus que son tempérament, pouvait bien être la cause. Jamais, en effet, la fortune n'a moins bien traité un homme de mérite. La seule chose qu'elle fit pour lui, ce fut de l'approcher de M. Colbert, qui lui confia l'éducation d'un de ses fils et lui donna quelque commission dans les bâtiments. Mais les épargnes qu'il put faire dans cet emploi, il les mit à des entreprises commencées sous M. Colbert, et qui échouèrent à la mort de ce ministre, sans qu'il pût même retirer ses avances. Enfin, pour avoir de quoi subsister, il épousa la fille de son libraire. Il n'en eut point d'enfants, et il mourut d'une inflammation de poitrine, le 13 septembre 1694, à l'âge de cinquante-trois ans. Les députés de l'Académie qui allèrent le visiter à ce moment suprême, furent touchés de le voir mal logé. « Ma consolation, leur dit-il, et ma très-grande consolation, c'est que je ne laisse point d'héritiers de ma misère. » L'abbé de Choisy, l'un des députés, lui dit poliment : « Vous laissez un nom qui ne mourra point. — Ah ! c'est de quoi je ne me flatte pas, répondit M. d'Aucour ; quand mes ouvrages auraient d'eux-mêmes une sorte de prix, j'ai péché dans le choix de mes sujets : je n'ai fait que des critiques, ouvrages peu durables. Car, si le livre qu'on a critiqué vient à tomber dans le mépris, la critique y tombe en même temps, parce qu'elle passe pour inutile ; et si, malgré la critique, le livre se soutient, alors la critique est pareillement oubliée, parce qu'elle passe pour injuste. »

IV.

CLERMONT-TONNERRE.

1694.

François de Clermont-Tonnerre, évêque et comte de Noyon, pair de France, né en 1629. Il était fils de François, comte de Clermont et de Tonnerre, lieutenant général, et représentait l'une des plus vieilles maisons de France. Ses études achevées chez les jésuites, il fut reçu docteur en Sorbonne, prêcha un Avent à la cour, fut nommé évêque en 1661, prononça plusieurs discours dans les assemblées du clergé, présida celle de 1695, et harangua Louis XIV au nom de l'Eglise de France. Ce monarque le nomma conseiller d'Etat et le fit commandeur de l'ordre du Saint-Esprit. Ses ouvrages se composent de *Statuts synodaux* (1667) et d'*Ordonnances synodales* (1698). C'est sur des mémoires fournis par lui que Cousin a composé l'*Histoire des saints de la maison de Tonnerre et de Clermont* (1698) ; et il s'occupait d'un *Commentaire mystique et moral sur l'Ancien Testament ;* mystique en ce qu'il était destiné à prouver que chaque figure des Testaments est un mystère, et moral parce qu'il devait démontrer que chaque histoire est un exemple ; mais la mort, qui vint le surprendre le 15 février 1701, ne lui a pas permis de l'achever.

Ce prélat (il nous faut l'avouer sans détour) est presque uniquement connu par la haute idée qu'on l'accuse d'avoir eue de sa noblesse (dont personne ne contestait l'éclat) et de son mérite, qu'il croyait, dit-on, égal à sa noblesse. On a même conservé dans ces recueils d'anecdotes, qui ne sont que trop souvent, comme l'a dit Voltaire, des recueils de *mensonges imprimés*, les prétendus monuments de sa jactance ; monuments qui ont été appréciés depuis, mais qui semblent avoir jeté une sorte de ridicule sur sa mémoire. Nous ne les rapporterons pas, non-seulement pour éviter l'ennui qui résulterait de cette enfilade d'épigrammes monotones, mais parce qu'il en est un très-grand nombre qu'il a essuyées sans y avoir fourni de prétexte. « Il suffit à la nation française, dit d'Alembert, qu'un homme connu ait eu le malheur de prêter en quelque chose le flanc au ridicule, pour qu'on lui fasse présent de toutes les sottises dont cent autres ont pu se rendre coupables dans le même genre ; c'est pour ainsi dire l'*Hercule infortuné* sur lequel on réunit tous les traits de cette espèce, comme on a chargé l'Hercule de la fable des exploits de vingt autres hercules. Notre académicien paraît avoir été plus que personne la victime de ce charitable usage. Cependant la malignité n'a pas toujours été adroite à son égard : plusieurs des mots qu'on lui a prêtés avaient un sens ironique et réfléchi, dont ceux qui en étaient l'objet ne se doutaient guère ; ils croyaient en redisant ces mots se moquer de l'évêque de Noyon et ne voyaient pas qu'il s'était moqué d'eux. Un prélat, son confrère, assurait, par exemple, lui avoir entendu dire « qu'il était devenu évêque, comme un moine, à force de prêcher ». Ne se pourrait-il pas que ce prétendu trait de vanité fût plutôt un trait de satire contre l'oisiveté de plusieurs princes de l'Eglise, ses contemporains, dont l'élévation était plus l'ouvrage de leur naissance que de leurs talents ? Il en est de même d'un autre mot qui lui échappa au sortir d'une église, où il avait entendu un sermon intéressant, prononcé par un aumônier du roi. « Je viens, dit-il, d'entendre un gentilhomme qui prêche bien. » N'était-ce pas un avis malin et charitable aux abbés de cour de son temps, qui ne prêchaient pas ou qui prêchaient mal ! » C'est lui qui fit cette jolie réponse à Louis XIV, qui lui représentait un soir que son grand âge le dispensait d'assister à son coucher : « Sire, le cœur ne vieillit point. » Un prédicateur jésuite s'était imprudemment chargé de l'oraison funèbre d'un prélat peu édifiant, dans laquelle il ne trouvait, disait-il, que deux points embarrassants à traiter, la vie et la mort du défunt ; cependant, comme il ne voulait ni scandaliser les âmes pieuses, en louant à la face des autels celui qui les avait dégradés, ni outrager les mânes du prélat, en jetant des doutes sur son salut, il allégua une incommodité pour se dispenser de faire cette importune oraison funèbre. « Ne dites pas, mon père, lui dit l'évêque de Noyon, que vous êtes incommodé, dites que la matière est incommode. » Un homme de la cour, qu'il était allé voir, lui ayant demandé à genoux sa bénédiction, que le prélat se défendait de lui donner, et le pressant avec les plus humbles instances de lui faire cette grâce, « Monsieur, lui répondit-il en le bénissant, je vous donne ma compassion. » On raconte aussi que, durant une assemblée du clergé qui se tenait à Saint-Germain en Laye, quelques jeunes ecclésiastiques lui ayant proposé de faire les soirs avec lui de longues promenades, et ensuite de petits soupers, « Dites, répondit-il, de très-courtes promenades, et des soupers aussi longs pour vous qu'il vous plaira, mais non pas pour moi ; car j'ai encore plus d'argent que de temps à perdre. »

A côté de ces traits, qui supposent du tact et de la finesse, il en est d'autres qui décèlent cette fierté et cette véritable grandeur qui choquèrent ses ennemis. Tout le monde sait sa réponse au roi, qui, comptant avec satisfaction parmi ses domestiques les plus plus grands seigneurs de son royaume, lui demandait un jour pourquoi la maison de Clermont-Tonnerre, d'une noblesse si ancienne, n'avait été illustrée par aucune charge à la cour : « C'est, dit l'évêque de Noyon, parce que mes ancêtres étaient trop grands seigneurs pour servir les vôtres. » Il fit à ce prince, dans une autre occasion, une réponse encore plus ferme. Le roi passait par Noyon, et les maréchaux des logis avaient marqué dans l'évêché le logement d'une femme très-chérie du monarque, mais qui ne pouvait décemment habiter dans le palais épiscopal, et que le prélat refusa d'y recevoir. Louis XIV lui fit avec douceur une espèce de reproche du peu de galanterie qu'il avait marqué dans cette circonstance : « Sire, répondit-il, vous ne me l'auriez jamais pardonné. » Une autre réponse du même prélat, quoique sans doute peu obligeante pour celui à qui elle s'adressait, mérite encore d'être rapportée, parce que la fierté s'y exprime avec une énergie peu commune. Un duc et pair, dont la dignité était à peu près de même date que sa noblesse, c'est-à-dire assez nouvelle, lui témoignait son étonnement de ce que les pairs ecclésiastiques (du nombre desquels était l'évêque de Noyon) précédaient au parlement les pairs laïques ; il ajoutait que les anciens pairs du royaume avaient autrefois, sans difficulté, le pas et la préséance sur tous les évêques décorés de la pairie. « Cela est vrai, reprit Clermont-Tonnerre ; mais vous ne pensez pas qu'il était alors plus honorable de suivre des hommes tels que ceux-là, qu'il ne l'est aujourd'hui de précéder des hommes tels que vous. »

L'amour des lettres avait engagé Clermont-Tonnerre à fonder à perpétuité un prix de poésie de 3,000 francs. Il en avait lui-même fixé le sujet. C'était l'éloge de Louis XIV. Ce sujet n'est plus le même aujourd'hui, et d'Alembert donne, dans ses *Eloges*, les motifs qui ont déterminé l'Académie à le changer. Nous-même, en les rapportant dans les pages qui précèdent ce recueil, nous sommes épargné ce soin dans la biographie du fondateur; et si nous en parlons ici, c'est pour montrer combien Clermont-Tonnerre était digne de faire partie d'un Compagnie qui lui doit l'une de ses plus nobles obligations, l'encouragement de la poésie.

V.

MALÉZIEU.

1701.

Nicolas de Malézieu naquit à Paris en 1650. A l'âge de quatre ans il avait, presque sans avoir besoin de maître, appris à lire et à écrire. Il n'avait que douze ans quand il finit sa philosophie au collége des jésuites. Il s'adonna ensuite aux mathématiques, en même temps qu'il se fortifiait dans la connaissance des belles-lettres, de l'histoire, et qu'il apprenait le grec et l'hébreu. Surpris au milieu de ces études par Bossuet, la précocité de l'enfant plut à l'illustre prélat; et, comme le dit Fontenelle, M. l'évêque de

Meaux n'eut pas besoin de sa pénétration pour sentir tout le mérite du jeune homme. « Ce n'était point un mérite enveloppé, qui perçât difficilement au travers d'un extérieur triste et sombre : sa facilité à entendre et à retenir lui avait épargné ces efforts et cette pénible contention dont l'habitude produit la mélancolie ; les sciences étaient entrées dans son esprit comme dans leur séjour naturel, et n'y avaient rien gâté ; au contraire, elles s'étaient parées elles-mêmes de la gaieté et de la vivacité qu'elles y avaient trouvées. »

Lorsque Louis XIV eut chargé Bossuet de lui chercher des gens de lettres propres à être mis auprès du duc du Maine, celui-ci jeta d'abord les yeux sur Malézieu, qui se fit agréer du duc comme il était entré dans l'amitié du prélat. Son savoir et son esprit lui conquirent ensuite les bonnes grâces du roi ; et bientôt il n'y eut plus personne à la cour qui ne lui fît fête et ne le recherchât. Il faut surtout compter parmi tous ceux qui furent ses amis Fénelon. On dit même que, lors de la dispute de celui-ci avec Bossuet, Malézieu eut plus d'une fois à servir d'arbitre dans leurs différends. Soit qu'il s'agît des procédés ou du fond, quelle idée n'avaient-ils pas ou de ses lumières ou de sa droiture ?

Le mariage du duc du Maine attacha plus que jamais Malézieu à la fortune de ce prince. Avide de savoir et propre à savoir tout, la duchesse trouva chez lui un homme instruit qui lui apprit tout ce qu'elle voulut. « Souvent, rapporte Fontenelle, pour lui faire connaître les bons auteurs de l'antiquité, que tant de gens aiment mieux admirer que lire, il lui traduisait sur-le-champ, en présence de toute la cour, Virgile, Térence, Sophocle, Euripide... M. de Malézieu eut encore auprès d'elle une fonction très-différente, et qui ne lui réussissait pas moins. La princesse aimait à donner chez elle des fêtes, des divertissements, des spectacles; mais elle voulait qu'il y entrât de l'idée, de l'invention et que la joie eût de l'esprit. M. de Malézieu occupait ses talents moins sérieux à imaginer ou à ordonner une fête, et lui-même y était souvent acteur. Les vers sont nécessaires dans les plaisirs ingénieux; il en fournissait qui avaient toujours du feu, du bon goût et même de la justesse, quoiqu'il n'y donnât que fort peu de temps, et ne les traitât, s'il faut le dire, que selon leur mérite. Les impromptu lui étaient assez familiers, et il a beaucoup contribué à établir cette langue à Sceaux, où le génie et la gaieté produisent assez souvent ces petits enthousiasmes soudains. » Il devenait en même temps chef des conseils du duc du Maine et chancelier de Dombes, car la prodigue nature ne lui avait même pas refusé l'esprit des affaires.

Sur ces entrefaites (1696), le duc de Bourgogne étant venu en âge d'apprendre les mathématiques, Mme de Maintenon engagea le roi à lui donner Malézieu pour maître. On a recueilli depuis, les travaux qu'il fit faire au dauphin en cette qualité (1715). Ils portent le titre d'*Eléments de géométrie de Mgr le duc de Bourgogne*. L'éditeur les dédie au prince même qui en est l'auteur, et n'oublie pas tout ce qui est dû au savant maître de géométrie : car les problèmes qui sont à la fin, et qui n'appartiennent point à des *Eléments*, sont, selon toute apparence, de Malézieu. Il faut joindre, pour former son bagage littéraire, plusieurs pièces de vers, telles que chansons, lettres, sonnets, contes, imprimés dans les *Divertissements de Sceaux;* puis, les *Amours de Ragonde*, comédie en musique; et *Polichinelle demandant une place à l'Académie*, bouffonnerie pleine de gaieté, représentée, à plusieurs reprises, par les marionnettes de Brioché. Malézieu a, en outre, prêté sa plume à la défense du duc du Maine, lors de la mort de Louis XIV. Il a surtout pris une part assez grande à la rédaction d'un mémoire dirigé contre le duc d'Orléans, et qui devait être adressé au roi d'Espagne. Sa collaboration à ce mémoire lui valut un emprisonnement de plusieurs mois, pendant lesquels son dévouement au duc du Maine ne se démentit pas un seul moment.

Malézieu mourut le 4 mars 1727. Il était de l'Académie française et de celle des sciences ; « et personne, dit Fontenelle, ne s'est étonné qu'il fût citoyen de deux Etats si différents ».

VI.

BOUHIER.

1727.

Jean Bouhier, l'un des hommes les plus savants qu'ait possédés la France, naquit à Dijon le 16 mars 1673. Destiné par sa famille à une charge de président à mortier, il se livra d'abord à l'étude de la jurisprudence, et devint, en assez peu de temps, un des plus habiles jurisconsultes du royaume. « Il exerça les fonctions de sa charge, nous dit d'Alembert, avec autant de zèle et d'affabilité que d'intégrité et de savoir » ; ce qui ne l'empêchait pas de se perfectionner dans la langue grecque, d'apprendre l'italien et l'espagnol, et de se donner quelque teinture de l'hébreu. Il s'appliqua ensuite à donner le fruit de ces études. « Jurisprudence, philologie, critique, histoire ancienne et moderne, histoire littéraire, traductions, éloquence et poésie, il remua tout, dit notre historien, il embrassa tout, et, dans la plupart, il fit des preuves distinguées et dignes de lui. »

L'un de ses premiers essais littéraires fut la traduction de quelques morceaux d'Horace et d'Ovide, accompagnée de remarques pleines d'érudition et de goût. Il aida ensuite d'Olivet dans ses recherches sur Cicéron, et traduisit pour lui la troisieme et la cinquième *Tusculane*. Nous l'avons dit à propos de d'Olivet, elles brillent par la fidélité du sens et la pureté de la langue, mais laissent désirer cette douce élégance de style, cette facilité, cette rondeur, cette harmonie, en un mot, cette diction pleine de grâce, de noblesse et d'intérêt, qui caractérise l'original. Il faut relever ce défaut, car c'est le seul qui puisse être reproché aux deux amis. Mme Bouhier, qui était aussi ingénieuse que son mari était savant, le savait bien ; aussi lui disait-elle quelquefois : « Chargez-vous de penser et laissez-moi écrire. »

La publication qui suivit est une imitation poétique du poëme de Pétrone *Sur la guerre civile*, et de l'hymne à Vénus si connue sous le titre de *Pervigilium Veneris*. En tête se trouve une préface raisonnée, qui fut trouvée bonne à son heure, mais qui a vieilli ; quant à l'ouvrage lui-même, il est faible. Les autres travaux de Bouhier lui firent oublier cet échec. Les *Amours d'Enée et de Didon*, traduction du quatrième livre de l'*Enéide*, de quelques-unes des odes d'Horace, d'Anacréon, de Bion, et des épigrammes de Martial, eurent du succès. Les *Mémoires sur la vie et les ouvrages de Montaigne* furent surtout très-goûtés. On ne remarqua pas moins ceux qu'il publia *sur Hérodote*. Quant à ses travaux de jurisprudence, ils ont joui pendant très-longtemps d'une grande réputation, et on les parcourt encore aujourd'hui.

D'Alembert nous raconte l'installation de Bouhier

à l'Académie : « D'Olivet, dit-il, y parla si souvent et avec tant de force du mérite de M. le président Bouhier, des secours que la Compagnie pouvait trouver dans sa littérature immense, du plaisir qu'il avait à communiquer ses richesses, enfin de l'aménité de ses mœurs et de ses qualités personnelles, qu'il détermina l'Académie à l'adopter. » Il y eut pourtant quelques difficultés à vaincre pour son élection, les règlements exigeant que les membres de l'Académie française résidassent dans la capitale. Pour y satisfaire, Bouhier dut donc promettre de venir s'établir à Paris ; il le fit, mais des circonstances dont il ne fut pas maître ne lui permirent pas d'exécuter cette promesse. « Toutefois l'Académie ne se plaignit point, reprend notre historien ; elle se contenta de voir sa liste décorée d'un nom si cher aux lettres, bien assurée d'ailleurs que pour un membre de cette réputation et de ce mérite, les dispenses et les exceptions ne tireraient pas à conséquence. »

La variété et l'étendue des connaissances de cet académicien, son empressement à en faire part aux savants qui le consultaient, l'intérêt avec lequel il les animait dans leurs travaux, et surtout son zèle à leur prêcher d'exemple, lui firent trouver parmi eux non-seulement des partisans déclarés, mais des amis reconnaissants. Plusieurs des littérateurs les plus estimables de son temps, tant en France que dans les pays étrangers, lui témoignèrent les sentiments dont ils étaient pénétrés pour lui, en le priant d'accepter la dédicace de leurs ouvrages. Parmi les épîtres dédicatoires qui lui furent adressées, il en est une qui, par sa noble simplicité, peut être proposée pour modèle; elle n'est pourtant pas d'un homme de lettres, mais d'une compagnie de libraires, qui donnèrent, en 1725, une magnifique édition de Montaigne. La dédicace ne consiste que dans cette inscription : *A M. le président Bouhier*, avec ces trois mots latins : *Sapienti sat est* (c'en est assez pour le sage).

Un tel éloge est plus noble assurément et plus vrai que celui qui fut donné à notre académicien dans une autre épître, et où on lui dit avec emphase, « que sa nombreuse bibliothèque n'est pas plus savante que lui » ; phrase qu'on croirait empruntée de cette comédie dans laquelle un pédant, à qui l'on montre une vaste collection de livres, dit gravement et sans s'effrayer : « J'en ai bien d'autres dans la tête ! »

Cette bibliothèque, si riche et si bien choisie en tout genre, que Bouhier avait formée avec autant de soin que de lumières, était ouverte à tous ceux qui avaient besoin d'y puiser des secours; et, comme il se flattait avec raison d'avoir pour amis tous ceux qui cultivaient les lettres, il aurait pu mettre sur la porte du lieu qui renfermait ses livres l'inscription si noble qu'un autre savant avait déjà fait servir au même objet : « Pour moi et pour mes amis » ; bien différents l'un et l'autre de ce riche égoïste et avare, qui, ayant ramassé par une vanité fastueuse, beaucoup de volumes, dont il faisait pour lui-même très-peu d'usage, voulait qu'ils fussent aussi inutiles aux autres qu'à lui, et avait écrit au-dessus de sa vaste bibliothèque ces mots dignes du possesseur : « *Ite ad vendentes.* »

« M. le président Bouhier, dit d'Alembert, avait été sujet de bonne heure à des attaques de goutte, qui ne l'empêchèrent pas de remplir longtemps avec exactitude les devoirs de sa charge. Il calmait ses douleurs par les charmes de la lecture et de l'étude, par le plaisir de converser avec quelques savants distingués qui se rassemblaient chez lui ; enfin par quelques vers qu'il laissait échapper, et qu'il eût été bien cruel de lui interdire. Il écrivit pendant ses accès de goutte l'histoire des gens de lettres qui avaient été tourmentés de la même maladie, soit pour adoucir ses souffrances par le spectacle des hommes célèbres qui les avaient partagées, soit pour trouver en eux des modèles de courage et de patience, dont cependant il aurait pu lui-même donner des leçons. Au bout de quelques années, l'assiduité du travail et la funeste uniformité de sa vie sédentaire rendirent les attaques de goutte si fréquentes et si longues, qu'il fut obligé de renoncer aux pénibles fonctions de la magistrature. Les lettres furent alors l'unique distraction de ses maux ; il usa de cette ressource inestimable en homme qui en connaissait le prix ; et, renfermé dans son cabinet, dont il ne sortit plus, il attendit paisiblement la mort, que de fréquentes infirmités lui annonçaient depuis longtemps. Il expira le 17 mars 1746, entre les bras du savant P. Oudin, avec les sentiments de religion qui avaient fait la règle de sa vie. Il n'en conserva pas moins jusqu'à la fin toute sa tranquillité et même sa sérénité philosophique. Un ami s'étant approché de lui à sa dernière heure lui trouva l'air d'un homme qui médite profondément; le moribond lui fit signe de ne le point troubler : « J'épie la mort », dit-il en faisant un effort pour prononcer ce peu de paroles. C'est à peu près le mot d'un ancien philosophe mourant, qui était attentif, disait-il, à ce qui se passerait en lui au moment où son âme se séparerait de son corps. M. le président Bouhier n'a peut-être fait que se souvenir de ce mot et le renouveler dans la même situation; mais il faut avoir bien du courage pour conserver dans cette situation jusqu'à sa mémoire, et pour en faire un tel usage. »

VII.

VOLTAIRE.

1746.

François-Marie Arouet, dit de Voltaire, naquit à Châtenay, village près de Sceaux, le 20 février 1694, de François Arouet, ancien notaire au Châtelet, et de Marguerite d'Aumart, d'une famille noble du Poitou. Cet homme, qui devait fournir une si longue carrière, vint au monde si faible, qu'on fut obligé de l'ondoyer; il ne fut baptisé que le

22 novembre de la même année. L'abbé de Châteauneuf, son parrain, fut aussi son premier maître ; il lui apprit à lire. Ninon demandant un jour à l'abbé des nouvelles de son filleul : « Ma chère amie, répondit celui-ci, il a un double baptême, et il n'y a rien qui n'y paraisse, car il n'a que trois ans, et il sait toute la *Moïsade* par cœur. » Peut-être est-il bon de dire ici que le poëme dont parlait l'abbé renfermait les premières attaques que la philosophie ait hasardées ouvertement en France contre la religion. On comprendra alors qu'un des maîtres du collége où entra bientôt le jeune Arouet, ait pu s'écrier après une conversation avec lui : « Malheureux! tu seras un jour l'étendard du déisme! » Il ne s'en distinguait pas moins dans ses études, et les jésuites, tout convaincus qu'ils étaient de réchauffer un serpent dans leur sein, ne pouvaient s'empêcher d'admirer la merveilleuse facilité de leur élève.

Au sortir du collége, le jeune Arouet trouva dans le monde l'accueil le plus empressé, et tout le monde fut frappé de la vivacité d'esprit qui brillait dans ses premiers essais ; mais on n'était pas moins alarmé de la hardiesse satirique et irréligieuse qui marquait toutes ses productions, et qui fut le premier présage d'une destinée qu'il a malheureusement trop bien remplie. La société où il vivait, imbue de l'esprit de la Régence, excusait dans l'auteur la légèreté de la jeunesse, et les gens sages trouvaient cette témérité d'un dangereux exemple. C'est ce qui lui attira des disgrâces qui devancèrent ses succès, et il n'était connu que par des vers de société, quand il fut emprisonné, à dix-neuf ans, pour des vers qu'il n'avait pas faits. C'étaient les *J'ai vu*, très-mauvaise pièce qui finissait par ce vers

J'ai vu ces maux, et je n'ai pas vingt ans.

On les crut de Voltaire, parce qu'ils étaient satiriques ; au bout de treize mois, cependant, on revint sur le jugement, et le prisonnier fut rendu à la liberté. « Je remercie Votre Altesse de ce qu'elle veut bien se charger de ma nourriture ; mais je la prie de ne plus se charger de mon logement », dit alors Voltaire au régent qui l'assurait de ses bontés en lui donnant une pension. C'est après cette détention qu'il ajouta à son nom de famille celui de Voltaire, pour se distinguer de son frère, qui fut aussi un assez bon écrivain ; ce qui faisait dire à leur père : « J'ai pour fils deux fous, l'un en prose et l'autre en vers. » Pressé par lui de prendre un état, « Je n'en veux d'autre, répondit Voltaire, que celui d'homme de lettres. — C'est l'état, répliqua le père, d'un homme qui veut être inutile à la société, à charge à ses parents et qui veut mourir de faim. » Quand il parlait ainsi, il était bien éloigné de penser qu'un jour son fils serait le premier poëte et le premier philosophe, le philosophe et le poëte le plus riche de son siècle.

Caumartin vint fort heureusement calmer son inquiétude. Il obtint d'emmener Voltaire avec lui dans l'une de ses terres. C'est là qu'il devait se déterminer à embrasser un genre de vie; mais il y trouva une bibliothèque; c'en fut assez pour lui faire oublier ce qu'il avait d'abord promis. Il y vit aussi le père de Caumartin, qui dans sa jeunesse avait vécu avec quelques-uns des seigneurs de la cour de Henri IV et des amis de Sully. Ce vieillard, très-instruit, ne parlait qu'avec vénération et enthousiasme de ces deux grands hommes. Cet enthousiasme en donna à Voltaire, qui, sans aucun dessein arrêté, se mit à faire des vers à leur gloire, c'est-à-dire un poëme épique, « bien qu'il ne sût pas encore ce que c'était qu'un poëme épique », suivant son propre aveu. Aussi, loin de lui reprocher si durement, comme ont fait tant de censeurs, l'imperfection avouée du plan de sa *Henriade*, serait-il plus juste de lui savoir gré d'y avoir répandu assez de beautés de style et de détail, pour faire de ce qui n'est au fond qu'une esquisse par la médiocre conception du sujet, un ouvrage à peu près classique par l'élégance de la versification, et jusqu'ici le seul titre de l'épopée française.

Ce poëme, cependant, n'était pas le premier ouvrage un peu important de Voltaire. A dix-huit ans, il avait écrit une tragédie sur *OEdipe*. D'abord composée dans le goût des Grecs, cette pièce contenait des chœurs et n'avait point d'amour. Sa nouveauté surprit les comédiens : ils refusèrent de la jouer. Pourtant, en 1718, ils se ravisèrent; l'auteur y ayant apporté quelques changements, ils se décidèrent à en offrir la représentation au public. On raconte à ce sujet que Voltaire, alors plongé dans les plaisirs de son âge, s'embarrassa peu que sa pièce réussît ou non, et qu'un jour il poussa l'indifférence jusqu'à s'aviser de porter la queue du grand prêtre dans une scène où ce personnage faisait un effet très-tragique. Elle n'en eut pas moins un succès qu'elle ne méritait guère et qui enhardit son auteur. En 1720, il fit représenter *Artémire*. Les sifflets étaient alors en grand usage : au premier acte, on siffla au au second acte les sifflets redoublèrent. Voltaire, indigné d'un pareil accueil, de la loge où il était, saute sur le théâtre et harangue le public. On l'accueille d'abord par des marques violentes d'improbation ; mais lorsqu'on reconnaît l'auteur d'*Œdipe*, on fait silence : l'écouter, c'était lui donner gain de cause ; la pièce, en effet, continua au bruit des applaudissements unanimes. L'*Indiscret* et *Mariamne* suivirent. Au dénoûment de cette tragédie, Mariamne mourait du poison qu'on lui donnait sur la scène. Lorsque celle-ci prit la coupe un plaisant crie : *La reine boit!* c'était la veille de la fête des Rois, et la pièce ne fut pas achevée. Voltaire substitua à la coupe un autre dénoûment ; mais cette tragédie, aussi médiocre que les précédentes, n'eut que quarante représentations.

A quelque temps de là, une querelle qu'il eut avec le chevalier de Rohan le fit mettre une seconde fois à la Bastille (1726) : il y apprit plusieurs langues vivantes, après quoi il passa en Angleterre, où l'accueillit l'amitié des Toland, des Tindal, des Collins et des Bolingbroke. L'apparition de son *Histoire de Charles XII* signala son retour. *Brutus* (1730), qu'il regarde lui-même comme sa tragédie la plus fortement écrite, n'eut qu'un succès médiocre. Elle annonçait pourtant des qualités nouvelles chez son auteur, une sévérité tout antique et un progrès réel dans la conception des caractères. Les *Lettres philosophiques* eurent plus de retentissement ; mais le parlement ne put les autoriser : il les fit brûler et rechercher qui les avait écrites. Cet arrêt contraignit Voltaire à se cacher. L'orage se dissipa par l'annonce qu'il fit publier d'une nouvelle tragédie, *Eryphile*. Son succès ne répondit pas, malheureusement, à l'attente de l'auteur et de ses amis, et *Zaïre* arriva fort à propos, quatre mois après, pour la faire oublier. Il nous faut pourtant noter ici que c'est depuis cette représentation que les membres de notre Académie jouissent de leurs entrées à la Comédie française (1732).

Adélaïde du Guesclin (1733), qui suivit, tomba transpercée par le trait d'un plaisant ; celui-ci, entendant Vendôme dire : « Es-tu content, Couci ? » s'écria : « Couci, couci ». La *Mort de César* vengea le poëte de ceux qui niaient qu'il eût le génie tragique, comme son infâme poëme de la *Pucelle*, en paraissant à son tour, prouva qu'il ne possédait pas moins celui du poëme épique. Il quitta ensuite Paris pour aller s'établir à Cirey (1736), pendant qu'on représentait *Alzire*. Tout le monde connaît cette tragédie, et l'on a souvent admiré avec quelle éloquence le poëte y fait triompher la morale du christianisme. Le gouvernement lui en sut gré. Il put revenir sans crainte à Paris; mais le poëme du *Mondain* l'en chassa de nouveau. Cirey redevint son asile, et l'art dramatique son passe-temps le plus cher. *Mahomet*, *Mérope*, l'*Enfant prodigue* se suivirent comme des éclairs pendant qu'il terminait les *Discours sur l'homme*, préparait le *Siècle de Louis XIV*, publiait les *Eléments de Newton*, tout en étudiant la physique et la chimie ; après quoi, il voyagea quelque temps en Prusse (1743), en qualité de ministre secret; puis il revint à Paris, où Louis XV lui fit beaucoup d'accueil et le nomma historiographe de France, avec une charge de gentilhomme ordinaire de sa chambre.

Sur ces entrefaites, il entra à l'Académie. Il avait cinquante-deux ans, et avait produit au moins dix chefs-d'œuvre. Nous notons ici son âge et ses titres, pour faire sentir combien il est ridicule à de jeunes littérateurs, ou à des littérateurs qui sont à peine connus, de demander à être de cette Académie, de s'offenser du refus qu'on leur fait de les y admettre, et de s'en venger par de mauvaises satires. Voltaire s'y était présenté deux fois, et, soit qu'il y eût des ennemis (il en avait partout), soit que cette assemblée de juges intègres trouvât que ses œuvres renfermassent des idées trop impies, deux fois sa demande avait été repoussée. Enfin, le nombre de ses partisans s'y trouvant plus imposant à la mort de

Bouhier, il fut élu, et, au mois de juin 1746, il vint y prendre place par un discours de réception que tout le monde regarda comme une de ses meilleures pages.

Toutefois, on raconte qu'avant de jouir du bonheur de siéger parmi les Quarante, il eut à essuyer, de la part de ses ennemis, une foule de vexations. Paris se vit inondé de pasquinades contre lui. On en afficha à la porte de l'Académie, et on en envoya jusqu'aux suisses des maisons qu'il fréquentait; si bien que, son impatience succédant enfin au mépris qu'il avait d'abord témoigné contre les satiriques, la sagesse du philosophe, qui, chez lui, n'a jamais été très-calme, se convertit en rugissement de lion. « A votre place, lui disait un ministre, auquel il contait ses peines, je les laisserais dire. » Le conseil était sage; mais la philosophie du ministre qui donnait le bon conseil ne tint pas contre un couplet de chanson que Voltaire s'amusa à faire contre lui en le quittant. On conçoit qu'avec une malice à laquelle il était impossible de faire entendre raison, il se soit mis à dos au moins les trois quarts des gens qu'il approchait. Nous feuilletons sa biographie, en effet. nous ne trouvons personne qui n'ait rompu avec lui au bout de quelque temps de ménage.

Peu de jours après son installation à l'Académie, il alla s'établir à Sceaux, où se réunissait alors un grand nombre de personnes distinguées. Il quittait Versailles, où il prétendait que Crébillon lui était préféré; puis il s'en alla près du roi Stanislas. Il y trouva dans les premiers temps liberté, repos et profonde solitude, et cette liberté et cette solitude furent, comme toujours, profitables à sa gloire. *Nanine* (c'est tout dire) vint au monde; plusieurs de ses contes, parmi lesquels *Babouc*, peinture agréable et fine du train et des mœurs de Paris; *Zadig*, cette délicieuse histoire, furent également le fruit de cette retraite. Un malheur l'en arracha : Mme du Châtelet, qui depuis près de vingt ans était devenue sa compagne, lui fut enlevée. Stanislas fut le consolateur du philosophe. Il vint le voir, s'affliger et pleurer avec lui; il voulut même le retenir à Lunéville. Mais Voltaire semblait las du repos qu'il y retrouvait; il vint chercher à Paris, au milieu des inimitiés qu'il s'y était créées, l'oubli de sa douleur.

Il se rappelait d'ailleurs qu'il avait à se venger de Crébillon. Il se vengea en effet, mais comme fit Euripide à l'égard de Sophocle, en refaisant la plupart de ses tragédies. Sa *Sémiramis* avait déjà répandu l'ombre sur celle de son rival; il donna *Oreste*, et la tragédie d'*Electre* perdit une partie de son mérite. Ce ne fut pas toutefois sans contestation; une cabale, à la tête de laquelle était Piron, faillit tout compromettre. On siffla longtemps avant que la pièce ne fût commencée, on sifflait jusque dans la rue. Pendant les quatre premiers actes, ce fut un concert d'applaudissements et de sifflets, dont Voltaire lui-même riait beaucoup. Au cinquième acte, dans un moment de transport, où le public paraissait être dans le ravissement, il s'élança la moitié du corps hors de sa loge, et mêlant sa voix aux acclamations de ses partisans, il s'écrie : « Courage, braves Athéniens ; applaudissez, c'est du Sophocle tout pur. » Trois semaines après, il faisait représenter à Sceaux sa *Rome sauvée*, qu'il destinait à effacer le *Catilina* de Crébillon, et y remplissait lui-même un rôle, celui de Cicéron tonnant dans la tribune aux harangues, le seul où il excellât.

« Je suis, lui écrivait le roi de Prusse vers cette époque, je suis le plus anciens de vos amis » ; et il l'engageait à venir le voir. Voltaire ne s'en souciait guère ; et, en dépit de tout ce que le monarque prussien mettait à sa disposition pour l'attirer, il n'eût peut-être pas échangé ses habitudes de Parisien contre les incertitudes d'un voyage, lorsqu'il apprit que Frédéric avait répondu à d'Arnaud, qui lui adressait des vers, en disant qu'il était à son aurore et Voltaire à son couchant. « L'aurore d'Arnaud ! s'écrie-t-il tout enflammé de colère ; Voltaire à son couchant ! Que Frédéric se mêle de régner et non de me juger. J'irai, oui, j'irai apprendre à ce roi que je ne me couche pas encore. » Peu de temps après cette scène, il partit et fut reçu à Postdam comme un prince. Tant qu'on n'en resta que sur le chapitre de la philosophie, des sciences, des lettres et des arts, tout alla bien et cela dura un an ; mais après s'être brouillé avec tous ceux de ses compatriotes qui entouraient le philosophe couronné, ceux-ci rapportèrent les plaisanteries que le malicieux écrivain s'était permises sur les goûts, sur les occupations et surtout sur les poésies du roi. Frédéric se fâcha et lui donna congé. Il était encore dans l'antichambre royale, lorsqu'il dit à son domestique : « Débarrassez-moi, mon ami, de ces marques honteuses de la servitude. » C'étaient l'ordre du Mérite et la clef de chambellan. Quelques-uns ont prétendu qu'en se retirant tout en colère, il les avait suspendus à la porte de la chambre du roi.

Voltaire parcourut alors une partie de l'Allemagne, s'arrêta chez la duchesse de Saxe-Weimar, pour laquelle il rédigea les *Annales de l'empire*, son ouvrage le plus médiocre; séjourna à Strasbourg, à Colmar, à Lyon, et dans plusieurs autres villes de France, mais sans pouvoir revenir à Paris; habita quelque temps les *Délices*, près de Genève (1755), où il écrivit *Gengiskan*, *Tancrède; Candide*, ce chef-d'œuvre de verve, d'esprit et de raillerie contenue; l'*Essai sur l'esprit des nations* et les *Commentaires sur Corneille*, dont le fruit devait servir à doter la nièce de notre grand tragique, et non sans guerroyer contre ses nombreux ennemis, par des satires étincelantes de saillies. De là, il passa à Ferney (1763), et ses premiers ouvrages furent les factums pour justifier Calas, le chevalier de La Barre, Lally, Sirven, etc. Il composa ensuite plusieurs tragédies : *Olympie*, les *Scythes*, le *Triumvirat*, les *Guèbres*; l'*Orphelin de la Chine*; les romans du *Huron* et de la *Princesse de Babylone*, et des contes en vers qui lui conquéraient la première place parmi ceux qui se sont essayés dans le même genre. Il écrivait en même temps l'*Histoire de la Russie* et celle du *Parlement*, dont les poursuites qu'elle éveilla forcèrent son auteur à la désavouer. A la même époque, les gens de lettres se cotisaient pour lui élever une statue, ce qu'ils parvinrent à faire en effet, pendant que Voltaire, poursuivant sa tâche de défenseur des opprimés et d'ami de l'humanité, réclamait l'affranchissement des serfs du mont Jura et semait le bonheur autour de lui.

De retour à Paris (1777), son apparition causa une sensation profonde. Dans les cafés, dans les promenades, à tous les spectacles on ne parlait que de lui. L'Académie française arrêta une députation, et, contre son usage, au lieu de deux députés elle en nomma trois, à la tête desquels était le prince de Beauveau. L'Académie suivit en grande partie ces députés. Les comédiens allèrent aussi lui rendre hommage; Voltaire répondit à leur compliment : « Je ne vis, Messieurs, que par vous et pour vous. » Mlle Clairon s'agenouilla devant lui. Les ministres, la cour s'empressèrent également de le visiter. Tous les gens de lettres s'en firent un devoir. Franklin, alors ministre plénipotentiaire des Provinces-Unies, vint le voir à son tour, son petit-fils était avec lui : « Mon fils, lui dit-il, mettez-vous à genoux devant ce grand homme. » Le jeune homme se prosterna et demanda sa bénédiction. Voltaire lui posa la main sur la tête, et prononça ces deux mots : « Dieu et la liberté. »

Ce triomphe dérangea sa santé; les répétitions

d'*Irène*, auxquelles il assistait tous les jours, achevèrent de l'indisposer. Sur ces entrefaites, il vint à l'Académie pour y proposer un travail sur la langue, destiné à consacrer d'une manière invariable, et par des exemples tirés des meilleurs auteurs classiques, la valeur et l'acception de chaque mot français. Chaque académicien devait être chargé d'une lettre; il prit pour lui la lettre A. Un travail forcé et le café dont il fit alors un grand usage, achevèrent sa vie. Déjà il était mourant lorsqu'on lui annonce que le comte de Lally-Tollendal a obtenu la cassation de l'arrêt qui fit mourir sur l'échafaud le général Lally, son père. Cette nouvelle l'arrache un moment à son agonie, et il répond à Tollendal : « Je vois que le roi est juste. » Ce billet est le dernier qu'il dicta. Le 30 mai 1778, il avait cessé de vivre.

On n'attend pas de nous, sans doute, appréciation bien complète de Voltaire et de ses œuvres. L'écrivain dont les productions ne s'élèvent pas à moins de cent volumes in-8°, et dont les études auxquelles ces œuvres ont servi de sujet pourraient, au besoin, emplir une bibliothèque, dans un écrit aussi resserré que le nôtre, se juge d'un mot. Voltaire a été l'écrivain le plus universel des temps modernes. Doué d'une souplesse de talent merveilleuse, il a traité tous les genres, abordé tous les sujets, et manié avec un bonheur rare les styles les plus divers. Poëte, il s'est placé, dans la tragédie, auprès de Corneille et de Racine; dans l'épopée, personne ne l'a encore surpassé; il égale Pope dans la poésie philosophique ; dans la poésie légère, il est sans rival. Mais il a été moins heureux dans la comédie, dans l'opéra et dans l'ode. Ses vers sont toujours faciles, et c'est aussi leur défaut. Prosateur, il a embrassé, avec un même succès, la philosophie, l'histoire, le roman, le genre épistolaire ; son style y est toujours simple, clair, élégant ; l'esprit est sa grande qualité. Il fut l'un des premiers à porter en histoire la critique dans l'étude des faits ; mais il s'y montre aussi trop partial. Philosophe, ses idées ne furent autres que celles de Locke et de Condillac ; d'ailleurs, la philosophie n'était guère pour lui que l'incrédulité ; il faut cependant reconnaître qu'il respecta la croyance d'un Dieu. Comme homme, Voltaire est un singulier mélange de bon et de mauvais, qu'on ne saurait parfaitement définir. Ainsi que l'a remarqué un biographe distingué, M. Berville, « son imagination mobile, son tempérament irritable, lui firent perdre quelquefois de cette attitude noble et ferme qui sied à la vertu. Dans plus d'une occasion, il s'emporta jusqu'à l'injure, il descendit jusqu'à la flatterie. La crainte lui arracha souvent des professions de foi, louables assurément si elles eussent été sincères, mais peu honorables si elles n'étaient que des actes de faiblesse. Elève d'une société peu sévère sur les mœurs, il blessa quelquefois la pudeur dans ses ouvrages ; il manqua, envers l'héroïne de la France, à la religion du patriotisme et à la religion du malheur ; il eut des torts graves envers quelques-uns de ses contemporains. Mais si son caractère ne fut pas exempt de défauts, si sa conduite ne fut pas exempte d'erreurs, son cœur fut éminemment généreux et sensible. Nul homme n'a fait plus de bien sur la terre. Ami fidèle et dévoué, maître indulgent, protecteur plein de zèle pour tous les malheureux, jamais il ne refusa un service qui fût en son pouvoir : il fit le plus digne usage de sa fortune et de sa renommée ; le mérite indigent n'eut point de protecteur plus zélé, les opprimés de plus sûr appui, la tolérance de plus constant défenseur. Il eut en horreur la violence et la cruauté : les doctrines malfaisantes, les institutions sanguinaires trouvèrent en lui un adversaire aussi ardent qu'infatigable ; ses réclamations courageuses décidèrent ou préparèrent une foule de réformes utiles : l'abolition de la torture et des supplices recherchés, l'application plus rare de la peine de mort, la liberté religieuse, la suppression de la servitude personnelle. S'il n'eut point un grand caractère, il eut une âme brûlante d'humanité. L'histoire nous montre des hommes d'une vertu plus ferme et plus imposante ; peut-être n'en offre-t-elle aucun qui ait mieux mérité du genre humain. »

VIII.

DUCIS.

1779.

Jean-François Ducis naquit à Versailles le 14 août 1733. Sa famille était originaire de la Savoie. Pour nous servir d'une des expressions de notre poëte, l'enfant croissait dans sa force et dans sa liberté; car, à onze ans, il n'avait encore reçu aucune éducation. A cette époque, cependant, sa mère, qui, bien que simple et bonne femme, n'était point insensible aux beautés de notre littérature, se décidait, de concert avec son mari, à le placer au collége d'Orléans, fondé à Versailles. Qui le croirait? Non plus que La Fontaine, le futur traducteur de Shakspeare ne se fit remarquer dans ses études; il parvint néanmoins à les achever. Rentré sous le toit paternel, la vocation ne tarda pas à parler; si bien que sa mère, qui tenait un magasin de verrerie, quand on lui demandait des nouvelles de François, pouvait-elle dire, afin de le distinguer de son frère : « Me parlez-vous de celui fait des *verres* (vers) ou de celui qui en vend? » Ducis, en effet, s'occupait déjà de poésie : il traduisait Juvénal, et, chose rare chez un jeune homme, il fut lui-même son juge et brûla ces essais, dont, nous disent ses amis, il ne conserva qu'un seul vers, intercalé depuis autre part et applaudi comme l'un de ses meilleurs.

Quelque temps après, le maréchal de Belle-Isle prenait le poëte en amitié et en faisait son secrétaire, puis le plaçait dans son ministère de la guerre, avec 2,000 livres d'appointements. Quel métier pour un enthousiaste de Shakspeare ! Ducis demanda sa destitution et l'obtint. Mais le maréchal de Belle-Isle y mit une condition, c'est que le jeune poëte en conserverait les appointements.

Ainsi délivré des entraves qui gênaient son imagination, Ducis s'adonna à l'étude. Alimentant son génie naissant de tout ce qui paraissait de beau sur la scène et dans la chaire, il assistait tour à tour aux tragédies de Corneille et aux sermons émouvants du P. Neuville, et cultivait en même temps la société des auteurs les plus renommés d'alors. De cet amour des lettres et de cette assiduité au théâtre, il semblait devoir naître quelque production : sa tragédie d'*Amélise* parut. Combien il y avait loin de cette œuvre à celles qui allaient suivre ! Elle tomba. *Hamlet*, qui la suivit (1769), eut plus de succès. Que disons-nous ? le public lui manifesta jusqu'à de l'enthousiasme. Il était difficile, en effet, de trouver ailleurs autant de causes d'émotion que dans cette tragédie.

Depuis cette heure, Ducis vit la carrière littéraire s'ouvrir devant lui large et fleurie : chacune de ses pièces fut un succès. Après *Hamlet*, qui dévoila son talent à la fois énergique et doux, parut *Roméo et Juliette* (1772) ; puis *OEdipe chez Admète* (1778), tragédie modelée par un doigt puissant ; le *Roi Léar*

(1783), pièce dont le plan est défectueux, mais dont le style est si beau et l'action d'un intérêt si vif que le public ne voulut point s'apercevoir du défaut capital de l'œuvre. *Macbeth* vient ensuite (1784); elle inspira, disent les critiques, une telle horreur, que Ducis fut obligé de la refaire presque entièrement. *Jean sans Terre*, tragédie d'abord en cinq actes, puis réduite à trois, ne reçut pas un accueil moins favorable que ses aînées. Celle d'*Othello* (1792) obtint également des applaudissements ; elle était le triomphe de Talma. Ce grand comédien était était aussi très-beau dans *Abufar*. Cette pièce, la seule tout à fait originale que Ducis ait composée, fut représentée en 1795. C'est le tableau d'un amour chaste qui semble incestueux, et la peinture des mœurs patriarcales des familles arabes. L'expression des sentiments qu'elle renferme, sans avoir rien de sombre, est empreinte d'une mélancolie qui enchante l'âme en même temps qu'elle l'affecte. Ducis a, en outre, composé des poëmes et des morceaux poétiques moins étendus, qui ont de la grâce : c'est citer le *Banquet de l'amitié* (1771), l'*Epître à l'amitié* (1786) et toutes les charmantes pages qu'on a réunies depuis sous le titre d'*Epîtres et Poésies nouvelles*.

Mais laissons les œuvres et parlons de l'homme. « Ducis, dit un des biographes qui l'ont connu, était d'une forte constitution : sa taille était haute et ample ; il portait bien sa tête demi-chauve, son front large était imposant et calme, son regard était l'accord de la fermeté et de la douceur, et tout l'ensemble de sa figure respirait la bonté. Par la même raison, la rudesse et la douceur se mêlaient et se succédaient dans son caractère. Tous ceux qui, comme lui, étaient simples et bons, le trouvaient si accessible qu'ils l'auraient pris volontiers pour un enfant, ou du moins pour un homme très-ordinaire, s'ils n'avaient point connu et souvent admiré les couleurs vigoureuses dont il teignait son vers ineffaçable, et si plusieurs fois ils n'avaient point été témoins de la foudre prête à éclater dans ses yeux, naturellement si bienveillants, lorsque quelques mots, quelques propositions, quelques offres venaient heurter de front son opinion et les principes immuables qu'il s'était tracés. » Quelques critiques n'en ont pas moins prétendu qu'il fut ami zélé des excès de la Révolution. Mais cette assertion est fausse. Ducis se mêlait aussi peu de la politique de son temps que La Fontaine se mêlait aux intrigues de la cour de Louis XIV. Dénué d'ambition, « Mon troisième étage, disait-il souvent, est mon troisième ciel ; d'ici, je crache sur la terre. » Il ne se souciait en rien de ce monde. « Bonaparte étant consul, raconte Campenon, envoya à Ducis une invitation à dîner à la Malmaison ; celui s'y rendit. Après le café, Bonaparte le tira à part dans le parc ; ce fut alors que s'établit entre eux deux ce petit dialogue, qui donnera une idée du caractère d'indépendance du poëte : « Comment êtes-vous arrivé ici, papa Ducis ? dit Bonaparte. — Dans une bonne voiture de place qui m'attend à votre porte et qui me ramènera à la mienne, répond le poëte. — Quoi! en fiacre ? Ah ! à votre âge, cela ne convient pas. — Général, je n'ai jamais eu d'autre voiture, quand le trajet m'a paru trop long pour mes jambes. — Non, vous dis-je, cela ne se peut pas ; il faut qu'un homme de votre âge, de votre talent, ait une bonne voiture à lui, bien simple, bien commode ; laissez-moi faire, je veux arranger cela. — Général (reprit Ducis en apercevant une bande de canards sauvages qui traversait un nuage au-dessus de sa tête), vous êtes chasseur : voyez-vous cet essaim d'oiseaux qui fend la nue ? Il n'y en a pas un là qui ne sente l'odeur de la poudre et ne flaire le chasseur. Eh bien ! je suis un de ces oiseaux, je me suis fait canard sauvage. » De même qu'Alexandre, qui ne s'offensa pas quand il demanda à Diogène : « Que veux-tu ? » et que le cynique lui répondit : « Que tu te retires de mon soleil », le héros d'Arcole et de Lodi ne s'offensa pas de la boutade du misanthrope. Seulement, revenant plus tard à la charge, il lui offrit le titre de sénateur, qui fut refusé ; quelque temps après, il lui offrit encore la décoration de la Légion d'honneur, qui fut également refusée. Le consul, voyant ses peines perdues, se le tint dès lors pour dit et cessa d'offrir au poëte des faveurs que celui-ci dédaignait, tout en lui gardant son estime et sa protection. « J'aime mieux porter des haillons que des chaînes », répondait Ducis lorsqu'on lui demandait la cause de ces refus réitérés. Au retour des Bourbons, il accepta cependant cette décoration dont il n'avait pas voulu, et une pension de 6,000 fr., ce qui ne l'empêcha pas de rester l'homme simple qu'il avait été toute sa vie. »

Veut-on savoir quel était le logis de Ducis ? c'était une misérable chambre dont toute la tenture consistait en une gravure de saint François, son patron ; son ameublement était une table et une chaise ; sa bibliothèque, quatre planches, sur lesquelles était une Imitation de Jésus-Christ, la vie des Pères du désert, à côté d'un Horace et d'un buste de Shakspeare, et dans le fond de la chambre était un grand coffre où se trouvaient pêle-mêle les manuscrits de ses ouvrages. En y cherchant, on y eût trouvé le registre où, dès sa jeunesse, il écrivait son examen de conscience, ses sujets de confession et de scrupules devant Dieu. Ce registre avait pour titre : *Ma grande affaire*, c'est-à-dire l'affaire du salut. « On conviendra, dit à ce sujet M. Sainte-Beuve, qu'il y a bien peu d'auteurs de théâtre qui soient habitués à tenir de la sorte leur vie en partie double ; et, chez celui dont nous parlons, il y avait harmonie et simplicité. »

Porté à l'Académie par d'unanimes suffrages, Ducis y fut accueilli avec enthousiasme, non pas par des confrères, mais par des amis. Son discours de réception achevé, il le lut d'abord à sa mère. Après l'avoir écouté jusqu'au bout, cette bonne femme lui dit : « Mon fils, cela me semble bien beau, mais c'est bien long. » Thomas partagea cet avis. Si bien que Ducis, se croyant inhabile à la prose, remit son manuscrit entre les mains de son ami, qui le retoucha et y fit des coupures. « Dire, en écrivait Grimm, que ce morceau ne fut que l'éloge de Voltaire et que l'orateur ne parut pas au-dessous de son sujet, n'est-ce pas avouer qu'il est le plus beau discours de réception qu'on ait encore entendu à l'Académie depuis qu'elle existe! » Quoique exagéré, cet éloge est en partie mérité. A quelques principes, à quelques assertions près qu'on peut contester, il offre des considérations littéraires d'une grande justesse et souvent d'une grande importance.

Ducis mourut à Versailles le 22 mai 1816, et fut enterré comme il l'avait ordonné, en ces termes, dans son testament : « Très-simplement et à peu de frais, dans le cimetière de ma paroisse, le plus près possible de ma chrétienne et tendre mère. » Les gens de lettres se sont honorés en faisant frapper à sa mémoire une médaille qui porte cette légende :

L'accord d'un grand génie et d'un beau caractère,

qui est l'un de ses propres vers.

IX.

DE SÈZE.

1816.

Raymond-Romain, comte de Sèze, l'un des deux hommes qui ont eu l'honneur de défendre Louis XVI à la barre de la Convention, naquit le 26 septembre 1748 à Bordeaux. Il suivit avec assez de distinction dans cette ville la carrière du barreau, qui était celle de son père, lorsqu'une cause fameuse détermina tout à coup sa célébrité. La marquise d'Anglure réclamait sa légitimité, contestée par des collatéraux. Cette femme, née à Paris, et élevée avec des personnes de haute distinction, avait plusieurs protecteurs à la cour ; le premier ministre, entre autres, s'intéressait à son procès ; il s'en fit rendre compte et eut même le temps, quoique ministre, de lire les plaidoyers du jeune avocat de Sèze ; il y remarqua du talent, et voulut attirer à Paris un orateur qui paraissait devoir fournir une brillante carrière. Le célèbre avocat Elie de Beaumont fut chargé d'aller lui exprimer les désirs du ministre. Vaincu par cette invitation et par les promesses de l'envoyé ministériel, de Sèze se rendit et abandonna les bords de la Gironde, auxquels il était tellement attaché, qu'il avait déjà refusé une pareille invitation de la part de l'avocat Gerbier.

La succession brillante de Turgot était ouverte au barreau. De Sèze s'en empara et défendit les dernières causes dont était chargé ce célèbre avocat : celles des filles d'Helvétius. Vers la fin de 1789, le succès qu'il obtint, en faisant acquitter le baron de Besenval du crime de haute trahison dont il était accusé, lui valut une médaille d'or de la part du roi de Prusse, dont son client était allié. En 1790, de Sèze plaida au parlement, pour MONSIEUR, depuis Louis XVIII, un procès qu'il gagna et qui fut le dernier jugé par une cour dont les portes devaient se fermer le lendemain pour ne plus se rouvrir.

Déjà la Révolution parcourait ses terribles périodes, le trône était tombé, et la prison du roi avait couvert la France de cachots, comme sa mort allait la couvrir d'échafauds. Louis XVI, mis en accusation, avait indiqué Tronchet et Target pour ses défenseurs. Target n'ayant pas accepté, Malesherbes s'offrit et fut agréé. Le vénérable ministre proposa au roi de lui adjoindre de Sèze, ce qui fut accepté. Aussitôt deux amis de notre académicien lui sont dépêchés. C'était le 29 décembre 1792, époque où l'on se sentait plus menacé, selon que la conscience rappelait davantage la pureté, l'honneur et l'éclat de la vie.

Il était dix heures du soir. On frappe à la porte de de Sèze; Mme de Sèze, que son premier mouvement portait vers sa fenêtre, comme elle eût fait s'il eût fallu se placer entre un assassin et son mari, est arrêtée par lui : de Sèze reconnaît la voix des deux personnes qui frappaient, il vient leur ouvrir lui-même et les introduit dans une pièce qui précédait la chambre à coucher, dont la porte était restée entr'ouverte. L'un des deux amis lui apprend ce qui les amène, il raconte un refus trop fameux, plusieurs autres refus même, assure-t-on, restés ignorés, parce qu'une piété discrète a caché les noms des coupables; de Sèze écoutait en silence. « Avez-vous entendu parler, dit-il enfin, d'un nouvel arrêté de la Commune, qui enfermerait les femmes, les enfants, la famille entière des défenseurs du roi, comme ôtages ? —Ah ! reprend l'envoyé de Malesherbes, nous l'ignorions ; car nous concevons bien le courage pour soi-même ; mais un époux, un père tel que vous... — Vous vous trompez, répond de Sèze, c'est pour tout cela que j'accepte. — Et c'est pour cela que je t'ai épousé », s'écrie Mme de Sèze en s'élançant de la chambre voisine, d'où elle avait tout entendu.

Le discours que de Sèze prononça dans cette mémorable circonstance, est connu de tout le monde, et on lui accorde généralement autant de mérite littéraire que d'éloquence oratoire ; mais ce qu'on ne sait pas assez, ce sont les paroles que fit entendre le roi-martyr, lorsque de Sèze lui lut la touchante péroraison qui, dans le principe, terminait son discours : « C'est beau, c'est touchant, c'est admirable ! s'écria l'infortuné monarque, les yeux pleins de larmes ; mais je ne peux pas être défendu ainsi ; et vous ajouterez ce sacrifice à tous les autres ; ce sera le plus pénible peut-être, parce que les hommes tels que vous aiment mieux la gloire que la vie. » Louis XVI, qui avait cru devoir, non pas se justifier devant ceux qui n'étaient pas ses juges, mais exposer à toute la terre la pureté, l'innocence, la sainteté de sa vie, avait senti qu'il ne devait pas descendre jusqu'à émouvoir ; c'eût été prier ses bourreaux. De Sèze le comprit, et, docile aux avis de son roi, il remplaça sa péroraison par une autre plus ferme qui finissait par cette phrase si souvent citée : « Citoyens, je vous parlerai avec la franchise d'un homme libre ; je cherche parmi vous des juges et je n'y trouve que des accusateurs. »

Arrêté après la condamnation du roi, non par suite de sa défense, mais par l'effet du décret qui, en établissant des catégories de suspects, rendait les proscriptions générales, de Sèze recouvra sa liberté le 9 thermidor. Il s'honora, sous le gouvernement du Directoire et de l'Empire, par un courageux refus de toute dignité, même de celle de bâtonnier de l'ordre des avocats ; il pensait alors justement que, dans un ordre dont les fonctions demandent l'indépendance, la confiance des membres, placée dans un confrère, n'a pas besoin de sanction. On proposa pourtant à Napoléon de le faire entrer au Sénat ; mais celui-ci, sachant que le candidat avait obstinément refusé de signer aucune consultation avec des régicides, dit qu'il le connaissait trop opposé aux choses nouvelles pour le nommer au premier corps d'un Etat, où la première chose nécessaire était la modération et l'oubli de toute opinion exaltée.

Comme l'a dit son fils, M. de Sèze, dans l'article qu'il a consacré à son père dans la *Biographie universelle* (1849), « dès 1814, la vie de de Sèze n'appartient plus qu'à la reconnaissance affectueuse et au respect que lui inspiraient les bontés du roi et de la famille royale ». Vers la fin de l'année, Louis XVIII désira lui décerner un prix digne de ses services et de ses talents, et il le désigna pour chef de la première cour de justice. En 1815, il fut nommé pair de France ; puis, à la demande de la duchesse d'Angoulême, le titre de grand trésorier de l'ordre du Saint-Esprit lui fut conféré. Plus tard, le roi le créa comte, et, par un acte de bienveillance aussi touchant qu'ingénieux, lui permit de rappeler dans son écusson la gloire de sa vie, en substituant aux trois tours qui se voyaient dans ses armes, le château du Temple environné de fleurs de lis. En 1816, il devint membre de l'Académie française. « Cette nomination, reprend son fils, lui causa un plaisir extrême. Des couronnes de son âge avancé, c'était celle qui le flattait davantage. Le bonheur, qui l'a rarement abandonné, voulut aussi qu'il trouvât, pour l'introduire dans le sanctuaire des lettres, l'homme le plus fait pour le lui ouvrir, et tout le monde admira la noblesse, la dignité que Fontanes mit à lui répondre, surtout quand il en vint au 21 janvier : « Je n'ai point rappelé, dit-il, tant d'autres titres qui vous recommandaient, avant cette époque, à l'estime de vos concitoyens. J'aurais pu dire que deux barreaux célèbres vous comptaient depuis longtemps au nombre de leurs premiers orateurs. J'aurais pu ajouter que, dès votre jeunesse, un juste enthousiasme vous avait conduit près du vieillard de Ferney, et que ce grand homme encouragea votre goût éclairé pour les lettres et la poésie. Mais l'éclat des lettres s'efface devant celui de la vertu. Votre plus bel éloge est dans ce testament simple et sublime, où, déjà détaché de la terre et presque dans les cieux, Louis vous a légué ses bénédictions et sa reconnaissance. Plus auguste en ce moment que sur le trône même, il vous communiqua, de son lit de mort, je ne sais quoi de sacré. Votre souvenir, désormais, s'associera, dans les siècles les plus reculés, à celui du meilleur et du plus infortuné des rois. »

Quoique fort âgé, de Sèze n'en montra pas moins, dans les diverses fonctions qu'il eut alors à remplir, toute l'activité d'un jeune homme. La Chambre des pairs le trouva sans cesse mêlé à ses discussions et il manqua rarement une des séances de l'Institut. Orateur véhément, hardi, dialecticien énergique et adroit dans sa jeunesse, il avait conservé dans un âge plus avancé les précieuses qualités dont le louait Fontanes en le recevant. Lorsque à son tour il fut nommé directeur, et qu'il eut à recevoir Cuvier, sa réponse fut aimable, facile, pleine de convenance et de mesure. « De Sèze, dit son fils, excellait dans ces morceaux où l'esprit joue, pour ainsi dire, avec lui-même. Ainsi, dans les solennités près des princes, aux Tuileries, ses hommages avaient l'élégance, la parure du lieu ; ses compliments aux magistrats, lors de leur installation, se faisaient remarquer par l'aménité, la politesse ; ses allocutions aux membres du barreau, par l'expression d'un intérêt sincère, affectueux. »

De Sèze touchait à quatre-vingts ans, et rien dans ses facultés physiques et morales ne faisait craindre une fin prochaine, lorsqu'une maladie aiguë, une fluxion de poitrine, épuisa sa vigueur. Après onze jours de souffrances, il mourut, le 2 mai 1828, entouré de sa famille, et adressant un mot d'affection à tous ceux qui le pleuraient. Le plus ancien duc et pair, plusieurs des chefs de la noblesse de France, suivirent son cercueil. Dans les tribunaux, des magistrats célébrèrent sa mémoire, et, à la Chambre des pairs, son éloge fut prononcé par Chateaubriand.

X.

M. LE BARON DE BARANTE.

1828.

M. Amable-Guillaume-Prosper Brugière, baron de Barante, grand commandeur de la Légion d'honneur et de divers autres ordres, ex-membre de la Chambre des pairs et de celle des députés, tour à tour ambassadeur de France à Saint-Pétersbourg et à Turin, est né à Riom le 10 juin 1782. Sa famille, qui est ancienne et qui jouissait d'une grande considération dans sa province, devait déjà une partie de son illustration à la littérature. Au XVIIIe siècle figure un Claude de Barante comme homme de lettres, et très-lié avec Valincourt, l'aîné de Boileau, et aussi avec Le Sage et Fuzelier. Il avait traduit quelque chose d'Apulée ; et Goujet, en sa *Bibliothèque française*, mentionne très-avantageusement des observations de lui sur Pétrone. Le fils de ce Claude de

Barante était l'ami de Danchet, son compatriote, et il a composé pour lui une de ses préfaces. Enfin, le père de M. de Barante, bien qu'il n'ait jamais écrit, jouissait d'une réputation d'homme d'esprit, de goût et de savoir, dont, au dire de ses contemporains, plus d'un écrivain de profession se fût trouvé satisfait. Aussi Jouy remarque-t-il dans sa réponse à M. de Barante, qu'en l'adoptant, l'Académie française acquittait, en quelque sorte, une dette de famille. Il fit ses études au collége de Juilly et les dirigea d'abord vers la connaissance de la géométrie, en vue de l'Ecole polytechnique. Un premier échec ne lui fit pas perdre courage ; il insista, et à un second examen fut admis. Le goût des mathématiques pourtant ne survécut guère en lui à ce double effort; le goût des sciences physiques l'occupa plus longtemps, sans toutefois influencer en rien sa destinée. Né pour écrire, sa vocation ne tarda pas à parler plus haut que toutes ses hésitations. Il se trouvait alors à Coppet. C'est là, qu'achevant son éducation par les conseils de Schlegel, de Benjamin Constant et de Mme de Staël, il conçut son premier ouvrage : le *Tableau de la littérature française au XVIII*e *siècle*.

Ce petit livre, publié en 1809, obtint tout le succès désirable, il plaça le jeune critique au premier rang de ceux qui étaient appelés à renouveler notre littérature. « L'auteur de ce *Tableau*, écrivait Mme de Staël, est peut-être le premier qui ait pris la couleur d'un nouveau siècle. » Cette couleur consistait déjà à réfléchir celle du passé et à la bien saisir plutôt qu'à en accuser une à soi. « Pourtant, remarque M. Sainte-Beuve, si, pour mieux voir, l'auteur ici se mettait volontiers en idée à la place de ceux qu'il jugeait, il n'abdiquait pas la sienne. Il tendait à substituer aux jugements passionnés et contradictoires une critique relative, proportionnée, explicative, historique enfin, mais qui n'était pas dénuée de principes : loin de là, une sorte d'austérité y mesurait à chaque moment l'indulgence. » Ses jugements sont brefs, mais toujours pleins de sens ; le style en est pur et concis ; nulle idée qui puisse en être écartée ; nul mot non plus qu'on puisse déplacer ou enlever : enfin c'est un livre irréprochable et parfait.

Vers le temps de la publication de ce *Tableau*, la situation politique de M. de Barante commençait à se dessiner avec distinction. Simple auditeur au conseil d'Etat en 1805, il faillit cependant se faire révoquer peu de temps après que le titre lui en eut été conféré, et cela pour une querelle, mais une querelle littéraire. Un article du *Publiciste*, dans lequel, à propos de la *Mort de Henri IV*, de Legouvé, M. de Barante soutenait les avantages de la vérité historique au théâtre, le mit en contradiction avec les journalistes du gouvernement. Le *Publiciste* soutint sa thèse ; on lui répliqua avec violence : tout cela fit du bruit ; si bien que pour l'apaiser, on se hâta de séparer les adversaires en envoyant d'abord le jeune auditeur en Espagne. Plus tard, après Iéna,

M. de Barante eut encore une mission en Allemagne, il séjourna à Breslau, puis fut nommé à son retour sous-préfet à Bressuire. C'est à ce moment que, recueillant ses idées sur la littérature du XVIIIe siècle, il écrivit son *Tableau*. Il traduisait aussi dès lors l'*Hamlet*, publié depuis dans le *Shakspeare* de M. Guizot, et, en compagnie de Chamisso, la plupart des pièces dramatiques de Schiller. La notice dont il les a fait précéder est telle que peut la dicter une haute et fine raison. Nous le voyons ensuite préfet de la Vendée en 1809, puis à Nantes à dater de 1813 ; et là s'arrête la carrière politique suivie par M. de Barante sous l'Empire ; mais nous ne saurions arriver à 1815 sans mentionner la part prise par notre académicien aux *Mémoires* de Mme de La Rochejaquelein, part délicate et dont le mérite est tout entier dans le soin qu'il y a apporté et la discrétion.

Ami de l'ordre de choses nouveau qui s'introduisait en France avec la Restauration, M. de Barante se démit de sa préfecture durant les Cent-Jours. Il devint à la seconde rentrée, secrétaire général de l'intérieur, puis directeur général des contributions indirectes, et il ne quitta cette position que lorsque le parti des libéraux se déclara tout à fait contre les Bourbons. Il crut même devoir à ce moment payer sa dette aux controverses par une brochure intitulée *Des Communes et de l'Aristocratie*, morceau littéraire assez remarquable pour qu'on l'ait réimprimé. Depuis ce moment, et durant les neuf dernières années de la Restauration, il se contenta de servir son opinion par ses discours et ses votes à la Chambre des pairs, dont il était déjà, en même temps qu'il employait ses loisirs à la composition de sa grande histoire.

L'*Histoire des ducs de Bourgogne*, publiée de 1824 à 1827, obtint, dès cette époque, un succès prodigieux dont elle jouit encore aujourd'hui. Nous n'analyserons pas cet ouvrage, dont l'étendue nous entraînerait trop loin si nous voulions entreprendre une pareille tâche. Quiconque a suivi M. de Barante dans la carrière politique sait, au reste, quel parti merveilleux il devait tirer, avec son système, des grands événements dont est plein son sujet ; sa façon de composer et d'écrire, est, comme on dit aujourd'hui, celle des coloristes, mais des grands coloristes de l'école vénitienne : au lieu d'un tableau sur la toile, c'est un tableau en livres, tableau vivant où l'on voit passer les hommes et les choses dans leur réalité naïve et parlante. Néanmoins, a dit M. A. de Césena, auquel on doit une étude excellente et très-étendue sur M. de Barante, « on reproche à ce système l'absence de critique et de raisonnement. Ce reproche, sans doute, a quelque chose de vrai. Nous aimerions que l'historien craignît moins de se montrer, et qu'il descendît quelquefois dans les replis de ces âmes de fer du moyen âge et dans le fond de ces caractères de bronze, afin de nous expliquer le jeu réciproque de l'action des faits sur les hommes, et de l'action des hommes sur les faits. Mais on doit du moins convenir que le système adopté par l'historien des ducs de Bourgogne est, sans contredit, le plus pittoresque et le plus attrayant. Il fait de nos annales un roman qui a d'autant plus d'intérêt qu'il est vrai. C'est encore celui qui prête le mieux à chaque siècle, ses mœurs et son esprit ; à chaque contrée, ses couleurs locales ; à chaque homme, sa physionomie et son individualité. Ce sont là, en effet, toutes les qualités que l'on trouve dans l'*Histoire des ducs de Bourgogne*, et on les y trouve au degré le plus éminent. Après tout, d'ailleurs, si l'on perd quelquefois à ce système ces considérations philosophiques élevées, peut-être ne faut-il pas trop les regretter : elles ne servent souvent qu'à jeter dans le récit l'uniformité, la froideur, la sécheresse. L'historien qui commente ramène tout à un point de vue unique qui lui montre quelquefois les événements sous un faux jour, et il égare le lecteur à sa suite. Il arrive souvent aussi que la manie de tout expliquer fait découvrir, après coup, des intentions et des plans qui n'ont jamais existé dans l'esprit de ceux auxquels on les prête, car le hasard des circonstances enfante parfois de plus merveilleux résultats que la sagesse des hommes. »

Nous retrouvons la même supériorité de talent dans l'*Histoire de la Convention*, qu'a publiée notre académicien en 1851. Bien qu'entrepris en 1848, cet ouvrage n'est ni un pamphlet, ni une apologie, comme on pourrait le supposer. Fidèle à sa manière,

M. de Barante l'a écrit sans haine et sans passion, en rapporteur exact et consciencieux. Ce n'est donc ni un roman, ni une déclamation, mais la représentation des hommes et des choses la plus fidèle possible ; ce qui est loin d'exclure les vues nouvelles, les jugements lumineux, les aperçus profonds, les idées ingénieuses, et par-dessus tout une grande honnêteté d'esprit ; car, il faut le dire, si l'on sent partout que la plume de l'historien est celle d'un témoin, c'est aussi celle d'un juge impartial et d'un avocat éloquent. Aussi M. de Sacy disait-il avec raison, en finissant les excellentes pages qu'il a consacrées, dans les *Débats*, à l'examen du livre de M. de Barante : « Je l'ai lu avec le plus vif intérêt ; mais j'avais lu déjà avec le même entraînement d'intérêt et de curiosité d'autres histoires de la Révolution. Celle de M. de Barante est la seule qui, par le sentiment moral qui l'anime, satisfasse pleinement la conscience. »

La popularité que son *Histoire des ducs de Bourgogne* lui avait justement acquise avait ouvert à M. de Barante les portes de notre Académie. Il y vint, en 1828, remplacer le comte de Sèze, et prononça son discours de réception le 20 novembre de la même année. Le rôle qu'il y a rempli depuis cette époque est tel qu'on pouvait l'attendre d'un homme qui sait le prix du titre qu'il y a trouvé. « Toutes les fois qu'il a dû prendre la parole dans des solennités publiques, a dit son collègue, M. Sainte-Beuve, on a retrouvé avec plaisir son esprit ingénieux et grave. .L'idée morale, la disposition religieuse, qu'il a témoignées de tout temps, semblent même prévaloir en lui avec les années, et rien n'altère cette sorte d'autorité légitime qu'on accorde volontiers, en l'écoutant, à l'écrivain éclairé, à l'homme de goût et à l'homme de bien. »

XXXIV.

LE FAUTEUIL DE L'ABBÉ SICARD.

LE FAUTEUIL DE L'ABBE SICARD.

I.

LAUGIER DE PORCHÈRES.

1634.

Peu de renseignements nous sont parvenus sur HONORAT LAUGIER DE PORCHÈRES. Tout ce que l'on sait, c'est que cet académicien était de Forcalquier, ou du moins d'un petit village situé près de cette ville, et dont il partageait les revenus avec d'Arbaud de Porchères, l'un de nos académiciens, mais non point son parent. Il avait débuté dans les lettres par diverses poésies insérées dans les recueils du temps, une relation de ce qui eut lieu lors de la publication des mariages du roi et de Madame avec l'Infante et le prince d'Espagne, sous le titre du *Camp de la place Royale* (1612); puis un *Traité des devises*, que les amis de Conrart envisagèrent comme des titres à son admission au sein de l'Académie qu'ils formaient.

A peine reçu, Laugier se signala par deux discours; l'un, prononcé le 29 avril 1635, à la louange de l'Académie, de son protecteur et de ceux qui la composaient, et l'autre sur les différences et les conformités qui sont entre l'amour et l'amitié (23 juillet 1635). Ce fut sa réception qui donna naissance à deux règlements, dont l'un est encore observé; nous voulons parler de celui qui exige que les élections aient lieu par billets. Le second portait qu'aucun académicien ne pourrait être nommé sans l'agrément du jaloux et soupçonneux cardinal. « J'ai ouï dire là-dessus, rapporte Pellisson, qu'il n'aimait pas M. Laugier de Porchères, le regardant comme un homme qui avait eu de l'attachement avec ses plus grands ennemis; qu'ainsi il fut très-fâché de cette élection, qu'on lui offrit de la révoquer, et qu'il eut cette modération de se contenter d'un règlement pour l'avenir... Ce fut, si je ne me trompe, pour apaiser le cardinal que M. Laugier de Porchères se hâta de haranguer avant même que son tour soit venu, et prit pour sujet de son discours les louanges de l'Académie et celles de son protecteur », comme on a vu ci-dessus.

Laugier de Porchères est mort en 1654. Outre les ouvrages de lui que nous avons cités, il a publié les *Cent Lettres d'amour, écrites d'Evandre à Cléanthe* (1646), qui ont été fort goûtées dans leur temps.

II.

CHAUMONT.

1654.

Paul-Philippe de Chaumont. Il était parent du chancelier Séguier et fils d'un conseiller d'Etat auteur de plusieurs ouvrages de théologie et garde des livres du cabinet. Il succéda à son père dans cette dernière charge, à laquelle il joignit celle de lecteur du roi. Ayant tourné ses études vers l'éloquence sacrée, il embrassa l'état ecclésiastique et devint évêque d'Acqs en 1671; mais il se démit plus tard (1684) des fonctions que lui imposait cette espèce de magistrature morale pour s'adonner plus librement à l'étude. Il ne disparut pas sitôt de la chaire cependant, que Chapelain ne pût l'y apprécier et dire « qu'il ne manquait pas d'esprit, qu'il avait assez le goût de sa langue et prêchait hardiment et facilement». En 1693, il publia un ouvrage intitulé : *Réflexions sur le christianisme enseigné dans l'Eglise catholique* (2 vol.). Ce traité, « dont le style, selon d'Olivet, ne répond pas moins à la qualité d'académicien de l'auteur que le sujet à son caractère d'évêque », est estimé des théologiens, et Nicéron le trouve solidement pensé et bien écrit.

Chaumont mourut à Paris le 24 mars 1697, dans un âge avancé. Introduit à l'Académie par les seules promesses de son esprit, il s'efforça de mériter l'honneur qui lui était fait par un dévouement dont il a donné les preuves à diverses reprises, et particulièrement dans le procès qu'eut à soutenir la Compagnie contre Furetière.

III.

COUSIN.

1697.

Louis Cousin, né à Paris le 12 août 1627 et mort le 26 février 1707. Il se destina à l'état ecclésiastique, ou plutôt il y fut destiné par sa famille, et se prêta sans résistance aux arrangements domestiques qui réglaient ainsi sa vocation. Il étudia la théologie, soutint avec succès la thèse qu'on nommait *tentative*, et fut reçu bachelier. Puis, les circonstances qui avaient d'abord dicté le choix de sa famille étant venues à changer, sa vocation changea de même, et toujours avec une égale docilité de sa part. « Il ne songea plus à se faire prêtre, dit d'Alembert, et se tourna vers une autre profession, celle de la jurisprudence. Assez indifférent sur le choix d'un état, il ne l'était pas de même sur le sentiment de ses devoirs, et sur l'obligation de les remplir dans l'état qu'il embrasserait; il se livra donc d'aussi bonne grâce à l'étude du droit, qu'il s'était livré à celle de la théologie; il fut d'abord avocat, et se distingua même dans cette carrière; cependant, au bout de quelques années, il quitta le barreau pour devenir président à la cour des Monnaies. Mais, comme les fonctions de sa charge, qu'il remplissait avec toute l'exactitude d'un homme de bien, lui laissaient beaucoup de loisir, il consacra ses moments libres à l'étude des lettres, et surtout à celle de l'histoire ecclésiastique, pour laquelle ses premiers travaux théologiques lui avaient laissé du goût. Il entreprit la lecture des historiens grecs de l'Eglise, et se proposa même de les faire passer dans notre langue par des traductions. »

Son premier essai fut, en effet, sous le titre d'*Histoire de Constantinople, depuis le règne de l'ancien Justin jusqu'à la fin de l'empire* (1672), une traduction de l'*Histoire byzantine*. Alors on appelait ainsi la collection des historiens grecs qui ont écrit les annales du Bas-Empire, depuis la mort de Théodose jusqu'à la prise de Constantinople. « Cette populace d'historiens, à l'exception d'un très-petit nombre, dit d'Alembert, manque non-seulement de philosophie et de critique, mais de génie, de goût et de style. Il était cependant utile de faire les insipides compilations de cette histoire, qui offre un spectacle digne de quelque attention par le contraste de superstitions et de crimes, d'atrocités et d'ineptie qu'il présente à chaque page. » Cousin donna ensuite une *Histoire ecclésiastique* (1675-76), traduite d'Eusèbe de Césarée, de Socrate, de Sozomène, de Théodoret, d'Evagre, de l'abrégé de Philostorge par Photius, de l'abrégé de Théodore par Nicéphore Calliste. Le P. Nicéron la trouve « comme les précédentes traductions, nette, élégante, fidèle», opinion qui est demeurée, bien que le traducteur ait omis plusieurs passages importants. Les savantes préfaces qu'il y a jointes renferment de bonnes études sur les historiens qu'il a traduits. Il faut citer aussi son *Histoire romaine* (1678); c'est une traduction des morceaux laissés par Xéphilin, Zonare et Zozyme. Son *Histoire d'Occident* (1683), moins bonne que les autres, atteste néanmoins beaucoup de travail et de soin. Nous citerons encore les *Discours d'Eusèbe de Césarée*, ceux de *Clément Alexandrin* (1684) et les *Principes de la vie chrétienne*, traduits du latin du cardinal Bona (1675) ; mais nous n'aurons pas encore la liste complète des ouvrages dont s'est occupé Cousin. Il est aussi l'auteur de l'*Histoire des saints de la maison de Tonnerre et de Clermont* (1698) et d'un *Exercice spirituel* (1719) dédié à la chancelière Séguier, qui ne sont pas dépourvus d'une certaine onction.

Un autre travail, non moins estimable, et qui a longtemps occupé notre académicien, est la composition du *Journal des savants*, dont il fut le rédacteur depuis 1687 jusqu'en 1701. « Jamais, dit d'Alembert, il n'oublia que dans ses extraits, il était rapporteur et non juge. Il était plus attentif à déterrer dans le fumier la perle qui s'y cachait, qu'à remuer fastidieusement un monceau de décombres pour en écraser le malheureux qui avait eu la sottise de les rassembler. » A cette profession il en joignit une autre, non moins épineuse, qu'il exerça avec la même probité, celle de censeur royal ; place, comme l'a dit plaisamment Voltaire, qui est proprement un emploi de commis à la douane des pensées. Dans l'exercice des fonctions qu'elle exigeait de lui, Cousin trouva le secret, si difficile, de contenter, par sa censure, les auteurs qui voulaient jouir d'une liberté honnête, et de satisfaire un gouvernement attentif à ce que cette liberté ne dégénère en licence. « Traducteur, journaliste et censeur, reprend d'Alembert, le président Cousin semblait avoir borné son travail à s'exercer sur celui des autres. Néanmoins, la fidélité de ses traductions et le mérite de son journal, le firent juger digne d'entrer à l'Académie. Il remplit parfaitement l'idée qu'on avait eue de lui, par le savoir qu'il montra dans les assemblées, et par un caractère de douceur, de politesse et de modestie qui le rendirent cher à ses confrères. Si l'Académie est une société de gens de lettres, c'est, avant toutes choses, une société; et si le mérite seul a le droit de frapper aux portes de cette Compagnie, c'est aux qualités sociales à les faire ouvrir. »

Non content d'avoir été utile aux lettres pendant sa vie, Cousin voulut encore l'être après sa mort. Il légua sa bibliothèque à l'abbaye Saint-Victor, avec un fonds de 20,000 livres pour l'augmenter, et fonda six bourses à l'Université de Paris. « On voit par ces détails de la vie de notre académicien, ajoute l'auteur des *Eloges*, que sa mémoire doit être chère à ceux qui connaissent le prix du savoir et des vertus ; s'il n'est pas dans la république au nombre des hommes illustres, il en a du moins été un membre très-estimable par ses qualités personnelles; éloge que n'ont pas toujours mérité les écrivains célèbres par leur génie dans les Académies comme dans l'Etat; tous les citoyens ne peuvent pas être de grands hommes; mais rien ne les dispense d'être honnêtes et utiles. »

IV.

MIMEURE.

1707.

Jacques-Louis Valon, marquis de Mimeure, né à Dijon le 19 novembre 1659, mort le 3 mars 1719. Sorti très-jeune de sa province, avec des talents précoces et un caractère aimable, il fut produit à la cour et placé d'abord près du dauphin en qualité de page, puis comme un rival propre à piquer l'émulation du prince; et le rival, tout jeune qu'il était, eut l'art de se faire aimer de son royal émule en contribuant à le stimuler. La faveur dont l'honora l'héritier de la couronne ne se refroidit jamais, parce qu'il ne cessa de la mériter, et le dauphin s'attacha jusqu'à la fin de sa vie ce compagnon de ses premiers travaux et de ses premiers plaisirs.

Le marquis de Mimeure, devenu homme, embrassa la profession des armes. Après avoir servi, sous Duquesne, comme volontaire, à l'expédition d'Alger, en 1683, il devint mestre de camp et sous-lieutenant des gendarmes anglais : son courage et sa conduite le firent successivement passer aux emplois de brigadier, de maréchal de camp et de lieutenant général ; il se distingua aux combats de Steinkerque, de Leuse, aux deux journées de Fleurus, à celle de la Marsaille, de Ramilly et de Malplaquet, de même qu'aux siéges de Luxembourg, de Philisbourg, Frankendal, Mons, Landau et Brisac, où il eut l'honneur de servir d'aide de camp au duc de Bourgogne, qui le chargea de porter au roi les articles de la capitulation de cette place. Ce prince, après la mort du dauphin son père, le retint, par ordre du roi, près de sa personne, dans les mêmes fonctions qu'il avait déjà remplies : le traitant avec estime, non-seulement à cause de l'attachement fidèle qu'il avait fait paraître pour son premier maître, mais encore de son goût pour les lettres.

Le marquis de Mimeure, en effet, en suivant avec ardeur la route brillante que lui offrait la fortune, n'avait pas oublié ces lettres qui la lui avaient ouverte de si bonne heure. « Il cultiva avec succès, dit d'Alembert, les muses françaises, aussi bien que les muses latines, qui étaient alors mieux accueillies qu'elles ne l'ont été depuis. Il fut à la fois et rival d'Horace en latin (autant qu'un moderne peut aspirer à l'être) et traducteur français plus digne encore de ce poëte, si admirable quelquefois, et toujours si aimable. M. de Voltaire nous assure que l'*Ode à Vénus*, imitée d'Horace par M. le marquis de Mimeure, n'est pas indigne de l'original ; la décision d'un si grand juge est, pour l'auteur de la pièce, une attestation de talent poétique. » Le marquis de Mimeure est également l'auteur de plusieurs autres pièces de vers à l'honneur de Louis XIV et des princes ses fils ; on lui attribue aussi une traduction de l'*Art d'aimer* d'Ovide, qui annonce de la facilité ; quelques-uns ont toutefois trouvé que le coloris en était faible. Ceux-là se sont montrés plus sévères qu'il ne faut, car on ne doit pas oublier en la lisant qu'elle émane d'un poëte courtisan et homme de guerre, qui ne faisait des vers que par délassement, et qu'il est plus d'un poëte de profession qui n'a pas si bien réussi.

Le marquis de Mimeure est mort à Auxonne, dont il était gouverneur. Son tombeau se voyait encore dans cette ville avant la Révolution, et on y pouvait lire son épitaphe, terminée par ces mots édifiants :

Passants, priez pour lui, et songez à vous.

V.

GÉDOYN.

1719.

Nicolas Gédoyn, prêtre, né à Orléans le 17 juin 1667, mort le 10 août 1744, près de Beaugenci. Il fut élevé à Paris au collége des Jésuites, et entra dans leur société à la fin de ses classes; mais une vie aussi dure et rigoureuse que l'imposait la règle qu'il avait embrassée ne pouvait convenir à son tempérament faible et délicat. Au bout de quelques années, Gédoyn délaissa ses maîtres et entra dans le monde. Il avait de l'esprit et bonne tournure; il eut bientôt pris ce ton de la bonne compagnie, que le commerce du monde ne donne qu'à ceux qui l'ont déjà reçu de la nature; il n'eut qu'à se montrer pour y être goûté, et il y acquit des amis qui s'intéressèrent vivement à sa réputation et à sa fortune.

Un canonicat de la Sainte-Chapelle fut la première faveur qu'il obtint de la cour; il fut nommé à ce bénéfice en 1701. L'Académie des belles-lettres l'adopta en 1711, et il justifia cet honneur par son assiduité aux assemblées et par son exactitude à fournir chaque année, suivant les règlements, deux dissertations. Un ouvrage plus considérable, la traduction de Quintilien, lui ouvrit les portes de l'Académie française. Il y vint prendre place en 1719, et cet honneur littéraire lui attira de la part du roi une autre récompense, moins brillante sans doute, mais que l'état presque modeste de sa fortune rendait importante. Il fut appelé à l'abbaye de Saint-Sauve de Montreuil ; il y prépara une traduction de Pausanias. Peu de temps après qu'il l'eut publiée (1731), il échangea son abbaye de Saint-Sauve contre celle de Notre-Dame de Beaugenci, où il commença à jouir d'une aisance qui n'aurait pas assouvi les désirs d'un ambitieux, mais qui pouvait contenter les besoins d'un chrétien.

L'abbé Gédoyn était, au dire de ses biographes, un homme de vrai mérite, de l'humeur la plus complaisante et la plus douce, quoique vif dans la dispute, d'une probité très-exacte, et de la candeur la plus aimable. Il était si passionné pour les bons auteurs de l'antiquité, qu'il aurait voulu qu'on eût pardonné à leur religion en faveur de la beauté de leurs ouvrages et de leur mythologie, qu'il ne considérait que par son beau côté. Il pensait que l'esprit de toutes les nations s'était rétréci, et que la grande poésie et la grande éloquence avaient disparu du monde avec les fables des Grecs. Ces idées montrent que l'abbé Gédoyn, né avec plus de goût que de raison, était peu propre à tenir la balance entre les anciens et les modernes.

Sa traduction de Quintilien est très-estimée ; celle de Pausanias, exacte, fidèle, élégante, est ornée de notes excellentes. Indépendamment des nombreux morceaux historiques qu'il a insérés dans les mémoires de l'Académie des inscriptions, il a laissé un recueil d'*OEuvres diverses* sur des matières de morale et de littérature, en général assez utiles, écrites élégamment et où la réflexion a passé.

VI.

BERNIS.

1744.

François-Joachim de Pierres, comte de Lyon et cardinal de Bernis, né à Saint-Marcel de l'Ardèche le 22 mai 1715, mort à Rome le 2 novembre 1794. Sa famille était noble et ancienne, mais très-pauvre. Il entra dans les ordres. D'abord chanoine de Brioude, puis comte chanoine de Lyon, il vint à Paris avec le titre d'abbé. Ce titre, on le sait, n'obligeait pas alors ceux qui le portaient à des mœurs bien austères; Bernis en profita pour se répandre dans les brillantes sociétés de son temps. Il avait une figure heureuse, des manières pleines de grâce et de politesse, un esprit enjoué, et le talent de tourner d'agréables vers : il plut partout où il alla. Aux liaisons passagères et formées au sein du plaisir, il en succéda d'autres plus sérieuses. Un caractère sûr et solide lui acquit des amis qui travaillèrent à sa fortune. Malheureusement, le cardinal de Fleury, qui n'aimait pas les abbés dissipés, ne cachait pas ses mauvaises dispositions à l'égard de Bernis. « Vous n'avez rien à espérer, lui dit-il, tant que je vivrai. — Monseigneur, j'attendrai », répondit l'abbé. Le mot eut du succès; « mais, écrit Duclos, pour le rendre tout à fait bon, il ne fallait pas se tromper dans son attente », et celle de Bernis tardait du moins beaucoup à se réaliser : il restait pauvre et très-pauvre. « M. de Ferréol, raconte Senac de Meilhan, retiré de l'ambassade de Constantinople, lui prêtait les housses de ses mulets pour lui servir de couvertures. Quand l'abbé de Bernis allait souper en ville, on lui donnait trois livres en sortant pour payer son fiacre. On avait d'abord imaginé ce don comme une plaisanterie, lorsque l'abbé de Bernis refusait de rester à souper et objectait qu'il n'avait pas de voiture », et cette plaisanterie se perpétua jusqu'à ce que Mme de Pompadour, à qui notre abbé avait plu, lui fit donner un appartement aux Tuileries, auquel la générosité de Louis XV joignit une pension de 1,500 livres. » C'était sans doute beaucoup pour de Bernis; ce n'était cependant pas assez pour lui. Inhabile à se faire une petite fortune, il songea à s'en faire une grande; et il y réussit. Il obtint d'être envoyé à Venise comme ambassadeur. Il y alla et s'y fit estimer. Après avoir terminé les affaires de son gouvernement au gré de ses désirs, Benoist XIV, qui l'avait particulièrement apprécié, le chargea des siennes près de cette même république, et Bernis s'en tira avec une habileté qui lui obtint d'unanimes éloges. Louis XV l'appela aussitôt dans son conseil. Devenu ministre des affaires étrangères, il contribua à cette alliance de la France et de l'Autriche qui décida de la guerre de Sept-Ans : alliance malheureuse après laquelle il fut nommé cardinal, et rendit le portefeuille, non qu'il ait eu des torts, mais pour céder à l'opinion publique qui lui en donnait ; ce qui n'empêcha ni un exil, ni une disgrâce, qui dura six ans, au bout desquels, appelé à l'archevêché d'Alby, il n'en quitta les fonctions que pour se rendre à Rome en qualité d'ambassadeur. Jamais la France n'y fut plus dignement représentée que par notre académicien. Si nous en croyons le ministre Roland, « L'assemblée du cardinal de Bernis, dit-il, était peut-être l'une des assemblées périodiques de société les plus magnifiques de l'Europe. Grand par lui-même, il était, en outre, magnifique dans ses représentations ; tout ce qui concourait à leur éclat était double chez lui. Tenant table ouverte, donnant à tout le monde, ne recevant de personne, et toujours au-dessus de toute comparaison dans les fêtes, dans les cérémonies, dans les illuminations publiques ; tant de somptuosité, le concours des grands, les hommages du peuple, une politique qui mit plus d'une fois en défaut celle du Vatican, une politesse aisée, qui toujours était à tout et s'étendait à tout le monde, donnaient au cardinal de Bernis un crédit, un ascendant que de grands talents soutenaient d'une manière imposante. » Sa maison était ouverte aux voyageurs de quelque nation qu'ils fussent, et, comme il le disait lui-même, c'était une auberge de France dans un carrefour de l'Europe : car il aimait surtout à accueillir ses compatriotes. Ainsi, en 1791, les tantes de Louis XVI ayant quitté la France, elles trouvèrent un asile chez Bernis, malgré les mauvaises nouvelles qu'elles y apportaient. La Révolution venait d'éclater. Dépouillé de ses abbayes par les décrets et de son archevêché par le refus qu'il fit de prêter le serment, il perdit 400,000 livres de rentes et se vit réduit au plus complet dénûment ; la cour d'Espagne l'en tira, en lui assurant une forte pension; mais il ne survécut guère à cette faveur, car trois années s'étaient à peine écoulées qu'il rendait le dernier soupir.

Le cardinal de Bernis était entré à l'Académie, armé de ses poésies légères : il offrit plus tard à l'illustre Compagnie de meilleurs gages de son talent. Quoique ses essais aient de la grâce, leur auteur en faisait peu de cas : devenu prince de l'Eglise, il n'aimait même pas qu'on lui en parlât ; elles flattaient peu son amour-propre comme poëte, et ne paraissaient pas exemptes de tout reproche à l'évêque. Il avait raison ; car si l'on met à part quelques jolis vers, on trouvera que ces poésies ont plus de luxe que de véritable richesse, de la négligence et une si grande profusion d'images mythologiques, de fleurs, que Voltaire en avait plaisamment surnommé l'auteur *Babet la Bouquetière ;* ce qui n'empêcha point le grand écrivain de témoigner une haute estime pour son esprit, comme on en peut voir la preuve évidente dans la *Correspondance* de ces deux hommes célèbres (1799). Elle fait autant d'honneur à l'un qu'à l'autre. Les lettres de Bernis soutiennent parfaitement la comparaison avec celles de Voltaire. Moins libres peut-être, elles sont plus dignes et d'une meilleure philosophie. La *Correspondance* qu'il entretint également avec Pâris-Duverney (1790) brille des mêmes qualités. Toutes ne sont pas d'un grand intérêt ; mais elles montrent à nu le cœur excellent de Bernis, les sentiments religieux que sa première jeunesse avait sans doute un peu effacés, et qui reparurent bientôt avec d'autant plus de vivacité que les philosophes cherchaient à les lui ravir. Son poëme de la *Religion sauvée*, écrit contre les doctrines sophistiques du temps, est à la fois un des plus curieux monuments du XVIIIe siècle et une bonne pensée. On y rencontre de beaux vers et de nobles idées ; mais venu un peu tard, c'est-à-dire dans les dernières années de Bernis, il manque de chaleur et de mouvement : trop philosophique dans sa forme et trop didactique dans sa marche, cet ouvrage a fait dire de lui qu'il était inférieur pour l'exécution à celui de L. Racine ; mais il ne l'est pas pour la ferveur qui y perce, et il a plûs de mérite par l'intention qui l'a dicté, qui était celle d'opposer une digue au torrent de l'athéisme.

VII.

SICARD.

1803.

Roch-Ambroise Cucurron Sicard, né à Fousseret, près de Toulouse, le 20 septembre 1742, mort à Paris le 10 mai 1822, fit ses études dans cette ville et se consacra à l'état ecclésiastique lorsqu'il les eut achevées. Il vint ensuite à Paris étudier la méthode de l'abbé de l'Epée. De retour dans sa patrie, il fut mis, par l'archevêque de Bordeaux, à la tête de l'Ecole des sourds-et-muets que celui-ci venait de fonder. Son intelligence et son dévouement ne tardèrent pas à porter leurs fruits : bientôt l'on ne parla plus que des étonnants progrès faits par ses jeunes élèves, et ces succès, utiles pour sa gloire, le furent aussi pour son avancement; il fut nommé vicaire général de Condom, chanoine de Bordeaux et membre des Académies et du musée de cette ville, puis appelé à Paris pour remplacer l'abbé de l'Epée.

Dès ce moment, Sicard ne s'occupa plus qu'à perfectionner l'intelligence des infortunés qui lui étaient confiés ; déjà même il jouissait de ses premiers efforts, lorsque l'orage révolutionnaire éclata. Incarcéré à l'Abbaye quelques jours après le 10 août 1792, on allait le massacrer avec ses compagnons, sans le dévouement d'un homme qui a mérité de laisser son nom à la postérité. C'était le 2 septembre : déjà la pique des égorgeurs était levée sur la poitrine de Sicard, lorsque le généreux Monnot, se précipitant entre les assassins et leur victime : « C'est l'abbé Sicard, s'écria-t-il, un des hommes les plus utiles à son pays. Il faut passer sur mon corps pour aller jusqu'à lui. » C'en fut assez, on l'épargna, et, quelques jours après, il put retourner en paix près de ses élèves, qui, pleins d'inquiétude, avaient adressé à l'Assemblée nationale une pétition dont l'éloquence naïve et touchante atteste les étonnants progrès que l'habile instituteur avait fait faire à leur intelligence.

Lorsque la Convention créa l'Ecole normale, la méthode de Sicard, appréciée par des juges compétents, le fit désigner pour y enseigner la grammaire ; il était déjà professeur au Lycée républicain. Bientôt l'excellence de son enseignement, les ouvrages dont il l'appuya, joints aux services qu'il avait rendus antérieurement à l'instruction publique, lui firent obtenir une autre récompense : il fut inscrit parmi les membres de la troisième classe de l'Institut, honneur qu'il s'empressa de mériter en composant ses *Eléments de grammaire générale* appliquée à la langue française. « Il connaît la meilleure manière d'enseigner, dit Chénier en louant l'auteur après avoir loué l'ouvrage. En composant sa grammaire, il s'est occupé de ses élèves et des enfants. C'est pour cela qu'il a fait succéder à ses chapitres des leçons dialoguées par demandes et par réponses, et qu'il développe dans chaque leçon ce qu'il vient de développer dans chaque chapitre. C'est encore pour cela qu'il s'adresse quelquefois aux sages instituteurs et aux mères sensibles, et qu'il se livre à des digressions morales qui lui font beaucoup d'honneur sous des rapports étrangers à la grammaire. Il est accoutumé d'ailleurs à parler longtemps, puisqu'il est obligé de parler seul, et l'on sent qu'il écrit comme il parle. Aussi ne fait-il pas difficulté de fondre en entier, dans son ouvrage, les leçons qu'il improvisait aux écoles normales quand il y professait l'art de la parole ; mais l'abondance de son style est estimable en ce qu'elle convient aux jeunes esprits qu'une extrême attention fatigue. C'est une instruction élémentaire qu'il a voulu donner à l'enfance, et, sous ce point de vue, on ne saurait lui accorder trop d'éloges pour avoir si bien rempli le but intéressant qu'il s'est proposé. » Il coopérait aussi au *Magasin encyclopédique* et aux *Annales religieuses et politiques*, collaboration dangereuse et qui faillit lui être plus funeste que son titre d'abbé ne l'avait été quelques années auparavant. Journaliste, son nom fut inscrit sur la liste de déportation ; mais il se cacha, et le 18 brumaire le rendit à ses élèves, après deux ans d'absence.

Des jours plus calmes se succédèrent dès lors dans l'existence de l'abbé Sicard ; et, s'il s'agite encore, ce n'est plus le péril qui l'y engage, c'est son dévouement à ses sourds-et-muets. Tout avait été négligé dans son établissement : le gouvernement ne fournissait plus aux dépenses de la maison, les exercices avaient été interrompus. Sicard pourvut à tout, et, grâce au ministre Chaptal, dans lequel il trouva un protecteur généreux, il put multiplier les bienfaits que rêvait son cœur sensible. Nous n'entrerons pas dans le détail des améliorations qu'il apporta dans son petit gouvernement, non plus que dans sa méthode d'enseignement ; on trouve cette dernière clairement expliquée et bien décrite dans les divers ouvrages qu'il lui a consacrés. L'un d'eux, le *Cours d'instruction d'un sourd-et-muet*, a obtenu, dans le rapport des prix décennaux, une mention honorable. Tous ont été traduits à l'étranger, et ont ainsi contribué à répandre hors de France la méthode de leur auteur, et à propager en Europe des asiles semblables à celui qu'il dirigeait ; si bien que le nom de l'abbé Sicard jouit bientôt partout de la plus honorable renommée. Ses exercices étaient une des premières choses que les étrangers voulaient voir en arrivant à Paris. En 1805, il eut l'honneur de recevoir dans son établissement le pape Pie VII, qui en bénit la chapelle. Mais c'est surtout en 1814 et en 1815 que tous les étrangers et les monarques alliés qui vinrent en France s'empressèrent de le visiter, et tous rendirent hommage au zèle de l'excellent maître. L'empereur Alexandre lui conféra l'ordre de Sainte-Anne de Russie et la reine de Suède lui envoya celui de Wasa. Déjà il avait été nommé, en 1802, membre de la première société patriotique d'Espagne ; puis, par un décret du 9 novembre 1804, membre de l'administration des hospices. Le gouvernement de la Restauration ne voulut pas se montrer moins encourageant pour lui que ne l'avait été l'empereur : l'abbé Sicard fut successivement nommé, par Louis XVIII, chevalier de la Légion d'honneur, administrateur des Quinze-Vingts (1815), administrateur de l'hospice des Jeunes-Aveugles (1816), enfin chevalier de l'ordre de Saint-Michel. Les compagnies dont il était membre ne firent pas moins pour lui marquer tout l'honneur qu'elles avaient de le posséder. Il était passé, lors de la nouvelle réorganisation de l'Institut, de la troisième classe dans la deuxième, où il fut nommé, en y entrant, membre de la commission du *Dictionnaire*; et c'est lui qui, depuis 1816 jusqu'à sa mort, célébrait la messe de la Saint-Louis devant l'Académie.

VIII.

FRAYSSINOUS.

1822.

Denis Frayssinous, comte, pair de France, évêque d'Hermopolis, grand maître de l'Université, ministre des cultes, né le 9 mai 1765 au village de Curières, dans l'Aveyron. Après avoir terminé ses études théologiques et reçu le sacerdoce, il fut quelque temps vicaire d'une paroisse de village, puis disparut dans la tourmente révolutionnaire, pour ne reparaître qu'en 1801. A cette époque, une main puissante ouvrait les temples, depuis longtemps fermés, et rendait à la religion et à ses ministres une existence et des prérogatives anéanties par la Révolution. Les efforts des prêtres catholiques devaient tendre dans cette occurrence à disculper la religion des imputations odieuses accumulées contre elle, à combattre les objections et à faire face aux sarcasmes auxquels elle avait été en butte. Frayssinous comprit tout le parti qu'il pouvait tirer de la circonstance, et ses conférences sur les preuves du christianisme commencèrent en 1801 dans l'église des Carmes.

Une si belle matière demandait du talent : Frayssinous avait du savoir et de l'éloquence : ses conférences eurent un très-grand nombre d'auditeurs, et lui-même s'attira l'attention du pouvoir. Fontanes, à cette époque, grand maître de l'Université, le nomma inspecteur général de l'Académie de Paris. Il reçut aussi un canonicat au chapitre de Notre-Dame. C'est alors qu'il transporta le lieu de ses conférences de l'église des Carmes à celle de Saint-Sulpice, ce fut aussi l'époque où elles furent le plus suivies. « Il était de mode, dit un contemporain, d'aller entendre M. Frayssinous ; une foule immense assiégeait l'église. » Mais ce succès ne se prolongea pas au delà de 1809. Ces conférences ayant amené dans le public quelques discussions où la politique n'était pas étrangère, le prédicateur reçut l'ordre de ne les point continuer.

La Restauration vint à temps pour rouvrir la

carrière un moment interrompue de notre académicien. Il fut nommé censeur royal, membre de la commission de l'instruction publique, et remonta dans sa chaire. Sur ces entrefaites, Sicard mourut. L'Académie se rappela que dans tous les temps elle avait tenu à honneur d'admettre dans son sein les premiers orateurs chrétiens de la capitale. Or, aucun prélat ne pouvait alors plus que Frayssinous prétendre à son intérêt. Les *Conférences* avaient été vantées comme supérieures à toutes celles qui avaient eu lieu depuis la Révolution par un homme d'une grande autorité, par le cardinal Maury, dans son ouvrage de l'*Eloquence de la chaire*. D'ailleurs l'Académie elle-même avait été en quelque sorte appelée dans une solennité qui se renouvelle tous les ans, à juger le talent oratoire de l'évêque d'Hermopolis. Il avait prononcé devant elle le panégyrique de saint Louis, et il avait publié, d'autre part, un livre excellent sur les *Vrais principes de l'Eglise gallicane* (1818), déjà deux fois réimprimé. Il fut admis. Peu de temps après, le roi le désigna comme son aumônier et prédicateur ordinaire; la dignité de grand maître de l'Université lui fut conférée; en 1827, on lui confia le portefeuille du ministère des cultes, et enfin il devint pair de France.

Malheureusement, Frayssinous ne jouit pas longtemps de ces faveurs. La révolution de 1830 lui reprit ce que la Restauration lui avait donné, lui laissant seulement ses titres d'évêque et d'académicien. Il suivit alors ses maîtres à Prague et à Goritz, pour concourir à l'éducation du duc de Bordeaux. Quand celle-ci fut terminée (1838), il rentra en France, où il vécut dans la retraite jusqu'à sa mort, qui arriva le 12 décembre 1841.

IX.

M. LE DUC PASQUIER.

1822.

M. Etienne-Denis, duc Pasquier, né à Paris le 22 avril 1767, est l'un des principaux acteurs qui occupent, depuis la naissance du premier Empire, la scène de la politique. Il descend du fameux Etienne Pasquier, et il est fils d'un conseiller au Parlement de Paris. Héritier de ce nom illustré à la fois par l'étude des lettres et les travaux de la magistrature, il se trouva, presque au sortir du collége, investi, selon les priviléges de sa naissance, d'une charge de conseiller au Parlement. A peine était-il entré en fonctions, que la Révolution le déposséda de son siége, de ses titres, de ses biens, et lança contre lui une de ses terribles sentences de suspicion. Il n'avait pas encore eu le temps de mériter de telles rigueurs; mais il appartenait à une famille trop illustre, et occupait un rang trop élevé pour pouvoir se soustraire aux regards des violents réformateurs qui bouleversaient alors la France. Le 9 thermidor vint heureusement pour sauver le jeune magistrat de la mort qui planait sur lui. Le gouvernement de transition qui succéda au régime de la Terreur lui restitua son patrimoine. Il se retira au sein de l'étude et se prépara par ses réflexions au rôle qu'il allait bientôt remplir sur le théâtre des intérêts modernes.

Cambacérès, qui l'avait distingué, le proposa à Napoléon pour une place de maître des requêtes, et M. Pasquier fut appelé à cet emploi le même jour que deux hommes auxquels il est toujours resté fidèlement attaché, Portalis et M. Molé. Quelques années après, M. Pasquier, qui s'était fait remarquer dans ses fonctions par l'habileté de ses travaux, fut promu à la dignité de conseiller d'État ; et dès cette époque, nous le voyons investi successivement des plus hauts emplois : préfet de police en 1811, directeur des ponts et chaussées en 1814, garde des sceaux en 1815, membre de la commission pour les créances étrangères, député de la Seine et président de la Chambre en 1816, garde des sceaux une seconde fois en 1817, ministre des affaires étrangères en 1819, pair de France en 1821, président de la Chambre des pairs en 1830; et enfin, chancelier de France.

C'est dans ces fonctions diverses qu'il a conquis la brillante renommée d'homme d'État dont il jouit aujourd'hui, et son fauteuil d'académicien. « Après la juste préférence accordée aux lettres, comme le lui disait en le recevant M. Mignet, où l'Académie pouvait-elle mieux porter, dès lors, ses suffrages que dans ces grands corps animés par le souffle de la vie publique, théâtre recherché de tous les talents, où l'esprit, excité par l'importance des affaires, est soumis à des efforts soudains, éclate quelquefois en productions admirables, et auxquels notre pays, déjà si riche en orateurs de la chaire et du barreau, doit d'avoir enfin trouvé la seule éloquence qui lui manquât encore ? C'est à la tête d'un de ces corps dont vous conduisez depuis douze années les délibérations avec tant de sagesse, après vous y être associé avec tant d'éclat, que l'Académie est allée vous chercher, Monsieur. Son choix ne s'adressait pas seulement à un illustre ami des lettres... En vous nommant, nous appelions surtout au milieu de nous l'orateur politique qui, pendant quinze années, a contribué à la gloire de deux tribunes; qui, l'un des premiers, soit comme ministre, soit comme membre de l'opposition, sut trouver instantanément, parmi les difficultés des affaires et les troubles de la discussion, le langage nécessaire à sa pensée, et dont la parole habile combattit en 1815 les excès des lois prêts à consacrer et à étendre les excès sanglants des partis. Voila vos titres, Monsieur, et les raisons de notre choix. »

A n'examiner entre tous que ceux de l'orateur, on peut se convaincre, dès la première page du recueil de ses discours (publié en 1843), combien ils sont brillants. « A chaque page, ainsi que l'a remarqué un de nos plus charmants écrivains, M. X. Marmier, nous distinguons les traces d'un esprit sagace, pratique, qui pénètre au fond même des sujets dont il s'occupe, les analyse avec finesse, les présente, sous leurs diverses faces, avec habileté; nous distinguons un caractère loyal et droit, qui ne s'aveugle point au hasard dans de vagues théories ou de fausses appréciations, et une mâle et honnête fermeté qui ne se laisse égarer ni par les séductions d'une idée trompeuse, ni par l'agitation temporaire d'un parti. » On doit y distinguer aussi cette souplesse du talent de M. Pasquier, qui tantôt impose et qui tantôt captive; cette éloquence, impétueuse et hardie lorsqu'elle n'est pas incisive et pénétrante, et véhémente quand il est besoin de délaisser la séduction qui lui est plus familière, pour tracer un sillon plus ineffaçable dans les esprits.

Nous trouvons à côté de ces discours, sous le titre d'*Observations*, une sorte de précis historique où l'auteur développe l'état de la question qu'il avait à traiter, la façon dont les divers partis l'envisageaient, les questions principales qu'elle a soulevées et le vote qui s'en est suivi. Ce travail important est d'une netteté et d'une précision remarquables, et désormais on ne saurait se dispenser de le consulter pour juger les débats parlementaires et les principaux actes législatifs de la Restauration.

On y trouve en outre un *Eloge de Cuvier*. C'est une page vivement sentie, pleine de détails délicats, d'appréciations fines et intéressantes; comme œuvre littéraire, une dissertation si habilement composée et si parfaitement écrite suffirait seule pour justifier la réception de M. Pasquier à l'Académie française. Enfin, ce recueil de discours mérite à tous égards l'empressement que le public lui a montré. C'est l'œuvre d'un esprit élevé qui expose avec franchise le motif de ses tendances et le but de ses opinions, l'œuvre d'un homme sincère qui raconte sa vie par ses actes, et c'est, par les réflexions qui y sont jointes, l'un des documents les plus importants qui existent dans les annales de nos vingt dernières années.

XXXV.

LE FAUTEUIL DE CUVIER.

LE FAUTEUIL DE CUVIER.

I.

HABERT DE MONTMOR.

1634.

Henri-Louis Habert de Montmor, conseiller du roi, maître des requêtes, né à Paris. Il était cousin de Philippe et de Germain Habert, qui occupent l'un le quatrième, et l'autre le cinquième Fauteuil.

Celui-ci était *vir omnis doctrinæ et sublimioris et humanioris amantissimus*, comme le dit Huet dans ses *Mémoires*, et il s'efforça de le prouver dans le discours sur l'*Utilité des Conférences*, qu'il prononça quelque temps après son introduction à l'Académie. « Un jour par semaine, écrit d'Olivet, il se tenait chez lui une assemblée de savants, où l'on traitait des matières de physique. Sorbière rapporte, dans l'une de ses lettres, les règlements faits pour cette espèce d'académie. Gassendi éprouva dans la maison de M. de Montmor que la possession d'un bon ami peut tenir lieu de tout. Il y vécut plusieurs années, il y mourut ; et M. de Montmor, après avoir recueilli ses derniers soupirs, non-seulement lui érigea un mausolée dans Saint-Nicolas-des-Champs, mais, ce qui valait encore mieux pour la gloire de son ami et pour l'utilité du public, il rassembla tous les ouvrages de ce grand homme en six volumes in-folio. A la tête de cette édition, se trouve une préface latine de M. de Montmor, écrite sensément et de bon goût. C'est presque le seul ouvrage par où sa plume nous soit connue, à trois ou quatre épigrammes près, qui se sont conservées dans les recueils de son temps. Mais le poëme *De rerum natura*, où à l'envi de Lucrèce, il avait développé toute la physique, n'est point venu jusqu'à nous. Il mourut à Paris le 21 janvier 1679. »

II.

LAVAU.

1679.

Louis Irland de Lavau « était, dit d'Olivet, d'une noblesse des plus anciennes ; et son père, contrôleur général de la maison de la reine Anne d'Autriche, lui avait laissé suffisamment de bien pour qu'il pût se destiner à quoi il voudrait. D'abord il espéra faire son chemin dans les affaires étrangères. Il accompagna dans cette vue les seigneurs qui allèrent de la part du roi à l'élection de l'empereur Léopold. Il se tint une ou deux années en Allemagne, et vit la plupart des cours du nord pour apprendre leurs intérêts. De là il passa à Rome, où il eut occasion d'éprouver que les traverses qu'ont à essuyer ceux qui se mêlent des affaires publiques sont certaines, et que leurs récompenses ne le sont pas. A son retour en France, il quitta l'épée et se mit dans l'état ecclésiastique, non point par ambition, mais par goût, et pour jouir d'une vie paisible et réglée. »

Il n'abandonna point pour cela les affaires. Colbert l'ayant chargé de négocier le mariage d'une de ses filles avec le duc de Mortemart, il réussit pleinement. Le ministre, estimant comme il le devait une telle alliance, voulut en marquer sa reconnaissance à celui qui l'avait si bien déterminée. « Il lui donna le choix des grâces qu'il pouvait lui procurer, reprend d'Olivet, charges, abbayes, pensions. Que lui demanda M. l'abbé de Lavau préférablement à tout ? une place à l'Académie. Il choisit de toutes les grâces qu'on lui jetait à la tête celle qui dépendait le moins de M. Colbert, et pour laquelle M. Colbert devait avoir le plus de contradiction à craindre : car, quoique M. l'abbé de Lavau fût recommandable par sa naissance, par sa probité et par sa politesse, on doutait qu'à toutes ces bonnes qualités il joignît, du moins jusqu'à un certain degré, les talents d'un académicien. Mais enfin, ses confrères, après l'avoir possédé quelque temps, reconnurent que la supériorité des talents pouvait être également compensée par la douceur des mœurs et par le secret de se rendre aimable. »

Il a cependant laissé quelques discours qui ont du mérite. Directeur de la Compagnie à diverses reprises, la *Harangue* qu'il prononça en cette qualité, au mois de mai 1690, sur la mort de la dauphine, fut surtout remarquée ; on n'applaudit pas moins celle qu'il fit le jour de la réception de Fontenelle. Ce fut, en outre, à son occasion que furent rédigés deux des règlements de l'Académie : dont le premier est qu'*aux séances publiques on ne lirait aucun ouvrage étranger*, c'est-à-dire dont l'auteur ne serait pas membre de la Compagnie ; règlement fort heureusement laissé en oubli aujourd'hui. Le second concernait le service qui se devait faire pour un académicien mort, aux frais de ceux qui pourraient être alors chancelier et directeur. Or, il arriva que, Pierre Corneille étant mort la nuit du dernier de septembre au premier d'octobre, l'abbé de Lavau et Racine se disputèrent l'honneur de lui rendre les devoirs funèbres. « J'étais encore directeur, quand Corneille est mort, disait l'abbé de Lavau. — Et moi, disait Racine, j'ai été nommé directeur le jour même de sa mort, avant que le service pût être fait. » Touchante dispute ! Le sort favorisa Lavau ; ce qui donna lieu à ce mot de Benserade, où le double sens est assez visible : « Si quelqu'un de nous, dit-il à Racine, avait pu prétendre d'enterrer Corneille, c'était vous, Monsieur ; cependant vous ne l'avez pas fait. »

Irland de Lavau est mort le 4 février 1694.

III.

CAUMARTIN.

1694.

Jean-François-Paul Lefèvre de Caumartin, évêque de Blois, né à Châlons-sur-Marne le 16 décembre 1668, mort le 30 août 1733. Le cardinal de Retz fut son parrain et voulait en faire un chevalier de Malte ; mais son filleul n'avait pas encore sept ans qu'il changea sa destination pour le faire entrer dans les ordres, en lui résignant une abbaye considérable qu'il possédait en Bretagne. Sur ces entrefaites, les Etats de cette province s'étant ouverts, son père y mena le nouvel abbé, qui en cette qualité jouit non-seulement de l'entrée aux Etats, mais y eut encore la présidence d'une commission d'usage, dont il remplit les fonctions en camail et en rochet. De Boze raconte même qu'à l'occasion de cette solennité Caumartin fit plusieurs discours qu'on remarqua. « Cependant, dit-il, nous ne supposerons pas, avec quelques personnes, que ces discours soient l'ouvrage d'un enfant de sept à huit ans ; mais nous pouvons assurer, d'après des témoins dignes de foi, que celui-ci les prononça avec toute la grâce et toute la présence d'esprit qui pouvaient les lui rendre propres ; de sorte que le *petit président*, car c'est ainsi qu'on le nommait, fut la merveille de l'assemblée, l'entretien de toute la province et une nouvelle à la cour. »

Ce succès influa beaucoup sur les suites de son éducation. Au retour des Etats de Bretagne, on ne crut pas qu'il fût convenable de réduire à l'obscurité d'un collége un esprit qui promettait de si brillantes lumières et qui avait presque déjà fait son entrée dans le monde. On lui loua donc une maison particulière, où une table était entretenue pour les gens de lettres que ses maîtres jugeaient à propos d'y appeler. Avec un tel secours et des dispositions heureuses, on pense si Caumartin fit des progrès rapides. Après avoir égalé ses maîtres dans les diverses branches des sciences alors connues, il les surpassa en les poussant plus avant. Aussi sa réputation s'étenditelle si loin, que l'Académie ne put s'empêcher de penser à lui. Il n'avait pourtant rien produit; mais son esprit promettait tant de choses, que la Compagnie résolut de l'encourager à les produire. A cet effet elle l'admit dans son sein, bien qu'il n'eût à cette époque que vingt-six ans. Peu de temps après l'Académie des inscriptions et belles-lettres imita son exemple. Mais, prêtre avant tout, Caumartin devait être un excellent ecclésiastique bien plus qu'académicien de vocation. « Les différentes églises qu'il a successivement servies ou gouvernées, dit de Boze, nous le dépeignent comme un savant canoniste et un théologien profond, non moins que comme un prélat zélé, attentif et heureux à perfectionner le bien. » A l'Académie française orateur excellent, à celle des belles-lettres dissertateur élégant et solide, il accompagnait néanmoins les vertus austères du prêtre des qualités brillantes de l'académicien. On retrouve celles-ci dans les *Statuts*, *Ordonnances*, *Lettres pastorales*, *Catéchismes*, etc., que ses fonctions exigeaient de sa plume; et ce qu'il ne donnait pas de son temps à ces travaux, il le consacrait à l'étude. « Et là, reprend de Boze, tout était de son ressort : histoire, critique, généalogies, systèmes, découvertes; et, pour satisfaire plus aisément un goût que le séjour de la province ne pouvait diminuer, il acquit en arrivant à Blois, siége de son évêché, la bibliothèque de son prédécesseur, quoiqu'il en eût déjà une très-nombreuse à Paris. Il cultivait, par une étude assidue, la connaissance des langues savantes, dont il avait été imbu dans sa jeunesse, et cette connaissance lui avait donné une telle facilité pour les langues vivantes, qu'il s'était presque mis au fait du polonais pour l'avoir seulement entendu prêcher quelquefois. »

IV.

MONTCRIF.

1733.

François Augustin Paradis de Montcrif, né à Paris en 1687, mort le 19 novembre 1770. Sa famille, honnête mais peu aisée, le fit élever avec soin, dans l'espérance de lui voir prendre un de ces états où la fortune est la récompense du travail. Le jeune Montcrif déconcerta ces vues par des inclinations toutes contraires; il préféra aux études sérieuses, les talents agréables, la poésie, la danse et la musique; il apprit jusqu'à l'escrime, art dans lequel il se rendit très-redoutable et presque célèbre; mais en fréquentant les salles d'armes il eut le mérite, très-rare à son âge, de n'en prendre ni le mauvais ton qu'elles affichaient alors, ni les mauvaises mœurs qui y régnaient. Ce talent, au contraire, décida de sa fortune; il lui servit de lien avec les jeunes gens distingués qui venaient souvent s'exercer dans les salles; et, comme il avait de l'esprit, de bonnes manières, un caractère ouvert et facile, ceux-ci en firent leur ami. Introduit par eux au sein des sociétés brillantes qu'ils fréquentaient, il contribua à leurs plaisirs : il fut poëte, musicien, acteur plein de grâces et de ressources, il se rendit nécessaire, ou, pour mieux dire, il devint l'âme des divertissements que ces sociétés appelaient au secours de leur ennui.

Au milieu de cette dissipation du meilleur de sa vie, Montcrif, cependant, pensait à faire de ses talents un usage plus estimable. Il sentait que la voix indulgente des réunions qu'il amusait n'était pas celle du public, il en appela à ce maître sévère. Le public prêta l'oreille et répondit par des éloges. L'*Oracle de Delphes*, comédie, fut reçu avec les applaudissements les plus vifs; malheureusement pour l'auteur, une censure rigoureuse y vit quelques irrévérences, et, à la quatrième représentation, on arrêtait le cours de ses succès. Plusieurs petites comédies qu'il fit ensuite représenter eurent plus de bonheur ; mais ce fut surtout à l'Opéra qu'il fut dédommagé de son premier échec. Il y reçut plus d'une couronne, dont, à la vérité, le musicien partagea l'honneur avec le poëte, sans toutefois le lui enlever. On doit particulièrement distinguer dans le nombre de ses succès en ce genre celui de *Zélindor*. Il fut l'un des plus grands dont les annales de l'Opéra conservent la mémoire.

Notre académicien sollicita ensuite les suffrages du public par des travaux plus solides encore. Sa pièce du *Rajeunissement inutile* est une des plus agréables productions de la poésie du XVIIIe siècle. Ses romances, autrefois si chantées, sont pleines de sentiment, de naturel et leur tour est d'une grâce extrême. Il en est qui sont de véritables chefs-d'œuvre d'intérêt et de simplicité. Ses *Essais sur les moyens de plaire*, quoique pleins de raison, de maximes sages et quelquefois de réflexions fines, furent moins bien goûtés. Et cela se conçoit d'ailleurs. On ne peut réduire en préceptes un art dont il n'appartient qu'à la nature de donner les leçons. « L'ouvrage de Montcrif peut néanmoins être de quelque secours aux jeunes gens qui commencent à entrer dans le monde avec les dispositions nécessaires pour y réussir. Cette lecture leur servira d'expérience anticipée et hâtera les réflexions utiles que l'observation leur aurait suggérées un peu plus tard. Aidés et éclairés par ces réflexions, ils connaîtront d'avance les hommes avec qui ils auront à vivre, les opinions ou les travers qu'ils devront ménager, et surtout les ridicules si *redoutables* dont il leur importera de se garantir. » *D'Alembert.*

Montcrif publia aussi une *Histoire des chats*, sous forme de lettres; « lettres, comme il disait, gravement frivoles ». Il y avait prodigué, à l'exemple de Mathanasius, une érudition pédantesque, dont il ne voulait que se moquer; mais le public prit mal la plaisanterie, et l'ouvrage fut enseveli sous un monceau de critiques. Avec une équité rare chez un auteur, Montcrif l'y laissa; et pour mieux chasser cet échec de sa mémoire, il écrivit un petit roman, les *Ames rivales*, fondé sur la chimère indienne de la transfiguration des âmes. Quelque singulière que fût cette idée, l'usage ingénieux qu'il en avait fait, en peignant avec finesse nos mœurs et nos ridicules, le fit très-bien venir des lecteurs français. Un autre suffrage l'attendait à l'étranger. Porté aux Indes par un ami de Montcrif, un brahme, qui le lut, crut y voir le développement le plus heureux du système de la métempsycose; il regarda l'auteur comme un génie transcendant, et lui envoya en présent un manuscrit qu'il croyait très-précieux, en l'assurant d'ailleurs de son respect et de son admiration. »

Les aimables qualités de Montcrif lui avaient valu d'être attaché au comte de Clermont. Ce prince, dont il avait mérité la confiance et l'amitié, en ayant un jour fait un bel éloge à la reine Marie Leczinska, celle-ci voulut l'avoir à son service, et le nomma son lecteur. C'est pour cette princesse qu'il a composé ses *Cantiques spirituels*. Reçu à l'Académie, il y lut quelques dissertations, dans lesquelles il prouva qu'il n'était pas tellement borné aux sujets légers qu'il ne pût traiter quelquefois des matières sérieuses et même importantes : elles sont pleines de justesse et de raison. Il a également publié des lettres sur des sujets intéressants de morale, en particulier sur cette usure, encore si commune dans le peuple, sous le nom de *prêt à la petite semaine*, qui lui suggéra des vues estimables sur les moyens de faire cesser cet abus. On lui doit encore un *Choix de chansons;* des articles au *Journal des savants*, articles qui lui ouvrirent les portes de l'Académie de Berlin et de Nancy; et quelques-unes des pages du recueil des *Etrennes de la Saint-Jean*.

« Si les talents aimables de M. de Montcrif le rendaient cher à ceux qui mettent tant de prix aux agréments, dit d'Alembert, ses qualités personnelles doivent le rendre respectable à ceux qui mettent du prix aux vertus. Il était reconnaissant, et c'était surtout lorsqu'il voyait ses bienfaiteurs dans l'affliction qu'il cherchait à leur donner les preuves d'un sentiment si cher à son cœur. M. le comte d'Argenson, qui avait contribué à sa fortune et qui l'honorait de son amitié, étant tombé en disgrâce, M. de Montcrif obtint, non sans beaucoup de peine, d'aller tous les ans passer quelques mois auprès de lui dans son lieu d'exil... Il était bienfaisant. Une lettre qu'il a écrite à M. Duclos développe aux âmes élevées toute la noblesse des principes qu'il s'était formés sur l'exercice de cette vertu, principes dont sa vie fut une pratique continuelle. Sa bourse était sans cesse ouverte aux indigents, assurés d'ailleurs d'un secret qu'ils n'avaient pas même besoin de demander... Un ancien domestique, qu'il avait jugé digne de sa confiance, était chargé de distribuer des aumônes secrètes, souvent même sans en informer son maître, à tous ceux dont la misère pouvait exiger de prompts secours; et ces infortunés, en recevant les marques de sa charité active et compatissante, ignoraient, pour l'ordinaire, jusqu'au nom du consolateur généreux dont la main cachée essuyait leurs larmes. Il semblait avoir pris pour maxime ce proverbe musulman : « Fais du bien et le jette dans la mer ; si les poissons l'engloutissent, Dieu s'en souviendra. »

V.

ROQUELAURE.

1770.

Jean-Armand de Bessuejouls de Roquelaure, archevêque de Malines, né en 1721 à Roquelaure, diocèse de Rhodez, n'était pas de la famille de ce duc de Roquelaure de si plaisante mémoire, mais d'une famille distinguée du Rouergue qui possédait une terre du même nom. Destiné à l'état ecclésiastique, il fut reçu docteur en théologie en 1747 et nommé évêque de Senlis en 1754 ; puis il devint aumônier du roi, qui le fit conseiller d'Etat ordinaire en 1767 et commandeur de l'ordre du Saint-Esprit quelques années après.

A la mort de la reine d'Espagne, ce fut lui qu'on choisit pour prononcer l'oraison funèbre de cette princesse. Plus tard, il fut chargé de déposer au pied des autels le cœur du jeune dauphin, enlevé si prématurément à la France, et c'est à sa voix que se sont ouvertes devant Louise de France les portes de Saint-Denis, retraite sainte où elle voulait oublier les grandeurs du monde, si près de la basilique qui renfermait les cendres de tant de rois ses aïeux.

Roquelaure, ayant échappé aux massacres de la Révolution, fut appelé à l'archevêché de Malines en 1802. Il gouverna ce diocèse pendant six ans ; après quoi, remplacé par un prélat plus courtisan que lui, il fut nommé à un canonicat de Saint-Denis, où il mourut le 24 avril 1818. Il était entré à l'Académie en 1770, et se trouvait ainsi doyen de la Compagnie, après avoir coudoyé trois générations d'académiciens, et comme une sorte de tradition vivante de ces générations. « Plein de souvenirs, dit Daru, il inspirait autant d'intérêt que de respect lorsqu'il nous entretenait de tous les grands hommes avec lesquels il avait vécu. A l'exemple de tous les vieillards, pour qui les impressions récentes sont fugitives, il aimait à se reporter à quelque distance du temps présent et parlait de ces illustres morts comme s'il les eût quittés de la veille, comme s'il eût été encore dans leur intimité ; il nous en entretenait, non pour contenir l'amour-propre de ceux qui l'écoutaient, mais pour exprimer le charme qu'il avait toujours trouvé dans les relations littéraires ; et nous n'avons pu voir sans quelque vanité que, forcé par son âge de renoncer aux soins de l'épiscopat, devenu insensible aux honneurs, son zèle pour l'Académie avait survécu à tous les autres intérêts.

VI.

CUVIER.

1818.

Georges-Léopold-Chrétien-Frédéric-Dagobert, baron Cuvier, secrétaire perpétuel de l'Académie des sciences, membre libre de celle des inscriptions, directeur du jardin des Plantes, professeur d'histoire naturelle et d'anatomie comparée, pair de France, conseiller d'Etat et membre du conseil de l'instruction publique, né à Montbelliard le 25 août 1769. Il fut d'abord destiné à la carrière militaire par son père, qui était officier dans le régiment suisse de Waldner ; puis à l'état ecclésiastique, qui convenait mieux à sa santé délicate. Une injustice d'un professeur le priva d'une bourse à l'Université de Tubingen ; mais la générosité du duc de Wurtemberg lui en procura une autre dans une institution fondée à Stuttgard par ce prince. C'est là qu'il connut Schiller et Schœmering, avec lesquels il contracta une amitié qui dura autant qu'eux et qu'ils entretinrent tous trois par une correspondance active.

La Révolution le laissant sans protecteur, le trouva pauvre et sans autre ressource que ses talents ; forcé de les employer, il entra alors comme précepteur dans la maison du duc d'Héricy, en Normandie, n'ayant pour tout moyen de fortune que son éducation, ses connaissances en histoire naturelle, son goût pour le dessin, un herbier qu'il avait formé et une collection d'insectes. Mais la mer était tout près; profitant de son voisinage pour étudier ses productions, Cuvier dut bientôt à son goût investigateur de nouvelles découvertes qui le mirent en relation avec plusieurs naturalistes de la capitale. Geoffroy-Saint-Hilaire lui ouvrit les collections du muséum d'histoire naturelle ; divers mémoires qu'il publia avec ce savant le firent appeler aux écoles centrales et ensuite à la première classe de l'Institut. C'est alors qu'il publia cet ouvrage dans lequel il expose les principes qui devaient opérer une si grande révolution dans la science, le *Tableau élémentaire d'histoire naturelle des animaux*. Il fut nommé peu de temps après suppléant à la chaire d'anatomie comparée. Là, contraint d'exposer les détails de la science à un auditoire généralement composé d'hommes éclairés, il s'appliqua à capter leur attention par l'élégance et les grâces du discours, tandis que jusqu'alors il n'avait cherché que la clarté suffisante pour de jeunes élèves ; à cette époque aussi (an IX) il fut appelé au Collége de France pour succéder à Daubenton ; bientôt après il parut au Lycée (Athénée de Paris), où il fut applaudi par les mêmes personnes qui y avaient entendu les La Harpe, les Chénier, les Fourcroy ; toutes s'émerveillaient de sa lucidité, disent ses biographes ; et dans un sujet que l'on s'attendait à trouver aride, on était séduit par une élocution non moins facile que brillante.

Cuvier n'était pas de ces savants qui se contentent de ce seul titre. A l'exemple de ses collègues allemands, qui ne se font nul scrupule de scinder leur existence, en consacrant une partie de leur temps à l'étude et une autre partie dans l'intérêt de leur fortune, il sut s'attacher de bonne heure au gouvernement. L'empereur l'avait nommé en 1808 conseiller à vie de l Université ; il fut chargé, en 1811, avec son collègue Noël, de la mission de visiter la Hollande et l'Allemagne jusqu'à Hambourg, pour y examiner l'état de l'instruction publique. Ses rapports imprimés par ordre du conseil de l'Université donnaient les plus grands éloges aux écoles primaires de ces pays ; ils se faisaient remarquer par leur clarté, par la justesse des observations et par la profondeur des vues. Il fut, en récompense de ces travaux, nommé maître des requêtes en 1813 ; et quelque mois avant la chute du régime impérial, il fut envoyé commissaire extraordinaire à Mayence.

La Restauration le trouva chevalier de l'empire,

membre de la Légion d'honneur, chevalier de l'ordre de la Réunion, conseiller titulaire de l'Université impériale, professeur d'histoire naturelle au jardin des Plantes, maître des requêtes au conseil d'Etat. Tous ces titres lui restèrent sous Louis XVIII. Il devint, de plus, conseiller d'Etat, attaché au comité de législation et au comité de l'intérieur ; puis chancelier du conseil de l'instruction publique ; enfin, en 1831, il fut élevé à la dignité de pair de France ; et l'on songeait à lui attribuer la présidence générale du conseil d'Etat quand la mort vint le frapper, après cinq jours de maladie, le 13 mai 1832.

On n'attend pas de nous, assurément, un examen des trente volumes environ qui composent le bagage de Cuvier ; toutefois, sans nous appesantir par l'analyse sur les admirables productions qu'ils renferment, nous ne saurions passer sous silence son mérite comme naturaliste ; c'est en cette qualité qu'il s'est rendu digne de prendre place parmi les grands hommes de toutes les nations ; comme tel, en effet, son œuvre est prodigieuse. Le règne animal tout entier, depuis ces êtres dont la nature animée semble encore problématique jusqu'à ces animaux d'un monde primitif, a pris entre ses mains un arrangement méthodique, fondé, non sur des caractères extérieurs et de peu d'importance, mais sur la connaissance approfondie de la structure interne. Suivant successivement chaque organe dans toute la série animale, déterminant avec une admirable simplicité les fonctions de ces organes et les rapports qu'ils ont entre eux, il est parvenu à distribuer les animaux en espèces, en genres, en familles, en classes, et chaque gradation de cet arrangement est le résultat d'une généralisation fondée sur les inductions de la plus saine logique ; c'est par de tels moyens qu'il a effectué dans l'histoire naturelle, en tout ce qui concerne la zoologie, cette grande révolution qui consiste à la réduire à une vraie méthode de classification, à la rendre ainsi une science véritablement philosophique, basée sur l'observation rigoureuse et sur la comparaison exacte des faits que l'anatomie et la physiologie peuvent révéler au naturaliste. Il est aussi résulté de ses recherches que non-seulement chaque animal doit être considéré comme un tout d'un certain genre ou d'une certaine espèce ; c'est-à-dire que chaque os, chaque muscle, chaque organe, ou quelque autre partie enfin de son organisation, se distingue essentiellement des parties correspondantes dans tous les autres genres et dans toutes les autres espèces ; en sorte que, pour un naturaliste parfait, l'inspection d'un os ou de quelque autre partie d'un animal, présenterait à son esprit l'animal tout entier, et le lui montrerait aussi distinctement que s'il était placé sous ses yeux. La faiblesse de nos facultés ne nous permettra jamais d'atteindre à ce triomphe de la science; et cependant Cuvier s'en est approché de bien près lorsqu'il a reconstruit les animaux d'un monde anté-diluvien, au moyen des fragments imparfaits qui nous en restent; lorsqu'il a montré en quoi ces animaux différaient, en quoi ils se rapprochaient de ceux du monde actuel; lorsque enfin il s'est élevé jusqu'à décrire leurs habitudes, et à nous donner pour ainsi dire l'histoire naturelle du monde primitif, en jetant sur la poussière de ses restes la puissante lumière de la science et de la philosophie.

Si l'on veut savoir maintenant pourquoi Cuvier figurait parmi les membres de l'Académie française, nous laisserons à Nodier le soin de nous l'apprendre. « Juge de la parole, dit-il en son langage toujours si charmant, juge de la parole, cette magnifique puissance qui est aussi une des belles créatures de Dieu, l'Académie honora en Cuvier la faculté d'exprimer avec une élégante correction, et souvent avec une éloquente énergie, les idées et les détails qui semblent le moins se prêter aux combinaisons du style et aux ornements du langage. Elle avait admiré en lui, avec l'Europe entière, l'homme de savoir et de génie, qui donnait un autre univers à la pensée. Elle s'associa l'écrivain qui assouplissait notre langue à ces notions nouvelles, sans l'appauvrir d'un faux luxe, comme l'aurait fait la médiocrité, si la médiocrité découvrait quelque chose. Cette double illustration du savant et de l'écrivain n'a jamais été fort commune dans nos fastes littéraires. C'est que le privilége de rendre sensibles à toutes les intelligences les conceptions d'une intelligence élevée, comme Cuvier l'a fait dans ses ouvrages techniques; c'est que la propriété de raconter des faits vulgaires avec un charme entraînant, et d'exposer des théories sévères et profondes avec une lumineuse simplicité, comme Cuvier l'a fait dans ses excellents *Eloges académiques;* c'est que l'alliance du talent qui embrasse une méthode avec puissance, et le talent qui le développe avec les grâces vigoureuses d'un bon style, ne se trouve que chez ces esprits d'élite qui comprennent leur pensée dans tous ses éléments, qui la possèdent dans toute son étendue, qui la suivent dans toutes ses applications, et qui l'épanchent comme ils l'ont reçue, avec ordre et avec clarté. Bien concevoir et bien juger, dit le plus sage des poëtes anciens, c'est l'art même de bien écrire. Descartes, Leibnitz, Mallebranche, Buffon, Laplace, Cuvier sont les modèles du langage comme les maîtres de la science. »

VII.

M. DUPIN.

1832.

M. André-Marie-Jean-Jacques Dupin, l'aîné de sa célèbre famille, ex-président de la Chambre des députés, des Assemblées constituante et législative, ex-procureur général à la cour de cassation, etc., est né à Varzy, dans la Nièvre, le 1er février 1783. Avocat et homme d'État distingué, son père veilla d'une façon particulière à son éducation. Il lui apprit lui-même le latin, l'histoire, la philosophie, les belles-lettres et les premiers éléments des sciences exactes ; après quoi il l'envoya à Paris, où il fit son droit et soutint sa thèse. Bientôt reçu avocat au barreau de Paris, il s'y distingua aussitôt. On remarqua dès lors dans ses plaidoiries cette sagacité profonde, cette vaste science comme jurisconsulte, et ce rare talent d'orateur qui devaient lui créer plus tard une si belle réputation.

Toutefois, les travaux de l'audience et les consultations ne pouvant suffire à l'activité de son esprit, M. Dupin consacra le reste de son temps à la composition d'ouvrages de jurisprudence. Ceux-ci, qui sont très-nombeux, sont dédiés aux jeunes gens. « Quel plus grand avantage, a dit quelque part leur auteur, pouvons-nous apporter à la chose publique que d'instruire la jeunesse, surtout dans les temps où nous vivons ? » Cette direction donnée à ses ouvrages, M. Dupin l'a suivie dans ses conséquences. « *Non multà, sed multùm*, peu de mots, mais beaucoup de choses », telle la devise qu'il a adoptée pour ces livres, petits par le volume, mais dans lesquels il a résumé le droit sous toutes ses formes. Dans son histoire : d'abord dans celle des institutions par le précis historique du *Droit romain*, et par celui du *Droit français ;* puis dans celle des hommes, par la *Biographie des jurisconsultes* et des *magistrats* ; dans sa philosophie, par les *Lois des lois*, tirées de Bacon ; dans ses règles pratiques, par les *Principes du droit civil*, ouvrage que les esprits sérieux sont seuls capables d'apprécier à sa véritable valeur; dans son langage, par le *Vocabulaire des termes du droit;* enfin dans sa bibliographie, par la *Bibliothèque choisie du droit.* Joignons-y encore les notions élémentaires sur la justice, le droit et les lois, qui ont été professées au duc de Chartres, dans un cours commencé en 1826 et continué pendant trois ans. M. Dupin a, en outre, adressé des *Lettres sur la profession d'avocat* à tous les hommes qui étudient les lois et les appliquent. OEuvre immense, d'abord entreprise à titre public, en vertu d'une mission officielle, et plus tard, poursuivie courageusement à titre particulier. Nous aurons alors une bonne partie des productions de M. Dupin, mais nous n'aurons pas tout. Il faut, pour compléter la liste de ses principaux ouvrages, y joindre encore quelques écrits de droit public et de politique, tels que la *Libre Défense des accusés*, ses *Observations sur la justice criminelle*, les *Libertés de l'Eglise gallicane*, le *Traité des apanages*, et en dernier lieu, dans l'ordre chronologique, la *Révolution de* 1830. Si nous citons maintenant pour mémoire les innombrables discours prononcés soit comme magistrat, soit comme député ou pair de France, nous aurons achevé l'énumération des ouvrages de notre académicien, non sans en avoir omis toutefois, et des meilleurs.

Ce n'est pas sans doute par une conception vaste, de larges dimensions, une création de longue haleine, comme eût pu le laisser espérer un homme qui n'aurait pas eu d'autre occupation, que ces œuvres se distinguent; mais on rencontre dans toutes la netteté des idées et la rectitude du jugement, la richesse de l'érudition unie à la précision et souvent à l'élégance du style. Aussi le succès n'a-t-il fait défaut à aucune. La plupart ont eu plusieurs éditions : le seul *Précis historique du droit romain* en a eu plus de dix, et jamais M. Dupin n'en a réclamé les bénéfices près du libraire.

Avocat sur le tableau en 1802, docteur en droit en 1806, il songea alors à enseigner la science qu'il avait si bien apprise. Une chaire de professeur se trouvait libre, et le plus digne devait l'obtenir. M. Dupin concourut, toutefois sans l'emporter, non pas qu'il ne l'eût mérité, mais à cause de la partialité des juges. Loin de le rebuter, cette injustice ne fit que le stimuler : il redoubla de zèle et d'application pour arriver à un tel degré de savoir et d'éloquence, qu'il ne fût plus permis de lui contester ses droits. Sur ces entrefaites, Merlin, qui l'avait jugé, voulut se l'attacher comme avocat général à la cour de cassation et le proposa à son insu ; un candidat de Fontanes lui fut préféré. Il fut plus heureux en 1819. M. de Serres, alors garde des sceaux, désireux d'acquérir au gouvernement l'appui de ce grand talent, lui fit offrir la place de secrétaire général au ministère de la justice et de maître des requêtes au conseil d'État. Les avantages qu'on faisait valoir étaient faits pour séduire, car la Restauration rétribuait grassement ses hauts fonctionnaires; mais ce fut au tour de M. Dupin de refuser. Peu tenté de figurer parmi les défenseurs d'un ordre de choses qu'il était prêt à combattre, il préféra une gloire qu'il ne devrait qu'à lui seul à une fortune qu'il eût payée trop cher.

Conservé au barreau, il écrivit sur son drapeau : *Libre défense des accusés!* Nous avons cité le livre qui porte ce titre; c'est là que pour la première fois M. Dupin a développé cette noble maxime, qui est restée sa devise. Il compte à peine quelques pages, aucune passion ne s'y agite; mais pour la dialectique, pour la philosophie, pour la simplicité et la vigueur du style, il est frappé à ce coin d'antiquité qui devient plus rare de jour en jour. Dans la suite M. Dupin ne manquera pas de le rappeler à ceux qui feindront de l'avoir oublié. *Libre défense des accusés!* disait-il à l'heure où Napoléon frappait le duc d'Enghien; il le répétera au procès du maire d'Anvers, qui fut mis en jugement, sur l'ordre de l'empereur, et de nouveau, *malgré l'avis favorable du jury*. Enfin, lorsque l'Empire s'écroulera pour faire place à un ordre de choses plus rationnel, à force de le redire, M. Dupin en fera le mot d'ordre du barreau français.

On sait qu'il eut l'honneur de défendre le maréchal Ney devant la Chambre des pairs. A l'époque de ce procès célèbre, où les événements de la seconde Restauration amenèrent sur le banc des criminels jusqu'aux premiers citoyens, et lièrent pour ainsi dire la cause du pays à celle des individus, M. Dupin, transformant la barre des avocats en tribune nationale, fit retentir dans toute la France les vérités les plus hardies sur la marche des affaires publiques, et sur les questions de l'ordre le plus élevé. Chargé, depuis son admirable défense du grand maréchal, de toute les causes politiques de quelque importance, il prêta l'appui de son talent à la veuve du maréchal Brune contre le libelliste Martainville, qui avait outragé la mémoire de cette noble victime des fureurs méridionales. Sir Robert Wilson, Bruce et Hutchinson, accusés d'avoir favorisé l'évasion du comte de Lavalette, furent ses clients. Il défendit les lieutenants généraux Alix, Savary, Caulaincourt, Forest de Morvau, l'adjudant-commandant Boyer, Fiévée, Bavoux, Mérilhou, de Pradt, Jouy, Jay, Béranger, Forbin-Janson, Montain jeune, Duhamel de Rouen, Marmet, Madier de Montjau, etc.; car nous ne saurions citer toutes les causes qu'il a soutenues de toute la puissance de son talent. Le registre qu'il a tenu par ordre de dates et de numéros ne porte pas à moins de quatre mille le nombre de ces causes dans lesquelles il a plaidé et donné ses conseils.

Homme d'esprit, mais d'un esprit toujours judicieux, il a souvent résumé ses plaidoiries par quelques-uns de ces mots qui sont restés célèbres. Ainsi, dans le procès qu'il soutint en 1825 pour le *Constitutionnel* contre le ministère public, terminant sa péroraison, il peignait d'un seul trait l'institut de Loyola : « C'est une épée, disait-il, dont la poignée est à Rome et la pointe partout. » Lorsque

M. Isambert comparut devant les juges de la Restauration pour avoir soutenu le principe de la résistance légale contre ses actes arbitraires, les accusations nouvelles dont on le chargea à l'audience inspirèrent à son éloquent collègue un mouvement qui fit autant d'honneur à la générosité de son âme qu'à la promptitude de son esprit. Le ministère public réclamait le rappel à l'ordre de M. Barthe, qui, disait-il, renouvelait le délit imputé à l'accusé en cherchant à le justifier. « Oui, s'écria M. Dupin, interrompant vivement et son ami et l'avocat général, nous ne disons pas seulement innocence à Isambert, mais honneur à Isambert! » Le 24 décembre 1829, il faisait entendre dans le procès des *Débats* ces paroles prophétiques : « C'est un mauvais jeu que d'employer des soldats à faire des coups d'État; les coups d'État, qui sont les *séditions du pouvoir*, ne lui réussissent pas mieux contre les lois que les séditions du peuple contre la royauté. » Ajoutons, à la louange méritée de M. Dupin, que cet avocat joint aux hautes facultés de l'esprit, les plus nobles sentiments, et un désintéressement d'autant plus remarquable, qu'il est plus rare à l'époque où nous vivons. « Au premier rang des obligations de l'avocat, a-t-il dit dans sa *Libre défense des accusés*, je mets le désintéressement. Je trouve aussi méprisable qu'odieux de se porter par un vil intérêt à un acte qui, pour être méritoire, doit ne tenir en rien de la spéculation : *Turpe est linguâ emptâ reos defendere.* » Dans les causes publiques qu'il a défendues, dans toutes celles de la presse, il a toujours refusé toute espèce d'honoraires; ils les a rarement acceptés dans les causes privées, et il lui est souvent arrivé de remettre la moitié de ceux qu'on lui apportait. Aussi, combien dut être doux pour lui le remerciment naïf qu'il reçut des esclaves qu'il défendit en 1828, 31 et 33 ! L'un deux, Indien soumis à l'esclavage, au mépris des lois qui maintiennent le droit naturel de la liberté à toute la race indienne, ne dut pas seulement sa liberté à M. Dupin : le célèbre avocat le prit sous sa protection, il s'adressa pour lui à la reine, au duc d'Orléans, et obtint d'eux des secours, auxquels il a joint son offrande; il sollicita, en outre, du ministre de la marine le passage gratuit sur les vaisseaux de l'État, pour faciliter au pauvre esclave son retour dans son pays et dans sa famille. Rien de beau à voir comme la figure de l'Indien, dit un biographe, lorsque, son avocat lui apprenant tous ces bienfaits et remettant dans ses mains ces dons inespérés, sa tête s'est renversée vers le ciel : ses yeux semblaient s'y adresser; de grosses larmes tombaient sur ses joues : « Que voulez-vous, disait-il... il n'y a que le ciel!... » sans pouvoir achever sa pensée.

On comprend aisément qu'après avoir fait preuve de tant de connaissances, de science politique, de talents de tous genres et d'éloquence, les électeurs aient, dès qu'ils le purent, envoyé M. Dupin représenter, dans nos diverses chambres, le pays sur l'histoire duquel il répandait chaque jour un si bel éclat. Déjà on l'avait vu figurer, en 1815, dans la

Chambre des députés, comme représentant de la Nièvre. « En acceptant cette mission, écrivait-il alors, je considérai que je ne changeais point de profession ; que j'aurais seulement une cause de plus à défendre, celle de mon pays. » Ses opinions dans cette assemblée se lient à l'histoire de l'époque. Mme de Staël, dans ses *Considérations sur la Révolution française*, a parlé avec éloge de son opinion sur le *serment ;* il s'y est surtout distingué par les sages mesures qu'il y fit prendre. Après la seconde Restauration, il fut nommé président du collége électoral de Château-Chinon, et désigné comme candidat par les arrondissements de Château-Chinon et de Clamecy ; mais, dans le collége du département, on lui préféra des candidats aristocratiques. Les électeurs de l'arrondissement de Mamers ont, en 1827, réparé dignement cette ingratitude, en lui rouvrant une carrière, où nous le voyons marcher au premier rang, jusqu'au coup d'Etat de décembre 1851. M. Dupin s'y est montré aussi grand orateur qu'homme d'Etat habile et citoyen énergique.

Après les événements de Juillet, auxquels il avait pris part, il écrivait ces maximes célèbres, en qualité de rapporteur de la Charte de 1830 : « Plus de religion de l'Etat ; — plus de commissions, à quelque titre et sous quelque dénomination que ce soit ; — la censure ne pourra jamais être rétablie ; — la France reprend ses couleurs ; — plus de Suisses, plus de garde privilégiée ; tout soldat français peut dire : *Je suis de la garde du roi*. — Quoique Bourbon, Louis-

Philippe Ier et non Philippe VII ; — la révolution de 1830 n'est pas un simple amendement à la Charte ; — tous les pouvoirs sont renouvelés : celui du roi, celui de la Chambre des députés, celui de la Chambre des pairs. » Dès lors, sa devise fut : *Liberté sous la loi ;* belle maxime qu'il n'a jamais oubliée : car, s'il aime la liberté, il hait la licence. C'est pourquoi nous le voyons sans cesse à la tête de ceux qui, depuis 1830, luttent et contre le despotisme et contre les excès de la révolution. « La paix, mais sans craindre la guerre ! » disait-il à ceux qui voulaient mettre le feu à l'Europe avec le drapeau tricolore. A quelque temps de là, consulté sur la conduite à tenir envers les éternels instigateurs de nos troubles : « Si on leur cède une fois, répondait-il aussitôt, il faudra céder encore et céder toujours. » Aussi l'anarchie regarde-t-elle M. Dupin comme son plus implacable ennemi. Après avoir longtemps cherché le moyen de le renverser dans l'opinion publique, mais n'y ayant pas réussi, grâce à la vigueur de son adversaire, elle eut, le 14 février 1832, recours à la force. Un ami de M. Dupin, M. Mauguin, averti des projets des révolutionnaires, lui avait dit le matin même : « Je sais de bonne part que tu dois être attaqué chez toi aujourd'hui ; il serait peut-être prudent de te tenir à l'écart et de ne pas t'exposer » ; il avait répondu : « J'ai quelque chose de pressé à terminer ; à onze heures, j'irai au conseil des ministres ; à deux heures, j'irai à la Chambre ; à cinq heures, je rentrerai chez moi, et j'attendrai ces messieurs. » Il attendit ses ennemis comme il l'avait annoncé, et ceux-ci vinrent en effet; le soir, son hôtel fut entouré par la populace et mis à sac, et peu s'en fallut qu'il ne payât cher sa noble imprudence. Il nous fut heureusement conservé, et, quelques jours après, loin de se souvenir des violences d'un peuple ingrat, il proposait, appuyait et votait les lois les plus libérales.

Mais c'est surtout comme président de la Chambre des députés et des représentants que M. Dupin a fondé sa réputation d'homme politique. Vice-président de cette assemblée en 1830, il en a depuis occupé la présidence à huit reprises différentes. Comme tel il a, en effet, de grandes qualités. « Il sait les précédents, a dit avec raison l'auteur d'une notice sur M. Dupin, et il maintient les prérogatives parlementaires contre les empiétements des ministres. Personne ne débrouille mieux que lui les fils des pelotons législatifs. Si par hasard une question tombe entre les mains d'orateurs confus et embarrassés qui la hérissent d'amendements, de sous-amendements, de distinctions et de sous-distinctions, et qui, ne pouvant plus la comprendre, la laissent là, M. Dupin la ramasse, la nettoie et la dévide; il lui restitue son sens, son économie, ses divisions, son principe et ses conséquences. Il résume admirablement les débats, et il expose avec tant de netteté l'ordre logique de la délibération que les moins clairvoyants s'y reconnaissent et disent : « C'est cela! » Pour résumer l'éloge d'un seul mot, rappelons que c'est M. Dupin qui, peu de temps après l'entrée en fonctions de l'Assemblée constituante de 1848, en a dirigé les orageuses discussions.

Devenu président vers la fin de la session, il a gardé ce titre quand cette première Assemblée eut cédé la place à l'Assemblée législative, et sa coopération à leurs travaux n'est pas si éloignée de nous que nous devions les rappeler.

A l'heure où nous écrivons ces lignes, M. Dupin n'est plus qu'avocat à la cour d'appel, membre de l'Académie française et de celle des sciences morales, où sa présence se fait puissamment remarquer. Espérons que cet homme éminent, dont on a dit qu'il était Cicéron au barreau, Démosthène à la tribune et Caton le rustique dans les champs, ne demeurera pas longtemps dans l'ombre où l'a relégué le nouvel ordre de choses, et qu'il reprendra la place qu'il remplissait si bien au milieu des hommes chargés de diriger la nation et d'illustrer notre pays.

XXXVI.

LE FAUTEUIL DE LA MONNOYE.

LE FAUTEUIL DE LA MONNOYE.

I.

LA CHAMBRE.

1635.

Martin Cureau de La Chambre, conseiller du roi en ses conseils et son médecin ordinaire, né au Mans en 1594. « Il avait naturellement beaucoup d'éloquence, dit son fils; il était savant en toute sorte de littérature, et ces qualités étaient soutenues par un grand fonds d'honneur et de probité. Il était à tous les hommes de lettres un ami qui ne leur manquait jamais au besoin. La réputation que son esprit lui avait acquise le fit connaître au chancelier Séguier, et ce magistrat voulut avoir La Chambre auprès de lui, non-seulement comme un excellent médecin, mais encore comme un homme consommé dans la philosophie et dans les belles-lettres. Le cardinal de Richelieu en porta le même jugement et en fit une estime singulière. Il le destina pour être un des ornements de l'Académie française. Le roi Louis XIV l'honora d'une affection particulière, et il la lui fit connaître en le nommant un des premiers entre les gens de lettres qui devaient avoir part à ses gratifications. Il fut aussi choisi pour remplir une des premières places dans l'Académie des sciences. Tout ce qu'il a écrit porte non-seulement le caractère d'excellent philosophe, mais encore celui de bon chrétien. »

Parmi ses ouvrages, au nombre desquels il y en a plusieurs qui appartiennent à l'art de la médecine, il en faut mentionner d'autres qui sont du domaine de l'écrivain, et, comme le dit son fils, du philosophe. Son *Système de l'âme* (1664) est l'œuvre d'un homme qui a beaucoup réfléchi. Il y avait des idées nouvelles dans son *Traité de la connaissance des animaux* (1648). Ses études sur le *Caractère des passions* forment encore aujourd'hui l'un de nos meilleurs livres de physiologie. On a également très-goûté son *Discours sur les principes de la chiromancie* (1653). Choisi dans le grand nombre d'écrivains qui s'étaient attachés à la fortune de Richelieu pour répondre à un ouvrage séditieux, intitulé *Optatus Gallus de carendo schismate*, il y répondit avec vigueur par les *Observations de Philalèthe* (1650). Sa qualité d'académicien l'obligea, en outre, à composer diverses harangues, qui eurent toutes l'approbation de ses confrères. Son discours de réception, dans lequel il essayait de prouver que *les Français sont les plus capables de tous les peuples de la perfec-*

tion de l'éloquence, fut particulièrement remarqué. Notre auteur n'obtint pas un moins grand succès avec l'éloge funèbre qu'il fit du cardinal de Richelieu, au nom de la Compagnie. Lorsque la reine Christine, charmée de l'accueil que lui avait fait l'Académie en 1656, revint, en 1658, la visiter de nouveau, ce fut La Chambre qu'on choisit pour la complimenter, et il le fit d'une façon qui toucha très-vivement la princesse. Enfin, pour tout dire, Louis XIV était si persuadé du talent de ce médecin habile pour juger le caractère des gens d'après leur physionomie, que ce monarque n'était souvent déterminé dans ses choix qu'après avoir consulté cet oracle. La correspondance qu'ils entretenaient ensemble en fait foi ; elle est terminée par ces mots : « Si je meurs avant Sa Majesté, elle court grand risque de faire à l'avenir beaucoup de mauvais choix. » Et, ce qui ne laisse pas d'être assez singulier, c'est que La Chambre semble avoir été justifié par les événements postérieurs. Il mourut à Paris le 29 novembre 1669.

II.

RÉGNIER DESMARAIS.

1670.

François-Séraphin Régnier Desmarais, secrétaire perpétuel de l'Académie, né le 13 août 1632. Il fit ses études avec succès, puis s'attacha successivement à plusieurs personnes puissantes, avec lesquelles il voyagea tout en étudiant et les belles-lettres et les langues étrangères. Il revêtit ensuite l'habit ecclésiastique et devint l'abbé Régnier, autant par piété que pour se livrer avec plus de facilité à ses goûts studieux. L'Académie le choisit sur ces entrefaites. « Il n'avait, dit d'Alembert, donné jusqu'alors aucune preuve publique de son talent pour écrire en français; mais la connaissance qu'il avait des langues savantes fit juger qu'il serait très-utile à la composition du *Dictionnaire*, dont la Compagnie était alors occupée, et qui demandait un rapprochement fréquent du génie de notre langue à celui des idiomes anciens et modernes. » Vers le même temps, et bien que ce travail fût devenu le principal objet du nouvel académicien, il s'en délassait par des traductions. Ainsi vint au jour celle de la *Perfection chrétienne*, de Rodriguez, entreprise à la prière des jésuites. Toute molle qu'elle paraisse à côté de celle de Port-Royal, elle est d'un style plus pur et plus coulant ; on l'a souvent réimprimée. Une version du *Traité de la divination*, de Cicéron, la suivit ; mais elle laisse à souhaiter plus de force et de précision. On préfère celle, que Régnier a donnée ensuite, des *Odes d'Anacréon ;* la simplicité et le naturel y sont joints à l'élégance et à la grâce. Il a, en outre, publié une traduction du premier livre de l'*Iliade*, en vers français ; mais c'est moins la traduction elle-même, qui est connue, que l'excellente dissertation dont il l'a accompagnée.

« Ses travaux, dit d'Alembert, ses lumières et le savoir qu'il portait dans nos séances, et surtout son zèle pour hâter la publication du *Dictionnaire*, que le public attendait avec empressement, répondit si bien aux espérances de ses confrères que, le secrétariat de l'Académie étant venu à vaquer par la mort de Mézeray, il fut jugé plus propre que personne à remplir cette place. A peine y fut-il installé, qu'il s'éleva entre l'Académie et Furetière le fameux procès dont toute la littérature fut alors occupée..... L'abbé Régnier, en qualité de secrétaire, fut chargé de dresser tous les mémoires qui parurent alors au nom de la Compagnie. Ces mémoires étaient graves et modérés ; ceux de Furetière étaient violents et satiriques : aussi eurent-ils beaucoup plus de lecteurs... »

Là ne se bornent pas les travaux qu'il fit pour l'Académie. Celle-ci ayant formé le projet d'une *Grammaire française*, qui, en développant les principes dont le *Dictionnaire* n'était que l'application, devait former un cours complet de notre langue, on en chargea Régnier. Il s'y mit donc, mais il n'en put mettre au jour que le détail des parties de l'oraison. Le P. Buffier, auteur lui-même d'une grammaire, lui fit une guerre qui le dégoûta de mettre fin à son entreprise. Il s'appliqua, dès lors, à la rédaction d'une *Histoire des démêlés de la cour de France avec celle de Rome*, à laquelle il rêvait depuis longtemps. Le style de cette histoire, quoique pur et correct, n'a ni le mouvement ni le sel dont le sujet paraissait susceptible ; elle est toutefois recommandable par cette qualité qu'aucune autre ne peut suppléer, et qui est l'exactitude des faits. Il retourna ensuite à la poésie, et publia une collection de *Poésies françaises, latines, italiennes et espagnoles*. Les poésies françaises furent peu goûtées à Paris ; celles que Régnier avait composées en italien et en espagnol furent mieux accueillies à Rome et à Madrid. On y distinguait pourtant certaine traduction du *Pastor fido* dont le succès, dans sa nouveauté, nuisit, dit-on, beaucoup aux vues d'avancement que notre abbé avait formées. Il allait publier un poëme en quatre chants sur le règne de Louis XIV, quand la mort le surprit, le 6 septembre 1713, à l'âge de quatre-vingt-un ans.

Les biographes nous peignent Régnier sous les traits les plus capables de faire honorer sa mémoire ; ils lui reprochent néanmoins d'avoir trop aimé la dispute, et quelques-uns vont même jusqu'à dire qu'il y mettait une opiniâtreté telle, que le surnom d'abbé *Pertinax*, qui lui avait été donné, leur semblait parfaitement mérité ; mais, comme le dit d'Alembert, « si l'abbé Régnier était opiniâtre dans la dispute, s'il offensait l'amour-propre des autres par une raideur inflexible dans ses opinions, il se la faisait pardonner en la portant dans toutes les qualités qu'il avait d'ailleurs, et surtout dans un sentiment où l'opiniâtreté est presque toujours une vertu : il était ferme et inébranlable dans l'amitié. Il est vrai qu'il n'accordait la sienne qu'à ceux qu'il en jugeait dignes, après les avoir bien connus; mais, plus il était difficile de faire naître ce sentiment dans son cœur, plus il était rare de le perdre quand on l'avait obtenu. Le moyen de se l'assurer était de se distinguer par les mêmes vertus que les ennemis les plus déclarés de notre académicien reconnaissaient en lui : une probité à toute épreuve et un amour du vrai porté jusqu'au scrupule. Il exprima, d'une manière aussi noble qu'énergique, cet amour du vrai dans une occasion délicate où on le pressait de mentir en faveur d'un homme puissant sous peine d'encourir sa disgrâce : « J'aime mieux, dit-il, me brouiller avec lui qu'avec moi. »

III.

LA MONNOYE.

1713.

Bernard de La Monnoye, né le 15 juin 1641 à Dijon, fit ses humanités dans ce même collége des jésuites qui avait déjà eu l'honneur de compter Bossuet parmi ses élèves. Plein d'ardeur pour l'étude et doué de tous les talents nécessaires pour y réussir, il se rendit familiers, non-seulement le grec et le latin, mais encore les langues italienne et espagnole. Son intention était de s'adonner aux lettres; il ne devait pas cependant en suivre sitôt la carrière. Pour répondre aux vœux de sa famille, qui lui marquait sa place dans la magistrature, il alla faire son droit à Orléans ; mais l'étude de la jurisprudence lui inspira un ennui, ou, pour mieux dire, un dégoût tel, qu'il dût bientôt y renoncer, sous peine d'en faire une maladie. « Quelque agréables, disait-il peu de temps après qu'il fut rentré en relations avec la littérature ; quelque agréables que soient les mots de *plaisir* et de *profit*, je ne les entends point sans frémir, parce que l'un commence comme *plaideur* et l'autre comme *procès* ou comme *procureur*. »

Son premier essai fut une pièce dont l'Académie française avait fourni le sujet : elle fut couronnée. Avant que son auteur ne se soit fait connaître, Charles Perrault la vantait avec chaleur. « Pourtant, lui dit quelqu'un, si elle était de Despréaux ? — Fût-elle du diable, répondit l'équitable académicien, elle mérite le prix et l'aura. » L'année suivante, l'Académie ayant mis au concours un second sujet, La Monnoye le traita et fut couronné de nouveau. Il le fut encore les trois années qui suivirent. L'Académie songea, dès lors, à s'approprier un poëte aussi digne d'elle ; elle l'aurait même adopté vers cette époque si le séjour que faisait La Monnoye en province n'avait été un obstacle insurmontable au désir de la Compagnie. Ses amis l'invitèrent donc à venir résider à Paris sans délai ; mais La Monnoye, qui joignait à la timidité l'amour de la solitude et du repos, et qui venait d'ailleurs de contracter, au sein de sa patrie, un mariage heureux, préféra la douce tranquillité dans laquelle il vivait à l'éclat d'une gloire dont son excessive modestie eût été embarrassée. « A la bonne heure, disait-il, que mes bagatelles (c'est le nom qu'il donnait à ses poésies) se montrent de temps en temps dans la capitale ; pour leur auteur, il faut qu'il reste dans sa province, et qu'il se contente de n'y être considéré que comme un simple correcteur des comptes. » La Monnoye venait d'acheter cette charge, qui, en contentant le désir que sa famille avait de le voir *quelque chose*, lui laissait tout le loisir nécessaire pour s'abandonner à ses penchants.

Il traduisait vers ce temps, et en vers français, la *Glose* de sainte Thérèse, dont il offrit la dédicace à Mlle de La Vallière, devenue carmélite, qui la refusa par humilité. On ne pouvait mieux faire, disait Racine, qui venait de prendre connaissance de cet ouvrage. Son auteur avait déjà composé un nombre considérable de vers de toute espèce, tant français et italiens que latins et grecs. Ses épigrammes et ses contes se recommandent surtout par la pureté de la diction, le tour fin et délicat, et le sel attique qui y dominent. Il entreprit ensuite d'offrir au public des *Noëls bourguignons*, c'est-à-dire dans le patois de son pays. On y trouve l'élégance, les grâces et cette chaleur qui donnent de la vie aux pensées. Sans y songer, il jeta, grâce à eux, les plus solides fondements de sa renommée. Le succès de ces *Noëls* fut si grand dans leur province qu'il s'étendit jusqu'à la cour, où tout le monde voulut apprendre le patois bourguignon et les chanter. Le savant Dumay, cependant, ne trouvait dans ces compositions qu'une assez faible connaissance de l'idiome qui en avait fait la fortune. Mais on n'en savait pas tant à Paris et à Versailles, où ces chansons eurent une vogue qui, bien qu'affaiblie aujourd'hui, ne s'en est pas moins conservée jusqu'à nous.

Disons toutefois que ces poésies n'étaient qu'un délassement à des études plus sérieuses. La Monnoye possédait une érudition immense : histoire civile et littéraire, ancienne et moderne; connaissance des livres et des auteurs, critique, philologie, tout était de son ressort. On verra, si l'on jette les yeux sur le volumineux catalogue de ses productions, qu'il avait non-seulement tout embrassé, mais tout approfondi par une lecture prodigieuse, « si bien, dit d'Alembert, qu'il était devenu une espèce de phénomène et l'oracle de tous ceux qui le consultaient ». Pas un savant snr les lèvres duquel ne fût son éloge. Aussi, pressé de nouveau par les sollicitations de ses amis, il vint s'établir à Paris en 1707, « et, reprend d'Alembert, il prit enfin sur lui, au bout de quelques années, de faire les démarches nécessaires pour obtenir le titre dont ses ouvrages, son savoir, son caractère le rendaient si digne et depuis si longtemps. Il fut élu d'une voix unanime, et le roi, en approuvant son élection, témoigna combien ce choix lui était agréable. Sa réception fut une des plus brillantes et des plus nombreuses qu'on eût vues jusqu'alors; elle fut même remarquable par un événement qui fait époque dans l'histoire de la Compagnie. Les cardinaux académiciens se dispensaient depuis longtemps d'assister aux séances tant particulières que publiques, parce qu'ils croyaient des fauteuils indispensables à leur dignité, et que les académiciens n'avaient alors que de simples siéges. Ces cardinaux désiraient cependant se trouver à l'élection de M. de La Monnoye, à qui ils voulaient donner, par leur suffrage, une marque distinguée de leur estime ; le roi, pour satisfaire à la fois à leur délicatesse d'amis et à leur délicatesse de cardinaux, et, pour conserver en même temps l'égalité académique, dont ce monarque éclairé sentait tous les avantages, fit envoyer à l'assemblée quarante fauteuils pour les quarante académiciens ; ce sont ces mêmes fauteuils que nous occupons encore aujourd'hui. »

Le premier ouvrage du nouvel académicien fut une édition du *Ménagiana*, augmentée du double, purgée d'un très-grand nombre de fautes et rendue intéressante par une infinité de remarques, de discussions, enfin d'anecdotes de toute espèce, principalement relatives à l'histoire littéraire, dans laquelle La Monnoye était très versé. Il la fit suivre d'autres travaux, mais qui sont plus du domaine de l'éditeur que de celui de l'homme de lettres. Enfin, il s'était acquis une renommée dont il jouissait paisiblement, lorsque le funeste système de Law vint troubler sa vie et ses dernières études. Agé de quatre-vingts ans, infirme et chargé de famille, il se vit réduit à une indigence presque totale. Il trouva heureusement quelque ressource dans la vente de sa bibliothèque et surtout dans la générosité du duc de Villeroy, qui, touché de son état, le pria d'accepter une pension, dont le bienfaiteur fut payé avec usure par tous ceux qui prenaient intérêt à notre académicien. Aussi dit-il à La Monnoye, quand celui-ci vint lui témoigner sa reconnaissance : « C'est à moi, Monsieur, à vous remercier et à me souvenir que je suis votre débiteur. »

La Monnoye mourut le 15 octobre 1728, et les lettres se ressentirent de sa perte. Il joignait, au talent littéraire le plus varié et le plus agréable une justesse de goût qui n'accompagne pas toujours l'érudition ; à la connaissance des langues savantes et étrangères, celle très-approfondie de la sienne propre. Il eut enfin toutes les qualités capables d'en faire un critique judicieux, un commentateur éclairé, un excellent éditeur des meilleurs ouvrages. Il se montra poëte latin et grec, aussi bon qu'un moderne peut l'être; et, ne pouvant être Racine ni Despréaux, il se contenta de suivre de loin Martial et Catulle. Si ses poésies françaises nous semblent aujourd'hui beaucoup plus faibles qu'elles ne le parurent à ses contemporains, c'est que les lecteurs, rassasiés de chefs-d'œuvre en ce genre, et ayant sans cesse devant les yeux des modèles redoutables pour qui s'expose au parallèle, connaissent beaucoup mieux les finesses de l'art et semblent avoir le droit de se montrer plus difficiles. Quant à l'homme même, il était d'un caractère doux, obligeant, enjoué, poli, et d'un commerce agréable et facile. Il compta au nombre de ses amis les plus illustres personnages. Sa probité et son désintéressement étaient à toute épreuve. Il ne s'aperçut presque pas, pour nous servir des termes de La Rivière, de l'oubli de la fortune et de la privation des récompenses que ses travaux le mettaient en droit d'espérer. Comme il n'abusa point de son savoir, la science ne corrompit ni son cœur ni son esprit. Pendant le cours de la plus longue vie, il eut le temps de méditer sur le moment où le voile tombe et nous découvre la vérité. Il s'en occupa sérieusement, et c'est le sujet des réflexions qu'il fit sur son grand âge. Plus de quinze ans avant sa mort, il composa son épitaphe, et ce ne sont pas de vains titres qui la surchargent et la décorent ; on n'y lit que les vertus paisibles d'un bon citoyen, d'un époux tendre, d'un homme de lettres simple, modeste, et dont le cœur a toujours été fermé à l'ambition et à l'envie.

IV.

LA RIVIÈRE.

1728.

Michel Poncet de La Rivière, évêque d'Angers, mort le 2 août 1730. « L'amour des lettres fut sa passion dominante dès sa plus tendre jeunesse. Il étudia les grands écrivains anciens et modernes, et perfectionna, par cette lecture assidue, les talents que la nature lui avait donnés. Il cultiva surtout d'une manière distinguée le talent de la parole et brilla dans la chaire par ses sermons et par plusieurs oraisons funèbres ; mais il obtint surtout les suffrages les plus flatteurs à la cérémonie du couronnement de Louis XV, et prononça un discours très-applaudi. On lui doit encore d'autres morceaux oratoires qui renferment des beautés d'un ordre tout à fait supérieur. Quoique son éloquence l'appelât depuis longtemps à l'Académie, sa modestie et son attachement aux devoirs de son état ne lui permettaient pas d'oser prétendre aux honneurs littéraires. La Compagnie crût qu'une timidité si louable et des principes si honnêtes étaient une raison de plus pour l'adopter ; elle l'appela donc dans son sein, et se félicitait à peine de l'avoir acquis, lorsqu'il lui fut enlevé par une mort prématurée, laissant à ses diocésains le souvenir de ses vertus, à l'Eglise la mémoire de son zèle, à la littérature celle de ses talents et à l'Académie le regret de n'en avoir pas plus longtemps profité. » *D'Alembert.*

V.

HARDION.

1730.

Jacques Hardion, né à Tours le 17 octobre 1686. « Il apporta en naissant, dit Le Beau, les talents qui servent à former l'homme de lettres, et les qualités du cœur qui le font aimer. Il parcourut la carrière des études avec une heureuse facilité. Les humanités, la philosophie, la théologie, dont il acheva le cours à dix-huit ans, ouvraient des routes diverses à la passion qu'il avait de savoir. Son goût, secondé des conjonctures, le détermina en faveur des lettres. Il leur voua, dès l'enfance, une amitié tendre, et leur fut fidèle toute sa vie. Elles s'accordaient avec un caractère sensible et délicat, qui cherchait à cueillir des fleurs avec des fruits. Plein d'amour pour la vérité, il aimait à la voir revêtue d'une parure décente et assortie à ses charmes.

A son arrivée à Paris il trouva un protecteur en Turgot; d'abord introduit par lui dans le monde, en qualité de précepteur, il entra plus tard dans les bureaux de la marine; mais le modeste emploi qu'il y remplissait ayant été supprimé peu de temps après, il se retira au sein d'une studieuse retraite et se mit à préparer les excellents travaux qui ont fondé sa réputation. Ce fut là que Massieu le découvrit. Admis à l'Académie des inscriptions, sur la recommandation de ce savant, ses coups d'essai furent presque des coups de maître. Les dissertations qu'il y lut soulevèrent des applaudissements de tous ses confrères, et elles donnent, aujourd'hui encore, une haute idée de son érudition. Jaloux de se l'approprier, le roi l'adjoignit d'abord à son garde des livres, et le désigna ensuite pour donner des leçons d'histoire et de littérature à Mesdames de France.

C'est de ces leçons que naquit l'*Histoire univer-*

selle, que Hardion publia de 1754 à 1769; traduite depuis en italien et en allemand. La princesse Adélaïde en avait tracé le plan : Hardion s'est contenté de le suivre; mais il l'a suivi en maître qui a souvent eu à corriger son élève sans doute; car il dénote, chez son auteur, un talent sinon égal à celui de Bossuet, du moins une application peu commune. Non content de fixer les époques de l'histoire, il en parcourt l'intervalle, dans chaque siècle, et promène le lecteur par des routes abrégées. Sa marche légère et dégagée, sans être trop rapide, laisse le temps d'apercevoir les faits principaux, d'en saisir le fil, de reconnaître la diversité des gouvernements et des mœurs, et de démêler ce tissu d'intérêts qui, s'attachant les uns les autres, sont enfin parvenus, dans ces derniers temps, à lier ensemble presque tous les peuples de la terre. « Il est, dit Le Beau, le fruit d'une vieillesse encore verte et vigoureuse, dans laquelle un esprit, nourri d'une lecture immense, mûri par la réflexion, éclairé par l'expérience et par un long usage du monde, sait pénétrer dans le conseil des princes, sans s'ériger en maître; louer et blâmer leurs actions, ainsi que ferait la vertu, sans prendre le ton ni de la flatterie, ni de la satire. »

Hardion écrivait, en outre, et comme en se jouant, d'excellents mémoires pour l'Académie des inscriptions; faisait des traductions d'Anacréon ou de Théocrite, ou bien étudiait assez profondément l'art de l'éloquence et celui de la poésie pour en donner une *Histoire* (1751) clairement et purement écrite. Le temps qui lui restait, nous apprennent ses biographes, était consacré à la culture des fleurs. « Dès que les approches du printemps offraient quelques jours sereins, dit Le Beau, il allait considérer, dans son jardin, les premiers efforts de la nature. Il en rapportait presque toujours quelques belles quenouilles de jacinthes qu'il présentait à Mesdames, trois ou quatre odes d'Anacréon, traduites en vers français, et un rhume. »

Ce bon écrivain mourut le 2 octobre 1766, vivement regretté de ceux qui l'avaient connu ; car (ce sont les termes de son panégyriste) si les talents donnaient du lustre aux qualités de son cœur, les qualités de son cœur ajoutaient un nouveau prix à ses talents. Sa probité, la sûreté et les agréments de son commerce, sa discrétion, sa modestie attentive à voiler l'étendue de ses connaissances, lui avaient procuré la plus grande considération.

VI.

THOMAS.

1766.

Antoine-Léonard Thomas naquit à Clermont-Ferrand le 1er octobre 1732. Une application peu commune et des succès marqués signalèrent ses talents dès le collége. Son cours de philosophie terminé, il fit son droit et travailla quelque temps chez un procureur. Ses brillantes études faisaient déjà espérer à sa famille de le voir bientôt devenir l'une des lumières du barreau, mais l'amour des lettres passionnait Thomas ; il négligeait la connaissance des lois. Sa mère, qui s'en aperçut, le lui reprocha : ses larmes le touchèrent. Aussitôt, assemblant ses essais oratoires et poétiques, il les livra aux flammes. Chassez le naturel, dit le proverbe, il revient au galop. Le sacrifice de Thomas n'empêcha pas que sa vocation ne reprît le dessus sur sa volonté : aussi, après quelques luttes où l'amour de la littérature parlait toujours plus haut que les résolutions, la muse finit par l'emporter, et Thomas entra dans la carrière littéraire pour n'en plus sortir.

Les *Reflexions philosophiques et littéraires sur le poëme de la Religion naturelle* lui servirent de début (1756). Ce fut à son heure l'une des plus solides réfutations qui aient été adressées à Voltaire. Il y règne une discussion approfondie et méthodique qui supposait, malgré la jeunesse de son auteur, une lecture immense. Sa critique, toujours sévère, ne s'est malheureusement pas exercée sur son propre esprit ; on regrette de trouver dans cet ouvrage du mauvais goût, de l'enflure ; défauts inhérents à l'époque, il est vrai, mais dont un talent tout à fait supérieur se serait gardé. Thomas le fit suivre d'un *Mémoire* sur les causes des tremblements de terre, qui remporta un accessit à l'Académie de Rouen (1757). *Jumonville* parut ensuite (1759). C'est un poëme en quatre chants, dont le sujet est le meurtre d'un jeune officier de ce nom assassiné en Amérique par les Anglais, sans aucun respect pour son titre d'envoyé français. Intelligence du plan et des caractères, goût éclairé du merveilleux et de l'allégorie, élévation des idées, richesse des descriptions, coloris brillant et soutenu, tels sont les mérites principaux de cet ouvrage. On y désirerait toutefois plus de variété dans les tours, de rapidité dans les images, d'adresse et de chaleur dans la liaison des détails. Mais ces taches légères sont bien compensées par l'harmonie, la force, la correction, qualités dont le rare concours doit le faire placer au premier rang de ceux qu'a produits le XVIIIe siècle. Les mêmes éloges peuvent s'adresser à sa *Pétréide*, autre poëme que la mort ne lui a pas permis d'achever ; l'on y retrouve également les défauts du poëte avec ses qualités.

Sur ces entrefaites, l'Académie française ayant donné pour sujet à son prix d'éloquence l'*Eloge du maréchal de Saxe*, Thomas concourut et fut couronné. L'année suivante, ce fut encore lui qui remporta le même prix par son *Eloge du chancelier d'Aguesseau*, en même temps que son *Epître au peuple* obtenait l'accessit du prix de poésie. Des succès aussi éclatants étendirent rapidement sa réputation. Le duc de Praslin, alors ministre des affaires étrangères, le fit secrétaire de son cabinet ; emploi qui, en lui assurant des moyens d'existence, tout en laissant beaucoup de temps à ses études, lui permit de mettre au jour l'*Eloge de Sully*. Couronné par l'Académie à l'exemple de ses aînés, il y fut lu le 25 août 1763 par Saurin, Duclos et Watelet, qui se relayèrent au milieu des plus vifs applaudissements. Ce succès lui valut, de la part du duc de Praslin, une autre faveur : il le fit nommer secrétaire interprète des cantons suisses. Mais la bienveillance que lui montrait le ministre dura peu. Ayant pris la défense de Marmontel, dont le duc croyait avoir à se plaindre, Thomas perdit son protecteur L'*Eloge de Descartes* (1765) lui valut encore un prix de l'Académie française ; ce qui faisait dire à Guibert : « Couronné cinq fois de suite, il fallait pour rendre la parole et l'espérance à ses rivaux le faire asseoir parmi ses juges. » Il fut élu le 6 novembre 1766. Son discours de réception fut son portrait : en peignant l'homme de lettres il s'est peint lui-même. Plus tard, racontant les soucis de sa candidature, il disait : « Il m'a fallu solliciter, courir, faire des visites, voir des cardinaux, des princes, des ministres, des gens de lettres, des amis et des ennemis ; ensuite les revoir tous pour les remercier ; aller de Paris à Versailles, de Versailles à Paris, etc. » C'était pour sa fierté acheter cher la gloire du fauteuil : mais n'était-il pas très-heureux d'avoir acquis le droit de s'en plaindre ?

L'année précédente, il avait publié un *Eloge du Dauphin*, mort le 20 décembre 1765. Cet éloge, où Thomas trace à sa façon les devoirs des princes, parut être la satire perpétuelle du règne de Louis XV, et fut lu avec enthousiasme. En 1770, il prononça au sein de l'Académie son célèbre *Eloge de Marc-Aurèle ;* mais le chancelier Maupeou refusa de le laisser imprimer, à cause des allusions qu'il y saisit. Un autre discours de Thomas, prononcé quelque temps après, lors de la réception de Loménie, faillit le faire rayer de la liste des académiciens, non par les académiciens eux-mêmes, mais par le chancelier, qui se faisait l'avocat de la noblesse et du clergé, vigoureusement attaqués par l'orateur. Il n'en fut rien pourtant, et Thomas put continuer ses travaux sans encombre. Il fit alors paraître son *Essai sur les femmes* (1772). Il analyse dans cet ouvrage toutes les vertus dont elles sont susceptibles ; il compte, de siècle en siècle, toutes leurs grandes actions, tous leurs travaux et jusqu'aux ouvrages publiés à leur gloire. Assurément leur apologiste n'oublie rien de ce qui peut accroître leur triomphe ; on ne peut les honorer davantage et leur rendre un culte plus solennel. Mais, Fontanes l'a remarqué, « les femmes ne sont bien louées que par les passions qu'elles inspirent. L'auteur s'épuise à leur prodiguer la louange; il multiplie les observations fines, les pensées ingénieuses et même les sentiments délicats; mais ce n'est point assez. Les femmes veulent avant tout de l'amour, et jamais elles ne se sont méprises sur les torts secrets de Thomas, en dépit de toutes ses flatteries ».

Son *Essai sur les éloges* parut ensuite. Dans cet ouvrage, qui n'est au fond que la poétique du genre dont s'était occupé son auteur pendant toute sa vie, Thomas a voulu renfermer toute l'histoire universelle ! C'est beaucoup ; aussi le sujet principal est en disproportion avec l'immensité du cadre et la multitude des accessoires. En s'efforçant d'enrichir chaque partie de sa composition, Thomas y manque trop souvent l'effet général. Cet ouvrage n'en est pas moins très-remarquable et le meilleur que puissent lire les jeunes littérateurs qui se destinent à traiter le même sujet. Il fut l'adieu de Thomas aux lettres ; en mettant le sceau à sa réputation, il termina sa carrière. Nous trouvons néanmoins, parmi le recueil de ses ouvrages, des *OEuvres posthumes* qui méritent d'être mentionnées : son *Traité de la langue poétique*, précédé de réflexions *sur les langues en général et sur la langue française*, s'y distingue particulièrement. C'est l'un des meilleurs de notre académicien. On y voit un esprit exercé à l'analyse, qui a su pénétrer les secrets de cette langue universelle de l'imagination, séparée, dans chaque idiome particulier, du langage ordinaire, non-seulement par les formes et la mesure, mais par le caractère même de ses expressions et de son style. Il reconnaît la supériorité qu'eurent à cet gardé les idiomes anciens sur les modernes, et qu'ont aussi les langues italienne et anglaise sur la nôtre. Il donne avec justesse le motif de ces avantages ; mais il n'exagère pas la pauvreté poétique de notre langue, et il démêle avec sagacité la source des qualités qui la distinguent et le mérite particulier des grands poëtes qui l'ont enrichie. Il y a surtout un parallèle entre Racine et Voltaire qui est un modèle d'équité, de goût et de style. On trouve dans ces mêmes *OEuvres* les lettres qu'il écrivait à ses amis; sa correspondance avec Mmes Necker, Moreau et Ducis, doit surtout être lue. Elle intéresse doublement, parce qu'elle peint avec fidélité celui qui écrit, et parce qu'on y voit quel était sur son âme le reflet, si nous osons parler ainsi, des âmes qui se mettaient en relation avec elle, et les différentes nuances qu'elle y faisait naître. Son amitié pour Mme Necker est une sorte d'adoration et de culte ; avec Mlle Moreau, c'est une imagination tendre et mobile qui semble chercher et trouver des consolations ingénieuses à toutes les peines que lui confie une imagination de même trempe. Mais avec le bon et le vertueux Ducis, c'est une âme qui se remet dans son assiette naturelle, qui se trouve parfaitement en équilibre, s'ouvre et se montre à fond et tout entière, ne dissimule ni ses faiblesses ni sa force, et dans l'élévation où elle se tient, même lorsqu'elle souffre et languit, s'appuie sur ce qui lui ressemble, et cause en quelque sorte de niveau.

Ce qu'enfin on ne peut méconnaître dans ces ouvrages, c'est cet esprit étendu, ces aperçus justes, ces connaissances vastes, digérées et substantielles, cette dignité littéraire, cette force mêlée de liberté, cette sensibilité plus en profondeur qu'en surface, qui caractérisent le beau talent de Thomas, et qui semblaient dominer davantage dans ses compositions, à mesure qu'il avançait dans ses travaux, dans ses méditations et dans son existence. Il mourut le 17 septembre 1785, à Lyon, dans les bras de Ducis. La philosophie, l'éloquence, la poésie se sont ressenties de sa perte prématurée : « car, disait-on de lui, il a pensé comme Platon, et vécu comme Aristide ».

Vertueux sans affectation, il pratiqua ses devoirs avec beaucoup plus de simplicité qu'on n'en trouve dans ses écrits. Sa mère était pour lui un objet sacré, et il lui rendit, tant qu'elle vécut, une espèce de culte. Ayant été menacée d'un procès, il ne voulut pas qu'elle eût d'autre avocat que lui-même : le ciel récompensa sa piété filiale par le succès. L'une de ses sœurs, religieuse à Rouen, pense qu'elle se trouvera plus heureuse à Paris : Thomas l'y attire et y facilite son entrée dans un monastère, en payant pour elle une pension considérable. A ses yeux l'amitié n'était pas un vain commerce de protestations stériles; c'est par des actions plus que par des paroles qu'il croyait qu'elle devait se manifester : il n'en offrit jamais d'autre aux personnes qu'il aima. Sa retraite d'Auteuil était ouverte à tous les gens de lettres que le sort avait maltraités. Lorsque la médiocrité de sa propre fortune ne lui permettait pas de donner à sa bienfaisance toute l'extension qu'il voulait, il implorait les secours étrangers, et pour en citer un exemple, nous donnerons celui qu'offrent ses rapports avec Malfilâtre. Celui-ci n'était connu de notre académicien que par ses vers et sa détresse;

cela suffit au généreux Thomas, qui s'employa pour lui, et lui avait même obtenu une pension, lorsqu'une mort soudaine vint lui ravir son protégé.

VII.

GUIBERT.

1786.

JACQUES-ANTOINE-HIPPOLYTE, comte DE GUIBERT, naquit le 12 novembre 1743 à Montauban. Son père était très-recommandable par ses travaux. Des actions brillantes lui avaient mérité le grade de lieutenant général. Il destinait son fils à suivre sa carrière, et le fit, à douze ans, rejoindre l'armée dans laquelle il servait. Pendant les six campagnes de la guerre de Sept-Ans, Guibert se trouva à toutes les actions d'éclat : il eut deux chevaux tués sous lui; et dans un âge où l'on ne peut connaître que la valeur, il se fit remarquer par des dispositions peu communes pour l'état militaire et par la justesse des observations qui furent, depuis, le fondement de son *Essai général de tactique* (1772).

A la paix, Guibert revint dans sa famille, qui vivait en Languedoc ; il y passa deux ans et s'y livra à sa passion pour l'étude. Son père, qui ne voulait faire de lui qu'un bon officier, n'encourageait pas son goût pour la littérature ; mais Guibert avait trop le désir de se distinguer pour ne pas être avide de la seule gloire qui pût rester pendant la paix, et ne pas se hâter de s'emparer, par la pensée, de toutes les carrières qu'une noble ambition le poussait à parcourir. Il vint à Paris et rechercha la société des gens de lettres. Voltaire, Buffon, Rousseau, Diderot, d'Alembert, Thomas, devinrent ses amis et ses conseillers. « Il joignait, dit Mme de Staël, à un esprit et à un talent rares des facultés qui sont souvent l'inutile partage de la médiocrité, mais dont un esprit distingué sait faire un grand usage : une mémoire prodigieuse et le don de lire avec une rapidité qui doublait pour lui l'emploi du temps. Il savait en entier, il retenait à jamais le livre qu'un autre commençait à peine à comprendre : c'est à cette singulière facilité qu'il faut attribuer la possibilité de réunir, à vingt-trois ans, toutes les connaissances nécessaires pour composer la *Tactique.* » Les militaires apprécièrent particulièrement cet ouvrage. Une grande partie des réformes exécutées plus tard s'y trouvent désignées; aussi Frédéric II le mettait-il dans le très-petit nombre de ceux dont il conseillait la lecture à un général.

Un an après cette publication, il alla en Corse, servir sous le comte de Vaux. Il s'y distingua tellement qu'à la suite du combat de Ponte-Nuovo, qui décida de la prise de l'île, on lui donna, en dépit de sa jeunesse, la croix de Saint-Louis; après quoi il revint en France. Il débuta alors dans la carrière dramatique. Le *Connétable de Bourbon* est sa première tragédie. Les beaux vers dont elle est remplie, les sentiments d'honneur qu'elle respire exaltèrent toutes les têtes. Malheureusement elle n'obtint point du public les applaudissements que les amis de l'auteur lui avaient prodigués. La défaite des Français, qui termine le cinquième acte, lui déplut, et la pièce fut aussi sévèrement jugée à la représentation qu'elle avait été favorablement écoutée à la lecture.

Vers le même temps, l'Académie ayant proposé l'éloge de Catinat, Guibert le traita et le fit comme un homme capable d'apprécier à leur juste valeur les vertus d'un soldat; il n'obtint cependant que l'accessit. L'Académie disposa du prix en faveur de La Harpe, dont l'ouvrage lui parut plus conforme à la loi qu'elle avait imposée de peindre le caractère de Catinat plutôt que ses talents militaires. Cet échec dégoûta Guibert des luttes académiques. Il refusa de concourir lorsque notre Compagnie proposa l'éloge de L'Hôpital; mais il imprima séparément cet éloge, pensant qu'une appréciation complète de l'Hôpital ne pouvait être faite en se soumettant à toutes les censures imposées par les statuts de l'Académie. Il se retourna ensuite du côté du théâtre, et composa deux tragédies : les *Gracches* et *Anne de Boleyn*, qui n'ont pas été représentées, mais où le talent est assez souvent au niveau du sujet ; ce qui faisait dire à Mme de Staël qu'il fallait donner le *Connétable* devant des guerriers, les *Gracches* devant des citoyens, *Anne de Boleyn* devant des hommes passionnés pour leur maîtresse.

Le comte de Saint-Germain, nommé ministre de

la guerre en 1775, appela Guibert auprès de lui, et l'investit de toute sa confiance ; Guibert, en retour, se dévoua complétement à son service, et il eut le mérite assez rare de ne pas l'abandonner dans sa disgrâce. En 1776, il fut fait colonel-commandant du régiment de Neustrie ; en 1782, brigadier ; en 1788, maréchal de camp, puis inspecteur divisionnaire dans la province d'Artois. Enfin, devenu, en 1787, membre et rapporteur du conseil d'administration du département de la guerre, il composa pour ce conseil divers *Factums* qui ont été appréciés à leur heure. Il a en outre publié différens morceaux oratoires qui ne sont pas sans mérite, tels que l'*Eloge de Mlle de L'Espinasse* et celui du roi de Prusse. On retrouve dans ce dernier son esprit et son talent, une grande connaissance de l'histoire politique et militaire, et l'art de présenter son héros avec tant d'avantages, de rassembler tellement sur lui l'intérêt, que c'est à la réflexion qu'on remarque le talent du panégyriste lui-même, et qu'on l'admire d'autant plus qu'il a su se faire oublier. On cite encore de lui deux voyages, l'un fait en Allemagne en 1773, et l'autre en France et en Suisse, exécutés à différentes époques. Tous deux sont intéressants, pleins de réflexions justes, de détails curieux, de descriptions bien faites et de morceaux soignés, mais pèchent par le style, et surtout par ce philosophisme emphatique qui régnait dans toute sa force à l'époque où écrivait l'auteur.

Le comte de Guibert mourut le 6 mai 1790, à

l'âge de quarante-sept ans. Mme de Staël, qui était son amie, et qui lui a consacré quelques lignes, en a fait, en le flattant et en l'embellissant un peu, le portrait qui suit : « Il était, dit-elle, violent de caractère et impétueux d'esprit; mais les émotions auxquelles il se laissait entraîner n'avaient rien de durable, et ses actions ou ses décisions n'en dépendaient jamais. Il avait de la mobilité dans sa sensibilité, mais de la constance dans sa bonté ; il possédait éminemment cette dernière qualité. Aucun ressentiment, aucun ressouvenir même ne restait dans son âme; sa douceur et surtout sa supériorité en étaient la cause. » Heureux fils, heureux frère, heureux époux, heureux père, il était encore un maître excellent. Les officiers et les soldats de son régiment, ses domestiques, tous ceux qui étaient de quelque manière dans sa dépendance, l'aimaient avec passion ; il les avait toujours traités avec une bonté remarquable. Homme du monde, dit encore l'auteur de *Corinne*, « sa conversation était la plus variée, la plus animée, la plus féconde que j'aie jamais connue. Il n'avait pas cette finesse d'observation ou de plaisanterie qui tient au calme de l'esprit, et pour laquelle il faut attendre plutôt que devancer les idées ; mais il avait des pensées nouvelles sur chaque objet, un intérêt habituel pour tous. Dans le monde ou seul avec vous, dans quelque disposition d'âme que vous fussiez, le mouvement de son esprit ne s'arrêtait point, il le communiquait infailliblement ; et, si l'on ne revenait pas en le citant comme le plus aimable, on parlait toujours de la soirée qu'on avait passée avec lui comme de la plus agréable de toutes ».

VIII.

CAMBACÉRÈS.

1795.

Jean-Jacques Régis de Cambacérès, duc de Parme, prince et archi-chancelier de l'Empire, officier civil de la maison impériale, membre et président du Sénat, puis du conseil d'Etat, président de la haute cour impériale, grand-aigle de la Légion d'honneur, etc., etc., né à Montpellier, le 18 octobre 1757, mort à Paris le 8 mars 1824. Il était issu d'une ancienne famille de robe, et fut destiné à en continuer l'illustration dans l'un des parlements du royaume. Les événements de 1771 et des intérêts de famille déconcertèrent ce projet : le jeune Cambacérès refusa de plaider devant les tribunaux de Maupeou ; il préféra l'étude des lois, dans laquelle il acquit des connaissances qui lui méritèrent une considération précoce. Vers le même temps il succéda à son père en la cour de Montpellier, et y obtint des succès qui achevèrent de lui mériter l'estime publique. C'est là que la Révolution le trouva en éclatant. Nommé membre de la Convention nationale, il s'y distingua constamment par sa sagesse, sa modération, non moins que par sa lumineuse raison et son éloquence. « C'était, dit Thibaudeau, un homme de savoir, un de nos premiers jurisconsultes. Habile au maniement des affaires, parlant avec facilité et clarté, d'un tact fin et d'un jugement sûr, modéré dans ses opinions et dans son langage, patient, froid et poli, et possédant au plus haut degré l'esprit de conduite. » Il prit une des meilleures parts au travail relatif au Code civil. Appelé au conseil des Cinq-Cents, il en occupa la présidence en 1796. Il passa de là au ministère de la justice, et, lors du 18 brumaire, partagea le consulat avec Bonaparte, qui l'attacha à sa fortune.

Dès ce moment le zèle de Cambacérès pour l'empereur ne s'est jamais démenti, non plus que sa fidélité; il a eu part à presque tous les actes de son gouvernement; mais, de même qu'il s'était opposé, au sein de la Convention, à la condamnation de Louis XVI, il s'opposa à tous les moyens violents dont usa Napoléon, tels que ceux qu'il prit au sujet du duc d'Enghien, de la guerre d'Espagne, de son divorce, etc.; opposition souvent inutile, il est vrai; mais si Napoléon n'a pas toujours suivi ses conseils, du moins il n'a pas douté de leur sincérité. Les connaissances, le bon sens et le calme de son archichancelier ne lui étaient pas inconnus; pendant quatorze ans la confiance dont il l'avait investi n'a éprouvé aucune atteinte, et pendant quatorze ans aussi il n'a cessé de le récompenser.

Sous la régence de Marie-Louise, Cambacérès fut

le conseil de cette princesse. Lorsqu'il eut rempli près d'elle tous les devoirs que son maître lui avait imposés, il revint à Paris, où il vécut dans la retraite. Le 20 mars l'en tira, mais ce fut contre son gré. Rentré au ministère de la justice, il ne s'acquitta pas moins de ses fonctions de manière à ne mériter aucun blâme, après quoi 1815 le rejeta dans un repos dont un injuste décret de bannissement le fit sortir. Il partit pour la Hollande (1816). Le fauteuil académique où il s'était assis, en passant de la classe des sciences morales et politiques, dans laquelle il avait d'abord été compris, à celle de la langue et de littérature française, lui fut ravi du même coup. On répara heureusement, en 1818, l'erreur qu'on avait commise à son égard; il reprit son titre de duc et rentra dans tous ses droits civils et politiques, dont il jouit jusqu'à sa mort, survenue le 8 mars 1824, et qu'il accueillit en chrétien.

Cambacérès représentait très-bien; quoiqu'il ne fût pas beau, sa figure et sa démarche avaient de la dignité. Ami du faste et s'entendant à l'ordonner, c'était lui qui faisait les honneurs des palais impériaux; et il a laissé, comme *grand seigneur*, une très-grande réputation. On peut dire qu'il a servi de trait d'union entre les deux royautés. Sa renommée, comme gastronome, n'est pas moins répandue: il fut l'Apicius de l'époque; et, ajoute spirituellement un biographe, « la chère exquise qu'on faisait chez lui prouve que sous la République l'art culinaire avait fait des progrès bien plus réels que la liberté ». Il avait commencé des mémoires dont les manuscrits auraient, dit-on, formé six volumes. Il est regrettable que sa famille n'ait pas encore songé à publier ces souvenirs qui, malgré la discrétion connue de leur auteur, contiendraient sans doute de curieuses révélations sur l'époque où il a vécu et sur les hommes, sur les événements auxquels il a été mêlé. Il a également laissé différents travaux imprimés, et qui seraient des morceaux littéraires s'ils ne figuraient déjà parmi les documents les plus intéressants de la Révolution française.

IX.

BONALD.

1816.

Louis-Gabriel-Ambroise, vicomte de Bonald, né le 2 octobre 1754 à Milhau, dans le Rouergue, mort le 23 novembre 1840. Il vint faire ses études à Paris dans une pension, puis à Juilly, chez les Oratoriens. Le corps des mousquetaires le reçut ensuite et le garda jusqu'à sa suppression (1776), époque à laquelle de Bonald se maria. En 1785 il était maire de sa ville natale; c'est là qu'en 1790 les électeurs de Rhodez vinrent le chercher pour l'envoyer à l'assemblée de département. Mais déjà la Révolution s'annonçait avec violence; son esprit paisible et froid s'en émut, et il emmena sa famille dans un prudent exil. Après une courte apparition à l'armée des princes, il vint se fixer à Heidelberg, et s'y consacra à l'éducation de ses deux fils. « Il n'avait pas encore songé à écrire et à devenir auteur, dit M. Sainte-Beuve. Les grands événements dont il était témoin et en partie victime, dégagèrent en lui sa pensée forte et un peu difficile, et ce fut aux coups redoublés de l'orage qu'il sentit qu'il avait des vérités à à exprimer. » Il publia sa *Théorie du pouvoir politique et religieux*, ouvrage dogmatique et un peu obscur, a-t-on dit, et qui ne put réussir en France, car à peine y était-il introduit qu'il fut saisi et détruit par ordre du Directoire. Mais il fut très-lu à l'étranger, et pendant que le gouvernement français le livrait au pilon, Bonaparte le lisait en le méditant.

De retour en France, de Bonald y apporta son traité *sur le divorce* et le germe de sa *Législation primitive* sous la forme d'un *Essai analytique sur les lois naturelles de l'ordre social*. Il se rapprocha, à la même époque, de l'auteur du *Génie du christianisme* et collabora au *Mercure*. En 1808 il entra dans le corps de l'Université comme conseiller titulaire. C'est alors que Louis Bonaparte attiré, de même que son frère, par le mérite de notre académicien, résolut de lui confier l'éducation de son fils; mais de Bonald refusa. Il désirait peu s'enchaîner à un gouvernement qu'il n'aimait pas; il put ainsi applaudir sans contrainte à sa chute.

Nommé en 1814 membre du conseil de l'instruction publique, le roi lui donna de plus la croix de Saint-Louis. Il fut envoyé peu de temps après à la Chambre des députés par les électeurs de l'Aveyron, et s'y distingua par les opinions monarchiques et chrétiennes qui ont dicté ses écrits. Les discours qu'il y prononça eurent le plus grand retentissement : on peut les lire encore dans ses *Mélanges*. On trouvera en outre dans ce recueil les brochures et les articles de journaux par lesquels il a cru devoir les appuyer. Tous émanent d'un esprit profond et d'un écrivain supérieur. « Son style, a dit avec justesse M. Ancelot, son style, constamment pur, correct, toujours fort, énergique et concis, souvent remarquable par la chaleur et l'élévation, appartient à la grande école du dix-septième siècle. » Plus loin, nous rencontrons ses *Pensées*, production qui a donné en lui un rival à Vauvenargues, à La Bruyère et même à Pascal ; et si nous y joignons ses *Recherches philosophiques sur les premiers objets des connaissances morales*, nous aurons cité tout le bagage de notre académicien.

Nous n'avons pas à nous étendre sur le mérite d'ouvrages tout métaphysiques ; mais nous devons renvoyer le lecteur, comme aux meilleurs examens qu'on en a faits, soit à la modeste et pieuse étude que son fils, M. H. de Bonald, leur a consacrée, soit au jugement qu'en portait Chateaubriand dans le *Mercure*, ou bien encore au beau discours dans lequel M. Ancelot les appréciait en venant prendre à l'Académie la place laissée vacante par la mort de leur auteur. On trouve à côté celui de M. Briffaut qui lui répondait. Après un rapide coup d'œil sur la carrière parcourue par de Bonald, le délicat écrivain s'arrêtait en ce moment sur l'homme, et le caractérisait en quelques lignes : « Maintenant, disait-il, si nous nous séparons de l'homme public pour vivre familièrement avec l'homme privé, sous quel aimable et gracieux aspect il vient se présenter à nous! Quelle simplicité dans ses manières! quel charme dans son langage! Jamais on ne mit tant d'esprit en communauté avec tant de raison, jamais l'accent de la bonté ne tempéra mieux ce qu'il y a toujours d'austère dans la parole du génie. Loin d'apporter par sa présence la gêne et la réserve, il montrait d'abord un laisser-aller si séduisant, que les cœurs s'épanouissaient, que la conversation courait plus rapide, et qu'il n'était pas un interlocuteur dont il ne fît en quelques minutes, je ne dirai pas seulement un admirateur, mais, ce qu'il y a de plus difficile et de plus doux, un ami; tant il savait encourager la timidité, gagner la confiance, intéresser le sentiment! Toujours prêt à traiter tous les sujets, toujours habile à saisir tous les tons; tantôt s'élevant en homme d'État aux plus hautes considérations, qu'il sillonnait de mille traits de lumière; tantôt se jouant comme un enfant dans le terre-à-terre des discussions frivoles, où il portait sa facilité entraînante et sa piquante finesse d'aperçus.

X.

M. ANCELOT.

1841.

M. Jacques-Polycarpe-François-Arsène Ancelot est né le 7 janvier 1794 au Havre, où son père était greffier au tribunal de commerce. C'est au collége de cette ville qu'il fit ses études. Celles-ci terminées, il vint à Paris et entra dans le service de la marine. Après avoir rempli quelque temps les fonctions d'employé de troisième classe à la préfecture maritime de Rochefort, où il fut presque aussitôt envoyé, il fut admis dans les bureaux de la marine en janvier 1815. C'était là, sans doute, une carrière peu convenable pour un poëte; aussi M. Ancelot travaillait-il en secret à s'en affranchir le plus tôt possible. A cet effet, l'impatient jeune homme, déjà remué par l'amour des lettres, avait écrit deux vaudevilles, le *Comédien des Andelys* et un autre qu'on n'a pas imprimé. Quel fut leur sort? nous l'ignorons. Cependant, si nous en croyons M. Ancelot lui-même, le meilleur est de ne citer ces opuscules que pour mémoire et de passer outre. C'est qu'après eux, il est vrai, nous trouvons l'un de ses plus brillants titres littéraires, c'est-à-dire sa belle tragédie de *Louis IX* (1819).

Ce coup d'essai, qui fut aussi un coup de maître,

mit son auteur en lumière. Noblement conçu et magnifiquement exécuté, non-seulement il attira la foule durant toute une longue série de représentations, mais il fixa l'attention du souverain. M. Ancelot lui-même n'échappa pas à l'enivrement général; et, tandis qu'il fallait redoubler de maturité pour ne point renverser les bases d'une réputation déjà si bien établie, ce fut précisément la sagesse qui manqua au jeune architecte. Enhardi par une première victoire, il crut, comme César, n'avoir qu'à se montrer encore pour vaincre de nouveau. Il se trompait. L'accueil du public, naguère si chaleureux pour *Louis IX*, fut si peu sympathique au *Maire du palais*, qui suivit, que M. Ancelot crut devoir le retirer dès la sixième représentation. Malgré cette chute, qui tenait bien plus à la composition de l'ouvrage qu'à une défaillance de talent chez son auteur, l'effort ne resta pas sans récompense : M. Ancelot, nommé chevalier de la Légion d'honneur, échangeait en même temps ses fonctions d'administrateur contre celles plus conformes à ses goûts, de conservateur honoraire de la bibliothèque de l'Arsenal et de bibliothécaire du roi; il recevait aussi une pension de 1,200 fr. C'étaient là des faveurs rares, le poëte le sentit; et, riche de l'expérience qu'il venait d'acquérir, il s'occupa dès lors à les justifier.

Fiesque, représenté sur la scène de l'Odéon, obtenait dès l'abord le plus grand succès. Il est vrai de dire que le sujet y prêtait beaucoup et que Schiller y avait considérablement aidé ; mais M. Ancelot a développé le premier avec un talent tout à fait supérieur ; quant à l'imitation de Schiller, si partout elle est sensible, partout aussi on voit le talent qui met en œuvre, le goût qui choisit, l'art qui distribue, le poëte qui, s'emparant de pensées belles en elles-mêmes, les rehausse de tout l'éclat d'une versification noble, correcte et harmonieuse. Bientôt après, *Marie de Brabant*, drame en cinq actes et en vers, se présentait à son tour au public. Toutefois, nous ne saurions y arriver sans mentionner une des plus heureuses productions de notre académicien, c'est-à-dire le poëme en six chants qui porte le même titre. M. Ancelot l'avait fait paraître en 1825. Tout le monde s'était accordé pour y louer une composition sage, une action bien conduite, beaucoup d'intérêt et surtout une versification aussi correcte qu'élégante. On avait également remarqué qu'en adoptant une manière alors nouvelle, M. Ancelot avait, à l'exemple de quelques auteurs de romans historiques, entremêlé fréquemment son récit de scènes écrites dans la forme dramatique ; de sorte qu'en lisant le poëme, on était tenté d'y trouver une tragédie toute faite. De là à y tailler un drame, il n'y avait qu'un pas ; M. Ancelot le fit, et le fit avec bonheur : car si un succès mérité avait accueilli le poëme, les qualités qui brillent dans le drame ont provoqué les applaudissements de tout Paris.

Olga et *Elisabeth* viennent ensuite. De belles scènes, des situations dramatiques d'un haut intérêt, des caractères largement tracés, et surtout un style constamment pur, élégant, plein de force et de noblesse, tels sont les principaux mérites de ces deux ouvrages : mérites qui se retrouvent tous, et peut-être portés à un plus haut degré, dans *Maria Padilla*. Ici, comme dans les productions précédentes de notre académicien, l'action marche, rapide, ingénieuse, empreinte de vigueur et de charme. Le personnage de Maria, mélange heureux d'ampleur et d'adresse, de force et de dignité, frappe surtout par l'habileté avec laquelle l'auteur l'a mis en scène. C'est une physionomie qui restera. Quand au style, c'est constamment la grâce, la pureté, l'énergie, la hardiesse.

Ce bel ouvrage, qui clôt la série des productions tragiques de M. Ancelot, fait vivement regretter qu'il ne l'ait pas étendue davantage ; cependant si, détournant les regards des sommets élevés où il s'était d'abord complu, on les ramène sur cette scène où il a conquis, à côté des Scribe et des Empis, la gracieuse popularité dont il jouit à cette heure, on n'ose plus lui en vouloir. Comment, d'ailleurs, lui faire un reproche de ce qui fut pour lui une nécessité ? « S'il vous est arrivé de descendre des hauteurs du premier théâtre pour faire de nombreuses excursions sur les théâtres secondaires, lui disait M. Briffaut en le recevant ; si vous avez déposé le poignard tragique pour saisir la marotte de la Folie, à qui la faute, Monsieur ? Est-ce à vous ou aux événements ? Sorti en 1830 de vos places dans l'administration publique, proscrit en même temps dans votre patrie dramatique depuis l'ouverture d'une école dont vous refusez de suivre les préceptes, vous cherchiez inutilement un refuge pour vous, votre famille et votre talent, lorsque la joyeuse patronne du Vaudeville, la veuve très-peu inconsolable de Panard, de Piron et de Désaugiers, vous tendit la main en chantant, vous offrit gaiement l'hospitalité : et qu'aviez-vous de mieux à faire que d'accepter, Monsieur ? Vous acceptâtes, vous fûtes sauvé. Quel est le casuiste qui puisse sur ce point vous adresser un reproche ? N'est-il pas évident pour tous que votre conduite fut dictée par le plus impérieux des devoirs ; et ne reconnaît-on pas aujourd'hui que cette association momentanée, qu'on prenait pour une mésalliance, ne fut qu'un mariage de raison. »

C'est à cette union, qu'on pourrait appeler aussi un heureux mariage, que nous devons quelques-unes des meilleures pièces du répertoire comique moderne. Quoi qu'en puisse dire la modestie de M. Ancelot, le public ne saurait oublier tout le plaisir qu'il a pris aux agréables productions qu'il a semées sur nos scènes de drame ou de vaudeville. Quelque élevé qu'en soit le chiffre, toutes n'en sont pas moins frappées au coin d'un esprit ingénieux et observateur, brillant et profond, et marquées au sceau de l'écrivain dont la véritable place n'a jamais cessé d'être dans les hautes régions de l'art. Après *Un Mariage d'amour*, l'*Homme du monde*, le *Roi fainéant*, *Heureuse comme une prin-*

cesse, l'*Important*, *Lord Byron à Venise*, pièces d'un ordre tout à fait élevé et qui méritent une mention particulière, nous citerons dans la quantité de celles que les suffrages du public ont distinguées, *Madame Dubarry*, *Léontine*, le *Favori*, l'*Escroc du grand monde*, *Deux Jours*, le *Régent*, l'*Ami Grandet*, *Madame d'Egmont*, *Père et Parrain*, *Une Camarade de pension*, la *Consigne*, *Madame Duchâtelet*, *Trop Heureuse*, la *Petite Maison*, *Une Dame de l'Empire*, *Vouloir, c'est pouvoir*, le *Comte de Horn*, *Clémentine*, le *Dandy*, *Richelieu à quatre-vingts ans*, la *Laide*, etc. C'est tout dire que de les nommer, car quiconque se pique de quelque délicatesse de goût n'est-il pas allé les applaudir vingt fois !

M. Ancelot est, en outre, l'auteur d'un très-joli roman, l'*Homme du monde*, d'où il a tiré le drame qui porte ce nom et dont la représentation a eu lieu en 1827. Un volume de nouvelles, publié en 1834 et favorablement accueilli du public, et des *Lettres* en prose et en vers, parues en 1826 sous le titre de *Six mois en Russie*, se trouvent encore dans ses œuvres complètes. Il a aussi fourni plusieurs articles de littérature aux *Annales de la littérature et des arts* (1820-23), à la *Foudre* (1820), au *Réveil*. Le *Livre des conteurs* lui doit également quelques pages heureusement écrites, parmi lesquelles nous mentionnerons *Un Jour de coquetterie ;* c'est une histoire délicieuse qui ne laisse qu'un regret au lecteur, c'est que M. Ancelot soit devenu depuis quelque temps si peu prodigue de son beau talent.

XXXVII.

LE FAUTEUIL DE BOILEAU.

LE FAUTEUIL DE BOILEAU.

I.

SÉGUIER.

1634.

Pierre III Séguier, second protecteur de l'Académie française et l'un des plus célèbres magistrats français, né à Paris le 28 mai 1588, mort en 1672. Il fut successivement conseiller au parlement, maître des requêtes, intendant de Guyenne, président à mortier, par la résignation de son oncle Antoine, le garde des sceaux, en 1633, enfin chancelier en 1635. A ces charges, il joignait encore les titres de duc de Villemor et de pair de France. Il s'adonna de bonne heure à l'étude des lettres et des beaux-arts, pour lesquels il avait un penchant particulier, et à celle des lois, dont il était appelé à devenir l'exécuteur : et il le fit avec une supériorité d'esprit qui fut remarquée du cardinal. Celui-ci l'éleva rapidement à la place que désignaient ses talents et sa naissance. Peut-être espérait-il le compter parmi les instruments dociles de son pouvoir. Tout ce que l'on sait, c'est que le chancelier sut garder son indépendance. C'était un homme ferme et résolu : il le prouva dès le jour où la reine s'empara de la régence, puis durant la Fronde. Plus tard Louis XIV disait : « Qu'il avait toujours reconnu, dans le chancelier, un esprit intègre et un cœur dégagé de tout intérêt. »

C'est lui qui avait inspiré au cardinal l'idée de l'Académie. Pendant trente ans il lui offrit l'asile de sa propre maison. Ce fut là que se tinrent, jusqu'à la fin de sa vie, toutes les séances littéraires, à l'une desquelles assista Christine de Suède. Il y maintint les règlements, ne voulant même pas qu'on l'appelât *Monseigneur*, conservant ainsi cette égalité affable et polie qui honorait alors la république des lettres, et qu'on ne retrouve plus guère aujourd'hui qu'au sein de cette même Académie. Lorsqu'il s'agit d'y admettre son petit-fils, de Coislin, celle-ci voulait le nommer par acclamation, Séguier s'y opposa et voulut qu'on procédât par scrutin, afin de conserver cette liberté des suffrages dont Mézeray était si jaloux. Aussi sa mort causa-t-elle une douleur difficile à décrire. L'Académie se trouvait orpheline pour la seconde fois. Louis XIV vint heureusement à son secours ; il se fit l'héritier des charges de son ministre, en prenant le titre de protecteur, exemple qui fut suivi depuis par ses successeurs. « Les rois, dit Portalis, bien convaincus enfin que la protection accordée au génie est le plus bel apanage de l'autorité suprême, ne laissèrent plus à leurs ministres un titre qu'ils revendiquèrent bientôt pour eux-mêmes, et qui devint un des plus beaux ornements de la couronne. »

Ajoutons que notre Académie ne fut pas la seule à fleurir sous les auspices du chancelier. Celle de peinture lui doit également beaucoup. Ce fut à ses frais que Le Brun étudia, d'abord chez Voüet, et ensuite à Rome. Ce peintre célèbre, après avoir employé son talent à orner l'hôtel de son bienfaiteur, a consacré depuis sa reconnaissance en le peignant dans un tableau qui existe encore aujourd'hui. Séguier possédait encore une bibliothèque immense, qu'il avait léguée à l'abbaye Saint-Germain des Prés. Elle a été détruite à la Révolution, à l'exception de quelques manuscrits. Sa passion pour les lettres était extrême. « Si l'on veut me séduire, disait-il quelquefois avec enjouement, on n'a qu'à m'offrir des livres. » Il laissa, en mourant, un manuscrit qui demeura enfoui pendant très-longtemps dans les cartons de la bibliothèque royale, mais que la *Société de l'histoire de France* vient de publier tout récemment (1844). Il se nomme le *Diaire*, ou *Journal du chancelier Séguier en Normandie*, province qu'il habita de 1639 à 1640.

II.

BEZONS.

1672.

Claude Basin de Bezons, né à Paris. « Après avoir été avocat général au grand conseil dès l'année 1639, il fut pendant vingt ans intendant en Languedoc, d'où il revint en 1673 à Paris, et y fit jusqu'à sa mort les fonctions de conseiller d'Etat ordinaire avec une grande réputation de capacité et d'intégrité. Il y mourut, à l'âge de soixante-sept ans, le 20 mars 1684. Ses ouvrages sont : 1° la traduction du *Traité* fait à Prague entre l'empereur et le duc de Saxe (1635), 2° un *Discours* prononcé à l'ouverture des Etats de Carcassonne (1666), 3° un *Discours* sur la demande du don gratuit prononcé aux mêmes Etats. » *D'Olivet.*

III.

BOILEAU.

1684.

Nicolas Boileau Despréaux naquit à Paris le 1er novembre 1636, de Gilles Boileau, greffier de la grand'chambre, et d'Anne de Nielle, sa seconde femme. Sa famille était noble, ancienne même, et connue dès le XIVe siècle. Il fut, dans ses premières années, le contraire de ces petits prodiges de l'enfance, qui souvent, dans l'âge mûr, sont à peine des hommes ordinaires ; il paraissait pesant et taciturne, ce qui faisait dire à son père, en le comparant à ses autres enfants : « Pour celui-ci, c'est un bon garçon qui ne dira jamais de mal de personne. » Tous ses fils, en effet, marquaient des talents précoces et semblaient promettre d'être de grands hommes ; le seul Nicolas Boileau ne promettait rien et a tenu ce que promettaient ses frères.

Il embrassa d'abord la profession d'avocat ; mais l'anecdote suivante peut faire juger de son goût pour le métier auquel ses parents voulaient le contraindre. Son beau-frère, greffier du Parlement, l'avait pris chez lui pour le former au style de la procédure, dont la barbarie devait paraître bien rebutante à un jeune homme nourri de Cicéron et de Démosthène. Le greffier avait un arrêt à dresser dans une affaire importante ; il le composait avec enthousiasme et le dictait avec emphase à Despréaux, bien satisfait de la supériorité de son ouvrage. Celui-ci terminé, il se tourna vers son secrétaire et lui dit de lui en faire la lecture ; mais le secrétaire s'était endormi et avait à peine écrit quelques mots du chef-d'œuvre. Outré d'indignation, le greffier renvoya Despréaux à son père, en plaignant ce père infortuné d'avoir un fils imbécile, et en l'assurant que ce jeune homme sans émulation, sans ressort et presque sans instinct, *ne serait qu'un sot tout le reste de sa vie.*

Boileau passa ensuite des épines de la jurisprudence aux chicanes de la théologie scolastique. Il lutta ainsi pendant quelques années contre la nature, frappant à toutes les portes qu'elle avait fermées pour lui. Enfin, il devint ce qu'elle voulait : il fut poëte ; et, comme pour démentir la prédiction de son père, il débuta par des satires. En 1666, parurent les premières. Elles eurent un succès prodigieux, mais elles furent en même temps déchirées avec fureur par les auteurs que le jeune poëte avait critiqués. Boileau répondit à tous leurs reproches dans sa IXe satire, à son esprit. C'est son chef-d'œuvre. Le sel des *Provinciales* et des bonnes comédies de Molière y est répandu. Sous le masque de l'ironie, la satire la plus vive est cachée, et, tout en feignant de railler, l'auteur enfonce un poignard qu'on ne peut plus retirer. Cette pièce a été mise au-dessus de celles qui l'avaient précédée : la plaisanterie y est plus fine, plus légère et plus soutenue. Les premières, quoique pleines d'élégance, de justesse et d'énergie, renferment cependant des morceaux faibles. On est également fâché d'y trouver, à côté de la critique des livres, celle des personnes ; de là les violentes réclamations auxquelles ces satires ont donné lieu.

Boileau n'en continua pas moins la guerre qu'il avait entreprise contre la médiocrité ; mais, heureusement pour sa gloire, il ne s'y borna pas. Il sentit que l'honneur de foudroyer de mauvais écrivains est aussi mince que triste. Il fit alors ces belles *Epîtres*, où il a su entremêler, à des louanges finement exprimées, des préceptes de littérature et de morale rendus avec la vérité la plus frappante et la précision la plus heureuse; son *Lutrin*, où, avec si peu de matière, il a répandu tant de variété, de mouvement et de grâce; enfin son *Art poétique*, qui est dans notre langue le code du bon goût, comme celui d'Horace l'était chez les Latins; supérieur même à celui d'Horace, non-seulement par l'ordre si nécessaire et si parfait que le poëte français a mis dans son ouvrage, et que le poëte latin semble avoir négligé dans le sien, mais surtout parce que Despréaux a su faire passer dans ses vers les beautés propres à chaque genre dont il donne les règles.

Nous ne déciderons pas si l'auteur de ces chefs-d'œuvre mérite le titre d'homme de génie qu'il se donnait sans façon à lui-même, et que dans ces derniers temps quelques écrivains lui ont peut-être injustement refusé; car, n'est-ce pas avoir droit à ce titre que d'avoir su exprimer en vers harmonieux, pleins de force et d'élégance, les oracles de la raison et du bon goût, et surtout d'avoir connu et développé le premier, en joignant l'exemple au précepte, l'art si difficile et jusqu'alors si peu connu de la versification française? Avant Despréaux, il est vrai, Malherbe avait commencé à démêler ce secret; mais il n'en avait deviné qu'une partie et avait gardé pour lui seul ce qu'il en savait; et Corneille, quoiqu'il eût fait *Cinna* et *Polyeucte*, n'avait de secret que son instinct, et n'était plus Corneille dès que cet instinct l'abandonnait. Despréaux a eu le mérite rare, et qui ne pouvait appartenir qu'à un homme supérieur, de former le premier en France, par ses leçons et par ses vers, une école de poésie. Ajoutons que, de tous les poëtes qui l'ont précédé ou suivi, aucun n'était plus fait que lui pour être le chef d'une pareille école. En effet, la correction sévère et prononcée qui caractérise ses ouvrages le rend singulièrement propre à servir d'étude aux jeunes élèves en poésie. C'est sur les vers de Despréaux qu'ils doivent modeler leurs premiers essais, pour se plier de bonne heure à cette correction nécessaire et qui n'exclut pas le génie; comme les jeunes peintres, pour acquérir la précision et la pureté du dessin, doivent se former sur des figures dont les contours soient austères et les muscles vigoureusement accusés.

Les belles productions de notre poëte n'avaient pas tardé à attirer sur lui l'attention de la cour. Louis XIV le fit venir pour entendre de sa propre bouche quelques morceaux de son *Lutrin*. Lorsqu'il en fut à la comparaison de Titus, si bien rendue dans son épître, le roi se leva avec enthousiasme en lui disant : « Voilà qui est très-beau! cela est admirable! Je vous louerais davantage si vous ne m'aviez pas tant loué. Je vous donne une pension de 2,000 livres, et je vous accorde le privilége pour l'impression de tous vos ouvrages. » On mit par son ordre, dans ce privilége, « qu'il voulait procurer au public, par la lecture de ces ouvrages, la même satisfaction qu'il en avait reçue ». Ce prince ajouta à ses bienfaits celui de choisir leur auteur pour écrire son histoire, conjointement avec Racine. Historiographe, ce titre appelait souvent Boileau à la cour; il y parut, mais sans rien changer à la franchise de son caractère, franchise qui allait même parfois jusqu'à la brusquerie. Le roi lui demandant un jour quels auteurs avaient le mieux réussi dans la comédie : « Je n'en connais qu'un, répondit le satirique, c'est Molière; tous les autres n'ont fait que des farces, comme ces vilaines pièces de Scarron. » Une autre fois, déclamant contre la poésie burlesque devant le roi et Mme de Maintenon : « Heureusement, dit-il, ce goût est passé et on ne lit plus Scarron, même en province. » Après la mort de son ami Racine, Boileau ne parut plus qu'une seule fois à la cour pour prendre les ordres du roi sur son histoire. « Souvenez-vous, lui dit le prince, que j'ai toujours une heure par semaine à vous donner quand vous voudrez venir. « Cette protection que lui accordait le monarque lui fut utile lorsqu'il voulut fermement entrer à l'Académie française. Les fréquents traits de satire qu'il s'était permis contre plusieurs des membres de cette Compagnie lui en avaient dès long-temps fermé les portes. A l'âge de quarante-sept ans, ayant produit tous ses chefs-d'œuvre, il n'en était pas encore; mais le monarque désira que chacun fît taire son ressentiment : Despréaux y fut reçu le 3 juillet 1684. Le roi dit aussitôt que « ce choix lui était très-agréable et serait généralement approuvé. Vous pourrez, ajouta-t-il, recevoir incessamment La Fontaine, il a promis d'être sage ». Mais jusque-là et dans les six mois qui s'étaient écoulés d'une élection à l'autre, « le roi, rapporte d'Olivet, n'avait laissé qu'à peine entrevoir son inclination, parce qu'il s'était fait une loi de ne prévenir jamais les suffrages de l'Académie ». « Nous avons connu des rois qui étaient moins délicats en cela que Louis XIV », remarque M. Sainte-Beuve.

Boileau était déjà de l'Académie des inscriptions de par la *Traduction de Longin*, une des meilleures que nous ayons, et il fut pour ces deux sociétés une excellente acquisition. Non-seulement il leur donnait un nouveau lustre, mais elles y gagnaient un membre plein de zèle, de dévouement et du commerce le plus agréable. Quoique d'une humeur brusque et sincère, il portait rarement dans le monde la causticité de ses écrits ; sa conversation était douce, et n'avait, comme il le disait lui-même, « ni ongles ni griffes ».

Des actions de générosité bien connues, et les secours qu'il prodiguait aux familles indigentes, ont fait dire de lui « qu'il n'était cruel qu'en vers ». Son respect pour la religion était pur et sévère. Il détestait les impies, et, dans ses productions, il n'a laissé échapper aucune occasion de les rendre ridicules, surtout ceux qui, incapables même d'une mauvaise logique, mettent à l'incrédulité plus de prétention que de bonne foi, et « dans lesquels, disait-il, l'erreur est encore moins un malheur qu'une sottise ». Aussi mourut-il en chrétien, nous voulons dire en poëte chrétien, car il parla en vers jusqu'à son dernier soupir. Lorsqu'on lui demandait ce qu'il pensait de son état, il répondait par ce vers de Malherbe :

Je suis vaincu du temps, je cède à ses outrages.

Un instant avant d'expirer, il vit entrer un de ses amis : « Bonjour et adieu, lui dit-il froidement ; l'adieu sera bien long. » Racine, mourant, lui avait fait les adieux les plus tendres : « Je regarde comme un bonheur pour moi de mourir avant vous », lui avait dit ce père de famille qui laissait cinq enfants.

Boileau Despréaux mourut d'une hydropisie de poitrine, le 11 mars 1711, à l'âge de soixante-cinq ans, en léguant presque tout son bien aux pauvres. Son convoi fut suivi d'un grand nombre de personnes, ce qui fit dire à une femme du peuple : « Il avait donc bien des amis ? on assure cependant qu'il disait du mal de tout le monde. »

IV.

JEAN D'ESTRÉES.

1711.

Jean d'Estrées, abbé d'Evreux, de Conches et de Saint-Claude, né à Paris en 1666, mort le 3 mars 1718. Ses talents, appréciés de Louis XIV, furent mis en œuvre dans des emplois importants, « où, dit d'Alembert, il répondit au choix du monarque par sa capacité et son zèle. En 1692, il fut ambassadeur en Portugal ; et le roi récompensa ses services, en 1704, en le faisant chevalier de l'ordre ; récompense d'autant plus distinguée que jusqu'alors aucun ecclésiastique *non prélat* ne l'avait obtenue. Au mois de janvier 1716, il fut nommé à l'archevêché de Cambrai, et mourut deux ans après, n'ayant pas encore été sacré ; la crainte religieuse que les devoirs de cet état lui inspiraient, et peut-être un secret pressentiment de sa mort prochaine, lui avaient fait différer cette sainte et redoutable cérémonie ».

L'abbé d'Estrées fut reçu à l'Académie du vivant du cardinal d'Estrées, son oncle, que nous avons vu au neuvième Fauteuil, et qui se trouvait alors le doyen de la Compagnie. L'amour que son illustre maison avait toujours montré pour les lettres, et dont ces trois académiciens avaient hérité, était tous leurs titres ; nous avons vu comment le cardinal et le duc les ont fait valoir. L'abbé d'Estrées soutint à son tour au sein de l'Académie le beau nom qu'il y portait. « Il n'en fallait pas moins, reprend d'Alembert, pour consoler la Compagnie du vide immense que laissait au milieu d'elle la mort de Despréaux, auquel il succédait. Nul homme de lettres n'aurait rempli ce vide ; l'Académie avait besoin d'un nom aussi respectable que celui de d'Estrées, pour lui tenir lieu du nom illustre qu'elle était obligée d'effacer de sa liste. La Fontaine avait été remplacé de même par un académicien qui joignait la naissance aux talents (Clérembault). Racine n'avait pu l'être d'une manière convenable que par son ami M. de Valincourt, et le frère seul du grand Corneille avait osé lui succéder. »

V.

D'ARGENSON.

1718.

Marc-René de Voyer de Paulmy d'Argenson, l'un des membres les plus illustres de son illustre famille, naquit à Venise le 4 novembre 1652, où son père était ambassadeur. Ce fut la République qui le tint sur les fonts baptismaux et lui donna ce nom de Marc, son propre patron, en le faisant chevalier de son ordre. Venu en France, et élevé avec tout le soin que demandaient les titres qu'il était appelé à porter, il fit de bonnes études; devint, en 1679, lieutenant général au bailliage d'Angoulême; puis il acheta, en 1695, une charge de maître des requêtes, sans laquelle on ne pouvait alors parvenir à rien. De là, il passa au poste de lieutenant général de la police de Paris (1697). Bien qu'il succédât à de La Reynie qui, le premier avait donné à cet emploi toute l'importance qu'il mérite, d'Argenson fut le véritable instituteur de cette administration. « Sous lui, dit Fontenelle, la propreté, la tranquillité, l'abondance, la sûreté de la ville furent portées au plus haut degré. Aussi le feu roi se reposait-il entièrement de Paris sur ses soins. Il eût rendu compte d'un inconnu qui s'y serait glissé dans les ténèbres; cet inconnu, quelque ingénieux qu'il fût à se cacher, était toujours sous ses yeux; et si enfin quelqu'un lui échappait, du moins, ce qui fait presque un effet égal, personne n'eût osé se croire bien caché... Environné et accablé dans ses audiences d'une foule de gens du menu peuple, pour la plus grande partie, peu instruits même de ce qui les amenait, vivement agités d'intérêts très-légers et souvent très-mal entendus, accoutumés à mettre à la place du discours un bruit insensé, il n'avait ni l'inattention, ni le dédain qu'auraient pu s'attirer les personnes ou les matières; il se donnait tout entier aux détails les plus vils, ennoblis à ses yeux par leur liaison nécessaire avec le bien public; il se conformait aux façons de penser les plus basses et les plus grossières;

il parlait à chacun sa langue, quelque étrangère qu'elle lui fût ; il accommodait la raison à l'usage de ceux qui la connaissaient le moins ; il conciliait avec bonté des esprits farouches, il n'employait la décision d'autorité qu'au défaut de la conciliation. Quelquefois des contestations peu susceptibles ou peu dignes d'un jugement sérieux, il les terminait par un trait de vivacité plus convenable et aussi efficace. Il s'égayait à lui-même, autant que la magistrature le permettait, des fonctions souverainement ennuyeuses et désagréables, et il leur prêtait de son propre fonds de quoi le soutenir dans un si rude travail. »

Lors de la cherté excessive des années 1709 et 1710, le peuple, injuste parce qu'il souffrait, s'en prenait en particulier à d'Argenson, qui cependant tâchait par toutes sortes de voies de remédier à cette calamité. « Il y eut quelques émotions, reprend Fontenelle, qu'il n'eût été ni prudent ni humain de punir trop sévèrement. Le magistrat les calma et par la sage hardiesse qu'il eut de les braver, et par la confiance que la populace, quoique furieuse, avait toujours en lui. Un jour, assiégé dans une maison où une troupe nombreuse voulait mettre le feu, il en fit ouvrir la porte, se présenta, parla, et apaisa tout. Il savait quel est le pouvoir d'un magistrat sans armes ; mais on a beau le savoir, il faut un grand courage pour s'y fier. Cette action fut récompensée ou suivie de la dignité de conseiller d'Etat. »

S'il éclatait quelque incendie, on était sûr d'y trouver d'Argenson, un des premiers parmi ceux qui accouraient pour en arrêter les ravages. « Dans ces moments, dit encore Fontenelle (car nous ne saurions lui laisser trop longtemps la parole), dans ces moments si pressants, et dans cette affreuse confusion, il donnait des ordres pour le secours, et en même temps, il en donnait l'exemple, quand le péril était assez grand pour le demander. A l'embrasement des chantiers Saint-Bernard, il fallait, pour prévenir un incendie général, traverser une espèce de chemin occupé par les flammes. Les gens du port et les détachements du régiment des gardes hésitaient à tenter ce passage. M. d'Argenson le franchit le premier et se fit suivre des plus braves, et l'incendie fut arrêté. Il eut une partie de ses habits brûlés, et fut plus de vingt heures sur pied, dans une action continuelle. Il était fait pour être Romain, et pour passer du sénat à la tête d'une armée. »

Quand le régent prit les rênes de l'État, d'Argenson devint garde des sceaux et président du conseil des finances, et, dans ces emplois nouveaux, rendit mille autres services que notre cadre ne nous permet malheureusement pas d'énumérer. Il avait été vingt et un ans lieutenant général de la police; comme ses fonctions le rendaient maître des arts et métiers, que l'Académie des sciences avait entrepris de décrire et de perfectionner, ce qui la mettait dans une relation nécessaire avec lui pour les détails de l'exécution, et que, d'ailleurs, il avait pour les sciences tout le goût et leur accordait toute la protection que leur devait un homme d'autant d'esprit et aussi éclairé, cette Société le nomma en 1716 pour un de ses honoraires. Bientôt après, comme si cette dignité en eût appelé une autre non moins brillante, il sollicita une place dans notre Académie (1718), et y entra sans prononcer de discours. Personne, depuis 1640, n'avait été dispensé de cet usage que Colbert ; mais lui et d'Argenson se trouvaient alors occupés de soins si importants, que le public n'en voulut pas à l'Académie d'avoir manqué à ses règlements et sacrifia volontiers à ses intérêts le plaisir qu'il aurait eu de les entendre.

Voyer d'Argenson mourut en chrétien le 8 mai 1721. Voltaire a consacré, dans son *Siècle de Louis XIV*, une page à sa louange, bien qu'il eût eu à se plaindre de lui dans sa jeunesse, et un petit poëme *sur la Police* pendant le règne du grand roi. Saint-Simon n'en parle pas moins bien. Quant à l'éloge qu'en a tracé Fontenelle, on le citera toujours comme un modèle de bon goût et d'élégance ; il nous a déjà servi à caractériser notre académicien : nous lui emprunterons encore ces lignes suivantes, qui achèvent le portrait. « Il avait, dit-il, une gaieté naturelle et une vivacité d'esprit heureuse et féconde en traits, qui seules auraient fait une réputation à un homme oisif. Elles rendaient témoignage qu'il ne gémissait pas sous le poids énorme qu'il portait. Quand il n'était question que de plaisir, on eût dit qu'il n'avait étudié toute sa vie que l'art si difficile, quoique frivole, des agréments et du badinage. Il ne connaissait point à l'égard du travail la distinction des jours et des nuits ; les affaires seules avaient le droit de disposer de son temps, et il n'en donnait à tout le reste que ce qu'elles lui laissaient de moments vides, au hasard et irrégulièrement. Il dictait à trois ou quatre secrétaires à la fois, et souvent, chaque lettre eût mérité par sa matière d'être faite à part, et semblait l'avoir été. Il a quelquefois accommodé, à ses propres dépens, des procès, même considérables ; et un trait rare en fait de finances, c'est d'avoir refusé, à un renouvellement de bail, cent mille écus qui lui étaient dus par un usage établi : il les fit porter au trésor royal pour être employés au payement des pensions les plus pressées des officiers de guerre. Quoique les occasions de faire sa cour soient toutes, sans distinction, infiniment chères à ceux qui approchent les rois, il en a rejeté un grand nombre, parce qu'il se fût exposé au péril de nuire plus, que les fautes ne le méritaient. Il a souvent épargné des événements désagréables à qui n'en savait rien, et jamais le récit du service n'allait mendier la reconnaissance. Autant que par sa sévérité, ou plutôt par son apparence de sévérité, il savait se rendre redoutable au peuple, dont il faut être craint, autant, par ses manières et par ses bons offices, il savait se faire aimer de ceux que la crainte ne mène pas. Les personnes dont j'entends parler ici sont en si grand nombre et si importantes, que j'affaiblirais son éloge en y faisant entrer la reconnaissance que je lui ai personnellement, et que je conserverai toujours pour sa mémoire. »

VI.

LANGUET DE GERGY.

1721.

Jean-Joseph Languet de Gergy, archevêque de Sens, né à Dijon le 25 août 1677, mort le 11 mai 1753. Il entra dans la maison de Navarre et y reçut le bonnet de docteur. Dans la suite, il en fut nommé supérieur. Devenu évêque de Soissons en 1715, l'un des derniers qu'ait nommés Louis XIV, il était alors aumônier de la dauphine et vicaire général d'Autun. Dès 1718, il se signala chaque année par des mandements, des instructions pastorales et des écrits polémiques en faveur de la constitution et contre l'appel. Il remplaça le cardinal de Gèvres lorsque celui-ci cessa d'assister au conseil de conscience, fut pourvu de trois abbayes par le régent, passa, en 1730, à l'archevêché de Sens, et fit partie du conseil d'Etat en 1747.

Languet de Gergy est surtout connu par ses traités de théologie et ses controverses religieuses. Il a beaucoup écrit sur la *Bulle unigenitus*, production qui, en excitant dans l'Eglise de France tant de violentes disputes, y a nourri tant de haines irréconciliables. Tout en y prenant part, et la part la plus grande, il n'en fut pas moins un prélat estimable : son zèle et sa conduite, comme ses connaissances et ses écrits, ont fait honneur au clergé. Le nombre de ses ouvrages est considérable, « et, dit d'Alembert, si la quantité est un titre suffisant pour l'Académie, aucun des prélats qu'elle a possédés n'a été plus digne de ce titre que Languet de Gergy ». En effet, la collection de ses écrits le disputerait presque à celle des œuvres de Bossuet, sinon par le génie, au moins pour la masse, et nous oserions presque ajouter pour le savoir théologique.

« L'élection du prélat à l'Académie, reprend d'Alembert, quoiqu'elle parût suffisamment méritée par ses ouvrages, ne passa pas, néanmoins, sans difficulté. Tout irréprochable qu'il fût dans sa conduite, il avait eu le malheur de déplaire à plusieurs académiciens, moins favorables que lui à la *Bulle unigenitus ;* car alors les gens de lettres s'occupaient des disputes théologiques. Non-seulement il s'en fallut de beaucoup que M. l'évêque de Soissons eût, au premier scrutin, l'unanimité des voix, il pensa même être exclu au second scrutin, qui est celui des boules ; peu s'en fallut qu'il n'eût le nombre des boules noires suffisant pour se voir fermer à jamais les portes de l'Académie. Cette exclusion eût été très-injuste, puisqu'elle n'avait d'autre motif que des opinions, hasardées si l'on veut, mais au moins très-libres. Ce qui met, d'ailleurs, entièrement à couvert la mémoire de M. l'évêque de Soissons, c'est que la même injustice a été exercée plus d'une fois sur des hommes que l'envie voulait exclure de cette Compagnie, et qui lui ont fait honneur par leurs vertus et par leurs ouvrages. Aussi a-t-on plusieurs fois agité, dans l'Académie, si on ne demanderait pas au roi la suppression du scrutin des boules, comme indécent et odieux. Mais ce mal, si c'en est un, est un mal nécessaire qu'il faut bien se garder de détruire, de peur d'en faire naître de plus grands. Le scrutin des boules est la sauvegarde de notre liberté; c'est une arme, il est vrai, dont la méchanceté peut abuser quelquefois, mais dont le patriotisme académique peut aussi se servir avec avantage pour repousser ou la médiocrité insolente et protégée, ou enfin le crédit impérieux qui voudrait envahir avec orgueil et violence des honneurs destinés à la réunion du mérite et des vertus.

» M. l'évêque de Soissons, admis dans l'Académie avec une sorte de répugnance, la désabusa bientôt de l'opinion peu favorable qu'elle avait eue de lui, et se concilia sans peine ceux mêmes qui lui avaient été le plus opposés. Il se montra digne du titre d'académicien par son amour pour la Compagnie, par ses procédés honnêtes envers tous ceux qui la composaient, par l'attention qu'il avait d'assister aux assemblées le plus souvent qu'il lui était possible » ; il y fut zélé enfin, et très-souvent on le vit hésiter entre les devoirs qu'elle lui imposait et ceux que lui commandait le ministère dont il avait pris les charges.

VII.

BUFFON.

1753.

Georges-Louis Leclerc, comte de Buffon, né à Montbar, en Bourgogne, le 7 septembre 1707; mort en 1788. Son père était conseiller au parlement de sa province; sa mère passe pour avoir été une femme de beaucoup d'esprit, et lui-même se plaisait à le rappeler. Il prétendait qu'en général les enfants tenaient de leur mère les qualités intellectuelles et morales; et lorsqu'il avait développé ce principe dans la conversation, il n'oubliait jamais de se l'appliquer à lui-même, en faisant l'éloge des connaissances étendues de sa mère, dont il aimait d'ailleurs à s'entretenir souvent. Placé au collége de Dijon, il y fit d'excellentes études. On le destinait à la magistrature, et c'est vers ce but que fut dirigé son esprit. Mais l'irrésistible passion qu'il conçut bientôt pour les sciences exactes l'entraîna dans une autre voie. Les *Éléments* d'Euclide et les ouvrages de l'Hôpital étaient ses livres favoris. Il avait surtout un attachement particulier pour Euclide, et l'on était sûr de le trouver toujours dans sa poche. Aussi les jeux des compagnons de son âge lui déplaisaient-ils beaucoup, et le voyait-on, aux heures de récréation, s'éloigner du bruit et se retirer dans quelque coin solitaire pour s'efforcer de résoudre chacun des problèmes qui causaient sa perplexité.

Sorti du collége, Buffon fit la connaissance du jeune lord Kingston. Une conformité de goûts ne tarda pas à les lier d'une façon étroite. Ils voyagèrent ensemble en France, en Angleterre, puis se rendirent en Italie. Dans cette délicieuse contrée, sol natal des lettres et des arts, Buffon parut surtout ravi des découvertes que chaque pas lui faisait faire dans le domaine de la riche nature qu'il avait sous les yeux. Sans cesse errant au fond des précipices, sur le sommet des monts les plus élevés, ou foulant d'un pied impatient les torrents de lave qui s'étaient autrefois élancés des entrailles de la terre, c'est là que s'ébauchèrent ses premières idées, ou, pour mieux dire, là qu'il commença à rêver ses sublimes théories sur les révolutions du globe.

Vers cette époque (1728) son père étant mort, il hérita d'une fortune considérable. Il revint en France; mais les suites d'un duel qu'il eut à Angers le contraignirent de se cacher pendant quelque temps. Il passa en Angleterre et exécuta ses premiers travaux : une traduction de la *Statique des végétaux*, de Hales, et une version du *Traité des fluxions*, de Newton; et aux magnifiques préfaces dont il les fit précéder, on put dès lors penser qu'un grand écrivain allait paraître.

Déjà divers *Mémoires* sur la géométrie, la physique et l'économie rurale, lui avaient ouvert les portes de l'Académie des sciences (1733); celle-ci recueillit bientôt les fruits de son acquisition. Désireux d'appliquer les sciences physiques aux objets d'une utilité pratique, Buffon fit de bonnes expériences sur la force du bois et parvint à l'augmenter. Il construisit ensuite un miroir dans le genre de celui d'Archimède, qui incendiait les corps à de grandes distances. Jusqu'alors, comme on voit, Buffon ne procédait guère avec un plan d'études bien arrêté; mais, nommé en 1739 intendant du jardin des Plantes, cet emploi lui ouvrit la carrière qu'il devait parcourir avec tant de succès et de gloire

Jusqu'à lui, comme l'a remarqué Cuvier, l'histoire de la nature n'avait été écrite avec étendue que par des compilateurs sans talent; les autres ouvrages généraux n'offraient que de sèches nomenclatures. Buffon conçut le projet de réunir, au plan vaste et à l'éloquence de Pline, aux vues profondes d'Aristote, l'exactitude et le détail des observations modernes. Il se sentait la force de tête propre à embrasser ce vaste ensemble, et l'imagination nécessaire pour le peindre; mais il n'avait ni la patience, ni les organes physiques convenables pour observer et pour décrire des objets si nombreux et souvent si minutieux. Il s'attacha Daubenton, auquel il reconnaissait les qualités qui lui manquaient à lui-même, et, au bout de dix années d'un travail persévérant, ils mirent au jour les trois premiers volumes de l'*Histoire naturelle*; les autres, qui contiennent la théorie de la terre, la nature des animaux, l'histoire de l'homme et celle des quadrupèdes vivipares, et dont le nombre s'élève à quinze, suivirent les premiers de 1749 à 1767. Les plus beaux morceaux, les théories générales, le tableau des mœurs des animaux ou des phénomènes de la nature, sont de Buffon. Le rôle de Daubenton, plus modeste, se borne à la description des formes et de l'anatomie.

On sentit, néanmoins, combien son secours avait été utile au maître, lorsque Buffon se fut séparé de lui. Les neuf volumes publiés de 1770 à 1783, et où est renfermée l'histoire des oiseaux, pèchent par le manque d'anatomie, et l'on y sent trop la trace des deux aides par lesquels Buffon avait remplacé son premier collaborateur. Aussi, il se décida à publier seul les cinq volumes des minéraux, depuis 1783 jusqu'en 1788. Quant aux sept volumes de supplément, dont le dernier n'a paru qu'après sa mort, en 1789, ils sont composés, presque en totalité, d'articles détachés et relatifs aux parties principales du corps de l'ouvrage. Ils sont loin, cependant, de compléter l'œuvre de Buffon. Cet immense travail, dont il s'occupa pendant cinquante ans, ne représente qu'une faible partie du plan gigantesque qu'il s'était tracé. Lorsqu'on songe à cela, on ne peut s'empêcher de regretter que de tels hommes n'aient pas le pouvoir de vivre le double des autres. Déjà, dans ses *Epoques de la nature,* il avait présenté une seconde théorie de la terre, et qui est un correctif de la première. Il fût revenu de bien des erreurs s'il avait vécu davantage : car, s'il n'y a qu'une opinion sur Buffon considéré comme écrivain, on a été plus divisé sur son mérite comme physicien et comme naturaliste. Mais ce n'est pas nous à juger ces hypothèses; ce n'est pas le savant qu'en 1753 l'Académie française admettait dans son sein, mais le prosateur. Aussi Buffon s'y présenta-t-il en faisant un discours sur le style, un chef-d'œuvre; si bien qu'en l'entendant dire, dans le langage si brillant et si pur qui lui était familier, les choses si neuves et si justes qui remplissent cet admirable morceau, les critiques les plus rigoureux ne songèrent plus à discuter le bagage de l'académicien nouveau. Elu d'une voix unanime, l'Europe intellectuelle n'eut qu'une voix pour applaudir à cet heureux choix.

La vie de Buffon, cette vie égale et puissante, s'écoula sans autres événements que ceux du travail: il y employait généralement quatorze heures par jour. A l'époque de sa jeunesse, où il fréquentait les réunions les plus brillantes du monde parisien, et où il ne rentrait guère chez lui qu'à deux ou trois heures du matin, il se faisait néanmoins éveiller à cinq, et emporter de force hors de sa chambre s'il montrait quelques dispositions à demeurer au lit. Après s'être habillé, il dictait des lettres et réglait ses affaires domestiques; à six heures, il se rendait à la tour Saint-Louis; c'était ainsi qu'on appelait le pavillon situé à l'extrémité de son jardin de Montbar. On y voyait, pour tout ameublement, une table et un fauteuil; la muraille en était nue, afin qu'aucun objet ne pût distraire la pensée du studieux habitant. Buffon prenait ordinairement un morceau de pain et deux verres de vin, à neuf heures ; après ce frugal repas il écrivait pendant le reste de la journée ; puis il retournait au logis pour y dîner. Là, il cessait d'être écrivain : il redevenait époux, père, homme du monde. Il se retirait ensuite dans sa chambre ou faisait quelque promenade solitaire, et, revenu près de sa famille et de ses amis, il leur consacrait le reste d'une soirée qui se prolongeait rarement au delà de dix heures. Le lendemain il reprenait la même existence. Il vécut ainsi, et exempt d'infirmités, pendant cinquante années.

Ses dernières années furent, cependant, troublées par la maladie de la pierre ; mais, bien que menacé tous les jours par la mort et inquiété par la souffrance, il n'en continua pas moins ses travaux, en dépit de tous les obstacles que la maladie voulait y mettre. Quelques heures avant sa mort il jouissait encore de toute sa raison. Son autopsie fournit, dit-on, cinquante-sept pierres à l'examen de la science, et l'opinion de la faculté fut qu'une opération les eût fait disparaître ; mais Buffon n'avait jamais voulu consentir à ce qu'on la lui fît. Après son embaumement, son corps fut béni à l'église Saint-Médard. L'Académie, suivie d'un grand concours de gens, assista à ses funérailles, et l'on n'évalue pas à moins de vingt mille les personnes qui se pressèrent dans les rues pour voir passer son convoi. Il fut transporté de là à Montbar, où un mausolée lui fut élevé. Ce monument a malheureusement disparu. Pendant la Révolution, une bande de démocrates s'étant ruée sur Montbar, son cercueil fut ouvert et ses restes demeurèrent sans sépulture. Indigné de cette profanation, un citoyen courut à Paris, il fit entendre de justes plaintes et proposa de placer Buffon au Panthéon. Mais le comité trouvant que ce temple serait *souillé* par la présence d'un *aristocrate* tel que Buffon avait été, sa proposition fut rejetée. A la même époque, en montant sur l'échafaud, son fils, s'adressant au peuple, prononçait ces admirables paroles : « Citoyens, je me nomme Buffon. » On nous a conservé un autre mot du fils de Buffon encore enfant. Etant tombé dans l'eau, on l'accusa d'avoir eu peur. « J'ai eu si peu peur, répondit-il, que, dût-on me donner l'espérance de vivre cent ans, je consentirais à mourir dans l'instant, si je pouvais ajouter une année à la vie de mon père : non pas dans l'instant, ajouta-t-il en se reprenant, je demanderais un quart d'heure pour jouir du plaisir de ce que j'aurais fait. » Plus tard, Buffon trouvait un jour, dans son jardin, sa propre statue élevée par les soins de ce même fils; il en fut profondément touché, raconte un témoin : « Mon fils, dit-il pour tout remercîment et les larmes aux yeux, cela te fera honneur. »

Buffon portait sur sa belle figure la grandeur de son génie, et tout dans sa contenance décelait l'intelligence supérieure dont le foyer était dans son âme. Il était bien fait, portait haut la tête, et marchait avec majesté, et telle était la perfection de sa personne qu'il avouait naïvement s'être pris pour modèle dans son histoire de l'homme. L'amour du luxe dans la vie privée, comme la magnificence dans les idées, était une de ses passions dominantes. Il disait qu'il ne pouvait travailler que lorsqu'il se sentait propre et bien arrangé, aussi était-il toujours richement vêtu; mais il accueillait avec plus de plaisir encore que l'admiration qu'on donnait à sa personne les éloges que l'on prodiguait à ses écrits, il allait même jusqu'à les provoquer. Il avait coutume de lire ses œuvres à ceux qui venaient le visiter, ou de les prier de les lui lire. Son morceau favori était le discours sur l'homme, successivement animé de ses différentes sensations, ou bien la description des déserts de l'Arabie, dans l'article *Chameau*, etc. « Il s'admirait alors de bonne foi, dit M. Flourens, avec franchise, mais avec bonhomie. » Parlant des hommes de talent, il disait toujours que ces hommes étaient rares, et qu'il ne connaissait de son temps que cinq hommes de génie : Newton, Bacon, Leibnitz, Montesquieu et lui. Quelques-uns voudraient qu'il ne se fût pas mis sur la liste; mais s'il s'y est mis, c'est qu'il avait véritablement assez de génie pour savoir qu'il n'y était pas déplacé.

Il avait acquis ce génie par une lutte incessante, une *longue patience;* ce fut pour cette récompense élevée qu'il passa en travail, dit-il, cinquante années à son bureau. Il n'est donc pas étonnant de l'avoir vu rechercher la gloire qui en est en quelque sorte le juste tribut. Celle-ci ne lui a pas fait défaut, et pour lui mettre son auréole au front, n'a pas attendu sa mort. De son vivant et sous ses yeux, sa statue était placée à l'entrée du Muséum, avec cette magnifique inscription : *Majestati naturæ par ingenium*. Louis XV lui donna de continuelles marques de son estime. L'impératrice de Russie l'honora de sa correspondance, et se mit tout entière à sa disposition pour les recherches scientifiques qu'il voudrait faire faire dans son vaste royaume. Quand le prince Henry de Prusse vint visiter Buffon, il écrivit ces mots : « Si j'avais besoin d'un ami, ce serait lui ; d'un père, encore lui ; d'une intelligence pour m'éclairer, eh ! quel autre que lui ? » J.-J. Rousseau baisa respectueusement le seuil de sa porte en passant à Montbar. Voltaire lui rendait hommage avec enthousiasme ; Montesquieu, Helvétius, et d'autres encore, ses amis particuliers, publiaient partout son mérite. Le Brun lui adressa un poëme où il faisait l'éloge de son génie ; et telle enfin était l'étendue de la renommée de cet homme illustre que, durant la guerre d'Amérique, des pirates s'étant emparés d'un navire porteur de différentes caisses qui lui étaient adressées, il les lui firent parvenir sans les ouvrir.

VIII.

VICQ-D'AZIR.

1788.

Félix Vicq-d'Azir, membre de l'Académie des sciences et de plusieurs autres sociétés savantes et littéraires, naquit en 1748 à Valognes. Son père, homme d'esprit et praticien distingué, reconnut de bonne heure ses dispositions naissantes, et il les cultiva lui-même. Mais jusqu'à l'époque où il l'envoya à l'Université de Caen pour y faire son cours de philosophie, à la suite de celui d'humanités, les talents du futur académicien n'avaient point encore pris un grand essor. Ce fut dans cette ville que se développa son goût pour les lettres; il fut même sollicité par son père pour entrer dans l'état ecclésiastique, afin de pouvoir s'y livrer en toute liberté; mais Vicq-d'Azir se sentait davantage entraîné vers l'étude de la médecine : il refusa pour s'y adonner entièrement. C'est ce qu'il fit dès 1765, époque à laquelle il vint à Paris; il y mit même une telle ardeur, qu'en 1773, après avoir terminé sa licence, il se sentit assez fort pour enseigner ce qu'il achevait à peine d'apprendre. Le cours de médecine qu'il ouvrit fut suivi; le succès en fut même très-grand, dit Cuvier, non-seulement à cause de tout ce que le jeune professeur montrait de connaissances, mais surtout à cause de la façon brillante dont il exposait ses principes. Il n'en fallut pas plus pour éveiller la jalousie de ses confrères : son cours fut arrêté. Antoine Petit, professeur d'anatomie au jardin des Plantes, et qui, lui-même, jouissait d'une réputation très-étendue, lui vint en aide : il le choisit pour son suppléant : là, Vicq-d'Azir n'eut ni moins de succès, ni plus de bonheur ; mais à la mort de ce savant distingué, le jeune praticien se retrouva sans appui : il ouvrit alors un cours dans sa propre demeure. Cependant, ses nombreux talents fussent peut-être demeurés longtemps sans effet pour sa fortune, lorsqu'un hasard providentiel lui procura dans le célèbre Daubenton un protecteur zélé.

Une nièce de la femme de ce naturaliste, passant, un jour avec sa mère, devant la maison de Vicq-d'Azir y fut saisie d'un évanouissement. Il fut appelé pour lui donner des secours ; et cet accident fut l'origine d'une liaison qui se termina par un mariage. Malhesherbes le prit, en outre, en estime, et Turgot en amitié. Il acquit aussi toute la confiance du premier médecin du roi, Lassonne. Celui-ci l'envoya, nommément en 1775, porter des secours à quelques provinces du midi, ravagées par une épizootie meurtrière ; puis, à l'effet d'agir d'une façon plus efficace, ils établirent d'abord une commission, et, peu à peu, ils en vinrent à créer une société, dont le but serait le perfectionnement de toutes les parties de la médecine. Cette société fut fondée en 1776, et Vicq-d'Azir en fut nommé secrétaire perpétuel ; et, au dire de ses confrères, il ne négligea rien de ce qui pouvait contribuer à sa gloire, c'est-à-dire à son utilité; « car, a dit Cabanis, la gloire des associations savantes est dans leur influence réelle sur les progrès des lumières ». C'est en cette qualité qu'il a écrit les *Éloges*, dont l'éclat lui ouvrit les portes de l'Académie française en 1788. Ils sont au nombre de cinquante, et on les a loués, non sans raison. Leur auteur y a déployé un génie universel. Non-seulement la forme en est peu commune, mais le caractère des individus et le genre particulier de leur talent y sont parfaitement saisis. Il est de ces éloges pour lesquels il étudiait des mois entiers quelque branche de la science : ainsi, dans l'*Éloge du comte de Vergennes*, il pénètre en homme d'État les mystères de la politique; dans celui de Watelet, il éclaire sous des aspects nouveaux et délicats la métaphysique des beaux-arts ; et dans celui de Martigny, il peint le second âge de l'industrie française et le complément des pensées du grand Colbert. L'éloge de Franklin est surtout remarquable par la variété de connaissances qu'y montre Vicq-d'Azir; quant à son style, il est toujours soutenu, correct, élégant et parfaitement approprié aux diverses nuances de ses idées.

Le bonheur avec lequel les talents de notre académicien avaient conduit sa fortune réveilla la jalousie de ses ennemis; la Faculté elle-même ne put voir d'un œil calme les succès qu'obtenait dans toute l'Europe savante la société dont il était le secrétaire. On l'accabla d'injures et on le poursuivit de pamphlets; mais il eut le bon esprit de les dédaigner. Les grands travaux de cette société de médecine, d'ailleurs, son utilité évidente, l'activité et le talent de son secrétaire, l'emportèrent dans l'opinion publique sur leurs détracteurs. Vicq-d'Azir fut nommé premier médecin de la reine; malheureusement il ne jouit pas longtemps de ce délicat honneur : la Révolution éclata. Après la mort de la reine, qui le frappa très-profondément, il vit périr ses plus chers amis, Lavoisier, Bailly, Condorcet. Dès ce moment, poursuivi par des images sanglantes, il ne goûta plus de repos. « La bienfaisance seule le soutenait encore, dit Cabanis; sa journée entière était consacrée à visiter les pauvres malades de son quartier. Le soir il se livrait à différents travaux dont le comité d'instruction publique l'avait chargé pour le soustraire, s'il était possible, à la rage aveugle des assassins. La nuit, il écrivait presque sans relâche pour suspendre les funestes pensées auxquelles la solitude et le silence le ramenaient avec plus d'horreur. L'excès du travail, l'absence du sommeil, l'abattement et l'agitation minèrent promptement ses forces; il succomba le 20 juin 1794, à peine âgé de quarante-six ans. » Ce fut alors une perte immense pour la science. Vicq-d'Azir est un des premiers anatomistes et chimistes qui aient ouvert la voie aujourd'hui si glorieusement parcourue par leurs successeurs. Nous ne citerons pas des ouvrages qui ne sont pas de notre ressort; il nous suffira de répéter qu'ils sont d'un philosophe dans le sens le plus honorable de cette qualification, et d'un écrivain dans l'acceptation la plus élevée de ce mot. Ajoutons que cet homme distingué était doué de qualités morales qui lui avaient fait un grand nombre d'amis; heureux lorsqu'il pouvait les obliger, il pleurait lorsqu'il était forcé de s'en séparer pour des opinions différentes. Sa modestie égalait son talent : malgré sa supériorité, malgré l'avantage qu'il avait dans les consultations pour faire prévaloir son avis sur celui de ses confrères, il se rangeait du côté de celui qui avait le plus d'expérience. Quant au physique, il possédait une taille avantageuse, une physionomie noble et spirituelle, un air doux, engageant, un langage agréable, facile et pur. « Enfin, dit un contemporain de qui nous tenons ce portrait, toutes les qualités et toutes les grâces extérieures réunies avec l'esprit, le caractère, le savoir, en faisaient un des hommes les plus rares que j'aie jamais connus. »

IX.

DOMERGUE.

1795.

François-Urbain Domergue, l'un de nos meilleurs grammairiens, né à Aubagne, en Provence, le 24 mars 1745 ; mort à Paris le 29 mai 1810. Il entra de bonne heure chez les doctrinaires, et professa dans plusieurs de leurs colléges avec beaucoup d'éclat. S'étant retiré à Lyon en 1784, l'idée lui vint de fonder un *Journal* destiné à combattre, par les préceptes et l'exemple, le néologisme qui s'introduisait déjà dans les lettres; il la mit à exécution, et compta bientôt un nombre assez considérable d'abonnés. Mais à une époque où la politique envahissait tout, une telle publication ne devait guère durer; elle disparut donc devant des feuilles plus intéressantes, et son principal rédacteur vint se fixer à Paris. Là, toujours préoccupé de l'extension de notre idiome et de son perfectionnement, Domergue publia d'abord quelques éditions de sa *Grammaire simplifiée*; puis il établit une société des amateurs et régénérateurs de la langue française. Quelques hommes de lettres alors célèbres se joignirent à lui; aidé par eux, il poursuivit sa propagande dans son nouveau *Journal de la langue française*, et cette fois il eut la satisfaction de le voir durer davantage que le premier. Il entra à l'Institut, et à l'époque de l'organisation des écoles centrales, il fut nommé professeur de grammaire générale à celle des Quatre-Nations. Plus tard il obtint la chaire d'humanités du lycée Charlemagne; mais sa santé, toujours chancelante, ne lui permit pas de l'occuper avec beaucoup d'assiduité. Ses travaux, d'ailleurs, captivaient tout son temps. Outre la *Grammaire* que nous avons citée, et qui est un ouvrage plein de justesse et de sagacité, Domergue est encore l'auteur d'un grand nombre de traités sur le même sujet. L'un, entre autres, connu sous le titre d'*Exercices orthographiques*, fut longtemps consulté par les gens de goût. Il a également fait un poëme, *Eléazar* (1771), qui aujourd'hui est tombé dans l'oubli.

Bien que doué d'un caractère doux et de beaucoup de bienveillance, son système, comme grammairien, ne laissa pas d'ameuter contre lui plusieurs détracteurs, et parmi eux le plus satirique des poëtes, Le Brun; mais Domergue eut le bon esprit de ne répondre qu'en propageant sa science avec une ardeur nouvelle. « Il avait pour elle, dit Daru, un zèle presque religieux. Toutefois, académicien aussi dévoué que philologue laborieux, il témoigna toujours beaucoup d'empressement à venir se mêler parmi ses confrères à ces discussions où le goût s'épure, où les principes se développent, où les exemples se comparent, où les usages s'expliquent, et dans toutes nos relations avec lui, nous aimions à reconnaître la candeur de son caractère, la facilité de son commerce, autant que la pénétration de son esprit. »

X.

SAINT-ANGE.

1810.

Ange-François Fariau de Saint-Ange, l'un des poëtes les plus remarquables de l'Empire, naquit le 13 octobre 1747, à Blois, où son père était conseiller du roi. Il fut placé chez les jésuites de sa ville natale ; puis, leur société ayant été supprimée, il obtint une bourse au collége Sainte-Barbe de Paris, et vint y achever ses études. Le poëte charmant qui, plus tard, devait reproduire le génie d'Ovide avec tant de grâce était, dit-on, d'une lourdeur d'esprit sans pareille, et son inaptitude d'intelligence était telle qu'elle était passée en proverbe. Il était cependant plus capable qu'il n'en avait l'air : déjà il cherchait à composer des vers français. En 1768, pendant le séjour du roi de Danemarck dans la capitale, il fit même pour ce prince une ode qui renferme des lueurs d'un talent réel. Encouragé par le succès qu'elle obtint, Saint-Ange s'appliqua dès lors à traduire Ovide en vers français ; il donna une version de *Vertumne et Pomone*, avec les *Amours de Biblis*, dont La Harpe fit l'éloge. Bientôt les *Métamorphoses*, les *Fastes*, l'*Art d'aimer*, le *Remède d'amour* suivaient les essais du jeune homme et fondaient, par leur éclat, la juste renommée de notre académicien.

Traduire Ovide sera toujours une entreprise périlleuse ; ce poëte est si varié, ses tableaux sont si divers que, pour les reproduire, il faut rassembler sous son pinceau diverses couleurs qui se trouvent rarement sur la même palette, puis encore réunir les talents que possède rarement un même homme. Saint-Ange s'en est tiré aussi bien que possible. Malgré la difficulté de sa tâche, son talent s'est prêté avec beaucoup de flexibilité à cette variété de son modèle. Il soutient avec le poëte latin ce ton de familiarité noble, plus difficile à rendre dans notre langue que le style élevé ; ses vers ont du mouvement et de la chaleur lorsqu'ils peignent les passions ; et, tour à tour, à l'exemple d'Ovide, il sait chausser le brodequin, prendre le cothurne, et descendre de la hauteur de l'épopée aux grâces de la pastorale.

Toutefois, Saint-Ange ne s'en est pas tenu au poëte latin ; on lui doit, en outre, deux romans anglais traduits avec soin, puis des *Mélanges poétiques*. Ce sont des poëmes, des épîtres, des odes, des stances régulières, des fables, et diverses poésies, qui les composent. Parmi les poëmes, on distingue d'abord les *Funérailles d'Arabelle*, que Saint-Ange a imitées de Jenningham ; les *Cloîtres abolis*, sujet qu'on ne traiterait pas de même qu'il a fait aujourd'hui, et qui montre aux poëtes le danger de travailler sur des opinions nouvelles, souvent sans justesse, et par conséquent sans solidité ; le *Début de l'Iliade*, essai de la jeunesse de l'auteur, et dans lequel on reconnaît le talent qui l'a depuis illustré, celui de rendre si heureusement les beautés des anciens. La pièce qui a pour titre *la Bienfaisance et les Larmes*, parmi les odes, mérite d'être distinguée. Les stances régulières qui les suivent roulent sur la vie humaine, le retour du printemps, l'été, le déclin de l'automne, l'hiver, le zéphir et la rose ; ce sont, comme ses chansons, ses bouquets, ses madrigaux, d'agréables vers ; quant à ses fables, qui ne sont qu'au nombre de trois, elles décèlent de la raison et de la finesse, et font regretter que le poëte n'ait pas eu l'envie d'en composer plus souvent.

Saint-Ange au sortir du collége trouva dans Turgot un protecteur actif; il obtint, grâce à lui, au contrôle général, une place qui fut ensuite changée en une pension sur l'*Almanach royal;* mais à l'époque de la Révolution, dont il épousa les principes, il se retrouva sans ressources et sans appui, et il dut peut-être à son dénûment de n'être point compris dans les proscriptions. Enfin, le 9 thermidor mit fin à sa misère : il fut nommé à un emploi de deux mille francs, dans l'agence de l'habillement des troupes ; il devint ensuite professeur de grammaire générale, puis de belles-lettres, à l'école centrale de la rue Saint-Antoine (aujourd'hui collége Charlemagne). Il y eut des succès, sans y être très-assidu, à cause du mauvais état de sa santé qui avait toujours été chancelante. Aussi, lors de l'établissement de l'Université impériale, Fontanes, qui ne laissait jamais passer un homme de mérite sans l'attirer à lui, s'empressa-t-il de l'inscrire sur la liste des professeurs, où se trouvaient déjà Delille, Larcher, etc. Une seule récompense manquait au traducteur des *Métamorphoses* : il n'était pas de l'Académie. Enfin, justice lui fut rendue, il y entra ; mais il était trop tard. Saint-Ange se mourait lorsqu'il prononça son discours de réception (5 septembre 1810) ; tous les auditeurs furent profondément attendris, lorsque d'une voix faible et languissante il fit entendre ces paroles : « Je fais violence, en ce moment, aux souffrances continuelles et intolérables qui m'avertissent que l'ombre de l'académicien que je remplace attend la mienne. » Cette triste prédiction ne tarda pas à se réaliser. Trois mois après, ayant fait une chute en se rendant à l'Institut, le fil qui le retenait à la vie se rompit, et il mourut, le 8 décembre 1810, à Paris.

Ainsi se résume l'existence de ce poëte aimable. Isolé, n'ayant de commerce qu'avec les écrivains de l'antiquité, parmi lesquels il avait choisi ses modèles; ne se reposant des douleurs physiques qui l'accablaient que par les travaux de l'esprit et le charme de l'étude, il ne sollicita jamais la renommée : il attendit qu'elle vînt à lui ; aussi, l'estime de tous ceux qui apprécient à leur juste valeur les travaux consacrés à la gloire des lettres doit-elle assurer longtemps encore une honorable existence au nom du laborieux traducteur d'Ovide.

XI.

PARCEVAL-GRANDMAISON.

1810.

François-Auguste Parceval-Grandmaison, né à Paris le 7 mai 1759, mort le 7 décembre 1834. Il était fils d'un fermier général qui porta, en 1794, sa tête sur l'échafaud révolutionnaire. L'étude de la peinture le captiva d'abord ; il s'y essaya même avec succès. Ses essais eurent l'honneur du salon ; mais sentant qu'il n'avait pas en lui le feu sacré, il y renonça bientôt ; les muses, d'ailleurs, l'attiraient vers des rives non moins aimables. En lui mettant ses tristes tableaux sous les yeux, la Révolution affermit sa vocation. Il sentit qu'il était poëte, et il le prouva en traduisant avec beaucoup de goût un fragment de la *Jérusalem délivrée*. Delille, auquel il le soumit aussitôt, fut frappé du début. « Il te manque ce qui peut s'acquérir, lui dit-il ; tu as ce qui ne s'acquiert pas. » Le vieux poëte lui donna des encouragements et le pressa d'achever une traduction si bien commencée. Parceval se mit à l'œuvre ; mais il ne tarda pas à s'apercevoir que les autres chants du Tasse ne l'inspiraient pas autant que celui d'Armide, par lequel il s'était essayé ; il renonça à son entreprise. Sur ces entrefaites, Bonaparte, qui l'avait distingué, l'emmena avec lui en Egypte. Parceval y devint membre de l'Institut du Caire ; puis, de retour en France, fut créé membre du conseil des prises. Ce fut alors que, rendu à ses travaux littéraires, il publia ses *Amours épiques*, traduction en vers des morceaux que les plus fameux poëtes épiques ont composés sur l'amour.

Quelque grand qu'ait été à son heure le succès de cet ouvrage, et quel que soit le mérite qu'on lui reconnaisse encore aujourd'hui, nous ne saurions nous joindre à ses admirateurs sans y relever de graves imperfections. Transporter le lecteur dans les champs Élysées; supposer, pour donner un cadre aux traductions qui le composent, que les plus célèbres poëtes épiques s'y trouvent réunis et qu'ils répètent entre eux les chants que l'amour leur a inspirés autrefois, est certes une idée d'un goût ingénieux; cependant, c'est par elle que le poëte est répréhensible. En effet, le collecteur d'épisodes a jugé convenable d'entourer ses principaux personnages de différents groupes composés de déesses ou d'héroïnes appartenant soit à l'ancienne mythologie, soit à celle des chrétiens. On y voit en même temps Hélène et Armide, Didon et Fleur-d'Épine, puis Circé et Calypso mêlées aux Tancrède, aux Renaud et autres héros de la terre sainte. Certainement les figures ne manquent pas dans ce tableau, mais elles offrent des différences de tons trop marquées. Ce n'est pas là tout ce que l'on peut lui reprocher; un autre défaut, qui frappe encore dans le plan de cet ouvrage, consiste dans l'uniformité que présente cette suite de croquis voluptueux, presque tous imités les uns des autres. Chacun de ces tableaux produit un fort bon effet dans le poëme original, parce qu'il y contraste souvent avec des scènes de carnage et de désolation, ou avec des tableaux d'un autre genre qui servent à le faire mieux ressortir. Mais enlever chacun de ces tableaux où chaque poëte les avait spécialement placés, les réunir, les entasser tous dans le même ouvrage, ça été commettre une faute à peu près semblable à celle des artistes qui, après avoir enlevé tous les plus beaux mausolées des différents temples pour lesquels ils avaient été spécialement construits, les ont tous amoncelés dans un même dépôt, où n'étant plus éclairés du jour qui leur était favorable, n'étant plus environnés de la majesté des lieux, ils n'offrent qu'un amas, souvent triste à voir, de ruines et de décombres.

Convenons, en outre, qu'il fallait considérablement compter sur ses propres forces pour essayer de traduire à la fois du grec, du latin, de l'italien, du portugais et de l'anglais, et pour faire passer heureusement le génie de ces diverses langues dans notre propre langue. Parceval l'a tenté, mais nous ne saurions affirmer qu'il ait complétement réussi. Bien que sa versification soit harmonieuse, elle manque peut-être de vigueur et d'éclat; après avoir intéressé quelques moments, ses récits fatiguent; ses descriptions sont riches, mais trop souvent les mêmes. Le poëme de *Philippe-Auguste*, qui suivit, nous paraît meilleur. Le plan en est grandiose; il est plein de descriptions magnifiques et variées, de grandes images, de nobles fictions et de tous les riches et brillants ornements qui constituent ce genre de composition; c'est un beau monument, et il fait honneur au poëte qui l'a élevé à la gloire de sa patrie.

Il fut le second et le dernier ouvrage de notre académicien. Il en avait, dit-on, entrepris un troisième sur les arts; mais ses héritiers ne l'ont sans doute pas cru suffisamment achevé, car il n'a pas encore paru, et nous croyons même qu'il restera toujours inédit, à moins que quelque muse à la fois téméraire et discrète ne s'en empare et mette la dernière main à une œuvre que l'on dit fort remarquable.

Tous ceux qui furent appelés à jouir du commerce de Parceval le représentent comme un homme de bien, fort poli, fort honnête, et chez lequel il y avait un grain de cette bonhomie charmante dont La Fontaine offre le type, et qui chez lui, de même que chez le fabuliste, se traduisait quelquefois par des distractions les plus comiques. Pour n'en citer qu'un exemple, nous prendrons celui que nous fournit la *Biographie universelle* : « Un jour, dit M. Michaud, il est invité chez un de ses confrères et il sort à l'heure dite. Passant devant la maison où il devait dîner, un hémistiche lui vient à la tête ; il dépasse la porte, entre dans les Champs-Elysées, et, toujours rimant, il s'y promène jusqu'à neuf heures du soir... Enfin il rentre chez lui, harassé, exténué, et il se met au lit. A peine couché, il éprouve des tiraillements d'estomac. « Voilà, se dit-il, ma gastrite qui revient. » Il sonne et demande du thé ; mais, plus il en boit, plus les tiraillements augmentent. « Vous avez donc bien dîné ? lui dit sa gouvernante. — Je ne sais pas ; mais où ai-je donc dîné ? — Chez M. Lacretelle, où vous étiez invité. — Non, je n'ai pas dîné chez Lacretelle..... Mais je crois que je n'ai pas dîné ! » Il dîne à dix heures du soir, et la gastrite disparaît. » Ces aimables bizarreries, l'aménité de son caractère, la douceur de ses mœurs, l'avaient dès longtemps rendu cher à ses collègues de l'Institut. Aussi M. Lebrun, qui le conduisait à sa dernière demeure au nom de l'Académie, s'écriait-il sur sa tombe : « Nous oublions presque un moment le chantre de *Philippe-Auguste* et l'auteur des *Amours épiques*, de ces belles études des grands poëtes par lesquelles l'élève de Delille et de Boileau se préparait à lutter avec Voltaire, pour ne nous souvenir d'abord que de l'excellent homme, du confrère facile et bienveillant, de l'ami simple et vrai que nous avons perdu. Que ceux qui l'ont suivi depuis le commencement jusqu'à la fin de sa carrière viennent dire tout ce qu'eut de noble et de pur sa vie dévouée aux arts et aux lettres, à sa famille, aux affections ; tout ce que son âme avait de bonté, son esprit d'élévation, son caractère d'aménité et de candeur ; sans ostentation, sans envie, heureux des succès des autres, ami encourageant de la jeunesse, vrai poëte par les mœurs comme par la pensée, distrait pour toute chose qui n'était pas la poésie ou l'amitié. ».

XII.

M. LE COMTE DE SALVANDY.

1836.

M. Narcisse-Achille, comte de Salvandy, grand officier de la Légion d'honneur, naguère membre de la Chambre des députés, conseiller d'Etat, ou ministre de l'instruction publique, ou ambassadeur de France, soit en Espagne, soit à Turin, est né à Condom, le 11 juin 1795, d'une ancienne famille originaire d'Irlande établie depuis longtemps en Guienne, et en possession, depuis plusieurs siècles jusqu'à la Révolution, de donner des consuls à la ville où elle avait fixé son séjour. Après de brillantes études au lycée Napoléon, où un poëme en prose, composé à douze ans, sur les victoires d'Italie, d'Egypte et d'Austerlitz, lui avait conquis une bourse, il s'enrôla dans les gardes d'honneur, fit les campagnes de Saxe et de France, devint successivement brigadier, maréchal des logis, sous-lieutenant et adjudant-major, fut blessé trois fois, et reçut à Fontainebleau, des mains de Napoléon lui-même, la décoration de la Légion d'honneur.

Le lendemain même du jour qui déliait l'armée de ses devoirs envers l'Empire, le jeune officier, pressentant l'avénement prochain des classes studieuses après cette abdication du glaive, courait vers Paris, afin d'y arriver à temps pour prendre sa première inscription de droit. Cependant, tout en cherchant à se créer de nouvelles voies, il ne crut pas devoir abandonner sur-le-champ celle où il avait des droits et des titres acquis. En même temps qu'étudiant en droit, la Restauration le vit mousquetaire noir dans la maison du roi ; puis capitaine adjudant-major dans la légion de la Manche ; enfin dans le corps royal d'état-major, avec ce même grade, dont il se démit, en 1823, pour ne pas concourir à l'intervention, qu'il avait combattue, de la France dans les affaires d'Espagne. Cette démission fut un vrai sacrifice à ses opinions, car son épée était alors sa seule fortune. Mais ce n'était pas sa seule arme, et, depuis plusieurs années, il combattait glorieusement avec sa plume pour les libertés de sa patrie.

Pendant les Cent-Jours, en mai 1815, M. de Salvandy avait publié sa première brochure, *Mémoire à l'empereur sur les griefs et les vœux du peuple français ;* en juin suivant, une seconde, *Observations critiques sur le champ de mai ;* l'une et l'autre remarquables par l'esprit constitutionnel, par la précoce sagacité qui déjà lui découvrait les véritables tendances politiques et sociales de son pays, et le portait à appeler de ses vœux, comme transaction désirable, « un gouvernement fort de la vigueur monarchique et de la liberté républicaine ». Ces deux opuscules avaient fait quelque bruit ; le premier même avait eu les honneurs d'une réimpression presque immédiate. Mais ce n'était rien auprès du retentissement qui attendait *la Coalition et la France*.

Dans cet écrit à jamais célèbre, publié au milieu de l'occupation étrangère, M. de Salvandy poussait le premier cri de la France indignée. « Quand l'ennemi était au cœur du royaume, disait M. Lebrun dans sa réponse au nouvel académicien, quand la France humiliée (car, pourquoi craindrais-je de le dire ? pourquoi craindrais-je de rappeler un temps dont nos divisions ont seules fait les désastres, dont il serait peut-être dangereux pour l'étranger qu'il se souvînt, mais qu'il est utile pour notre pays de n'oublier jamais ?), quand, dis-je, la France voyait ses places fortes aux mains de nos libérateurs, sa dignité offensée et son indépendance mise à prix et à rançon, une voix généreuse s'éleva et se rendit l'interprète des cœurs français. Un jeune écrivain, connu déjà dans les lettres par un essai d'audace, mais armé cette fois d'un plus difficile courage, faisant briller l'espérance au milieu de nos revers, invoquant l'union du prince et du peuple contre nos communs ennemis, appela le pays à vider ses comptes avec l'étranger. Epouvanté du souvenir de la Pologne et des menaces de l'histoire, il sonna le tocsin de l'indépendance nationale; il proclama le plan de campagne, marcha à l'avant-garde, et, sentinelle avancée, cria : Aux armes! au milieu des baïonnettes étrangères. Tout le monde a nommé *la Coa-*

lition et la France, ce livre que j'appellerais ailleurs une belle action, que j'appellerai ici un éloquent ouvrage. Il donna à penser aux étrangers, il révéla au pays un citoyen, à la politique un esprit élevé et habile, aux lettres un talent digne de les servir et de les honorer. »

Cet ouvrage produisit comme une sorte de commotion électrique. Quelques heures suffirent au débit d'une première édition, et les derniers exemplaires se vendirent jusqu'à 100 et 200 francs. Les hauts-alliés, c'est ainsi que M. de Salvandy les appelait, demandèrent l'arrestation de l'auteur ; leurs ambassadeurs s'adressèrent au roi lui-même, qui leur opposa un noble refus. Tous les partis, en France, admirèrent le courage, le dévouement, le patriotisme du citoyen, l'enthousiasme de l'écrivain, les vues du publiciste. Les cabinets étrangers eurent de la peine à accepter cette discussion approfondie sur les principes du droit des gens, sur les actes, les intérêts et les desseins de toutes les puissances, comme l'œuvre d'une plume de vingt ans. Les débris de l'ancienne armée, rassemblés aux funérailles de Masséna, furent sur le point d'improviser une ovation à l'auteur. Puis, quand l'étranger eut évacué la France, Louis XVIII, désirant reconnaître par une récompense éclatante le service rendu par le patriotique talent de M. de Salvandy, le manda près de lui et lui dit : « Monsieur, les étrangers quittent mon territoire, je suis tout à fait maître chez moi, et je le prouve en vous nommant maître des requêtes dans mon conseil d'Etat, malgré vos vingt-deux ans. »

Après s'être signalé avec tant d'éclat contre les ennemis du dehors, il ne se montra ni moins courageux ni moins énergique contre les ennemis intérieurs. Pendant plus de quinze ans, il attacha une brochure, et quelquefois un livre, à chacun des plus importants événements de notre pays : les *Dangers de la situation présente* (1819) ; le *Ministère et la France*, le *Nouveau et l'Ancien Ministère*, *Du parti à prendre envers l'Espagne* (1824) ; *Discussion du projet de loi sur le sacrilége*, la *Vérité sur les marchés Ouvrard*, *De l'émancipation de Saint-Domingue* (1825) ; *Huit Lettres à M. le rédacteur du* Journal des débats *sur les affaires publiques*, les *Amis de la liberté de la presse, Insolence de la censure et considérations sur la politique du ministère*, *Que feront-ils ? ou examen des questions du moment* (1827), etc., sont autant d'éclairs qui annonçaient la foudre de 1830.

Mais, en dépit de la hardiesse de ses désirs, qui étaient de voir la France libre, M. de Salvandy s'inquiétait néanmoins des fautes que pouvait faire commettre la victoire. C'est alors qu'il traça le tableau des révolutions et des catastrophes de la Pologne (1829), image fidèle de tout ce que la liberté sans contre-poids, et l'égalité sans frein, renferment de périls domestiques pour l'Etat le plus puissant. Rappeler les annales de la Pologne, n'était-ce pas alors un enseignement pour le pouvoir et pour la nation qui le voyait si compromis par un ministère déplorable! M. de Salvandy eut la joie d'atteindre le but auquel il visait. Quant au tableau lui-même, considéré au seul point de vue de l'art, nous le trouvons peint avec un grand éclat de style, de raison et de pensées; car c'est l'un des premiers mérites de M. de Salvandy d'avoir pu rester écrivain en dépit de tout ce qu'il faisait pour cesser de l'être. Si sa vie appartient à nos fastes politiques, ce n'était pas d'une façon tellement exclusive que les lettres n'empiétassent sur leurs domaines. En 1820, notre académicien avait déjà entrepris un voyage en Espagne; il y allait pour étudier la révolution qui venait d'y éclater, et il en rapporta *Don Alonzo, ou l'Espagne contemporaine* (4 vol. in-8°, — 1824.)

Cet ouvrage, composé et écrit en vue d'un succès populaire, obtint ce qu'il ambitionnait; hommes d'Etat ou simples lecteurs de livres nouveaux, tous se le disputèrent; parce que chacun y trouva de quoi satisfaire son goût particulier. *Don Alonzo* est un roman composé par un publiciste et écrit par un homme de lettres. De là sa réussite; de là aussi les critiques qu'il s'est attirées. Réunir dans un même ouvrage, ainsi que l'a fait son auteur, le voyage, le roman et l'histoire, était, d'ailleurs, une tâche malaisée, sinon impossible; car chacun de ces genres ayant un ton, une nature, un intérêt, des développements d'espèce différente, peuvent rarement se confondre; aussi marchent-ils, dans le livre, l'un après l'autre plus souvent qu'ensemble. Malgré ce défaut, *Don Alonzo* n'en est pas moins un livre qu'on relit avec plaisir, et que le public goûte encore assez pour en faire faire de temps en temps une réimpression.

M. de Salvandy le fit suivre d'*Islaor, ou le barde chrétien*, nouvelle plus spécialement littéraire que l'ouvrage précédent. Ce livre, qui a peut-être été inspiré par les *Martyrs*, est, comme ce vaste poëme, mais dans un cadre plus resserré, un hymne d'amour et de religion ; il se distingue par un style poétique, de riches descriptions, de brillantes images et des scènes pleines de grandeur. On doit, en outre, à son auteur (puisque nous en sommes sur son rôle d'écrivain) la préface du roman de Mme de Montpezat, *Natalie*, ouvrage qui fit grand bruit à son heure. Nous citerons encore, parmi les morceaux purement littéraires échappés à sa plume facile, quelques nouvelles insérées dans le recueil des *Cent et Un*, dans le *Salmigondis*. Il a également fourni plusieurs articles au *Dictionnaire de la conversation*, qui méritent une mention honorable : il était impossible d'y faire preuve de plus de jugement, de raison, de savoir et d'esprit ; quant à cette dernière qualité, elle est l'une de celles qui ont le plus contribué à répandre la popularité de notre académicien. Il y a des mots de lui qui resteront. Ainsi (pour en citer au moins un ou deux), étant allé, lors de la conquête d'Alger, porter ses félicitations au pied du trône, il prit la liberté de rappeler au roi les prédictions dont il avait semé ses écrits, et alors réalisées en partie. « Que m'importe ! répondit Charles X ; je ne reculerai pas d'une semelle. — Puisse Votre Majesté ne pas reculer d'une frontière ! » répondit aussitôt M. de Salvandy. Quelques semaines auparavant, lors de la fête donnée par le duc d'Orléans au roi de Naples, « Monseigneur, avait-il dit au futur roi des Français, c'est bien là une fête napolitaine ; nous dansons sur un volcan. » Peu de temps après la révolution de 1830 était accomplie.

Dès lors une carrière brillante, et bien digne de ses talents, s'ouvre devant M. de Salvandy, pour ne se fermer qu'en 1848. Il est rappelé au conseil d'Etat, qu'il avait abandonné pour continuer plus librement son opposition. La condition d'âge ayant été abaissée, il entra peu de temps après à la Chambre des députés, et s'y plaça, dès le premier jour, au rang de nos premiers orateurs ; puis il publia un livre sur les événements dont il venait d'être à la fois témoin et acteur.

Vingt Mois, ou la révolution de 1830 *et les révolutionnaires*, est peut-être, a-t-on dit, le meilleur ouvrage de M. de Salvandy. Dans aucune de ses publications politiques, en effet, il ne s'est élevé à des considérations aussi hautes et à des études aussi profondes. Jamais aussi il n'avait manié l'arme de l'ironie avec autant de verve. Les portraits y sont de main de maître, et particulièrement ceux des révolutionnaires ; l'auteur les a peints en déshabillé avec des traits d'une touche fine et légère, qui sont des saillies d'une vivacité étincelante. Quant à la forme, on ne peut que la louer : elle n'est pas seulement brillante : elle est simple, ferme, forte, chaleureuse. Ce livre eut un succès immense ; mais, si complet qu'il ait été en France, on ne saurait le comparer avec celui qu'il obtint en Allemagne. Gœthe en fut si vivement frappé, qu'à son lit de mort, ayant déjà perdu l'usage de la vue, le grand écrivain se le faisait lire par sa fille. Et quand, enfin, il sentit son esprit défaillant incapable d'en suivre plus longtemps la lecture, il dit à sa fille d'approcher le livre de ses lèvres, pour le baiser et dire adieu à la pensée humaine. Peu de temps après il expira. « Bien peu de livres, ajoute M. de Césena qui rapporte le fait, ont obtenu un éloge si simple, aussi éloquent, aussi vrai... Nous sommes fier que cet adieu de Gœthe se soit adressé à un écrivain français. »

Le livre des *Vingt Mois* publié, M. de Salvandy en mit au jour un second : *Paris*, *Nantes et la Session*, où se trouvent expliqués d'une façon intelligente et lumineuse les intérêts du moment ; après quoi il rentra à la Chambre des députés, dont il était resté un moment éloigné. Non loin de là il écrivait une brochure qu'il faisait paraître sous le titre d'*Un Mot sur nos affaires*, et dans laquelle il développe avec une grande lucidité de raisonnement la voie que doit suivre la politique moderne. Il prononçait en même temps à la Chambre de ces discours qui remuent tout un peuple par la puissance des vérités qu'ils contiennent et la façon éloquente dont elles sont exprimées. L'un d'eux, celui du 25 mars 1834, ne fut pas tiré à moins de vingt mille exemplaires. Aussi conçoit-on sans peine que le pouvoir ait cherché à s'attirer de bonne heure un homme du caractère et du talent de M. de Salvandy. Le 15 avril 1837, il prit le portefeuille du ministère de l'instruction publique ; mais se vit contraint de s'en défaire deux ans après, devant l'opposition que le cabinet dont il faisait partie trouva dans la Chambre. Néanmoins il resta député ; et fut nommé, en dédommagement, ambassadeur en Espagne, puis à Turin ; enfin, de retour à Paris, il entra une seconde fois au ministère de l'instruction publique, où il est demeuré jusqu'en 1848.

Personne n'avait plus de titres que lui à le diriger. Déjà l'un de nos personnages politiques et l'un de nos écrivains les plus éminents, il s'y montra administrateur intelligent et plein de zèle sous le rapport des choses, digne et bienveillant sous le rapport des hommes. Esprit inventif, aimant le progrès et cherchant le mieux, il a tout ravivé autour de lui, et le meilleur éloge que l'on puisse faire de ses actes, c'est qu'en dépit des innombrables réformes qu'ils ont amenées, tous lui ont survécu. Au reste, on en trouvera le récit circonstancié et fidèle dans le *Rapport sur l'état des travaux exécutés depuis* 1835 *jusqu'en* 1847, et adressé au roi par M. de Salvandy : c'est un compte rendu discret des changements et améliorations apportés par lui dans son département ; c'est aussi un livre plein d'enseignements que nous recommandons aux futurs ministres de l'instruction publique.

Fils d'une génération politique puissante, mais dont la carrière est aujourd'hui brisée, et sans retour sans doute, M. de Salvandy n'est plus que membre de l'Académie des sciences et de l'Académie française. Il est venu succéder dans cette dernière à Parceval-Grandmaison, le 21 avril 1836. L'alliance de la politique et de la littérature lui servit de texte dans son discours de réception, où le rôle militant des écrivains des siècles qui précèdent le nôtre occupe une grande place. Cette question revenait de droit à celui qui avait si bien employé son talent de littérateur au service des intérêts sociaux de son pays. Il a, en outre, prononcé en diverses occasions des discours qui sont autant de diamants jetés dans les recueils de la grande Compagnie. Nous souhaitons vivement que l'éminent orateur ne s'en tienne pas à ces morceaux littéraires parlés, si nous pouvons nous exprimer ainsi, et qu'il mette au jour les ouvrages auxquels on assure qu'il consacre ses loisirs.

XXXVIII.

LE FAUTEUIL DE BOSSUET.

LE FAUTEUIL DE BOSSUET.

I.

L'ABBÉ DU CHASTELET.

1694.

DANIEL HAY DU CHASTELET, abbé de Chambon, était le frère de Paul du Chastelet, que nous avons vu au XIIIe Fauteuil. Il fut l'un des premiers académiciens, et, par conséquent, est resté l'un des moins connus. Il naquit le 23 octobre 1596 à Laval, en Bretagne, où son père, Daniel Hay, était juge civil, criminel et de police. Homme de mœurs paisibles, et aimant l'étude, il eut, dès l'âge de vingt-cinq ans, le doyenné de l'église collégiale avec le prieuré de Notre-Dame de Vitré. « Cette raison, dit d'Olivet, son unique biographe, jointe à son goût naturel pour la retraite, le retint presque toujours dans sa patrie, et il y mourut le 20 avril 1671. On m'a mandé de Laval, qu'il était grand controversiste et grand mathématicien, qu'il avait beaucoup écrit sur ces matières ;

mais que le marquis du Chastelet, auteur d'une *Politique militaire* et d'un *Traité de l'éducation de M. le Dauphin*, ne connaissant rien aux manuscrits de son oncle, et ne voulant pas qu'un autre les débrouillât, prit le parti de les jeter au feu. »

II.

BOSSUET.

1671.

Jacques-Bénigne Bossuet, naquit à Dijon le 27 septembre 1627, d'une famille distinguée de Bourgogne. Tout jeune encore, il se distinguait déjà par une capacité surprenante de mémoire et d'entendement. Placé chez les jésuites, il se livra à l'étude avec l'avidité d'un génie naissant, qui saisissait et dévorait tout. Comme il se destinait à l'état ecclésiastique, il embrassa toutes les études qu'il crut nécessaires ou simplement utiles à cet important ministère, depuis la lecture de la Bible, jusqu'à celle des auteurs profanes, et depuis les Pères de l'Église, jusqu'aux théologiens de l'école et aux écrivains mystiques. Le goût vif et l'espèce de passion qu'il prit pour les livres sacrés, annonçait à la religion le prélat qui devait la prêcher avec le zèle des apôtres et la célébrer avec l'éloquence des prophètes : la suite de son admirable vie l'a prouvé.

Bossuet vint à Paris pour la première fois en

1642. Entré en philosophie au collége de Navarre, il y brilla dans les thèses et les actes publics. « Il fut un prodige et un ange, a dit M. Sainte-Beuve, avant d'être cet aigle que nous admirons. » Il fut présenté comme tel aux beaux esprits de l'hôtel Rambouillet. S'y trouvant un soir devant une assemblée nombreuse et choisie, on lui demanda un sermon sur un sujet qu'on lui donna : il le fit aussitôt, et comme s'il se fût dès longtemps préparé. Bossuet comptait alors seize ans, et il était onze heures du soir; aussi, Voiture, qui ne laissait jamais passer l'occasion de dire un bon mot, s'écria-t-il qu'il n'avait jamais entendu prêcher « si tòt, ni si tard ».

De temps en temps, il se retirait à Metz; là, il se reposait dans l'étude, et dans une vie plus sévère, et qui lui convenait davantage, des succès et des triomphes de Paris. Il y devint successivement sous-diacre, diacre, archidiacre et prêtre (1652). C'est là qu'il prêcha ses premiers sermons et ses premiers panégyriques. Il y fit aussi ses premières armes de controversiste contre les protestants qui abondaient dans cette province, et il eut le bonheur d'en ramener plusieurs à la religion catholique. Ces succès eurent de l'éclat. On l'appela à Paris, pour y remplir des chaires plus brillantes. Anne d'Autriche, son admiratrice, lui fit donner, à l'âge de trente-quatre ans, l'Avent de la cour en 1661 et le Carême en 1662. Quand Louis XIV entendit pour la première fois Bossuet, il partagea aussitôt l'admiration de la reine-mère pour le jeune prédicateur, et eut envers lui un procédé délicat et bien digne de son caractère : il fit écrire au père de Bossuet, à Metz, *pour le féliciter d'avoir un tel fils.*

Le ton de la chaire changea dès que Bossuet y parut. A un mauvais goût qui, trop souvent, la dégradait, il substitua la force et la dignité qui convient à la morale chrétienne. Il n'écrivait point ses sermons, ou plutôt il ne les écrivait qu'en raccourci et comme en idée ; il se contentait de méditer profondément son sujet et d'en jeter les principaux points sur le papier. Il écrivait quelquefois les unes auprès des autres différentes expressions de la même pensée, et, dans la chaleur de l'action, il se saisissait en courant de celle qui s'offrait la première à l'impétuosité de son génie. Cette fécondité pleine de chaleur et de verve, qui, dans le lieu où il était, ressemblait à l'inspiration, subjuguait et entraînait ceux qui l'écoutaient. Un de ces hommes qui font parade de ne rien croire voulut l'entendre ou plutôt le braver. Trop orgueilleux pour s'avouer vaincu, mais trop juste pour ne pas rendre hommage à un grand homme : « Voilà, dit-il en sortant, le premier des prédicateurs pour moi ; car c'est celui par lequel je sens que je serais converti, si j'avais à l'être. »

Son Carême de 1666 et son Avent de 1668, prêchés pour confirmer le maréchal de Turenne, nouvellement réuni à l'Eglise catholique, lui valurent l'évêché de Condom. Le roi le chargea ensuite de l'éducation du Dauphin (1670). Alors, ne croyant pas pouvoir garder une épouse avec laquelle il ne vivait pas, il se démit de l'évêché de Condom. Ce fut vers ce temps qu'il prononça l'*Oraison funèbre* de Madame, morte si subitement, au milieu d'une cour brillante dont elle était l'ornement et les délices. Personne ne savait mieux que lui l'art de faire passer avec rapidité, dans l'âme de ses auditeurs, le sentiment profond dont il était pénétré, et l'on s'en aperçut en l'entendant prononcer ce chef-d'œuvre. A ces paroles, que tout le monde sait : « O nuit désastreuse, nuit effroyable ! où retentit tout à coup, comme un éclat de tonnerre, cette étonnante nouvelle : *Madame se meurt ! Madame est morte !* » toute la cour fondit en larmes. Le pathétique et le sublime éclatent également dans ce discours. On trouve une sensibilité plus douce, mais moins sublime, dans les dernières paroles de l'*Oraison funèbre* du grand Condé. Ce fut par ce beau discours que Bossuet termina sa carrière oratoire. « Il finit par son chef-d'œuvre, dit d'Alembert, comme auraient dû faire beaucoup de grands hommes, moins sages ou moins heureux que lui. » — « Prince, dit-il en s'adressant au héros que la France venait de perdre, vous mettez fin à tous ces discours. Au lieu de déplorer la mort des autres, je veux désormais apprendre de vous à rendre la mienne sainte ; heureux si, averti par ces cheveux blancs du compte que je dois rendre de mon administration, je réserve au troupeau que je dois nourrir de la parole de vie, les restes d'une voix qui tombe et d'une ardeur qui s'éteint ! » La réunion touchante que présente ce tableau d'un grand homme qui n'est plus et d'un autre grand homme qui va bientôt disparaître, pénètre l'âme d'une mélancolie douce et profonde, en lui faisant envisager avec douleur l'éclat si vain et si fugitif des talents et de la renommée, le malheur de la condition humaine et celui de s'attacher à une vie si triste et si courte.

On a dit que Bossuet n'avait ni supérieurs ni égaux dans l'oraison funèbre, et on l'a dit avec raison. Toutes celles qu'il a prononcées portent l'empreinte de l'âme forte et élevée qui les a produites. Toutefois, si dans ces admirables discours, l'éloquence de l'orateur n'est pas toujours égale, s'il paraît même s'égarer quelquefois, il se fait pardonner ses écarts par la hauteur immense à laquelle il s'élève. On sent que son génie a besoin de la plus grande liberté pour se déployer dans toute sa vigueur, et que les entraves d'un goût sévère, les détails d'une correction minutieuse et la sécheresse d'une composition longtemps travaillée, ne feraient qu'énerver cette éloquence brûlante et rapide. « Son audacieuse indépendance, qui semble repousser toutes les chaînes, dit d'Alembert, lui fait oublier la noblesse même des expressions ; heureuse négligence, puisqu'elle anime et précipite cette marche vigoureuse où il s'abandonne à toute la véhémence et l'énergie de son âme ! on croirait que la langue dont il se sert n'a été créée que pour lui, qu'en parlant même celle des sauvages il eût forcé l'admiration, et qu'il n'avait besoin que d'un moyen, quel qu'il fût, pour faire passer dans l'âme de ses auditeurs toute la grandeur de ses idées. »

Appelé à diriger l'éducation d'un prince destiné à gouverner la France, Bossuet écrivit pour lui le *Discours sur l'histoire universelle*. On ne peut se lasser d'admirer dans cette œuvre, si digne de ses précédents ouvrages, la rapidité avec laquelle il décrit l'élévation et la chute des empires, les causes de leurs progrès et celle de leur décadence, les desseins secrets de la Providence sur les hommes, les ressorts cachés qu'elle fait jouer dans le cours des choses humaines. C'est un spectacle des plus grands, des plus magnifiques et des plus variés que l'éloquence ait donnés à l'esprit humain. Ce *Discours* et les soins que son auteur avait donnés à l'instruction de son auguste élève, furent récompensés, en 1680, par la charge de premier aumônier de la Dauphine, et par l'évêché de Meaux en 1681. Il devint, en 1697, conseiller d'Etat, et, l'année d'après, premier aumônier de la duchesse de Bourgogne. Une affaire d'éclat, à laquelle il eut beaucoup de part, fixait alors les yeux du public sur lui. Fénelon venait de publier son livre sur l'*Explication des maximes des saints* : Bossuet, qui vit dans cet ouvrage les restes du molinosisme, qu'il avait déjà combattu, s'éleva de nouveau contre cette opinion dans des écrits réitérés. Ses ennemis attribuèrent ces productions à la jalousie que lui inspirait Fénelon, et ses amis à son zèle contre les nouveautés. Quelque motif qu'il eût (et vraisemblablement il n'en eut que de bons), il fut vainqueur ; mais, si sa victoire sur l'archevêque de Cambrai lui fut glorieuse, celle que Fénelon remporta sur lui-même le fut davantage. On peut juger de la vivacité qu'il montra dans cette querelle par ce trait : « Qu'auriez-vous fait si j'avais protégé M. de Cambrai ? demanda un jour Louis XIV. — Sire, répondit Bossuet, j'aurais crié vingt fois plus haut ; quand on défend la vérité, on est assuré de triompher tôt ou tard. » Il répondit au même prince, qui lui demandait son sentiment sur les spectacles : « Il y a de grands exemples pour et des raisonnements invincibles contre. » Il fut aussi zélé pour l'exactitude de la morale que pour la pureté de la foi : le grand Arnaud ayant fait l'apologie de la satire sur les femmes de Boileau, l'évêque de Meaux décida, sans hésiter, que le docteur n'avait pas poussé la sévérité assez loin. Il condamna la satire, en général, comme incompatible avec la religion, et celle des femmes en particulier ; celle-ci lui paraissant contraire aux bonnes mœurs et tendant à détourner du mariage, par les peintures que le poëte y fait de la corruption de cet état. On retrouvait cette sévérité de morale appliquée à sa propre vie. Tout son temps était absorbé par l'étude ou par les travaux de son ministère. Il se livrait sans réserve aux soins et à l'instruction de son diocèse. Résolu de finir ses jours dans son sein, dégoûté du monde et de la gloire, il n'aspirait plus, disait-il, qu'à être enterré aux pieds de ses prédécesseurs. Après avoir, dans sa jeunesse, effrayé par sa morale éloquente les souverains et les grands de la terre, il consola par cette même éloquence les faibles et les indigents confiés à son zèle. Il allait même jusqu'à faire le catéchisme aux enfants, et surtout aux pauvres, et ne se croyait pas dégradé par cette fonction si digne d'un élève. « C'était un spectacle rare et touchant, dit d'Alembert, de voir le grand Bossuet transporté de la chapelle de Versailles dans une église de village, apprenant aux paysans à supporter leurs maux avec patience, rassemblant avec tendresse leur jeune famille autour de lui, aimant l'innocence des enfants et la simplicité des pères, et trouvant dans leur naïveté, dans leurs mouvements, dans leurs affections, cette vérité précieuse qu'il avait cherchée vainement à la cour. » Retiré dans son cabinet dès qu'il pouvait disposer de quelques instants, sa porte restait toujours ouverte aux malheureux qui cherchaient ou des instructions, ou des consolations, ou des secours. Il ne se permettait que des délassements fort courts. Ses promenades étaient rares, même dans son jardin ; ce qui faisait dire à son jardinier : « Si je plantais des saint Augustin et des saint Chrysostôme, vous les viendriez voir ; mais pour vos arbres, vous ne vous en souciez guère. » Ce grand homme ayant atteint l'âge de soixante-dix-sept ans, fut enlevé à la France et à l'Eglise le 12 avril 1704.

Indépendamment des ouvrages que nous avons cités, Bossuet a laissé l'*Histoire des variations*, des ouvrages de piété et de controverse en très-grand nombre; mais ces ouvrages ne sont pas de notre ressort. Nous en laisserons donc l'éloge aux théologiens, qu'ils regardent plus particulièrement; quant au jugement que la postérité a porté sur leur auteur, c'est à un académicien, c'est à M. Sainte-Beuve que nous le demanderons. Transporter dans notre livre quelques morceaux de ce critique plein de bon sens et de charme, n'est-ce pas toujours, pour nos lecteurs, une bonne fortune?... « La gloire de Bossuet, dit-il, est devenue l'une des religions de la France; on la reconnaît, on la proclame, on s'honore soi-même en y apportant chaque jour un nouveau tribut, en lui trouvant de nouvelles raisons d'être et de s'accroître; on ne la discute plus. C'est le privilége de la vraie grandeur de se dessiner davantage à mesure qu'on s'éloigne, et de commander à distance. Ce qu'il y a de singulier pourtant dans cette fortune et cette sorte d'apothéose de Bossuet, c'est qu'il devient ainsi de plus en plus grand pour nous, sans pour cela qu'on lui donne nécessairement raison dans certaines controverses des plus importantes où il a été engagé. Vous aimez Fénelon, vous chérissez ses grâces, son insinuation noble et fine, ses chastes élégances; vous lui passeriez même aisément ce qu'on appelle ses erreurs : et Bossuet les a combattues, ces erreurs, non-seulement avec force, mais à outrance, mais avec une sorte de dureté. N'importe! la grande voix du contradicteur vous enlève malgré vous et vous force à vous incliner, sans égard à vos secrètes attaches pour celui qu'il abat. De même pour les longues et opiniâtres batailles rangées qui se sont livrées sur la question gallicane. Etes-vous gallican, ou ne l'êtes-vous pas? Vous applaudissez, ou vous poussez un soupir à cet endroit de la carrière, mais l'ensemble de la course illustre ne garde pas moins à vos yeux sa hauteur et sa majesté. J'oserai dire la même chose de la guerre sans trève que Bossuet a faite au protestantisme sous toutes les formes. Tout protestant éclairé, en faisant ses réserves sur les points d'histoire, avouera avec respect qu'il n'a jamais rencontré deux pareils adversaires. En politique aussi, quelque peu partisan que l'on soit de la théorie sacrée et du droit divin, tel que Bossuet l'institue et le renouvelle, on serait presque fâché que cette doctrine n'eût pas trouvé un si simple, si mâle, si sincère organe, et si naturellement convaincu. Un Dieu, un Christ, un évêque, un roi, — voilà bien dans son entier la sphère lumineuse où la pensée de Bossuet se déploie et règne : voilà son idéal du monde. De même qu'il y eut dans l'antiquité un peuple à part, qui, sous l'inspiration et la conduite de Moïse, garda nette et distincte l'idée d'un Dieu créateur et toujours présent, gouvernant directement le monde, tandis que tous les peuples à l'entour égaraient cette idée, pour eux confuse, dans les nuages de la fantaisie, ou l'étouffaient sous les fantômes de l'imagination et la noyaient dans le luxe exubérant de la nature, de même Bossuet, entre les modernes, a ressaisi plus qu'aucun cette pensée simple d'ordre, d'autorité, d'unité, de gouvernement continuel de la Providence, et il l'applique à tout sans effort et comme par une déduction invincible. Bossuet, c'est le génie hébreu, étendu, fécondé par le christianisme, et ouvert à toutes les acquisitions de l'intelligence, mais retenant quelque chose de l'interdiction souveraine, et fermant exactement son vaste horizon là où pour lui finit la lumière. De geste et de ton, il tient d'un Moïse ; il y mêle dans la parole des accents du prophète-roi, des mouvements d'un pathétique ardent et sublime; il est la voix éloquente par excellence, la plus simple, la plus forte, la plus brusque, la plus familière, la plus soudainement tonnante. Là même où il a son cours rigide et son flot impérieux, il y roule des trésors d'éternelle morale humaine. Et c'est par tous ces caractères qu'il est unique pour nous, et que, quel que soit l'emploi de sa parole, il reste le modèle de l'éloquence la plus haute et de la plus belle langue. »

III.

LE CARDINAL DE POLIGNAC.

1704.

Melchior de Polignac, cardinal, né au Puy en Velay, le 11 octobre 1661, de l'une des plus anciennes familles de l'Auvergne, est l'homme le plus célèbre que sa maison ait produit dans ces derniers temps. Dans son *Temple du Goût*, Voltaire, n'envisageant ce prélat qu'au seul point de vue littéraire, l'appelait

> Le cardinal, oracle de la France...
> Réunissant Virgile avec Platon,
> Vengeur du Ciel et vainqueur de Lucrèce.

Il ne s'est pas moins fait remarquer dans la carrière politique. A un visage d'une grande beauté, il joignait les manières et l'esprit les plus séduisants. « Fait pour donner le ton, dit de Boze, il semblait toujours le prendre. Son génie aisé, et pour ainsi dire maniable, se laissait en quelque façon saisir, étendre, rétrécir au gré de ceux qui l'approchaient ; s'il se plaisait quelquefois à disputer sur ce qui était susceptible de dispute, ce n'était jamais pour faire prévaloirs on sentiment ; il ne voulait y amener que par la force des raisons ; et si l'universalité de ses connaissances le rendait inférieur en certaines choses à ceux qui en avaient fait une étude particulière, ils étaient eux-mêmes étonnés de le trouver toujours en état d'en parler sur-le-champ avec justesse, de leur faire des objections solides, et de leur fournir souvent de nouvelles preuves. » Mme de Sévigné ne s'exprimait pas moins bien sur son compte : « C'est, disait-elle, un des hommes du monde dont l'esprit me paraît le plus agréable : il sait tout, il parle de tout ; il a toute la douceur, la vivacité, la complaisance qu'on peut souhaiter dans le commerce. » Il achevait à peine sa théologie que le cardinal de Bouillon l'emmena avec lui au conclave qui allait élire Alexandre VIII. Admis chez le nouveau pape, il ne tarda pas à lui plaire ; mais celui-là se repentit bientôt de l'influence que le jeune abbé exerçait sur tous ceux qu'il approchait. Alexandre le lui avoua un jour très-ingénûment : « Vous paraissez toujours être de mon avis, dit-il, et à la fin c'est le vôtre qui l'emporte. » Ce fut lui qui rendit compte à Louis XIV de la mission dont ce prince avait chargé le cardinal de Bouillon. Au sortir de l'audience : « Je viens d'entretenir un homme, dit le roi, et un jeune homme, qui m'a toujours contredit sans que j'aie pu m'en fâcher un moment. » La mort d'Alexandre étant survenue, il retourna à Rome ; assista en qualité d'envoyé français au conclave où fut élu Innocent XII, et immédiatement après, revint à la cour. L'accueil qu'il y reçut ne put l'y retenir ; il préféra aux agréments qu'il y trouvait le séjour du séminaire des Bons-Enfants, pour se livrer, suivant son goût, à l'étude des lettres et des sciences, en se préparant à la carrière qu'il avait choisie. Mais l'opinion que Louis XIV avait de ses talents ne lui permit pas de les consacrer uniquement à cet usage ; il fut nommé ambassadeur en Pologne.

Le titre d'auditeur de rote l'attendait à son retour ; il alla donc à Rome, d'où il revint pour se rendre en Hollande ; puis, sur les instances du roi, à Utrecht. Ce fut pendant la tenue du congrès où se conclut le fameux traité de ce nom, que Clément XI, qui avait connu particulièrement l'abbé de Polignac pendant ses divers séjours à Rome, le créa cardinal *in petto*. Le pape eut la délicatesse de ne le déclarer que huit grands mois après, pour lui laisser tout le temps de consommer le précieux ouvrage de la paix ; et ce fut par une délicatesse à peu près semblable que Polignac quitta la Hollande, sans avoir mis sa signature au traité ; parce que ce traité ruinait les espérances d'un prince qui avait beaucoup contribué à sa nomination au cardinalat. Le roi ne l'en combla pas moins de ses faveurs lorsqu'il reparut à Versailles. Il était archevêque d'Auch : en 1728, il devint commandeur des ordres du roi. Les honneurs littéraires s'accumulèrent aussi sur sa tête : il remplaça Bossuet à l'Académie française, entra dans celles des sciences et des inscriptions. Il ne parlait pas seulement avec facilité sa langue maternelle, il possédait de même la plupart des langues vivantes. Il savait non moins bien la langue grecque, et il avait si heureusement cultivé la latine, qu'il en aurait pu donner des préceptes comme Varron, et des exemples comme Cicéron. Il n'en faudrait d'autres preuves que les discours latins qu'il a prononcés à Rome en différentes occasions, celui surtout que son admission comme auditeur de rote exigea de lui. La poésie du pays de Virgile lui était également familière, et il y excellait. Il l'a prouvé non par quelques odes, quelques élégies, quelques épîtres, mais par un des poëmes les plus volumineux qui aient été entrepris depuis la renaissance des lettres ; un poëme de dix à douze mille vers, où sont traitées les plus importantes matières de la religion, de la physique et de la morale ; où, suivant la critique du temps, l'auteur, égal à Lucrèce pour la versification, mais bien supérieur pour la doctrine, après avoir déterminé contre le sentiment de ce poëte, contre celui d'Epicure et de ses sectateurs, en quoi consiste le souverain bien, quelle est la nature de l'âme, soit dans les hommes, soit dans les animaux, ce que l'on doit penser des atomes, du mouvement, du vide, tire de l'éclaircissement même de ces questions sublimes, l'existence réelle et nécessaire d'un Dieu créateur et conservateur perpétuel de l'univers. C'est nommer l'*Anti-Lucrèce*.

Le cardinal ne put malheureusement pas mettre la dernière pierre à ce vaste monument; mais Le Beau et l'abbé Rothelin s'en chargèrent, et ils le firent avec tant d'art, que tout parut être du même écrivain. Envoyé à Rome comme ambassadeur après la mort de Louis XIV, il y consacra tout son temps à collectionner des antiquités. A des suites nombreuses de médailles de toutes les grandeurs et de tous les métaux, il avait ajouté une superbe collection de statues, de bustes, de bas-reliefs et autres monuments antiques. Il faisait aussi faire des fouilles. C'est ainsi qu'il découvrit le palais des Césars dans les jardins de la Vigne-Farnèse. Mais ce n'était là qu'une faible partie de ce qu'il voulait découvrir ; aussi, disait-il quelquefois qu'il n'aurait souhaité être le maître de Rome que pour détourner pendant une quinzaine de jours le cours ordinaire du Tibre, depuis Pontemole jusqu'au mont Testacio, et en retirer les statues, les trophées et autres monuments qui y avaient été précipités dans le temps des factions, des guerres civiles et de l'incursion des barbares. Quoique ce ne fût qu'une idée, il avait fait niveler le terrain des environs, et pris toutes les notions convenables à l'exécution de ce projet. Il aurait aussi voulu faire creuser les ruines du temple de la Paix, brûlé sous l'empire de Commode, dans l'espérance d'y trouver le chandelier à sept branches, la mer d'airain et tous les vases précieux que Titus y avait déposés après son triomphe de la Judée.

Le cardinal de Polignac mourut le 20 novembre 1741, à l'âge de quatre-vingts ans. « Il a été, dit Mairan, un des hommes les mieux faits et de la plus grande mine, on ne pouvait qu'en être frappé en l'abordant. Je ne sais quoi d'altier et de relevé caractérisait ses traits, une noble hardiesse semblait les animer; mais il ne ne prenait pas plutôt la parole, qu'à cet air imposant succédait un air de bonté et de douceur qui dissipait toute crainte, et n'inspirait que la confiance avec le respect. Son âme alors était peinte sur son visage : âme grande, généreuse, et tranquille qui a toujours usé libéralement de ses trésors, ainsi que des biens de la fortune, sans les compter et presque sans les connaître. »

IV.

VAUX DE GIRY.

1742.

Odet-Joseph de Vaux de Giry, abbé de Saint-Cyr, né à Bagnols au commencement du XVIIIe siècle, mort à Paris le 14 janvier 1761. Il avait été sous-précepteur du Dauphin fils de Louis XV, « et, dit d'Alembert c'est un usage ancien et comme sacré pour l'Académie, de recevoir parmi ses membres, le précepteur et le sous-précepteur des Enfants de France. Le mérite éminent des Bossuet, des Fénelon, des Fleury, suffit pour justifier cet usage ; il est d'ailleurs naturel de penser que pour instruire et former l'héritier de la couronne, le monarque choisit ceux qui, par leur mérite, leurs connaissances et leurs lumières se sont montrés les plus dignes de cette importante place ; et l'Académie ne doit pas se piquer d'être plus difficile que son protecteur. Ce fut par ces motifs qu'elle admit M. l'abbé de Saint-Cyr, dont la modestie avait, dans le silence, cultivé des talents qui n'échappèrent pas au souverain. M. l'abbé Le Batteux, son ami et son successeur, nous assure qu'il était très-versé dans les langues grecque et latine, et qu'il ne négligea rien pour en inspirer le goût à son auguste élève... M. le Dauphin, néanmoins très-mécontent de son éducation, dans laquelle, apparemment, M. l'abbé de Saint-Cyr n'était pas secondé par ses coopérateurs, en recommença une seconde, qui lui fut beaucoup plus utile; et ce qui prouve qu'il n'avait rien à reprocher aux soins que M. l'abbé de Saint-Cyr avait donnés à son enfance, c'est qu'il l'honora constamment de sa confiance et de son estime, daignant appeler son ami celui qui avait été son premier maître. »

V.

LE BATTEUX.

1761.

Charles Le Batteux naquit en 1713 à Allendhuy, en Champagne. Après de bonnes études il embrassa la carrière du professorat dans sa ville natale, où il enseigna dès l'âge de vingt ans. Appelé ensuite à Paris, en 1730, il occupa avec distinction la chaire d'humanités et de rhétorique des colléges de Lisieux et de Navarre. Ce fut en qualité de professeur et au nom de l'Université qu'il fit ses essais : ce sont deux discours latins qui furent très-remarqués, et qui lui valurent l'enseignement de la philosophie grecque et latine au collége royal. Le Batteux y demeura sa vie entière. Professeur le matin, il redevenait écrivain le soir, ou pour mieux dire, professeur écrivain, car ses ouvrages ne s'adressent guère qu'à la jeunesse des écoles. Ce sont des livres où il continue et développe son enseignement. Il faut surtout distinguer dans le nombre son *Cours de belles-lettres* (1760) : plus raisonné, plus méthodique, plus précis que le travail de Rollin sur le même sujet, il est devenu classique chez les étrangers, tandis que nous préférions le *Traité des études*, il est vrai inférieur par certains côtés, mais écrit avec plus d'élégance et de charme. Sa *Traduction d'Horace*, en général fidèle, manque également de chaleur et de grâce. La *Morale d'Epicure* (1758) est meilleure. Tous les points de la doctrine de ce philosophe y sont développés avec autant de clarté que de précision. C'est un amas monstrueux de suppositions arbitraires, d'absurdités, de contradictions, de mystères incompréhensibles, tel que doit être nécessairement tout système qui a pour base l'anéantissement d'une première cause libre et intelligente. On y voit que le juste et l'injuste sont des noms sans réalité; en un mot, que la vertu du vrai disciple d'Epicure, si elle n'a d'autre fondement que sa doctrine, est celle de l'égoïste qui, sans inquiétude comme sans espoir pour l'avenir, bornant à cette vie son existence, et rapportant tout à son individu, n'est et ne peut être soumis aux lois, qu'autant que la crainte du châtiment est capable d'altérer la tranquillité de son âme et de nuire à son bien-être personnel. Placé entre la volupté et l'impunité, le crime n'est point crime pour lui, parce que ce ne peut être qu'un bien pour un cœur inaccessible, par principe, au remords. Ainsi Le Batteux a-t-il démêlé la doctrine du dangereux philosophe. On trouve en outre dans ce livre bien fait beaucoup de savoir, mais un savoir qui ne s'impose point. On peut en dire autant de ses *Quatre Poétiques* (1771), ouvrage qui respire le bon goût d'un excellent littérateur et la politesse de l'académicien. L'auteur débrouille dans l'*Histoire des causes premières* quelques principes de l'ancienne philosophie ; travail énorme et qui lui coûta d'autant plus qu'il le laisse moins apercevoir. Enfin chacun de ses ouvrages, qui sont en assez grand nombre, est marqué au sceau d'un esprit consciencieux, érudit et plein d'intelligence : aussi l'Académie des inscriptions, devinant en lui un de ces laborieux chercheurs qui l'ont dotée de tant de richesses, l'avait-elle admis en 1754 : acquisition dont elle ne s'est pas repentie, car Le Batteux est l'un de ceux qui ont le plus activement collaboré à ses mémoires. L'Académie française l'accueillait à son tour en 1761.

Tandis que dans le sein de ces deux corps littéraires Le Batteux méditait sur la philosophie et sur les belles-lettres, le gouvernement le chargea de présider à la rédaction d'un cours d'études que le comte de Saint-Germain destinait à l'éducation des élèves de l'Ecole militaire. Ce cours, très-étendu, fut conçu et exécuté en moins d'un an, selon le vœu du ministre. Un travail si pressé, et terminé avec tant de célérité, nuisit à la fois et à l'ouvrage qui, dans quelques-unes de ses parties manqua le point de perfection dont il était susceptible, et plus encore au rédacteur même, dont la santé s'affaiblit sans retour. A une maladie de nerfs, dont il se plaignait depuis quelques années, se joignit une hydropisie de poitrine, qui l'enleva le 14 juillet 1781.

Ce littérateur estimable joignait à des mœurs graves, mais sans rudesse, à un caractère ferme, à une conversation solide et instructive, les lumières d'un homme vieilli dans le commerce des lettres. Il y avait puisé ces principes judicieux, ces pensées naturelles qui, pour nous servir de ses expressions, n'ont que le sel de ces nourritures saines, dont la saveur est toujours nouvelle, parce qu'elles n'usent point le goût; qui exercent l'esprit sans l'inquiéter, et l'éclairent sans l'éblouir. Ses talents, cependant, n'étaient qu'une cause secondaire de l'estime qu'il avait conquise près des honnêtes gens. Bienfaisant, dévoué, actif à faire le bien, une famille nombreuse perdit en lui le cœur d'un parent tendre et les secours d'un bienfaiteur généreux.

VI.

LE MIERRE.

1781.

Antoine-Marin Le Mierre naquit à Paris en 1733. Quoique sa famille fût pauvre, les heureuses dispositions qu'il annonça dès son enfance la déterminèrent à lui donner une bonne éducation. Placé dans un collége de l'Université, le jeune homme ne démentit pas les espéranees qu'il avait données : il fit ses études avec la plus grande distinction. On remarqua ces premiers succès. Dupin, fermier général, avait surtout distingué le courageux élève. Il l'attira chez lui ; bientôt charmé par la vivacité de son esprit, la douceur de son caractère, son amour, son enthousiasme pour les lettres, achevèrent de lui gagner sa bienveillance. Il lui offrit de le prendre en qualité de secrétaire, dans l'intention de lui procurer, sans blesser sa délicatesse, les moyens de suivre son penchant. Le Mierre accepta ; et, désormais assuré sur son existence, il se livra tout entier à l'étude.

Il commença, comme tous les jeunes gens, par concourir pour les prix académiques, et il en remporta plusieurs, ce qui l'engagea à poursuivre en mettant la dernière main à sa première tragédie. *Hypermnestre* fut jouée (1758) et accueillie par un succès qu'elle méritait. La marche en est vive ; l'intérêt y croit de scène en scène ; les situations s'y succèdent avec une rapidité qui laisse à peine au spectateur le temps de respirer, et à ce mérite elle joint celui d'offrir des passions bien peintes et des caractères bien développés. Elle fut suivie de *Térée* (1761), dont le sujet moins heureux desservit le poëte près du public : cette tragédie n'eut aucun succès. Environ vingt ans après, Le Mierre essaya néanmoins de faire revivre son œuvre ; mais quelque salutaires que soient les changements qu'il y apporta, elle ne put obtenir que cinq représentations. On goûta davantage *Idoménée* (1764) : cette pièce fit même beaucoup d'honneur à notre poëte. Les amis de l'antiquité applaudirent surtout à la noble simplicité qui y règne. *Artaxerce*, qui vint ensuite, se fait remarquer par l'habileté avec laquelle elle est conduite ; les situations sont bien amenées, et le dénoûment est du plus bel effet. Cette tragédie remit tout à fait Le Mierre en faveur ; « elle a été fort bien reçue et très-applaudie, disait le *Mercure :* il y a un second acte d'une très-grande beauté, qui laissait craindre que les actes subséquents ne pussent se soutenir ; mais les spectateurs furent agréablement surpris en trouvant encore jusqu'à la fin des motifs de satisfaction et d'applaudissements. A la troisième représentation, elle a été encore plus applaudie qu'à la première ; on y a demandé l'auteur avec une espèce d'enthousiasme et la plus longue obstination ».

Guillaume Tell, joué la même année (1766), ne fut pas aussi bien accueilli, moins peut-être à cause de la faiblesse de l'intrigue qu'à cause de la nouveauté du spectacle. Elle renferme trop de talent, d'ailleurs, pour que le public ait eu le temps de s'apercevoir du défaut de composition ; mais, on le sait, au théâtre les innovations sont dangereuses, et Le Mierre innovait. D'agrestes habitants de la Suisse, mis tels quels sur une scène dès longtemps habituée aux Grecs et aux Romains, et raisonnant avec une indépendance de sentiments à laquelle on n'était pas encore habitué, étaient trop faits pour froisser les habitudes du public : il se montra froid. Le Mierre s'aperçut qu'il était venu trop tôt ; il reprit sa pièce ; y retoucha, et plus tard, tentant de nouveau la fortune, celle-ci répondit aussitôt à son appel : *Guillaume Tell* recueillit enfin les applaudissements dont il était si digne.

La *Veuve du Malabar* eut un sort semblable : d'abord écoutée froidement en 1770, dix ans plus tard, elle fut reçue avec enthousiasme. *Céramis*, tombée à plat en 1785, ne partagea pas le destin de ses aînées : elle ne se releva jamais. *Barnevelt* (1790), quoique joué avec succès, n'est guère meilleur; quant à la dernière tragédie de Le Mierre, *Virginie*, elle n'a été ni représentée ni imprimée : son auteur avait achevé sa carrière avec la *Veuve du Malabar*. Le Mierre, d'ailleurs, loin de consacrer son talent au seul théâtre, s'occupait alors de la composition de deux poëmes, qui lui prenaient la meilleure sève de son talent : la *Peinture* et les *Fastes*. C'est dans le premier qu'on trouve ce morceau de poésie didactique si connu, cet éloge de la chimie moderne, qui, par la pureté, l'élégance du style et la difficulté vaincue, assigna une si belle place à Le Mierre parmi les poëtes du genre. Il se montra dans les autres parties le digne rival des maîtres : elles sont pleines de verve et de poésie. Il est regrettable qu'il n'ait pas été aussi bien inspiré dans ses *Fastes*. L'idée cependant était grande et belle.

Recueillir nos divers usages, nos institutions, nos cérémonies, en former pour ainsi dire le tableau de nos mœurs sous l'ancienne monarchie, tel est le plan qu'il s'est proposé, et qu'il ne paraît pas avoir rempli à la satisfaction générale. Nul de ses écrits n'a été plus en butte à la critique. Il est en effet plein de défauts : composition, détails, style, tout est à reprendre, et c'est à peine si l'on trouve cinq ou six pages vraiment remarquables. Les poésies fugitives qui y font suite, méritent plus d'attention. Elles ont de la pensée, des tournures originales et neuves, des vers et des passages heureux, et de l'esprit surtout. On cite de lui une foule de traits qui prouvent que, tout poëte tragique qu'il était, il n'en manquait pas, non plus que d'amour-propre ; nous nous contenterons, pour en donner une idée, d'en rapporter trois. Ils sont relatifs à la pièce qu'il préférait à tous ses autres ouvrages, à la *Veuve du Malabar.* A la première représentation de *Céramis,* les fréquentes marques d'improbation du public lui donnaient de l'humeur ; et dans son impatience, il répétait : « Parbleu, ne s'imaginent-ils pas qu'on leur donnera tous les jours des *Veuves du Malabar!* » Un autre soir, qu'on représentait cette dernière pièce devant un très-petit nombre de spectateurs, un plaisant lui fit méchamment remarquer la solitude du parterre et des loges : « Vous vous trompez, lui répondit-il, il ne manque pas de monde, mais cette salle est tellement construite, qu'elle paraît vide. » Se trouvant un jour dans la bibliothèque de

Roucher, Le Mierre se lève tout à coup et, s'avançant vers le buste de Voltaire : « Ah ! coquin, lui dit-il, n'est-ce pas que tu voudrais bien avoir fait ma *Veuve !* »

Un biographe nous représente Le Mierre avec une taille un peu au-dessous de la moyenne, des yeux petits, mais vifs et perçants, annonçant un génie actif. « Métromane infatigable, dit-il, la préoccupation continuelle de son esprit lui faisait souvent négliger le soin de sa personne ; son âme était noble et élevée; nul homme de lettres ne s'est montré plus pénétré de la dignité de son état, quoiqu'il fût presque sans fortune, et que, pendant longtemps, ses moyens d'existence se réduisissent au produit de ses ouvrages, jamais il n'a vendu ni prostitué sa plume. Ennemi des cabales, il ne dut sa renommée qu'à son talent; sans envie, les succès de ses rivaux, loin de l'affliger, lui faisaient un véritable plaisir; il les applaudissait avec toute la franchise de son caractère. Il éprouvait surtout une jouissance particulière à encourager les jeunes gens, et, plusieurs fois on l'a vu, au théâtre, apaiser les murmures et réclamer l'indulgence en faveur d'un premier ouvrage. Son cœur était sensible et généreux. Ses parents avaient employé à lui donner une bonne éducation les économies qu'ils avaient pu amasser pour leur vieillesse. il n'oublia jamais les devoirs que ce sacrifice lui imposait. On l'a vu souvent aller à pied porter une partie de la faible rétribution de ses pièces à sa mère, retirée à Villers-le-Bel; il se faisait gloire de publier les obligations qu'il avait à M. Dupin, et de convenir que, s'il avait acquis quelque célébrité, il en était redevable à cet homme généreux... »

La Révolution ravit à Le Mierre une partie de ses moyens d'existence ; la nécessité, autant que le dégoût que lui inspirait le séjour de la capitale, le déterminèrent à se retirer à Saint-Germain en Laye, où il mourut le 4 juillet 1793.

VII.

BIGOT DE PRÉAMENEU.

1795.

Félix-Julien-Jean Bigot de Préameneu, né à Redon en 1750, mort le 31 juillet 1825 Il était avocat au parlement de Paris lorsque la Révolution éclata. Bigot en embrassa les principes, mais avec tout le calme et la modération d'un honnête homme. Il devint, en 1791, député à la première législature, et se rangea du parti modéré. Appelé à la présidence, il s'y signala par ses courageux efforts pour le maintien de l'ordre ; malheureusement, ni lui, ni les quelques hommes amis du bien qui partageaient ses vues ne pouvaient empêcher des catastrophes dès longtemps preparées. Quand arriva le règne de la Terreur, Bigot se vit contraint de chercher une retraite cachée ; mais Bonaparte triomphant, il reparut pour occuper les différents postes auxquels son mérite le désignait.

Tour à tour commissaire du gouvernement près le tribunal de cassation, membre du conseil d'État, son activité, ses lumières, son éloquence frappèrent l'attention de Napoléon, qui le fit d'abord comte, puis grand officier de la Légion d'honneur. Le portefeuille du ministère des cultes lui fut ensuite confié, et il le garda jusqu'en 1815. Bigot, à cette époque, disparut de la scène des intérêts politiques. Il cessa d'être un citoyen utile à son pays par ses talents, pour n'être plus qu'homme de bien et académicien.

« M. le comte Bigot de Préameneu ne fut pas moins digne de nos regrets comme homme privé que comme académicien et homme public, dit Daru dans le discours qu'il prononça sur sa tombe au nom de ses collègues de l'Institut. Ses vertus domestiques, l'aménité de son caractère, lui firent conserver dans une longue vie, souvent orageuse, cette tranquillité d'âme qui lui permit d'amasser de vastes connaissances et qui devint profitable à la patrie, lorsqu'elle réclama son dévouement. Ses lumières le firent distinguer dans la plus éminente de nos cours de justice, où il a siégé parmi tant d'hommes honorables par leur savoir comme par leur équité, et dans le conseil d'Etat, où il eut la gloire d'être le coopérateur des Tronchet, des Portalis, des Malleville, des Cambacérès, dans la rédaction de ce code qui a survécu aux révolutions des empires, parce qu'il est un monument de la sagesse des temps et des progrès de la raison humaine.....

Appelé à un ministère d'autant plus difficile que sa mission était de rétablir des rapports longtemps interrompus entre la puissance ecclésiastique et le gouvernement séculier, il y exerça par ses vastes connaissances, et surtout par son affabilité bienveillante, la plus honorable comme la plus sûre influence..... Rentré dans la vie privée, l'autorité dont il avait été investi ne méritait pas ses regrets; mais il n'avait pas renoncé à faire du bien. Cette réunion de citoyens illustres par leur bienfaisance éclairée, qui, depuis vingt-cinq ans, a travaillé avec tant de constance et de succès à l'amélioration des hospices de Paris, le compta parmi ses membres les plus assidus et les plus laborieux..... Lorsque les résultats si satisfaisants de cette expérience déterminèrent le gouvernement à appliquer le même mode d'administration à l'amélioration des prisons, le zèle de M. Bigot de Préameneu ne lui permit pas de refuser sa part d'une si noble tâche, et il l'a remplie avec une ardeur que son âge n'avait point affaiblie..... Cette ardeur était la même, depuis près de trente ans, pour nos travaux académiques, et particulièrement depuis que ses fonctions politiques avaient fait place à ce loisir dont le sage sait toujours profiter. C'était parmi nous que M. le comte Bigot de Préameneu s'était réfugié, après avoir été battu par les orages du monde. Les sciences et les lettres ont ce noble avantage d'offrir à ceux qui les cultivent un port où ils trouvent la sûreté et la dignité qui leur appartient. M. Bigot de Préameneu y trouva aussi autant d'amis qu'il eut de confrères; et cette amitié respectueuse, mêlant aujourd'hui ses larmes aux larmes des pauvres, vient déposer sur sa tombe les regrets si justement dus à l'homme de bien qui a rendu d'éminents services à la patrie. »

VIII.

LE DUC DE MONTMORENCY.

1825.

MATHIEU-JEAN-FÉLICITÉ DE MONTMORENCY-LAVAL, duc DE MONTMORENCY, né à Paris le 10 juillet 1766. Formé à l'école philosophique du XVIIIe siècle, il embrassa de bonne heure ce que les principes de la Révolution avaient d'admissible. Nommé député aux états généraux par la noblesse du bailliage de Montfort-l'Amaury, il se réunit d'abord au tiers état; mais, voyant bientôt vers quel abîme il s'avançait, il s'arrêta; et, lorsque l'Assemblée constituante eut terminé ses travaux, il se rendit à l'armée de Luckner, où il servit en qualité d'aide de camp de ce maréchal. En 1793, vers le temps où son frère montait sur l'échafaud, il quitta la France et se réfugia en Suisse, à Coppet, où Mme de Staël lui offrit un asile. Au sein de la société brillante qui s'y trouvait réunie, il attendit les événements. Ceux-ci ne tardèrent pas à se multiplier. La chute de Robespierre le rappela en France, où il fut d'abord arrêté, puis remis en liberté. Depuis cette époque il ne prit aucune part aux affaires publiques, et vécut dans la retraite et l'oubli, mais quelquefois inquiété par une politique ombrageuse à laquelle ses liaisons avec Mme de Staël le rendaient suspect.

1814 trouva le duc de Montmorency à la suite des Bourbons, en qualité d'aide de camp de Monsieur. Il fut nommé chevalier d'honneur de la Dauphine l'année suivante et l'accompagna à Bordeaux et à Londres ; puis il rejoignit le roi à Gand. Appelé à la Chambre des pairs, lors de la seconde Restauration, « il s'y distingua, dit Pastoret, par une éloquence dont l'influence s'accroissait encore par la confiance universelle qu'il inspirait. La modération de ses discours, ses égards constants pour ceux dont il croyait devoir combattre l'opinion, le sentiment profondément exprimé d'une conviction qui, si bien acquise et méditée, recevait une force nouvelle de la sagesse connue de l'orateur, de son amour pour la vérité et la justice, le faisaient entendre avec cet intérêt que sa modestie appelait la bienveillance des autres, mais qui naissait surtout de celle qu'il ressentait lui-même et qu'il n'avait pas besoin d'inspirer ».

Il prit, le 24 décembre 1821, le portefeuille des affaires étrangères. Quelques mois après il parut au congrès de Vérone, où il laissa les traces de son habileté ; mais il ne se maintint pas au ministère. Nommé alors gouverneur du duc de Bordeaux, l'Académie, en l'adoptant, se conforma à l'usage qui voulait que les précepteurs des princes du sang figurassent parmi ses membres. C'était là, si l'on n'y joint pas sa collaboration au *Mémorial catholique* et un ouvrage de morale qu'il n'a pas achevé, son seul titre. Il le rehaussa par un discours de réception, où cette éloquence élégante et facile, noble et polie qui l'avait fait remarquer dans sa jeunesse parmi de brillants orateurs, n'avait rien perdu de sa puissance, malgré l'âge du récipiendaire. Mais il ne jouit pas longtemps de ce dernier honneur. Une mort subite l'enleva le vendredi-saint, 24 mars 1826, au moment où il faisait ses prières dans l'église de St-Thomas-d'Aquin, sa paroisse.

En apprenant cette fin de l'un de ses plus fidèles serviteurs : « Il y a deux personnes en moi, dit Charles X, le roi et l'homme, et je ne sais lequel des deux est le plus affligé. » Cet hommage rendu à la mémoire du duc par le souverain, ne fut pas le seul. Les journaux, à quelque parti qu'ils appartînssent, payèrent tous un tribut d'éloges aux vertus de Montmorency; mais ceux que sa mort frappa le plus douloureusement furent les pauvres, les prisonniers, les malades. C'était pour les protéger que le vieux duc consacrait le reste de vigueur que lui avaient laissé les années. « Autrefois, dit son successeur, on mettait sous l'invocation d'un saint toutes les maisons de secours. Toutes celles que Paris compte dans ce moment étaient sous la surveillance et presque sous la protection de M. de Montmorency. Il ne se bornait pas, comme le fait souvent la charité du monde, à déposer en des mains bienfaisantes une partie de ses revenus. Ç'aurait été assez pour sa conscience, ce n'était pas assez pour son cœur. Sa providence embrassait toutes les misères que la Providence suprême a distribuées sur cette vie : et depuis l'enfance jusqu'à la vieillesse, de l'innocent qu'on accuse au criminel qu'on punit, sa sollicitude offrait à toutes les souffrances, à toutes les infirmités, et même à toutes les fautes, cette pitié qui est le soulagement du malheur. » Le président de l'une de ces sociétés de secours dont il était membre appuyait encore sur un éloge qu'on ne saurait trop faire, puisqu'il est celui de la charité. « La Société de l'amélioration des prisons, disait-il, conservera le souvenir de la part qu'il prit à ses travaux, comme celui du bien qui s'est opéré avec le concours de ses lumières. M. le duc de Montmorency fut l'un des membres les plus nécessaires à notre conseil. L'utilité de ses services en cette partie, comme dans toutes celles où une charité active pouvait se déployer, est, pour ainsi dire, devenue d'une notoriété populaire. Le noble nom de M. le duc Mathieu de Montmorency se rattachait tellement à tout ce qui est bon et humain, qu'il semblait qu'aucune institution de bienfaisance publique ne pût exister avec faveur si l'honorable crédit de ce nom n'en présageait pas le succès. Une piété douce, indulgente, toute pratique, tout en exemples, et qu'il savait si bien rendre aimable par son langage et par ses manières, la vraie piété enfin, dirigeait ses pensées et présidait à ses avis. Je peux le dire, il est peu d'hommes qui aient rendu autant de services que lui à la cause qu'il avait embrassée, à la cause du malheur ! »

IX.

GUIRAUD.

1825.

Pierre-Marie-Thérèse-Alexandre, baron Guiraud, poëte dramatique, né à Limoux, en Languedoc, le 25 décembre 1788; mort à Paris le 24 février 1847. Il passa sa première jeunesse à la campagne, où, durant les grands troubles de la Révolution, il fit ses études, sous la tutelle paternelle d'un précepteur. A quinze ans, il les avait terminées ; il vint alors à Toulouse, et y suivit un cours de droit jusqu'à sa dix-huitième année. A cette époque, la mort de son père, qui possédait des manufactures considérables, l'obligea de prendre leur direction, en attendant l'occasion, qu'il a trouvée depuis, de s'en débarrasser et de se livrer entièrement à ses goûts littéraires.

Poëte, une ode fut son début : elle était en faveur des Grecs, et l'on se trouvait en 1820 : elle eut du succes. Cela engagea son auteur à chercher fortune à Paris. Nous l'y trouvons, en effet, la même année, non pas tout à fait comme homme de lettres, mais en qualité de membre du conseil général de commerce. Il y apportait une tragédie, *Pélage*, bientôt reçue au Théâtre-Français, puis mise à l'index par la censure, on ne sait pourquoi : ce qui ne découragea pas le poëte. Ses œuvres renferment trois autres tragédies, composées vers ce temps : les *Machabées*, le *Comte Julien*, *Virginie*. Chacune d'elles sert de développement passionné à une pensée morale. Ainsi, les *Machabées*, c'est le martyre ; le *Comte Julien*, c'est l'expiation ; *Virginie*, c'est la famille. Ces trois pièces, jouées, les deux premières, à l'Odéon, en 1822 et 1823, et la troisième au Théâtre-Français, en 1827, obtinrent de légitimes succès. Elles prouvent que la tragédie française peut se montrer digne encore de la gloire européenne qu'elle a conquise, sans qu'il soit nécessaire qu'elle s'emprisonne dans les exigences absolument classiques et se condamne à n'être qu'un écho sans âme des idées toujours un peu vieillies d'un autre siècle. Par le mouvement et la rapidité de l'action, le poëte se rapproche de Voltaire, dont il s'éloigne par la fidélité de la couleur. « Hébreu dans les *Machabées*, dit M. Bignan, Espagnol dans le *Comte Julien*, Romain dans *Virginie*, il sait, en traçant des caractères conformes à la tradition historique, les animer de cette tendresse de sentiments, de cette noblesse de pensée qui, grâce au changement de la religion et des mœurs, rendent les temps modernes si supérieurs à l'antiquité. S'il tâche de renouveler le fond, il respecte la forme, dont cependant il ne se fait pas l'humble esclave. Son vers a plus de naturel que le vers de l'ancienne école, sans avoir moins de pureté et de force. On sent qu'il compose avec le cœur plutôt qu'avec l'esprit, et c'est le cœur qui sera toujours la source la plus féconde des plus belles inspirations. » On trouve aussi dans ses *OEuvres complètes* ces poésies que Guiraud publiait au bruit des applaudissements prodigués à ses tragédies. Le sentiment du beau, la douceur, la mélancolie, la mystique tendresse, dont le mélange formait son talent, s'y montrent plus que dans aucune de ses productions. C'est nommer les *Élégies savoyardes* (1823), dont la vente dans les salons, au profit des petits Savoyards, leur a valu plus de 4,000 fr., et les *Poëmes et Chants élégiaques*, qui ne comptèrent pas moins de trois éditions successives. Ils ont placé Guiraud au rang des esprits les plus charmants de notre époque, et surtout des plus honnêtes. On y remarque particulièrement *Isaure*, poëme élégiaque en cinq chants, et un autre poëme du même genre intitulé : *Elle*. L'émotion la plus profonde a inspiré ces élégies : il y règne une couleur mystique, un vague, une *sehnsucht*, comme on dirait en Allemagne, qui rappellent la manière des plus grands poëtes de ce pays.

Dès lors, Guiraud, complétement adonné aux lettres, n'eut plus qu'à soutenir la belle réputation qu'il venait de conquérir. Il s'éloigna d'une scène que la mort de Talma laissait vide, et ce fut une perte pour notre théâtre. Il n'aurait jamais eu qu'une salutaire influence celui qui a écrit ces lignes consciencieuses : « S'il est une vocation utile et solennelle, après celle du sacerdoce religieux, c'est assurément celle du poëte dramatique, qui a le droit de disposer à son gré des émotions d'une grande assemblée choisie. Mais ce droit impose un devoir, qui est de diriger ces émotions vers un noble but. Il y a abus et sacrilége toutes les fois qu'il n'en est pas ainsi. » Mais Guiraud s'occupait déjà de travaux d'un tout autre genre. Après la publication de ses *Chants hellènes*, écrits pour les Grecs, et qui suivirent de près ses autres recueils poétiques, il publia un roman, *Césaire*. Là, l'heureux talent de son auteur trouva son premier écueil. En usant du roman comme d'une tribune, d'où il pût manifester ses vues philosophiques et surtout ses convictions religieuses, Guiraud s'est trompé. C'est ainsi qu'on a reproché à *Césaire* d'être trop passionné pour un livre édifiant, et trop édifiant pour un livre passionné. Quoi qu'on puisse dire pourtant, le lecteur sera ému des luttes que l'amour et la religion s'y livrent dans des âmes pures et déchirées ; il n'applaudira pas moins aux beautés du style, toujours mâle ou simplement gracieux. Dans *Flavien*, son second roman, Guiraud, conduit par les mêmes sentiments qui lui avaient dicté *Césaire*, a voulu peindre cette grande transformation par laquelle le genre humain a passé du paganisme au christianisme. Les voluptés du palais impérial et les horreurs du cirque, les superstitions cruelles de l'idolâtrie expirante et le pur enthousiasme de l'Eglise au berceau, les splendeurs de Rome et les solitudes de la Thébaïde ; tels sont les tableaux que sa plume a choisis. Le thème était fécond, le cadre même un peu grand ; mais qu'importe au talent ! Celui de Guiraud s'en est parfaitement servi. On doit néanmoins reprocher à sa fable de manquer de simplicité. Ce défaut relevé, on peut affirmer que l'ensemble de l'ouvrage prouve chez l'auteur, avec une élévation véritable de l'âme, une inspiration ardente et féconde.

Ces deux romans avaient paru, l'un en 1830 et l'autre en 1835. Depuis ce moment, et si nous en exceptons les articles qu'il fournissait de temps à autre aux recueils littéraires et quelques poésies assez faciles, Guiraud cessa de produire. Un grave sujet le préoccupait : il y consacrait tout son temps, toutes ses études ; il y travailla pendant quinze ans ; enfin, il parut (1841), sous le titre de *Philosophie catholique de l'histoire*. C'est à son sujet que dans le joli discours prononcé en venant prendre la place de Guiraud, M. Ampère disait qu'il l'écarterait avec respect, parce qu'il appartient plus à la théologie qu'aux lettres. « C'est, dit-il, la *philosophie de l'histoire*, de l'histoire prise de bien haut, car l'auteur n'a pas été plus loin que le déluge. » Et il ajoute : « Guiraud y aborde intrépidement les sujets les plus relevés ; mais un concile serait plus compétent pour le juger qu'une Académie. Je me bornerai à une observation qui peut faire ressortir un trait saillant du caractère de l'auteur. Bien que confessant l'orthodoxie la plus rigoureuse, bien que soumis de cœur à l'Église, il n'en a pas moins abordé le dogme avec quelque indépendance, et tenté d'approfondir les mystères selon les lumières que Dieu lui avait données. Zélé catholique, il a énergiquement défendu les droits de la pensée en matière religieuse. C'est que Guiraud, de même qu'il était un homme de foi et de tolérance, était un homme de foi et d'intelligence. Pourquoi n'en serait-il pas toujours ainsi? Pourquoi la philosophie, cet effort suprême de la pensée, et la religion, ce sublime élan de l'âme, ne pourraient-elles se rencontrer, s'unir au sein d'une harmonie puissante? N'en désespérons pas dans ce siècle, où nous voyons la philosophie raffermir sur leurs fondement impérissables les croyances religieuses du genre humain, et la religion emprunter les armes de la philosophie même pour la combattre. »

Guiraud avait été nommé chevalier de la Légion d'honneur (1824), récompense bien digne de son mérite. Plus tard, le roi lui conféra le titre de baron en lui accordant des lettres de noblesse. Une mort inattendue le priva trop tôt de ces honneurs et laissa de vifs regrets. « Il avait l'âme bonne et généreuse, dit Lebrun ; il avait le cœur ardent et honnête, il était vrai, il était fidèle, dévoué à ses amis, sympathique pour le malheur, aimant le beau et faisant le bien. » Il était, de plus, un académicien plein de zèle.

« Guiraud, dit à son tour M. Mérimée, apportait dans nos réunions cette vivacité méridionale toujours mêlée d'une exquise politesse, qui donnait un charme particulier à sa conversation. Dans nos discussions littéraires, il s'exprimait souvent avec un feu qui laissait voir toute la sincérité de ses opinions; mais son ardeur ne tendait qu'à persuader ce qu'il croyait juste et vrai; jamais il ne se proposa la gloire de briller dans le débat. Bon et candide, parfois il se prenait à douter de lui-même; il s'empressait de fournir des armes à ses adversaires déjà convaincus. Personne ne mit plus de zèle et d'impartialité dans l'examen des ouvrages envoyés aux concours que propose et que juge l'Académie. M. Guiraud s'attachait, avec une scrupuleuse exactitude, à découvrir, dans toutes les compositions, les traces du talent et de l'originalité. Il se plaisait à relever les traits heureux; les fautes l'affligeaient, même d'un auteur inconnu. Sa paternelle bienveillance pour les jeunes littérateurs contrastait avec son goût épuré. Si le juge était indulgent, le poëte était sévère. Il fut, pour tout dire en un mot, selon l'expression de Racine, il fut un « très-bon académicien ». Il aimait notre Compagnie autant qu'il en était aimé; et nous avons le regret de penser que sa mort fut hâtée, peut-être, par le désir qu'il eut de se retrouver avec nous sans consulter ses forces. »

X.

M. AMPÈRE.

1847.

M. Jean-Jacques Ampère, professeur au collége de France et conservateur de la bibliothèque Mazarine, est né le 12 août 1800 à Lyon. Il se déplut dès l'abord au collége, où on le plaça de bonne heure, et y fit d'assez mauvaises études. Ce ne fut véritablement qu'en rhétorique qu'il montra des dispositions. Alors, passant tout à coup des rangs inférieurs au premier, il remporta, au concours général, un prix de discours français. Il eut le même succès en philosophie et obtint le prix. C'est la première fois, disait Royer-Collard en parlant de la composition du jeune homme, c'est la première fois que l'on couronne une dissertation métaphysique au lieu d'une amplification de rhétorique. M. Ampère, il faut le dire aussi, entraîné vers les lettres, consacrait alors tout son temps à la poésie. La métaphysique, dont il avait pris le goût dans le voisinage de son illustre père, Marie-André Ampère, et dont sa composition venait de déceler la connaissance étendue qu'il en avait, ne dominait pas moins son esprit. Aussi le retrouvons-nous, au sortir du collége, déjà très-intimement lié avec M. Cousin, et composant des tragédies, occupation monstrueuse qui faisait dire à un vieil ami de sa famille : « Le fils de M. Ampère le désole, il fait des tragédies. » C'était justement pour complaire aux goûts du célèbre physicien que le jeune Ampère travaillait à une tragédie classique, et l'inventeur de la théorie électro-dynamique ne prenait pas un médiocre intérêt au développement de *Rosmonde*. Lorsque cette tragédie fut achevée, ce fut même le vieux mathématicien qui conduisit son fils chez Talma ; bientôt, du cabinet du grand comédien, qui l'avait applaudie, elle passait sous les yeux du comité du Théâtre-Français, qui la recut à l'unanimité ; enfin, on parlait de la représenter lorsque M. Ampère, qui l'avait déjà oubliée, partait pour l'Italie.

De retour en 1824, mais hésitant sur la voie qu'il devait suivre, il s'occupa, en attendant, d'une nouvelle tragédie, *Rachel ;* mais celle-ci n'a jamais été terminée. En même temps, son auteur apprenait le chinois ; puis il débutait, dans le *Globe*, par un article original, et qui fut remarqué, sur le principe d'imitation dans les arts. Après six mois passés à l'Université de Bonn, le jeune explorateur se rendit ensuite à Gœttingue, puis à Weimar, où Gœthe, émerveillé de tout le talent que promettait le jeune homme, le retint pendant quelque temps. Berlin, qui réunissait à cette époque la plupart des grands esprits de l'Allemagne, l'attira à son tour. On s'y occupait alors des *Niebelungen ;* il s'agissait de fixer les rapports de la tradition germanique et de la tradition scandinave. Désireux d'apporter quelques documents nouveaux dans cette question difficile, notre voyageur ne vit pas d'autre moyen de résoudre le problème que d'aller l'étudier en Scandinavie, et le voilà qui part pour la Suède et la Norwége, pays peu connus alors, et regardés en France comme des régions perdues. « Mais que va donc faire votre fils en Norwége ? disait-on à Paris à son vieux père. Peut-on aller en Norwége ! — Mon fils va en Norwége, répondait avec un grand sang-froid l'illustre savant, afin de constater l'identité de Sigurd et de Siegfried. »

M. Ampère la constatait, en effet, peu de temps après, par une série d'articles qui ont commencé sa réputation. De plus, il a rapporté de ses courses lointaines une des plus délicieuses pages de ce temps-ci : les *Esquisses du Nord*, qui font partie du volume publié sous le titre de *Littérature et Voyages*. Il a, en outre, donné à son retour, dans le *Globe*, plusieurs articles sur les littératures étrangères qui montrent combien ses excursions avaient aidé au développement de son beau talent. On y retrouve les précieuses qualités qui le distinguent comme critique, c'est-à-dire l'association de l'investigation scientifique dans le détail et du travail artistique dans la forme. Précédé du grand succès qu'ils ont obtenu, M. Ampère entra, peu de temps avant la révolution de 1830, à l'Athénée de Marseille, comme professeur de littérature ; ce fut son début. De retour à Paris après les trois journées, il prit aussitôt possession d'une chaire de littératures étrangères, que lui avait ménagée M. Cousin. Il suppléait en même temps M. Fauriel et M. Villemain à la Faculté des lettres. Enfin, en 1833, à la mort d'Andrieux, il fut nommé professeur au collége de France. « A trente-deux ans, dit l'ingénieux *Homme de rien*, on le vit, à côté de son illustre père, professeur dans le même établissement, commencer ce cours de littérature française qu'il a poursuivi pendant douze ans. Il eut de belles séances, notamment celle où, ayant à côté de lui son père assis dans la chaire, en face de lui M. de Chateaubriand assis au milieu de l'auditoire, il souleva une véritable tempête d'enthousiasme, mais d'un pur et noble enthousiasme, le seul qu'il aime à exciter. »

La première partie de ce cours, remaniée et rédigée sous forme de livre, a éte publiée en trois volumes qui ont obtenu, en 1840, à l'Académie des inscriptions, un des prix fondés par le baron Gobert ; ils comprennent, ainsi que l'indique leur titre, l'*Histoire littéraire de la France avant le* XIIe *siècle*, « et chacun, dit M. de Loménie, y peut reconnaître ce qui forme le caractère distinctif de l'esprit de M. J.-J. Ampère, savoir : l'alliance, de plus en plus rare aujourd'hui, d'une érudition exacte, sévère, puisée tout entière dans l'étude attentive et laborieuse des textes originaux ; d'une imagination de poëte qui sait orner la science de toutes les grâces d'un style réglé par le goût le plus pur, mitiger son austérité par des détails piquants, des tableaux finement colorés, des rapprochements ingénieux et inattendus, et enfin d'une raison ferme, saine, élevée, sur laquelle les sophismes, les lieux communs historiques, les petites passions de secte et de parti, les petites considérations du moment n'ont pas de prise, et que rien ne saurait détourner de la recherche libre, impartiale, consciencieuse du bien, du beau et du vrai ».

Après avoir tracé l'histoire de l'esprit humain en France durant les siècles antérieurs à la formation de la langue française, M. Ampère a consacré un volume à examiner en détail comment s'est formée cette langue. Ce quatrième volume, d'un caractère essentiellement scientifique, contient, indépendamment de toutes les notions acquises en philologie, des vues nouvelles qui ont placé leur auteur au rang des autorités en cette matière. Publiée en 1841, cette histoire de la formation de notre langue a, de plus, ouvert à M. Ampère les portes de l'Académie des inscriptions et belles-lettres, et se trouve être, aujourd'hui, le prologue naturel de l'histoire de la littérature française, que notre académicien a traitée dans sa chaire et menée jusqu'à la fin du XVIIe siècle. C'est à son sujet que M. de Loménie, examinant la mesure que M. Ampère venait d'y donner de son talent comme professeur, disait : « Stimulé par l'exemple de deux maîtres célèbres, MM. Fauriel et Villemain, dont il semble avoir cherché à réunir les mérites différents, M. Ampère a su agrandir encore le point de vue sous lequel on a commencé en France, il y a une vingtaine d'années, à envisager l'histoire des littératures. Faisant marcher de front l'analyse critique des livres et l'analyse critique des faits, des arts, des mœurs, de la vie sociale et politique, dont ces livres étaient l'expression; mélangeant avec un rare bonheur l'histoire proprement dite, la philologie, l'esthétique, la biographie, la philosophie; fécondant l'étude de la littérature nationale par l'examen comparatif des littératures étrangères, évoquant en quelque sorte tous les siècles et tous les monuments pour y trouver, avec les diverses époques et les divers monuments littéraires de la France, des analogies ou des différences, M. Ampère est parvenu à donner à l'histoire de notre littérature les vastes proportions d'une belle histoire de l'esprit humain. A lui revient incontestablement l'honneur d'avoir retrouvé en quelque sorte, la généalogie perdue des lettres françaises; d'avoir, le premier, cherché à tracer un tableau exact et complet de tout le mouvement qui, pendant douze siècles, a précédé et préparé la formation de notre langue; d'avoir, ensuite, débrouillé dans son ensemble cette histoire littéraire du moyen âge, si confuse et si peu connue; d'avoir, enfin, établi ce qu'il nomme si heureusement la *filiation* des âges littéraires de la France, depuis ses origines les plus lointaines jusqu'à la fin du XVIIe siècle. »

Pendant les intervalles que lui laissaient ses cours, M. Ampère, toujours amoureux des voyages, quittait parfois la France pour s'en aller butiner au loin. C'est ainsi qu'après avoir étudié les hiéroglyphes à

Paris, il partit pour l'Orient, remonta le Nil jusqu'à la seconde cataracte, étudia les monuments, et revint malade, il est vrai, mais riche d'un beau livre qu'il a publié, il y a quelques années, dans la *Revue des deux mondes*, sous le titre de *Voyages et Recherches en Egypte et en Nubie.* « Dans ces articles, où l'élégante clarté de la forme fait ressortir la solidité du fond, dit le critique déjà cité, M. Ampère semble avoir atteint ce qui est pour lui l'idéal des travaux intellectuels : l'union intime du goût littéraire et de l'esprit scientifique. » Attiré ensuite par les mystères de la Chine, il se mit à en étudier la langue, puis la littérature avec une sorte de passion. Cela nous valut de remarquables morceaux sur le théâtre chinois et les religions de la Chine. Après quoi, faisant un détour, M. Ampère porta la brillante lumière de son intelligence sur quelques parties des littératures orientales, et nous lui fûmes bientôt redevables des étonnantes études qu'il a semées de 1832 à 1847, dans la *Revue des deux mondes*, soit sur les *Antiquités de la Perse*, soit sur le *Ramayana ;* ce qui ne l'empêchait pas de fouiller en même temps dans les recoins les plus secrets de notre propre littérature. Son *Cours* sur ce sujet et les pages intéressantes qu'il a insérées dans sa *Revue* de prédilection, font foi de la rare aptitude de son esprit et de la facilité de son beau talent. Tout cela est parfait et n'offre pas la moindre prise à la critique. On peut en dire autant de ce qu'il a écrit touchant l'Egypte et la Nubie. Ici, seulement, l'homme de lettres se retrouve à tous moments près du savant. Ainsi, à côté de pages d'une érudition sans seconde, profonde et pleine de fruits, nous trouvons des fragments exquis, sentis par un poëte et écrits avec une grâce qui n'appartient qu'à M. Ampère. Citons le *Départ et la Traversée*, les *Pyramides*, le *Caire ancien et moderne*, le *Nil*..... ou, ce qui vaut mieux, citons tout ; car M. Ampère est de ces écrivains chez lesquels il n'y a rien à reprendre, mais où tout est à applaudir.

La *Grèce*, *Rome et Dante*, qui terminent la série des œuvres publiées jusqu'à ce jour par notre académicien, se distinguent donc par la même perfection de talent. Un sentiment pourtant y domine, c'est celui qui a son siége dans tout cœur de poëte, et qui laisse son accent ému à tout ce que touche notre auteur. M. Mérimée le remarquait en recevant M. Ampère : « Le poëte s'y décèle à la vivacité de ses impressions, à des traits partis du cœur, qui vous échappent comme involontairement, au milieu même des études les plus arides. En vain une soif inextinguible d'acquérir des connaissances nouvelles vous entraîne d'un pays à un autre et vous oblige à interroger tour à tour les livres et les hommes, il vous arrive souvent de vous renfermer seul avec vous-même et de tout oublier pour la poésie. « A Rome, dit un célèbre allemand, Gœthe, dont vous avez recueilli les derniers chants, il y a au milieu du peuple romain tout un peuple de statues. De même, en dehors du monde il y a un monde imaginaire, au milieu duquel vivent quelques hommes. » On s'aperçoit que vous vivez parmi les statues de Rome, même lorsque vous tracez si fidèlement le portrait moderne de la ville éternelle. Je ne trahirai point les confidences de l'amitié, et je respecterai votre modestie. Permettez-moi d'espérer seulement que des vers répétés par un petit nombre d'amis recevront bientôt du public le suffrage flatteur qu'il accorde à vos autres productions. »

Depuis la publication de ce dernier voyage, exécuté en Grèce et en Italie, M. Ampère n'a rien publié que nous sachions; mais on assure que d'autres ouvrages, en tous points dignes de leurs aînés, sont sur le chantier et prêts à paraître. Le public, qui les attend avec impatience, les lira avec l'ardeur que M. Ampère sait si bien lui communiquer, la sympathie que mérite son genre de talent, et surtout son caractère; car ce n'est pas seulement par sa haute intelligence que se recommande M. Ampère dans le monde et à l'Académie, c'est aussi par le cœur. Qu'il nous soit donc permis, avant de prendre congé de notre académicien, de louer en lui « cette vie laborieuse et modeste, comme l'a dit M. de Loménie, cette vie où la modération des désirs sert de garantie à l'indépendance d'un caractère étranger à toute autre ambition que celle de la science, rétif à tout autre joug que celui de l'amitié, aussi incapable de se plier aux complaisances avec lesquelles on fait son chemin auprès des puissants, que de descendre aux jongleries avec lesquelles on obtient souvent la popularité auprès des masses ; en un mot, d'un de ces caractères assez rares aujourd'hui pour qu'on s'estime heureux et fier de les connaître, de les aimer et d'avoir une petite part de leurs sympathies ».

XXXIX.

LE FAUTEUIL DE CONDORCET.

LE FAUTEUIL DE CONDORCET.

I.

GIRY.

1636.

Louis Giry, avocat au Parlement et au Conseil, né à Paris en 1595, mort en 1665. L'ensemble de ses ouvrages est formé de traductions. Les plus estimées sont : 1° la *Pierre de touche de Boccalini* (1624) ; 2° l'*Apologie de Socrate* et le *Criton* de Platon ; 3° le *Dialogue des orateurs illustres* de Cicéron ; 4° les *Causes de la corruption de l'éloquence*, dialogue attribué à Tacite, et précédé d'une belle et savante préface de Godeau ; 5° l'*Histoire sacrée* de Sulpice Sévère, qui n'est pas inférieure à l'original, suivant l'opinion de Godeau ; 6° l'*Apologétique* de Tertullien et son *Traité de la résurrection de la chair*, où, d'après Vaugelas, il a su, par les charmes de son éloquence, « transformer les rochers et les épines de l'auteur latin en jardins délicieux »; 7° les

Epîtres choisies de saint Augustin et la *Cité de Dieu*, « traduction, dit Baillet, qui manque d'exactitude en plusieurs endroits »; et enfin trois des *Harangues sur la démolition de l'autel de la Victoire* de Symmaque et de saint Ambroise.

Ces travaux, son savoir, des manières polies, une conversation agréable, et, par-dessus tout, la conformité des goûts, avaient lié Giry avec la plupart des beaux esprits qui s'assemblaient chez Conrart; mais il cessa d'y assister; et, lorsque l'Académie fut fondée, le cardinal, « qui l'avait jugé digne d'en être », dit d'Olivet, le fit proposer par Boisrobert. Il remplissait déjà, avec beaucoup de zèle et d'intégrité, les fonctions d'avocat général près des chambres d'amortissement et des francs-fiefs. Plus tard, le cardinal Mazarin, qui avait hérité de l'estime que son esprit solide et judicieux avait inspirée à Richelieu, le nomma, en outre, membre de son conseil privé.

II.

L'ABBÉ BOYER.

1666.

Claude Boyer, abbé, né à Alby en 1618, et mort le 22 juillet 1698. Il vint de bonne heure à Paris et y prêcha sans succès; puis il se tourna du côté des lettres et composa des études sur des matières religieuses, des poésies fugitives et des tragédies. « Pendant cinquante ans, nous apprend d'Olivet, il a travaillé pour le théâtre sans que la médiocrité du succès l'ait rebuté, toujours content de lui-même, rarement du public. On dit que la première de ses tragédies enleva tout Paris. La dernière fut très-bien reçue; mais les autres, pour la plupart, n'eurent pas un sort heureux..... Pour éprouver donc si la chute de ses ouvrages ne devait pas être imputée à la mauvaise humeur du parterre, le stratagème dont usa M. Boyer fut d'afficher son *Agamemnon* sous le nom de Pader d'Assézan, jeune Gascon, nouveau débarqué à Paris. Qu'en arriva-t-il? Que la pièce fut généralement applaudie; d'où l'amour-propre de l'auteur lui fit aisément conclure qu'il n'avait contre lui que la fatalité de son nom. »

Le nombre des tragédies de Boyer s'élève à vingt-deux : « toutes, comme le remarque d'Olivet, sont loin d'être supérieures » ; toutefois, elles émanent d'un poëte plein d'imagination, et, sans partager l'opinion de Chapelain, qui prétendait que ces pièces ne le cédaient qu'à celles de Corneille, on peut dire que toutes ne sont pas dépourvues de mérite. Parmi ces dernières, il faut d'abord citer *Agamemnon* (1680); puis *Judith* (1695), et enfin *Porcie*, la première qui soit sortie de la plume de Boyer. Toutes trois contiennent de bons vers, des scènes pathétiques et de beaux mouvements. Ce qui n'empêche pas le rigoureux d'Olivet d'ajouter que, « puisque leur auteur avait du génie, de l'inclination au travail, de bonnes mœurs, et qu'il portait l'habit ecclésiastique, il aurait dû choisir, préférablement à celle qu'il suivait, une voie plus convenable que le théâtre, à ses talents, à son honneur et à sa fortune ».

III.

GENEST.

1698.

Charles-Claude Genest, né à Paris le 17 octobre 1639, mort le 20 novembre 1719. Il était fils d'une sage-femme. Pour toute éducation, il apprit seulement à lire ; puis, comme sa mère se figurait que, pour faire fortune, il suffisait d'avoir une belle main, elle lui fit apprendre à écrire, afin qu'il pût entrer dans les bureaux de Colbert. Mais ce projet fut dérangé. Un de ses camarades, qui s'en allait écouler une petite pacotille aux Indes, l'emmena avec lui pour tenir ses livres. Pris par un vaisseau anglais comme ils quittaient la Rochelle, les deux amis furent transportés à Londres, où ils furent jetés sans argent et sans ressource. Là, heureusement, Genest sut intéresser à son sort un seigneur anglais. Envoyé par lui près de ses enfants pour leur apprendre le français, il prit dans leur société le goût de l'équitation, qui est la passion distinctive des Anglais ; mais avec cette différence que ce qui n'était pour eux qu'un amusement fut pour lui une étude. Il acquit une grande connaissance des chevaux, et ce fut là l'origiue de sa fortune. L'écuyer du duc de Nevers, étant venu en Angleterre acheter des chevaux, eut affaire à Genest; émerveillé de son savoir, il le ramena en France et le présenta à son maître. Celui-ci, qui était poëte, s'éprit aussitôt de lui, et, reconnaissant dans le futur académicien un mérite au-dessus de sa condition, le mit à même de s'abandonner à la vocation qu'il faisait voir pour les lettres.

Genest concourut alors pour le prix de poésie que proposait l'Académie ; « mais, s'il n'atteignit pas la couronne, dit d'Olivet, du moins il en approcha de fort près, et sa pièce lui mérita des louanges, à la faveur desquelles il sentit croître son talent, et produisit coup sur coup diverses autres poésies qui affermirent les fondements de sa réputation, non-seulement par leur propre valeur, mais encore par les circonstances où elles parurent ». Il fit, à la suite du duc de Nevers, la campagne de 1672 et celle de 1673. Dans la première, il présenta au roi une *Ode* sur la conquête de la Hollande, et, dans la seconde, une *Ode* sur la prise de Maëstricht. Outre que les vers en étaient assez beaux, elles avaient l'avantage d'être chantées, pour ainsi dire, sur le champ de bataille, et mêlées aux acclamations d'une armée triomphante; elles plurent au roi, qui en récompensa l'auteur. Peu de temps après, l'Académie lui décernait des couronnes. « Une victoire de cette espèce, reprend d'Olivet, annoncée par les gazettes, retentit dans tout le camp, et chacun prit part à sa joie; toutes les tables de l'armée se le disputaient matin et soir. » Or, un jour qu'il folâtrait avec une troupe de jeunes officiers, le P. Terrier, confesseur du roi, vint à passer devant leur tente, et lui ayant fait signe d'approcher : « Je voudrais bien, lui dit-il, vous voir plus de sagesse et un autre habit. » Ces paroles trouvèrent un auditeur docile, et il n'eut pas plus tôt regagné Paris, qu'il raccourcit sa perruque et troqua son épée contre un petit manteau noir.

Genest, admis à cette époque dans la société de Bossuet, de Malézieu et de Pellisson, fut chargé, grâce à eux, de l'éducation de Mlle de Blois. Après quoi, son ami Malézieu le poussant, il s'adonna au théâtre; mais il n'y fut pas plus heureux que l'abbé Boyer : *Zélonide*, *Polymnestor*, *Joseph* et *Pénélope* sont de mauvaises tragédies. Il réussit davantage lorsque, pour plaire à la duchesse du Maine, il collabora avec Malézieu aux *Divertissements de Sceaux*. On trouve, dans la collection qui porte ce nom, plusieurs petites pièces de Genest qui pétillent d'esprit; aussi le duc et la duchesse n'avaient-ils pas tardé à le prendre en une amitié beaucoup plus familière que Genest ne l'eût sans doute souhaité. Ainsi, cherchant un jour l'anagramme de son nom, *Charles Genest*, leur malice y découvrit ces mots : *Eh! c'est large nés!* « Il avait effectivement un nez qui s'attirait de l'attention, ajoute d'Olivet, et qui surtout avait extrêmement frappé M. le duc de Bourgogne. Quand ce prince apprenait à dessiner, il tournait tous ses dessins à faire le nez de M. l'abbé Genest. Qu'il fût en carrosse et que la glace vînt à se ternir, aussitôt il y traçait avec son doigt ce maître nez. Un jour le comte de Matignon ayant paru au lever de M. le duc de Bourgogne avec un justaucorps tout blanc de poudre, aussitôt l'aimable prince, avec la dent d'un peigne, représenta si parfaitement ce fameux nez, qu'il y avait de quoi rire en même temps, et de quoi admirer en comparant la copie avec l'original, qui était présent. J'ai vu, entre les mains de l'abbé Genest, une grande médaille de carton où ce prince l'avait crayonné divinement bien. Autour de la médaille, il y avait mis de sa propre main : *Carolus Genestus naso*... Une autre fois (lors d'un court séjour que Genest fit à Rome), il était allé dîner chez le cardinal d'Estrées; son Eminence avait ce jour-là beaucoup de gens à table, et il s'y trouva un homme qui, ayant le nez extrêmement grand, donnait matière à un *bel humore*, l'un des convives, de dire beaucoup de gentillesses, bonnes ou mauvaises, sur ce nez monstrueux, dont il faisait semblant d'être effrayé. Arrive l'abbé Genest, qui d'abord ne fit que se montrer à la porte, prêt à disparaître pour ne rien déranger; mais le cardinal l'appela et lui ordonna de prendre place. Alors le *bel humore*, ayant considéré ce second nez, dont il parut plus effrayé que du premier, s'écria, en adressant la parole au cardinal : « Éminence, un peut se souffrir, mais deux, non »; et là-dessus, jetant sa serviette, s'enfuit et court encore, aussi bien que le loup de la fable. »

L'abbé de Genest avait des mœurs aimables et de l'esprit; homme de cour, mais sans affectation, la politesse de ses manières et son instruction le faisaient rechercher de tous. Il n'eut malgré cela que très-peu de part aux faveurs accordées aux gens de lettres : Louis XIV ne lui donna qu'une abbaye qui rendait à peine cinq cents écus. Ce ne fut qu'au commencement de la Régence qu'il eut deux mille livres de pension sur l'archevêché. « Mais ne sait-on pas, dit d'Olivet, que l'on ne jette rien à la tête de ceux qui ne sont pas importuns! Et après tout, puisqu'un revenu modique suffisait à ses besoins, et qu'il avait l'âme assez belle pour ne point connaître l'avidité, n'a-t-il pas été l'homme le plus riche de son temps! »

Outre celles de ses poésies qui ont été couronnées par l'Académie, on doit à Genest les *Principes de la philosophie* (1716), dans lesquels le système de Descartes est mis en rimes plutôt qu'en vers, suivant l'expression de l'auteur du *Siècle de Louis XIV*; une belle *Epître à M. de la Bastide*, pour l'engager à rentrer dans le sein de l'Eglise, morceau plein de chaleur et d'éloquence, qui cependant ne produisit aucun effet; une *Dissertation sur la poésie pastorale*, composée pour obéir à une délibération de l'Académie, qui portait que chacun des académiciens traiterait un sujet de rhétorique ou de poétique, en attendant que la Compagnie donnât quelque chose de complet sur ces deux arts; et enfin, outre ses comédies héroïques dont nous avons parlé et qui ont été jouées à Sceaux, il a composé des récits pour de petits ballets, qu'il faisait par ordre de Mme de Montespan, et dont quelquefois Mme de Maintenon donnait le canevas. Toutes ces œuvres n'ont guère de valeur aujourd'hui; mais il faut y relever ce qui ne saurait périr, un sentiment de l'honnête dont Bossuet a souvent fait l'éloge.

IV.

DUBOS.

1720.

Jean-Baptiste Dubos, abbé de Ressons, né à Beauvais en décembre 1670, mort le 23 mars 1742. La vie de cet académicien distingué a, pour ainsi dire, été double; elle fut d'abord presque uniquement politique et active, ensuite purement littéraire et paisible. Jeune encore, il essaya de la théologie; mais il s'en dégoûta bientôt pour une étude qui lui parut plus intéressante et plus utile, celle du droit et des intérêts des nations. Les progrès qu'il y fit lui valurent l'avantage d'être apprécié de M. de Torcy, ministre des affaires étrangères, dans les dernières années du règne de Louis XIV. Il se l'attacha et l'employa utilement dans plusieurs affaires secrètes. Le régent et le cardinal Dubois firent de ses talents le même usage, et avec le même succès. L'Etat récompensa comme il le devait un citoyen qui l'avait si bien servi. Il obtint, ou plutôt il eut, sans avoir rien demandé, des pensions et des bénéfices, qui furent le prix flatteur de ses travaux et de son zèle.

Ayant été chargé, vers 1701, de différentes négociations en Angleterre et en Hollande, il publia un ouvrage dont *les Intérêts de l'Angleterre mal entendus dans la guerre présente* était le titre. Cet essai, plus politique que littéraire n'était pas le premier fruit de sa plume; il avait donné, près de dix ans auparavant, l'*Histoire des quatre Gordiens*, contre l'opinion commune qui n'en admettait que trois. Aussi, malgré toute l'érudition dont il fortifia ses preuves, l'opinion ancienne semble avoir prévalu. L'*Histoire de la ligue de Cambrai* (1728) eut plus de succès. Dubos y développe avec beaucoup de détail et de netteté les motifs, les progrès et la dissolution rapide de cette alliance. « Cette histoire, dit Voltaire, est profonde, politique, intéressante; elle fait connaître les usages et les mœurs du temps, et est un modèle du genre. » Dubos s'était précédemment occupé des arts. Il avait mis au jour des *Réflexions critiques sur la poésie et sur la peinture* (1719). On y trouve beaucoup de sagacité, de savoir et de goût, et cet ouvrage est celui qui a le plus contribué à la réputation de l'auteur. Dnbos semble y avoir démenti l'assertion tant répétée, et, comme la plupart des assertions générales, moitié vraie moitié fausse, qu'il faut être poëte pour bien parler de poésie et peintre pour bien parler de peinture. Il n'avait fait ni vers ni tableaux; « mais il avait, dit Voltaire, beaucoup lu, vu, entendu et réfléchi ». Ses voyages dans les différentes parties de l'Europe, la connaissance qu'il avait des langues étrangères, ses conversations avec les artistes et les écrivains célèbres de chaque nation, les nombreux ouvrages d'art qu'il avait eus sous les yeux, tous ces secours ajoutaient à ses lumière naturelles beaucoup de lumières acquises; et ses *Réflexions* sont comme le dépôt des richesses abondantes qu'il puisait, ou dans son propre fonds, ou dans le commerce des hommes instruits qu'il avait fréquentés. On peut parler de la poésie et des arts avec plus de feu, de grâce et d'élégance; mais on ne peut rendre ses idées avec plus de netteté, de précision et de justesse. Aussi le succès répondit-il pleinement à celui que l'auteur pouvait en attendre; il lui ouvrit les portes de l'Académie, dont le suffrage fut confirmé, après avoir été prévenu par le public.

Le zèle avec lequel le nouvel académicien remplit les devoirs attachés à ce titre, son assiduité, ses connaissances, son caractère doux et modeste, déterminèrent l'Académie, après la mort de Dacier, à l'élire pour secrétaire. Avant d'obtenir cette dernière faveur, il avait mis le sceau, pour ainsi dire, au choix de cette Compagnie, par plusieurs éditions de ses *Réflexions*, où il ajoutait des vues nouvelles à celles qui avaient déjà donné tant de prix à son ouvrage. Il était néanmoins occupé, dans le même temps, d'un sujet très-différent, mais très-intéressant pour l'histoire de notre pays, et qui traite des causes et des circonstances de l'*Etablissement de la monarchie française dans les Gaules* (1734). Il se proposait, dans ce nouvel ouvrage, de prouver que les Francs sont entrés dans les Gaules, non en conquérants, mais à la prière de la nation, qui les appelait pour les gouverner. Cette opinion, exposée par l'abbé Dubos, avec beaucoup d'art et de savoir, eut d'abord de zélés partisans; elle a eu depuis beaucoup de contradicteurs, à la tête desquels l'auteur de l'*Esprit des lois;* et en dernier lieu M. Augustin Thierry, dans ses remarquables *Lettres sur l'Histoire de France*, a démontré, non sans réfuter en même temps Montesquieu, toute la fausseté de l'opinion de l'abbé Dubos.

Averti par la vieillesse qui s'avançait à grands pas, et par les infirmités qui la lui annonçaient, Dubos pensait à se retirer dans sa patrie, pour y achever paisiblement et obscurément sa carrière, lorsqu'une longue et douloureuse maladie vint l'enlever à ses confrères et à ses amis. Il vit approcher la mort, non seulement avec la plus grande tranquillité, mais encore avec une sorte de sérénité philosophique, comme l'heureuse fin des maux qu'il endurait, comme le tribut que tout homme doit à la nature, et comme un bienfait qu'elle accorde à ceux qui souffrent, répétant en mourant ce mot d'un ancien : « Le trépas est une loi, et non pas une peine : *Lex est, non pœna perire.* »

V.

DU RESNEL.

1742.

Jean-François du Resnel du Bellay naquit à Rouen le 29 juin 1692. Il fit ses études chez les jésuites de cette ville et entra dans la congrégation de l'Oratoire. Au sortir de l'institution, en 1711, il passa deux ans à Saumur, où les PP. Oratoriens avaient une école de théologie. Il se livra à cette étude avec tant d'ardeur, qu'il lui en resta un mal d'estomac dont il n'a jamais pu se guérir. L'évêque de Boulogne, son oncle à la mode de Bretagne, souhaitait de l'avoir auprès de lui. On l'envoya régenter à Boulogne, où il fit aussitôt un cours d'humanités et de philosophie. Là, profitant des loisirs que lui laissait son enseignement, du Resnel se perfectionna dans la connaissance des langues savantes ; il forma son goût et son style sur les grands modèles de l'antiquité ; il trouva encore du temps pour apprendre l'italien et l'espagnol. Le commerce des Anglais qui commençaient déjà à se réunir en grand nombre à Boulogne, lui fournit, en outre, l'occasion de se familiariser avec leur langue ; en peu de temps il parvint à la parler avec facilité et à l'écrire avec élégance. Exempt de toute prévention nationale, il étendait le cercle de sa patrie aussi loin que s'étend l'humanité : les étrangers ne l'étaient pas à ses yeux ; rien ne le rebutait dans leurs usages, ni dans la tournure de leur esprit, quelque éloignée qu'elle fût de la nôtre, ce qui faisait dire un jour à l'un de ses amis : « Je voudrais être huron, vous m'aimeriez à la folie. »

L'abbé du Resnel, devenu chanoine de Rouen, permuta, en 1724, à la mort de son oncle, ce canonicat contre celui de St-Jacques de l'Hôpital, et vint s'établir à Paris. Peu de temps après il s'y fit connaître par des sermons, où la grâce du style n'ôtait rien à la religion de sa force et de sa majesté ; mais on trouva que le prédicateur manquait d'action ; il prononça également avec succès le panégyrique de S. Louis devant l'Académie française ; mais un crachement de sang l'obligea enfin de renoncer à la chaire. Il se tourna alors du côté des muses et fit paraître la traduction de l'*Essai sur la critique de Pope*, ouvrage dont on a beaucoup loué la versification noble, aisée, correcte, élégante, ingénieuse sans affectation. L'*Essai sur l'homme*, qui suivit, ne fut pas moins goûté. On doit toutefois reprocher à leur auteur de s'être trop affranchi des servitudes de la traduction, de s'être accordé trop de liberté dans l'emploi des équivalents, et de s'être permis jusqu'à des transpositions d'idées. Ses talents ne l'en rendaient pas moins digne de trouver sa place à l'Académie française. Celle des inscriptions lui avait déjà ouvert ses portes en 1733. « La connaissance qu'il avait de la littérature ancienne et moderne, dit le secrétaire de cette Compagnie, se manifeste avec avantage dans plusieurs *Dissertations* que nos *Mémoires* ont recueillies ; on regrette que l'état de sa santé ne lui ait pas permis d'en donner un plus grand nombre. Il a su dédommager l'Académie par des qualités encore plus estimables que l'érudition la plus étendue. Les dispositions de son cœur faisaient honneur à la littérature : poli jusqu'à la complaisance, la contradiction perdait dans sa bouche tout ce qu'elle peut avoir d'offensant; elle y prenait toutes les grâces de l'approbation. Son zèle pour le service de notre Compagnie l'emportait sur l'intérêt de sa santé. On sait que l'Académie des sciences et la nôtre entretiennent entre elles une correspondance fraternelle, et que deux fois par an elles se rendent un compte mutuel des ouvrages qui ont été lus dans leurs séances particulières; M. l'abbé du Resnel, à deux diverses reprises et pendant plusieurs années, s'est chargé de cette fonction, aussi laborieuse qu'elle est honorable, et il a eu le courage de ne la pas abandonner dans l'état de faiblesse où il s'est trouvé réduit à la fin de sa vie. » Et plus loin, revenant sur son appréciation de du Resnel, Dupuy ajoute : « C'était un esprit juste, sans prévention, sans humeur, sans précipitation : il ne se piquait pas de saisir d'un coup d'œil perçant et rapide les objets éloignés, mais il savait s'en approcher par la voie la plus courte, et sa vue était nette et distincte. Ferme dans ses sentiments, lorsqu'il s'en était assuré par un mûr examen, mais ennemi de la dispute, il n'ajoutait aux solides raisons que le silence. Plus jaloux de considération que de renommée, il était toujours prêt à sacrifier son amour-propre pour ménager celui des autres; il aimait mieux les faire briller que de les éclipser : aussi sa conversation n'avait-elle, dans les cercles, rien de vif ni de piquant; il plaisait par le bon sens et par la politesse; pour sentir ce qu'il valait, il fallait l'entretenir tête-à-tête. » L'abbé du Resnel mourut le 25 février 1761.

VI.

SAURIN.

1761.

Bernard-Joseph Saurin, poëte dramatique, né à Paris en 1706, appartenait à une illustre famille protestante. Il étudia d'abord les sciences exactes, qu'il délaissa pour la jurisprudence, et se fit recevoir avocat au parlement. Il se distingua surtout dans l'exercice de cette profession par un jugement sûr et un grand désintéressement; mais sa vocation l'entraînait vers les lettres. Aussi en donna-t-il les preuves dès qu'il le put. Il n'en avait pas moins quarante ans lorsqu'il donna sa première pièce, les *Rivaux*, comédie en cinq actes et en vers, représentée en 1743 avec succès. Il la fit suivre d'une tragédie, *Aménophis*, qui tomba (1752). *Spartacus*, représentée en 1760, eut un sort plus heureux ; des scènes intéressantes et des vers frappés à l'enclume du grand Corneille, comme le disait Voltaire, la firent applaudir. Le même succès accueillit la petite comédie des *Mœurs du temps* ; c'est une agréable peinture de la société à l'époque où vivait Saurin, où les ridicules sont montrés avec esprit. *Blanche et Guiscard*, tragédie (1763), renferme des traits de sentiment qui éveillent l'intérêt ; mais la marche de l'action est trop rapide. On en trouve le sujet dans Thomson. *Béverley*, qui suivit, est également imitée de l'anglais ; ce qui n'empêcha pas Saurin de railler, quelque temps après, l'engouement que le public montrait alors pour l'Angleterre, dans sa jolie comédie de l'*Anglomanie* (1773). Louis XV, devant lequel elle fut donnée pour la première fois, en fut si satisfait, que le lendemain de la première représentation, il envoya de Fontainebleau, à Saurin, son portrait sur une boîte d'or. Le *Mariage de Julie*, qui vint après, est le dernier ouvrage de notre académicien ; il offre des scènes bien faites et de jolis détails. Il n'a pas été représenté : le lecteur le trouvera néanmoins dans ses *OEuvres complètes*, où l'on trouve aussi ses poésies, pages charmantes dont le nombre est malheureusement trop restreint.

Saurin mourut le 17 novembre 1781. « Ses vertus, dit le duc de Nivernois, étaient sans faste ; son commerce était sans épines. Une certaine pétulance dans la dispute donnait à sa société quelque chose de piquant sans y rien mêler de fâcheux ; c'était de la vivacité et non pas de l'orgueil. On dit que, dans la jeunesse de M. Saurin, cette effervescence allait presque jusqu'à une espèce d'emportement ; mais la raison l'avait réduite à n'être que de la vivacité, et sous cette forme plus douce, il l'a conservée jusqu'à son dernier jour. M. Saurin, jouissant toujours d'une belle mémoire, d'une imagination féconde, étudiait, composait avec succès à la fin de sa vie ; comme on voit quelque chêne antique et courbé par les orages, pousser des rejetons vigoureux et verdoyants, son esprit et son caractère n'ont jamais rien perdu de leur énergie ; et sachant allier à l'énergie la circonspection et la mesure, ce qui est si rare et si digne d'éloges, il n'a jamais rien outré, rien exagéré, même dans la culture de la sagesse et de la philosophie. » Il eut des amis illustres, outre Voltaire, avec lequel il était lié d'une façon particulière ; Montesquieu, Saint-Lambert, Turgot, etc., recherchaient sa société ; Helvétius lui faisait mille écus de pension, et lorsque Saurin se maria, il lui fit présent du capital de cette pension. Quoiqu'il eût épousé une femme plus jeune que lui, il répétait souvent : « Je n'ai été heureux que depuis mon mariage. » La tendresse consolante d'une épouse aimable avait su, pour nous servir de sa propre expression, le rattacher à une existence qu'en dépit de sa solidité, il craignait continuellement de voir s'éteindre.

VII.

CONDORCET.

1782.

Jean-Antoine-Nicolas Caritat, marquis de Condorcet, secrétaire perpétuel de l'Académie des sciences, naquit le 17 septembre 1743 à Ribemont, en Picardie. Successivement élève du collége de Reims et de celui de Navarre à Paris, ses études furent rapides et brillantes. Il obtint surtout des succès dans les sciences mathématiques. Son goût pour ces dernières influa même d'une façon si complète sur son esprit, qu'il résolut de s'y adonner : bientôt il fournissait les preuves de sa capacité. Il avait à peine vingt-deux ans quand parut, en 1765, son premier ouvrage, l'*Essai sur le calcul intégral*; examiné par l'Académie des sciences, à laquelle il était adressé, celle-ci terminait ainsi son rapport : « L'ouvrage de M. de Condorcet annonce les plus grands talents et les plus dignes d'être excités par l'approbation de l'Académie. » Un autre mémoire, publié en 1767, sur le problème des trois corps, lui ouvrit les portes de l'Académie des sciences deux ans après : choix heureux et que le nouvel élu ne tarda pas à justifier.

Condorcet a rempli les Mémoires de cette Société de traités qui comptent parmi les meilleurs qu'on y trouve. On rencontre également dans les collections des Académies de Paris, de Berlin, de Saint-Pétersbourg, de Turin et de l'Institut de Bologne, une foule de travaux du même genre, que leur fournissait notre académicien. Indépendamment de leur valeur intrinsèque, l'élégance et la clarté de leur forme frappèrent tous les gens de goût; aussi, Grandjean de Fouchy ayant laissé libre la place de secrétaire perpétuel, au sein de la docte Compagnie, Condorcet y fut-il installé d'un consentement unanime. Il avait déjà publié quelques éloges en 1773, il donna les autres par la suite; mais il se refusa toujours à écrire celui du duc de la Vrillière, donnant pour prétexte qu'il ne saurait louer, sans trahir la vérité, l'homme qui avait fait un si scandaleux abus des lettres de cachet. Cette liberté choqua Maurepas, premier ministre et beau-frère de l'académicien, et tant qu'il vécut il mit obstacle au désir qu'avait Condorcet d'entrer à l'Académie française. Condorcet eût pu lui répondre comme Bernis au cardinal de Fleury, qui refusait d'avancer sa fortune : « *J'attendrai.* » Mais trop sûr de lui-même pour dire un pareil mot, il aima mieux augmenter ses titres.

Outre ses remarquables éloges, dont il continua la publication, et des travaux scientifiques qu'il ne cessait de mettre au jour, il donna une bonne édition de Pascal, avec un éloge; après quoi il fut reçu (1782). Il s'occupa ensuite de politique, et jusqu'à la Révolution, composa de nombreux écrits en faveur de la liberté. Il fut l'un des rédacteurs de la *Feuille villageoise*. Député de Paris à l'Assemblée législative, il s'y distingua comme homme d'Etat et comme orateur. Il en fut le président en février 1792. Devenu membre de la Convention, il y vota avec les girondins; mais à une époque où, selon l'expression de M. Villemain, la tribune était, pour les honnêtes gens, « l'escalier de l'échafaud », Condorcet ne put s'y maintenir longtemps. S'étant expliqué sans ménagement contre la Constitution de 1793, il fut mis en accusation le 3 octobre.

Obligé de se cacher, il se réfugia chez une amie, dont il habita la retraite pendant huit mois. On sait la réponse qu'il fit à cette dame, un jour que pour charmer les ennuis de son captif elle lui adressait des couplets destinés à l'égayer. « Je n'ai jamais fait de vers, lui dit-il, mais vous m'en ferez faire. » Il en fit en effet, et ces vers sont restés comme une sorte d'épigraphe que l'on pourrait mettre en tête de la biographie politique de Condorcet. Nous en extrayons ceux-ci :

Ils m'ont dit : Choisis d'être oppresseur ou victime ;
J'embrassai le malheur, et leur laissai le crime.

Le malheur accepta l'embrassement et le lui rendit bien. Un nouveau décret, qui frappait de mort quiconque donnerait asile aux personnes mises hors la loi, venait de paraître. Condorcet ne voulut pas exposer plus longtemps sa généreuse protectrice, qui s'efforçait de le retenir en lui disant : « Si vous êtes hors la loi, nous ne sommes pas hors de l'humanité. » Il trompa sa surveillance et sortit de Paris au milieu de mars 1794, sans passe-port, et sous le costume le plus misérable. Son intention était de demander l'hospitalité à un ancien ami, dont la maison de campagne se trouvait dans les environs; mais il ne le trouva point, et fut forcé de se cacher pendant plusieurs jours dans les carrières de Montrouge. Enfin, pressé par la faim, il entra dans une auberge et y demanda à manger. Son air hagard, son désordre, inquiétèrent l'hôtesse sur le paiement; pour la rassurer, Condorcet tira de sa poche un portefeuille; mais l'élégance de ce petit meuble contrastait tellement avec son misérable extérieur, qu'un membre du comité révolutionnaire du lieu le fait arrêter; il est conduit à Bourg-la-Reine. Là, Condorcet fut jeté dans un cachot; mais le lendemain, 28 mars 1794, lorsqu'on vint l'en tirer pour le conduire à Paris, on ne trouva qu'un cadavre : Condorcet s'était empoisonné.

Ainsi périt, n'étant âgé que de cinquante ans, cet homme éminent, mais qu'on a eu tort de regarder comme un homme d'Etat sérieux et comme un philosophe supérieur. Il était profondément et immensément versé dans les sciences mathématiques, et les ouvrages qu'il a laissés sur ces matières attestent l'un des plus grands génies qu'elles aient produits. Comme écrivain, il était certainement inférieur à d'Alembert, mais ne l'était guère; il n'avait d'ailleurs jamais franchi, comme son ami, les bornes de la science pour dépasser celles des lettres. Celui de ses ouvrages qui s'en approche le plus est le recueil de ses *Eloges* ; c'est aussi celui qui justifie son entrée à l'Académie. Voici l'opinion que Cabanis en avait : « Condorcet, dit-il, n'a pas eu, sans doute, au même degré, les qualités qui caractérisent chacun des trois secrétaires perpétuels qui l'ont précédé à l'Académie des sciences; mais, riche de connaissances plus étendues et plus variées, doué d'un esprit plus actif, plus vigoureux, d'un talent plus profond et plus élevé, d'une âme plus ardente, soutenue par une philosophie plus courageuse, il n'a pas seulement fait l'éloge de quelques savants, il a tracé d'une main ferme et sûre le tableau de toutes les sciences qu'ils ont cultivées ; il en a suivi les progrès, reconnu l'état, et souvent présagé les découvertes ultérieures. Il a peint ces savants non par quelques traits fugitifs, mais par ceux qui distinguent véritablement leur talent et leur caractère. A l'exposition des travaux particuliers, il mêle partout de grandes vues d'utilité publique ; et, de l'avancement des lumières, il voit sortir le perfectionnement des institutions sociales et le bonheur des hommes. Tour à tour simple et imposant, touchant ou sublime, il est toujours grave et noble dans son langage ; il semble ne pas perdre un instant de vue la grande cause de l'humanité, à laquelle il a dévoué de rares talents ; et le lecteur attentif, étonné de l'immensité de connaissances et, pour ainsi dire, de la profusion d'idées qui s'offrent si rapidement à sa vue, ne peut se défendre d'un doux attendrissement, en retrouvant sans cesse la trace des sentiments qui animent et conduisent la plume de l'auteur. » Nous citerons encore l'ouvrage qu'il écrivait dans sa dernière retraite, l'*Esquisse d'un tableau historique des progrès de l'esprit humain* (1795) : il ne fait pas moins d'honneur à Condorcet que ses précédents travaux. Quelques-uns même vont jusqu'à lui donner le pas sur tous les autres. Condorcet y entreprend de décrire la marche lente et sûre du genre humain vers un état de société plus parfaite. C'est là une idée noble et consolante, et, sans doute, c'est s'honorer soi-même et bien mériter des hommes que de les croire perfectibles par l'expérience et la sagesse ? Cependant on est très-partagé aujourd'hui sur la solidité de cette spéculation, et non sans de sérieux motifs. Au reste, cette esquisse offre partout cette profondeur, cette variété de connaissances et cette richesse de résultats, qui distinguent la philosophie de Condorcet. Pressé par le malheur des temps, son génie crayonnait à la hâte ce plan de l'histoire de la raison humaine, pour en laisser l'exécution à la postérité, comme un legs digne de lui. Il n'est entré dans quelques développements que sur le plus étonnant de tous les peuples, le peuple grec, qui, pendant plus de douze siècles, a eu du génie, et dont la philosophie a policé les plus célèbres nations. Le reste de l'ouvrage est resté dans la première ébauche. Tel qu'il est, il n'en a pas moins obtenu un très-grand succès. Deux traductions, l'une anglaise, l'autre allemande, rendirent cet ouvrage très-populaire chez nos voisins; tandis que la Convention en acquérait trois mille exemplaires, qui furent répandus, par les ordres du comité de l'instruction publique, sur toute l'étendue du territoire de la République.

VIII.

ROEDERER.

1795.

Pierre-Louis, comte Rœderer, né le 15 février 1754 à Metz. Il fut destiné de bonne heure au barreau ; à dix-sept ans il était avocat, et à vingt et un ans l'on citait déjà ses plaidoiries. Il devint plus tard conseiller au parlement de Metz, et sous ce titre nouveau sut bientôt se distinguer. Ses collègues, frappés de son ardeur et fiers de son talent, s'empressèrent de les mettre à profit : il fut chargé de rédiger quelques-unes de ces remontrances adressées à la cour, et alors si fréquentes dans les parlements. « Ce rôle, plus politique que judiciaire, convenait à M. Rœderer, dit M. Mignet, son excellent biographe. Il s'y était préparé par ses études et par ses idées; il avait reçu cette forte culture du temps, qui a donné tant d'hommes supérieurs à l'État et tant de grands hommes à la science. Il avait appris la législation compliquée d'après laquelle se rendait la justice et s'administrait le royaume; mais la science des lois, quoique plus vaste à cette époque que dans la nôtre, précisément parce qu'elle était moins simplifiée, ne suffisait point aux jurisconsultes ; ils y joignaient des études plus hautes encore : l'homme, l'histoire, la morale, la politique, objets du travail universel des intelligences, appelaient aussi leurs méditations. Tout le monde étudiait alors, et l'on regardait les connaissances comme la matière des idées, et les idées comme l'appui le plus solide du talent. M. Rœderer s'était formé d'après cette méthode féconde ; il s'était nourri de toutes les connaissances que possédait son époque, et il adopta les idées généreuses qui formaient la croyance de ses hardis contemporains. Venu trop tard pour participer à leurs découvertes, il put au moins contribuer à leur application ; et, s'il ne compta point au nombre des grands esprits qui avaient posé les nouveaux principes, il appartint à la nation non moins glorieuse qui entreprit de les réaliser. Enrôlé dans l'armée philosophique, M. Rœderer fit ses premières armes pendant la grande campagne qui précéda la Révolution. » Un ouvrage, qu'il publia en 1787 sur les douanes, fut son coup d'essai ; puis il en mit au jour un second sur les états généraux, qui eut du retentissement ; tous deux le conduisirent à l'Assemblée constituante en 1789, où il figura comme l'un des membres les plus actifs. Les hautes fonctions de procureur général syndic lui furent ensuite confiées : c'était la première magistrature élective de France.

Le 20 juin et le 10 août trouvèrent Rœderer à son

poste. Malheureusement il se perdit en voulant sauver le roi; dénoncé par la commune du 10 août, un mandat d'arrêt fut lancé contre lui, et il fut forcé de se cacher pendant toute la durée de son règne sanglant. Il en sortit toutefois sous la Convention; ce fut pour défendre les principes du droit et de l'humanité dans le *Journal de Paris*, et pour professer à l'Athénée des doctrines d'ordre et de propriété, tendant à combattre les maximes subversives qui régnaient à cette époque funeste. Mais, après la défaite des girondins, il dut se cacher de nouveau pour sauver sa tête. « Je jurai au malheur, écrivait-il alors, pendant qu'il me donnait ses leçons sévères, de ne me livrer à aucun sentiment d'intérêt personnel, de plaisir, de peine, d'espérance, pas même au repos, tant que j'aurais quelque chose à faire pour rendre à leur patrie et à leur famille des victimes de la tyrannie dont j'étais accablé moi-même. » Il tint cette pieuse promesse après le 9 thermidor; ce fut lui qui rédigea le discours que Tallien et Merlin de Thionville prononcèrent contre la terreur, pour le retour de la paix et en faveur des enfants des condamnés. Bientôt il put le faire en son nom dans le *Journal de Paris;* il s'y joignit à ceux qui provoquèrent l'élargissement des soixante-treize députés détenus pour avoir protesté contre les violences du 31 mai, ainsi que le retour dans le sein de la Convention des nobles et malheureux restes de la gironde. « Il y écrivit, dit M. Mignet, pour ouvrir les cœurs et pour ramener les lois à des sentiments humains envers les pères et les mères des émigrés, pour faire restituer leurs biens aux enfants des condamnés et rendre leur patrie à ceux qui s'étaient réfugiés sur la terre étrangère, non par choix, mais par nécessité et afin de se soustraire à la mort. Il attaqua tous les effets de la terreur, et il contribua à la réaction contre ses actes, sans concourir aux vengeances contre les personnes, ayant le rare bonheur, dans ces temps de violences publiques, de ne se souvenir de sa proscription que pour aider des proscrits et non pour en faire. »

C'est à cette époque qu'il entra à l'Institut, dans la classe des sciences morales et politiques, et qu'il fut nommé professeur d'économie politique. Eloigné des affaires par le dégoût qu'elles lui inspiraient, il s'adonna à ses nouvelles fonctions, tantôt en rédigeant d'excellents mémoires pour l'Institut, et tantôt en faisant un cours d'économie publique au Lycée; tout en soutenant de son talent spirituel et lumineux le *Journal de Paris*, en même temps qu'une *Revue* politique et littéraire. Le 18 brumaire trouva en lui un coopérateur actif. Nommé peu après conseiller d'Etat et investi de la confiance de Bonaparte, il s'efforça de pacifier les partis, d'éteindre les haines et de rappeler les exilés. Il aidait en même temps le consul à établir un gouvernement, et celui-ci lui dut beaucoup : il le nomma, en récompense, membre du sénat. Il le chargea ensuite de plusieurs missions dont il s'acquitta très-bien. En 1810, le grand-duché de Berg lui fut confié; c'est alors qu'il le créa grand officier de la Légion d'honneur et comte d'empire. Mais déjà cet empire chancelait; les Bourbons de retour, Rœderer, fidèle à son bienfaiteur, se vit ravir tous ses titres, et il entra dans la retraite jusqu'aux trois journées de Juillet.

D'homme d'Etat il se fit alors historien, et de la vie agitée des affaires il passa à la culture paisible des lettres. « Ce fut, remarque M. Mignet, au moment où la Restauration ne le jugea point digne de rester membre de l'Institut, et prétendit, sans doute, en l'excluant de ce grand corps, ajouter à ses autres disgrâces, qu'il acquit de nouveaux titres à la renommée littéraire. » Rœderer, en effet, se montra aussitôt écrivain d'un ordre élevé et d'un talent rare. L'histoire nationale devint son domaine; il se plongea avec une ardeur passionnée dans les temps qui, par leurs troubles et leurs mutations, ressemblaient le plus aux nôtres. Les querelles des Armagnacs et des Bourguignons, les réformes des états généraux en 1483, le règne populaire de Louis XII, les dissipations financières et les établissements monarchiques de François Ier, tels furent les thèmes de ses études et de ses productions. Pour rendre ses vives impressions et des jugements qu'on a accusés, non sans raison, de n'avoir pas toujours été impartiaux, il adopta tour à tour la forme du drame, celle du récit et de la dissertation. Dans deux pièces politiques fort spirituelles (le *Marguillier de Saint-Eustache* et le *Fouet de nos pères*), il montra l'histoire sous un côté à la fois comique et satirique qui fit rire tous ses lecteurs; mais il sut aussi bien les terrifier par son drame de *la Saint-Barthélemy*. Toutefois, il n'a pu, malgré ses succès, échapper aux reproches d'avoir souvent déguisé l'histoire. « Ce n'est pas, dit encore M. Mignet que nous ne saurions trop citer, ce n'est pas que M. Rœderer ait manqué de pénétration, il en avait même trop, et à force d'être spirituel, il lui arrivait d'être paradoxal. Il avait aussi le désir d'être juste, et c'était un goût trop passionné pour le bien qui l'éloignait quelquefois du vrai. Quant au talent, il péchait plutôt par excès que par défaut, discutant avec verve, là où il aurait dû expliquer avec simplicité, et mettant infiniment d'espril là où il ne fallait que du simple bon sens. Mais ses travaux historiques furent variés et considérables, ses aperçus ingénieux, ses intentions honnêtes et ses livres originaux. » Nous ajouterons que ces derniers sont en très-grand nombre. Ainsi, ses œuvres ne renferment pas moins de vingt-cinq brochures et dissertations, sept comédies, une foule de mémoires, de discours et d'opuscules politiques et littéraires; et si nous y joignons les articles qu'il a fournis aux journaux, nous en formerons un bagage imposant et qui laisse voir combien l'ex-académicien avait conservé, dans ses derniers temps, de la vigueur de sa jeunesse.

Il s'était retiré à la campagne. Là, entouré de l'affection de sa famille et des empressements de ses amis, il laissait doucement s'écouler sa vie, lorsque survint la révolution de 1830. C'est le moment qu'il choisit pour publier ses deux ouvrages : *Sur l'Esprit de la révolution en* 1789 et *Sur les Evènements du* 20 *juin et du* 10 *août*, ouvrages intéressants et qui doivent prendre place parmi les documents les plus curieux de la première époque de ce siècle. Il entra alors à la Chambre des pairs, et, rappelé au sein de l'Académie des sciences morales et politiques, il s'adonna tout entier à ses travaux ; « assidu à ses séances, dit son secrétaire perpétuel, il les animait par ses spirituelles discussions et ses attrayantes lectures ». C'est aussi dans son sein qu'il a produit son charmant livre *Sur l'influence de la Société polie*, dont M. Mignet a dit qu'il semblait avoir été composé avec la finesse d'observation d'une femme et écrit avec l'imagination d'un jeune homme. « Dans cet ouvrage, ajoute-t-il, M. Rœderer a saisi ce qui se succède sans se fixer et se laisse plus deviner qu'atteindre, le mouvement intime de la société. Il a surpris l'action de la conversation sur les mœurs, et du grand monde sur la langue. Il a pénétré dans les couches les plus profondes de cette société qui a produit les merveilles du temps de Louis XIV, et il a montré où et par les soins de qui a poussé cette fleur de politesse dont le parfum s'est répandu sur tout le grand siècle. Il a fait l'histoire de cet hôtel de Rambouillet qui, loin d'être une école de pédantisme, fut le modèle suivi du bon goût. Il a cherché comment se forma ce langage précieux qui, employé par les gens d'esprit, ne fut qu'élégant, et qui, exagéré par les sots, devint ridicule. Il a signalé les phases de cette réforme qui, en donnant plus de mesure et de délicatesse au style, lui laissa moins d'indépendance et d'abandon, et corrigea ce qui lui restait de son vieux désordre et de son ancienne grossièreté, aux dépens de la hardiesse de ses formes et de la naïveté originale de ses expressions. Il a saisi ce qu'il y avait de plus fin et de plus subtil dans ces temps encore plus éloignés de nous par les mœurs que par les années ; et ce vieillard, qui sortait des révolutions et des affaires, semblait avoir vécu dans la société exquise dont il retraçait si vivement les souvenirs, et avoir été un contemporain de Mme de Sévigné ou de Mme de Maintenon par la grâce de son esprit et le naturel de son talent.

» Cette œuvre fut la dernière de M. Rœderer. Bien qu'il fût parvenu à un âge très-avancé, il ne paraissait pas encore être au terme de sa carrière. Il conservait toutes ses forces, et il était loin de croire sa fin prochaine. Il disait en plaisantant qu'il n'était pas très-sûr qu'on dût mourir, quoiqu'il y eût beaucoup d'exemples contraires à ce doute, mais donné par des gens qui n'avaient pas su vivre. Il se piquait de le savoir, c'est-à-dire d'être sobre et animé, d'entretenir, en l'exerçant sans le forcer, ce principe intérieur de vie qui fait durer le corps sous l'habile direction de l'âme. Toujours de l'action, jamais de l'excès : tel fut le régime au moyen duquel il vécut longtemps et beaucoup. Aussi passa-t-il de cette existence active et régulière au repos éternel tout d'un coup, sans voir ses facultés diminuées, sa volonté affaiblie, son existence décolorée. Il eut jusqu'au bout une vieillesse saine, vigoureuse, riante. La mort, qui l'atteignit tard et en entier, lui épargna, non-seulement ses approches, mais ses douleurs. Le 17 décembre 1835, il se coucha en pleine santé, et dans la nuit il expira sans s'y attendre et presque sans le sentir. M. Rœderer avait quatre-vingt-un ans lorsqu'il fut si subitement enlevé à l'affection de sa famille, au commerce de ses amis et à la culture de la science. » — « Ainsi, dit en terminant l'éloquent historien, s'éteignit cette vie qui s'était mêlée pendant soixante années aux grandeurs et aux vicissitudes de son temps, et qui en avait été remplie. M. Rœderer a été remarquable par l'extrême diversité de ses aptitudes, le nombre, la distinction et quelquefois la supériorité de ses œuvres. S'il n'a pas eu le génie qui découvre, il a eu, au plus haut degré, celui qui applique. Economiste plus vigoureux qu'original, historien plus original que sûr, il a été un organisateur du premier ordre, comme l'atteste la part qu'il a prise au système de contribution sous la Constituante, à la régénération financière du royaume de Naples, et à l'acte constitutif de la Suisse. Dans les temps de violences, humain ; dans le maniement des deniers publics, honnête ; dans l'action, inventif ; dans la retraite, digne ; dans le commerce de la vie, aimable ; il a de plus uni le mérite des idées à la célébrité des actes. A cinquante ans de distance, il a publié le savant ouvrage *Sur le Reculement des barrières*, et le livre ingénieux *Sur la Société polie*. Il a été l'un des écrivains spirituels de notre temps et l'un des pères de notre ordre social. A tous ces titres, M. Rœderer a mérité le souvenir reconnaissant de ses contemporains et l'estime de la postérité. »

IX.

LE DUC DE LÉVIS.

1816.

Pierre-Marc-Gaston, duc de Lévis, né en 1764; mort à l'Elysée-Bourbon le 15 février 1830. Sa famille est l'une des plus anciennes de France; mais, si vieille que soit sa maison, il est difficile de reconnaître de bonne foi l'antiquité presque fabuleuse qu'on a voulu lui attribuer. On la fait descendre de la tribu de Lévi. Sans discuter une généalogie aussi respectable, nous nous contenterons de dire que le duc de Lévis était fils du maréchal de ce nom, et que, malgré l'irréprochabilité de sa noblesse, il se déclara, dès sa jeunesse, en faveur des principes de la Révolution. Nommé député du bailliage de Dijon, aux états généraux, il se tint également éloigné des excès du parti réformateur et des prétentions exagérées de ceux de son rang; aussi fut-il peu remarqué dans l'Assemblée constituante. Tantôt votant avec le côté gauche, tantôt avec le côté droit, il sut garder son indépendance. Parmi ses actes les plus remarquables, il faut citer la sage opposition qu'il fit à une déclaration des droits, qu'il regardait comme dangereuse, partageant en cela l'opinion de tous les gens sensés, et particulièrement de Rivarol, qui a écrit à ce propos des choses fort justes. Il voulut ensuite que cette déclaration, si l'on était absolument décidé à en rédiger une, suivît la Constitution sous une autre forme, au lieu de la précéder. Lors de l'affaire du marquis de Favras, il demanda que le comité des recherches de l'Assemblée se concertât avec celui de la ville pour répandre le plus grand jour sur une cause aussi grave; mais sa proposition fut rejetée. Il ne paraîtra pas étonnant, d'après cette sage conduite, qu'il se soit, à la fin, associé à la minorité pour protester contre les actes de l'Assemblée.

Après le 10 août, le duc de Lévis crut devoir quitter la France; il se rendit à l'armée des princes, où il servit comme simple soldat, et reçut une blessure à Quiberon. Depuis, il se retira en Angleterre, et ne rentra en France qu'après le 18 brumaire. A cette époque, il se distingua peu comme homme public, et s'adonna plus à la culture des lettres qu'à la science du gouvernement; néanmoins, ses précédents travaux comme politique ne restèrent pas sans récompenses. En 1814, il fut promu à la dignité de pair, et devint successivement président et secrétaire de divers bureaux de la Chambre. En 1815, il présida le collége électoral du

Pas-de-Calais. Il prit, en 1816, une part très-active à la discussion sur le budget de cette année, et émit, dans ses excellents discours, les principes qu'il développa bientôt après dans son ouvrage des *Considérations morales sur les finances*, matières arides, mais que l'auteur a su rendre intéressantes en y mêlant des vues de l'ordre le plus élevé. Il n'a pas montré moins de jugement dans toutes les discussions auxquelles ce travail a donné lieu. Lorsqu'il fut question de modifier l'article 351 du Code d'instruction criminelle, un membre ayant prétendu qu'il valait mieux conserver un abus en totalité que de le réformer partiellement, le duc de Lévis réfuta cette étrange assertion, et le fit avec autant de force que d'urbanité.

Les études littéraires du duc de Lévis ne furent pas infructueuses, et l'ordonnance du 21 mars 1816 n'a pas été son unique titre à son entrée à l'Institut. Il avait déjà publié, lors de son séjour en Angleterre, une *Oraison funèbre de Louis XVI et de la reine Marie-Antoinette*, ouvrage qui émane d'un chrétien et d'un bon écrivain, et il s'était surtout très-avantageusement fait connaître, en 1813, par son livre des *Souvenirs et Portraits*, ouvrage dont la lecture est infiniment piquante, à cause des renseignements curieux qu'il contient sur les règnes de Louis XIV et de Louis XV, détails que l'auteur devait à ses anciennes liaisons avec le vieux maréchal de Richelieu, qui avait vécu sous trois règnes, et qui, mieux que tout autre, pouvait fournir un inépuisable recueil d'anecdotes. En 1808, il avait déjà publié ses *Maximes et Réflexions sur différents sujets*; les *Voyages de Khang-Hi* en 1812, et, la même année, la suite des *Quatre Facardins*. On trouve en tête de cet ouvrage une préface excellente, pleine de pensées justes et bien exprimées ; le duc de Lévis y caractérise avec finesse le genre de talent d'Hamilton et donne une très-bonne poétique du conte, et, en général, des règles bonnes à appliquer dans l'emploi du merveilleux. Il le fit suivre, en 1813, d'une *Notice*, écrite avec soin, sur *Sénac de Meilhan*. L'année suivante, il mit au jour l'*Angleterre au* XIVe *siècle*, et, en 1816, les *Considérations morales sur les finances*, ouvrage que nous avons déjà apprécié. Il a encore composé une tragégie : la *Mort de Henri IV*, mais qui n'a été ni représentée, ni imprimée.

Tous ces ouvrages obtinrent le plus légitime succès. Après les *Souvenirs*, qui furent particulièrement remarqués, il faut donner le pas aux *Maximes*, qui ont eu quatre éditions successives ; elles sont d'un homme de goût, d'un esprit délicat et sensé et d'un académicien. Tour à tour philosophe sage, moraliste raisonnable, observateur judicieux, censeur équitable, amateur éclairé des lettres, des sciences et des arts, quelquefois même prophète, comme l'est tout homme d'esprit qui réfléchit beaucoup sur le présent et sur le passé, et toujours écrivain correct et élégant, ainsi nous apparaît Lévis dans ses *Voyages de Khang-Hi*. Aussi Roger avait-il bien raison de dire, en parlant de l'auteur, qu'il avait fait reparaître Usbeck sous le masque et les vêtements de son héros chinois. Non moins heureux comme orateur, il a laissé une honorable mémoire à la Chambre des pairs et à l'Académie. On cite encore, dans cette dernière, le discours qu'il fit en réponse à Laya et à Roger, qu'il recevait en qualité de directeur; plusieurs fois il fut interrompu par les applaudissements unanimes de l'Assemblée, et Lally-Tollendal dit en sortant : « M. de Lévis a fait obtenir un bien honorable triomphe à M. Laya. »

A sa mort, Etienne se proposait de prononcer, au nom de l'Institut, un discours sur le cercueil du défunt; mais, comme il fut enterré à Picpus, et que l'usage n'était point d'en prononcer dans ce lieu, spécialement consacré à la religion, on se contenta d'imprimer cette allocution funèbre. L'orateur avait parfaitement apprécié en quelques mots « cet esprit si divers, qui embrassait la science de l'économiste et du législateur, la délicatesse de l'homme de goût et la sagacité du peintre de mœurs ». Il louait surtout en lui « l'homme de bien, l'excellent confrère, qui ne fut jamais qu'homme de lettres à l'Académie, et fut toujours moraliste à la cour ».

X.

M. LE COMTE DE SÉGUR.

1830.

M. Philippe-Paul, comte de Ségur, ex-pair de France, commandeur de la Légion d'honneur et membre de divers autres ordres, est né le 4 novembre 1780. A l'exemple de son illustre père, il entra de bonne heure dans la carrière des armes. Simple hussard après le 18 brumaire, il fit, avec le grade de sous-lieutenant, la campagne de Bavière sous Moreau, puis celle des Hautes-Alpes, de laquelle il a donné une curieuse relation. Le premier consul se l'attacha en 1802 et le chargea de la sûreté de son quartier général et de sa personne. En 1804, il fut désigné pour inspecter l'état des côtes de l'Océan; après quoi il fit la campagne d'Austerlitz et fut envoyé à Ulm comme parlementaire; ce fut lui qui décida le général Mack à capituler. Il eut ensuite mission de reconnaître les Calabres (1808), où il prépara la descente en Sicile. Il se distingua surtout au siége de Gaëte; et à la bataille d'Iéna, à laquelle il assista, il eut l'honneur d'être cité par les généraux de l'armée. Nommé vers cette époque chef d'escadron, il chargea, en cette qualité, l'arrière-garde russe, forte de 4,000 hommes. Ce trait de courage, qui augmenta sa renommée, lui valut malheureusement deux blessures graves, à la suite desquelles il fut fait prisonnier.

La paix de Tilsitt, qui le rendit à la liberté, le ramena en France; mais M. de Ségur n'y resta guère. Promu au grade de major, il passa en Espagne, en 1807, à la tête d'un régiment de hussards. L'année suivante, ayant reçu l'ordre d'attaquer, avec 80 chevaux polonais et 15 pièces de canon, 1,400 Espagnols retranchés dans le Somosierra, il exécuta cette charge avec un succès dont la célébrité nous dispense de faire l'éloge. En récompense, il fut nommé colonel, et eut l'honorable mission de porter au Corps législatif les drapeaux qu'il avait enlevés à l'ennemi. Général de brigade dans la campagne de Russie, il fut assez heureux pour échapper à la fameuse déroute qui la suivit. Il était de retour en France, en 1813, où nous le voyons organiser à Tours une compagnie de 3,000 gardes d'honneur, et plus tard sauver l'armée à la bataille de Hanau, défendre le Rhin, Landau et Strasbourg, et faire, avec 2,000 chevaux et devant 20,000 Russes, cette courageuse retraite qui dura cinq jours, et qu'on cite avec raison comme un des plus plus beaux faits d'armes de cette époque mémorable.

Le corps de M. le comte de Ségur ne s'est pas moins distingué pendant la campagne de France; il a surtout attaché brillamment son nom aux combats de Montmirail, de Château-Thierry et de Meaux. A Reims, entre autres, avec cent gardes d'honneur et quelques hussards, il détruisit 600 chevaux, enleva 14 pièces de canon et s'empara de la plus grande partie de la ville. Malgré deux profondes blessures qui étaient venues s'ajouter au nombre déjà considérable de celles qu'il avait reçues précédemment, et particulièrement dans les rochers de Somosierra, M. le comte de Ségur courut porter lui-même la nouvelle de son succès à l'empereur, qui n'apprit qu'il était blessé qu'en le voyant tomber évanoui à ses pieds.

Lors de la première Restauration, Louis XVIII, jaloux de s'attacher un homme d'un tel mérite, lui donna la croix de Saint-Louis en le nommant chef d'état-major des corps royaux de cavalerie formés des débris de la vieille garde impériale. Aussi Napoléon ne l'employa-t-il point durant les Cent-Jours; mais il devint, en 1818, l'un des maréchaux de camp de l'état-major général de l'armée; puis, après la révolution de Juillet, lieutenant géneral, et enfin membre de la Chambre des pairs.

Ecrivain, M. de Ségur mérite, dans la carrière littéraire une place à part, comme il s'en est fait une dans celle des armes. Son *Histoire de Napoléon et de la Grande Armée pendant l'année* 1812, publiée en 1821, est non-seulement l'une des plus belles productions de ce temps-ci, mais un monument national, parce qu'il est élevé en l'honneur de la grande armée, dont le malheur et la gloire incomparables ont été la gloire et le malheur de la France. « M. de Ségur, dit un biographe qui a soumis cette histoire à une consciencieuse étude, M. de Ségur y raconte les grandes scènes qu'il a vues, et dont il a été lui-même acteur; il dévoile en homme d'Etat les vues et les desseins de l'expédition ; il trace en tacticien le plan de la campagne ; il nous entraîne dans ces marches si fécondes en prodiges, ou dans cette retraite marquée par tant d'exploits et d'horreurs. Ce qu'il a vu, il le peint ; il nous fait assister aux combats comme aux conseils sous la tente de l'empereur, au passage du Niémen, à la bataille de Mojaïsk, à l'incendie de Moscou, au retour sur la Bérésina. Il a des couleurs différentes pour des tableaux divers ; il fait passer dans l'âme du lecteur les impressions qu'il a senties. Les discours qu'il met dans la bouche de ses héros, les rumeurs qu'il recueille dans l'armée, à la manière de Thucydide et de Tite-Live, donnent à ses récits une physionomie particulière et un mouvement continuel. » Notre critique reproche néanmoins à cet ouvrage trop de pompe et d'apparat dans le style. Tel n'était pas l'avis d'Arnault ; et il le disait à M. de Ségur en le recevant : « Toujours clair, toujours pur, toujours élégant; tantôt concis sans sécheresse, tantôt abondant sans prolixité, s'animant avec l'action, se conformant à la nature de l'objet auquel il s'applique, votre style s'élève quelquefois à la hauteur épique. Je ne serai pas, Monsieur, du nombre des critiques qui vous le reprochèrent. Je ne pense pas que le narrateur doive se tenir en garde contre les impressions qu'il peut recevoir du sujet qu'il traite, et que l'histoire veuille être écrite avec l'aridité d'une chronique, avec l'impassibilité d'un procès-verbal. L'historien doit être impartial, sans doute, mais doit-il être indifférent? Il ne lui est pas permis d'altérer la vérité, mais lui est-il défendu d'y être sensible? Non, Monsieur. D'ailleurs, est-ce l'altérer que de raconter les faits avec l'accent de l'émotion qu'ils inspirent, et que d'élever cet accent au ton le plus solennel, quand, en racontant des faits réels, on raconte des prodiges?... Etaient-ils moins grands que ceux du Simoïs et du Xanthe, les héros de la Moskowa, de la Bérésina, et du Borysthène? Et quand on parle d'Achille et d'Hector, le ton naturel n'est-il pas le ton d'Homère! »

Toutefois, cet historien n'a pu échapper au reproche d'avoir représenté Napoléon un peu plus affaibli au moral et au physique qu'on ne le voudrait, et comme ayant perdu son génie. Cette façon de voir de M. de Ségur, qui peut être juste, n'en choqua pas moins tout le monde, et particulièrement les vieux serviteurs de Napoléon. Le général Gourgaud, la trouvant même trop injurieuse pour la mémoire de son maître, réclama contre cette imputation dans les journaux, et avec des expressions tellement énergiques, qu'elles donnèrent lieu à des explications suivies d'une rencontre dans laquelle M. de Ségur fut blessé. Son ouvrage n'en a pas moins obtenu un succès immense tant en France qu'à l'étranger, où l'on ne se lasse pas de le réimprimer.

Notre académicien mit ensuite au jour une *His-*

toire de la Russie et de Pierre le Grand (1829), où, sans s'élever si haut que dans sa première production, il a cependant accru de nouveau sa réputation. Quelles qualités n'a-t-il pas dû déployer pour l'acquérir ! Arnault le disait encore : « S'il ne possède pas à un égal degré l'activité qui explore, la patience qui étudie, la pénétration qui devine, la sagacité qui compare, le jugement qui apprécie et la véracité qui est dans l'historien ce qu'est la probité dans un dépositaire de la fortune publique, possédât-il au plus haut degré le talent d'écrire, l'homme qui s'applique à l'histoire ne prendra jamais rang que parmi les romanciers. Aucune de ces qualités, Monsieur, ne vous est étrangère. A l'occasion du règne de Pierre le Grand, esquissant ceux de tous ses prédécesseurs, vous avez donné la mesure du génie de ce réformateur, en donnant celle des obstacles qu'il avait à combattre dans une barbarie si invétérée. L'idée était grande ; vous avez vaincu toutes les difficultés pour la mettre à exécution. » Si nous ajoutons maintenant que M. le comte de Ségur est aussi l'auteur de plusieurs opuscules sur quelques-uns des événements dont il a été témoin, et d'*Eloges* prononcés à la Chambre des pairs, nous aurons le total de son bagage littéraire, bagage médiocre de volume, peut-être, mais qu'il est impossible de désirer plus beau et plus achevé.

XL.

LE FAUTEUIL DE DESTUTT DE TRACY.

LE FAUTEUIL DE DESTUTT DE TRACY.

I.

GRANIER.

1635.

AUGER DE MAULÉON DE GRANIER. « C'était, dit Pellisson, un ecclésiastique, natif, comme l'on m'a dit, du pays de Bresse, homme de bonne mine, de bon esprit, d'agréable conversation, qui avait même du savoir et des belles-lettres. Pour s'établir à Paris, il s'associa avec un libraire nommé Chapelain, et depuis avec un autre nommé Bouillerot. Et comme il avait été curieux de bons manuscrits, il en mit au jour quelques-uns qui étaient encore fort rares. Nous lui devons les *Mémoires* de la reine Marguerite et ceux de M. de Villeroy, les *Lettres* du cardinal d'Ossat et celles de M. de Foix. Il faisait imprimer et relier ces livres avec le plus de soin qu'il était possible, en faisait beaucoup de présents ; était fort propre dans sa maison, fort civil et fort officieux envers les personnes d'esprit et les gens de lettres, qui, pour cette raison, se trouvaient volontiers chez lui, où il se faisait comme une espèce d'académie. Toutes ces choses le mirent en réputation, et le firent connaître, premièrement, à M. le chancelier, qui lui donna une pension; puis au cardinal, qui trouva bon que M. de Boisrobert le proposât pour être de l'Académie.

» On le reçut le 26 février 1635, et il fut élu par billets, qui furent tous en sa faveur excepté trois. L'évènement a montré que les trois qui voulaient l'exclure n'avaient point de tort; car je trouve dans les registres que, le 14 du mois de mai de l'année suivante, sur la proposition qui en fut faite par le directeur, de la part du cardinal, il fut déposé d'une commune voix, et sans espérance d'être restitué. » La cause de son exclusion serait, si nous en croyons un de ses contemporains, son manque de délicatesse avec un ami, auquel il aurait refusé de restituer une somme que celui-ci lui avait prêtée.

II.

PRIEZAC.

1639.

Daniel de Priezac, conseiller d'Etat, né au château de Priezac, en Limousin, en 1590; mort à Paris en 1662. Il fit ses études et prit le bonnet de docteur à Bordeaux, où il professa avec beaucoup de succès pendant dix ans. Ses plaidoyers et des discours prononcés en de grandes occasions portèrent sa réputation jusqu'à Paris. Séguier le fit venir (1635), et lui procura sur-le-champ une charge de conseiller d'Etat, qu'il a conservée avec distinction jusqu'au terme de sa vie.

Priezac est l'auteur d'un assez grand nombre d'ouvrages, mais ce ne sont guère que des ouvrages où la jurisprudence tient beaucoup de place. Nous citerons pourtant ses *Discours* (1621), ses *Mélanges* latins, depuis traduits par Baudouin (1639) ; le *Chemin de la gloire* (1660) ; ces écrits sont d'un esprit sérieux et varié. Plusieurs morceaux, qui se trouvent dans ses *Mélanges*, offrent surtout de l'intérêt, et ils font regretter que leur auteur les ait composés en latin : car lorsqu'il daignait se servir de sa langue maternelle, il le faisait quelquefois avec énergie et toujours avec élégance.

III.

LE CLERC.

1662.

Michel Le Clerc, avocat au parlement, né à Alby en 1622 ; mort le 8 décembre 1691. Il avait vingt-deux ans lorsqu'il quitta sa patrie pour venir à Paris faire représenter *Virginie romaine*, tragédie de sa composition. Quoiqu'elle fût peu remarquable, la jeunesse de l'auteur fit pardonner aux défauts de son ouvrage : on l'applaudit. Il n'en mit pas moins trente années entre cette première œuvre et la seconde : *Iphigénie*. Malheureusement pour cette tragédie, celle de Racine qui porte le même titre fut jouée cinq ou six mois avant la sienne. En dépit de la supériorité de son rival, Le Clerc fut pourtant encore assez heureux, dit-il, « pour trouver des partisans ». Puisqu'il se rend lui-même ce témoignage dans sa préface, « nous devons l'en croire, écrit d'Olivet, car il poussait la modestie jusqu'à l'humilité ». Il a mieux fait, toutefois, en traduisant la *Jérusalem délivrée* (1667). Son but avait été de la rendre vers pour vers, entreprise louable, mais dans laquelle il ne réussit qu'à demi ; car, après avoir eu quelque succès, elle finit peu à peu par subir le sort des ouvrages médiocres en tombant dans l'oubli.

Il avait, en outre, commencé un ouvrage assez paradoxal, sous le titre de *Conformité des poëtes grecs, latins, italiens et français ;* mais la mort ne lui a pas laissé le temps de l'achever. Nous devons le regretter, « car (c'est d'Olivet qui parle) son dessein était de montrer que la plupart des poëtes ne sont que des traducteurs les uns des autres ; et que tel qui croit produire de son chef, ne fait que proprement se ressouvenir de ce qu'il a lu. Il en voulait surtout à Santeuil qui, dans la conversation, l'avait traité de *traducteur*, avec un air de mépris. Feu M. Huet, de qui je tiens ce projet de M. Le Clerc, avait là-dessus une idée qui mériterait d'être approfondie. Il prétendait que tout ce qui fut jamais écrit, depuis que le monde est monde, pourrait tenir dans neuf au dix *in-folios*, si chaque chose n'avait été dite qu'une seule fois. Il en exceptait les détails de l'histoire; c'est une matière sans bornes : mais à cela près, il y mettait toutes les sciences, tous les beaux-arts. Un homme donc, à l'âge de trente ans, disait-il, pourrait, si cela était, savoir tout ce que les autres hommes ont jamais pensé. Au lieu que, le nombre des livres s'étant multiplié à l'infini, il y a plus de trois cent mille volumes connus en Europe, qu'un homme qui jusqu'à l'âge de cent ans n'aura fait que lire, peut à peine se flatter d'avoir lus ».

IV.

TOURREIL.

1692.

Jacques de Tourreil naquit à Toulouse, le 18 novembre 1656, d'une famille de robe distinguée dans sa province. Il n'était encore que dans ses premières classes, qu'il montrait déjà une irrésistible vocation pour l'éloquence. Il se vengeait volontiers de ses camarades, et quelquefois de ses maîtres, par des diatribes assez ingénieuses pour être pardonnées à un écolier, et souvent assez vives pour ne pas faire mépriser l'ouvrage d'un auteur aussi jeune. Son exemple ne tarda pas à exciter l'émulation des garçons de son âge : ils formèrent une société, ou pour mieux dire une petite académie où l'on travailla bientôt à l'envi. On s'y distribuait tour à tour des sujets, et tous contribuaient, dans une certaine proportion, à la récompense de la meilleure pièce. Un avocat célèbre, Parisot, ne dédaignait pas de leur servir de président, raconte de Boze, et donnait avec plaisir, pour juger les petits débats de ces orateurs naissants, un temps après lequel mille clients soupiraient pour les contestations les plus sérieuses.

Doué d'un naturel vif, ardent, impétueux, Tourreil se proposait, au sortir du collége, d'entrer à l'armée; mais on lui remontra que les grands personnages de l'ancienne Rome avaient brillé au barreau avant de s'illustrer dans les combats; il n'en fallut pas davantage, dit-on, pour le déterminer à suivre une autre carrière. Il vint à Paris. Là, témoin des luttes académiques, il résolut d'y concourir. Deux fois il entra en lice, et deux fois il fut vainqueur. Ces succès lui firent un nom et des amis. Ceux-ci l'engagèrent à s'adonner aux lettres, ce qu'ils n'eurent pas de peine à obtenir de lui.

Ses premiers pas furent des traductions. Il mit au jour une *Philippique*, les trois *Olynthiennes* et la *Harangue sur la paix*, de Démosthènes. Ce coup d'essai fut applaudi et critiqué. On loua l'intelligence du texte et l'élégance du style de la traduction; mais on prétendit que c'était moins une traduction qu'une paraphrase. Tourreil, en effet, croyant bien faire, avait entièrement secoué le joug, et pris tellement l'essor, qu'à peine pouvait-on reconnaître le modèle dans la copie. Son style était orné, fleuri, pompeux, autant celui de Démosthènes est simple, naturel et véhément. « Le bourreau ! s'écriait Racine, en parlant du traducteur, et après avoir lu la traduction : Il fera tant qu'il donnera de l'esprit à Démosthènes. » D'Olivet rapporte une conversation où Boileau disait : « Tourreil n'est pas un sot, à beaucoup près, et cependant quel monstre que son Démosthènes ! Je dis monstre, parce qu'en effet c'est un monstre qu'un homme démesurément grand et bouffi. »

Néanmoins, cette traduction et les deux discours précédemment couronnés avaient valu à notre auteur les bonnes grâces du contrôleur général Pontchartrain, qui, dès 1691, l'introduisit à l'Académie des médailles, et, en 1692, à l'Académie française. Son quatrième ouvrage fut son discours de réception et celui qu'il prononça, au mois d'octobre de la même année, en réponse à la harangue des députés de l'Académie de Nîmes, qui venaient remercier l'Académie française de l'association ou affiliation qu'elle avait daigné lui accorder. Il prit encore la parole lors de la réception de Charles Boileau, en 1694; mais, ce qu'il nous faut enregistrer particulièrement, c'est le choix que la Compagnie fit de Tourreil lorsqu'elle présenta au roi, aux princes, aux ministres, la première édition de son *Dictionnaire*. Ce jour-là, notre académicien prononça, en qualité de directeur, vingt-huit, ou même, selon Massieu, trente-deux compliments à Fontainebleau, et, malgré les applaudissements qu'ils avaient tous provoqués, il n'en voulut point donner de copies ; un seul se retrouve dans ses *OEuvres*, c'est celui qui s'adressait à Louis XIV. Le recueil de ses productions contient, de plus, une *Préface* ou dédicace particulière qu'il avait composée pour être placée en tête de ce *Dictionnaire*, et qu'il fit imprimer en l'année même, 1694, à la suite de ses *Essais de jurisprudence*. « Les questions traitées ou proposées dans ces *Essais* sont, dit de Boze, susceptibles d'agréments que n'offre pas la lecture du Code ou du Digeste. » Il y en a pourtant une qui nous paraît fort sérieuse, savoir : « Si la torture est une bonne voie pour découvrir les coupables ». D'autres sont conçues en ces termes : « Si l'on a sagement aboli la loi qui tenait les femmes en tutelle durant toute leur vie ; — si un homme qui ne volerait que pour donner, commettrait véritablement un vol ; — si un juge peut ordonner une demi-peine pour le crime dont il n'a qu'une demi-preuve, » etc. Toutes se trouvent résolues dans un sentiment qui était celui des plus graves jurisconsultes du temps et les mieux accrédités ; mais, comme Tourreil les avait traitées dans un style trop peu sévère, ce traité n'eut pas de succès. Il dit alors adieu à la jurisprudence, et retourna à la littérature proprement dite.

Les critiques qu'avait recueillies partout sa traduction de Démosthènes lui étaient venues aux oreilles ; toutefois, elles ne le découragèrent pas ;

loin de là ! elles l'engagèrent à mieux faire. Il se remit donc à l'œuvre, corrigea son essai, puis y ajouta les six autres harangues. Dix ans furent, en partie, employés à ce travail, au bout desquels il offrit au public une seconde édition de l'auteur grec. Celui-ci n'était plus reconnaissable ; mais quoique Tourreil s'y fût prescrit des règles plus étroites, il ne laissait pas de s'y donner encore de grandes libertés. Il retranchait beaucoup de choses du texte et il en ajoutait beaucoup d'autres. On le critiqua de nouveau ; il entreprit encore d'y remédier. Les changements qu'il y a apportés pour la troisième fois sont meilleurs. Il s'y renferme dans les bornes de la traduction la plus sévère. Fidèle partout au sens, il ne s'attache pas moins à la lettre ; il s'en est approché le plus qu'il a pu et n'a pas manqué d'en prendre les tours, les figures, le nombre même et la cadence. Malheureusement, Tourreil n'eut pas la satisfaction de jouir des succès de cette nouvelle édition. Elle ne fut publiée qu'après sa mort, avec ses autres écrits, par les soins de Massieu (1721). « C'est à cette édition qu'il faut s'attacher, dit un critique contemporain. La préface dont le savant éditeur l'a ornée est un chef-d'œuvre de goût et de solidité, aussi utile par la justesse des réflexions qu'agréable par la manière dont elles sont exprimées. » Nous ajouterons que c'était le tableau le plus animé qu'on eût encore tracé, dans une langue moderne, de l'histoire des Grecs depuis leur origine jusqu'à la prise de Troie, et il nous autorise à penser que son auteur eût mieux fait de se consacrer entièrement à l'histoire.

De Boze nous apprend que Tourreil est un de ceux qui ont le plus contribué à l'édition qu'on a donnée, en 1702, des médailles destinées à retracer les principaux événements du règne de Louis XIV, ce qui lui valut une bonne pension et le titre de pensionnaire vétéran. Le même biographe nous le représente avec un peu de rudesse dans le caractère, sans toutefois qu'elle ait jamais dépassé les bornes prescrites par la politesse, et préférant les qualités du cœur et de l'esprit à l'éclat de la naissance et des dignités. « Zélé partisan de la vérité, ajoute-t-il, il la cherchait avec obstination jusque dans les choses les plus indifférentes ; il voulait blâmer impitoyablement ce qui lui paraissait blâmable, et louer, même en public, et malgré les plus sévères défenses, ceux qui méritaient ses éloges..... Il pensait, dit-il encore, et aimait à s'exprimer d'une façon peu commune ; il osait heureusement en ce genre ; il amenait si finement une pensée, il sauvait si adroitement une expression, qu'il venait enfin à bout de faire passer avec grâce les idées les plus singulières, et les plus hardies métaphores. Les saillies, la promptitude et la force de ses reparties ne lui donnaient pas seulement quelque supériorité, elles allaient jusqu'à le rendre redoutable dans la conversation. »

Jacques de Tourreil mourut le 11 octobre 1715, à Paris.

V.

MALLET.

1714.

Jean-Roland Mallet était, dit-on, fils d'un menuisier. Son habileté, et sa connaissance approfondie de tous les systèmes financiers, lui avaient assuré de bonne heure la bienveillance du contrôleur général Desmarest ; ce fut lui qui proposa Mallet à l'Académie et le fit recevoir. Il n'avait alors d'autre titre à cet honneur qu'un prix de poésie qu'il avait remporté ; encore la lecture de sa pièce donne-t-elle lieu de croire qu'il n'eut pas à vaincre des concurrents bien redoutables. Ce fut pourtant cette victoire, faible et unique, qui lui valut les honneurs littéraires. On doit supposer, pour la justification des académiciens qui l'adoptèrent alors, ou qu'en ce moment les grands talents étaient rares, et que la Compagnie trouvait aussi peu de bons écrivains à recevoir que de bons poëtes à couronner ; ou que des raisons particulières empêchaient les talents distingués de se mettre sur les rangs ; ou enfin que des motifs plus puissants encore ne permettaient pas à l'Académie d'aller au devant du mérite : car pourquoi ne viendrait-elle pas, quand rien ne s'y oppose, chercher d'elle-même le génie modeste ? Quoi qu'il en soit, l'ode de Mallet fut envoyée à la reine

Anne d'Angleterre, qui venait de donner la paix à la France, et que le poëte avait décorée du nom de *Minerve*. La reine parla, dit-on, avec admiration de cette ode; elle s'y crut obligée apparemment pour rendre à Mallet les louanges dont il l'avait comblée. Le suffrage était néanmoins plus brillant que flatteur de la part d'une princesse étrangère, qui sans doute ne se piquait pas de se connaître parfaitement en vers français; mais elle joignit à ce suffrage une marque de sa satisfaction plus réelle : elle envoya au poëte une médaille d'or. Ce présent n'était certes pas si magnifique que celui de Marie Stuart à Ronsard, à qui elle donna un buffet de 2,000 écus, surmonté d'un Parnasse, au haut duquel était un Pégase avec ces mots :

A Ronsard, l'Apollon de la source des Muses.

Mais ce Ronsard était le dieu de la poésie de son siècle; et Mallet, qui n'aspirait ni à tant de gloire ni à de si beaux dons, se contenta de la récompense qu'il avait reçue.

C'était surtout un homme modeste, discret. Entré à l'Académie, le commerce des grands écrivains qu'il y rencontra le stimula; et, sans rentrer pour cela dans la carrière poétique, il s'occupa d'un ouvrage vraiment utile à l'histoire, et qui a pour titre : *Comptes rendus de l'administration des finances* pendant les dernières années des règnes de Henri IV, Louis XIII et Louis XIV, avec des *Recherches sur l'origine des impôts*, etc., etc. C'est le produit des investigations et des études d'un homme qui a passé la plus grande partie de sa vie à les faire; on les consulte souvent et non sans fruit, et des financiers, qui ont voulu passer pour érudits, ne se sont pas fait de scrupule en les copiant sans les nommer. La première édition est de 1720, et Necker en a donné une réimpression en 1789, avec une préface et des observations. Desmarest, satisfait de l'ordre et de la clarté avec lesquels Mallet y avait développé tout ce qui concerne les revenus, les dépenses et les dettes pendant les trois différents règnes, fit voir l'ouvrage à Louis XIV, qui aussitôt accorda à son auteur une pension de 10,000 livres, dont il resta en possession jusqu'à la mort de ce prince.

Mallet mourut le 12 avril 1736, laissant peu de fortune, quoiqu'il eût été toute sa vie dans les finances.

VI.

BOYER DE MIREPOIX.

1736.

Jean-François Boyer, évêque de Mirepoix, né à Paris le 12 mars 1675; mort le 20 août 1755. Sa famille était nombreuse, et il faut croire que le goût pour l'état monastique y était héréditaire, car plusieurs de ses f.ères et quatre de ses sœurs l'embrassèrent en même temps que lui. Entré dans la congrégation des Théatins, il s'y voua d'abord à l'enseignement, puis au ministère de la chaire, où il se rendit célèbre. Le Beau, qui a lu quelques-uns de ses sermons, prétend que, tout dépourvus qu'ils étaient à la lecture de ce feu dont Boyer les embrasait par un débit vif et animé, il y avait senti cette onction évangélique qui répand dans l'âme une salutaire émotion. « Ce n'est point, dit-il, à ce qu'il nous a paru, l'œuvre d'un orateur ingénieux qui se joue avec l'auditeur; qui, au lieu de foudroyer avec véhémence les vices des hommes, se plaît à les dessiner avec élégance et avec précision; qui ne cherche qu'à attraper des nuances fines et des contours délicats, content de faire admirer la légèreté de son pinceau; ce sont de vrais sermons, c'est-à-dire des discours solides, sérieux, pleins de sentiment, qui donnent peu à l'imagination et dont tous les traits vont à l'âme; c'est une éloquence efficace sans être sublime; l'orateur se tient dans le cœur de son auditeur, il ne s'élance jamais au dehors pour se montrer lui-même; il ne songe pas à charmer, mais à convertir; au lieu de lui applaudir, on se condamne; on l'oublie pour n'entendre que la voix de l'Evangile, dont il porte une forte teinture et dont il représente le naturel, le pathétique, l'insinuant, l'auguste et victorieuse simplicité. »

Cette éloquence, son savoir, ses hautes qualités le firent rechercher du cardinal de Fleury. Nommé à l'évêché de Mirepoix, en 1730, il en fut rappelé quelques années après pour servir de précepteur au

Dauphin, père de Louis XVI. Il devint ensuite premier aumônier de la reine, et après la mort du cardinal, son protecteur, la feuille des bénéfices lui fut confiée. En s'attachant à la cour il avait remis son évêché; pour le dédommager le roi lui donna l'abbaye de St-Mansuit; mais il ne put jamais le décider à accepter celle de Corbie. C'était un homme modeste, aux goûts simples, très-bienfaisant, et qui laissa derrière lui les souvenirs les plus touchants de son esprit et de ses vertus.

Les lettres devaient leur reconnaissance à celui qui en inspirait l'amour à un prince né pour les protéger. L'Académie française, ayant perdu Mallet, le remplaça, en 1736, par notre évêque. Il n'avait d'autre titre que celui de précepteur du Dauphin et la politesse de son caractère. Toutefois il a laissé, avec un grand nombre de sermons, un Avent et un Carême, estimés de ses amis; mais la modestie de leur auteur n'a pas permis qu'on les imprimât, pas plus qu'aucun des autres ouvrages de piété qu'il a laissés en manuscrit; en sorte que l'on n'aurait rien de lui sans les discours qu'il a prononcés à l'Académie française lorsqu'il y fut reçu, et lorsqu'en qualité de directeur il y reçut à son tour le cardinal de Soubise.

VII.

BOISMONT.

1755.

NICOLAS THYREL DE BOISMONT, né vers 1715 à Rouen, mort à Paris le 20 décembre 1786. Il passa dans sa ville natale une partie de sa jeunesse, vivant des revenus d'une modique prébende. Les agréments de sa figure et ceux de son esprit le firent recevoir dans les meilleures sociétés; l'accueil qu'on s'empressait de lui faire lui tenait lieu de fortune et lui faisait négliger les moyens d'en acquérir. Il preférait les amusements frivoles à l'instruction sérieuse, la dissipation à l'étude des livres saints. La littérature profane, des petits vers de société, des lettres ingénieuses et critiques; telles furent, pendant ses plus belles années, ses uniques occupations.

Cependant un succès oratoire qu'il eut en son pays, l'engagea à s'essayer dans les chaires de Paris. Il y vint, et parut d'abord dans les temples moins fréquentés; mais il ne tarda pas à percer l'obscurité; bientôt les auditeurs se pressèrent pour l'entendre, et après ses premiers sermons, les églises les plus vastes ne suffirent plus pour contenir la foule qu'il attirait. Un début aussi brillant ne pouvait manquer de fixer l'attention de l'Académie. Celle-ci avait l'habitude d'entendre tous les ans, le 25 août, le panégyrique de S. Louis ; elle choisissait ordinainairement l'orateur parmi les prédicateurs qu'un mérite déjà connu semblait désigner d'avance à l'honneur de prendre place un jour parmi ses membres. En 1750 son choix tomba sur Boismont, et il fut pleinement justifié. Il sut rajeunir son sujet et vaincre toutes les difficultés. Ce succès n'attendit pas longtemps sa récompense. En 1755, l'heureux abbé fut reçu, et notre Compagnie, non contente de l'avoir admis, le nomma encore son orateur. Ce fut en cette qualité qu'il prononça les *Oraisons funèbres* du Dauphin, de la reine, de Louis XV et de Marie-Thérèse. La fécondité des idées, les mouvements du style, la noblesse et la vivacité des images, la philosophie et le sentiment distinguent ces discours. Ils ont cependant trouvé des censeurs. L'auteur du *Cours de littérature* les a surtout jugés avec beaucoup de sévérité. La Harpe reproche à Boismont beaucoup de défauts ; mais il entre trop d'amertume dans ses critiques pour qu'on puisse raisonnablement les citer. Nous préférons mettre sous les yeux de nos lecteurs le passage où il parle du dernier sermon de notre académicien, en se ravisant.

« La vieillesse de l'abbé de Boismont, dit-il, fut marquée par une singularité bien extraordinaire ; c'est dans l'âge où l'on ne peut plus guère ni se corriger, ni acquérir, c'est à soixante et dix ans qu'il fit un ouvrage où il paraît tout différent de ce qu'il avait été. Il fut chargé de prononcer un sermon pour l'établissement d'un hôpital militaire et ecclésiastique, et ce sermon est sans comparaison ce qu'il a laissé de plus beau. Là, tous ses défauts ont presque entièrement disparu, et sont remplacés par tous les mérites qui lui manquaient : il a de l'onction, de la vérité, du pathétique ; ses moyens sont bien conçus et supérieurement développés, ses vues sont justes et grandes, ses expressions heureuses. Il parle au cœur, à l'imagination, à la raison ; en un mot, il est orateur, Il s'agissait de solliciter l'humanité en faveur de la vieillesse indigente de ceux qui ont consacré leur vie et donné leur sang à l'Etat ; c'est la première partie de son discours. Il s'agissait d'assurer de même, dans un asile honorable, les secours nécessaires aux besoins et aux maladies de ceux qui ont vieilli au service des autels ; c'est la seconde partie. Toutes deux sont dignement remplies. » Ajoutons que ce remarquable sermon n'eût pas qu'un simple retentissement littéraire ; une quête ayant été faite comme il venait d'être prononcé, elle produisit 150,000 livres : n'est ce pas son plus bel éloge ?

Boismont avait été nommé prédicateur ordinaire du roi. Vers ses dernières années l'abbé Maury, avec lequel on prétend qu'il a publié des *Lettres secrètes sur l'état du clergé*, espérant lui succéder au fauteuil académique, lui demandait des détails sur sa jeunesse : « L'abbé, dit Boismont en souriant, vous me prenez mesure. » Il indiquait par là que son jeune confrère cherchait des matériaux pour son éloge. Ce mot n'est pas le seul qu'on lui prête; car c'était un homme d'infiniment d'esprit, et comme on voit, d'un esprit doux et bienveillant, parce qu'il n'avait cessé de l'épurer par l'exercice de son saint ministère, et par une culture assidue des lettres et de la poésie.

VIII.

RULHIÈRE.

1787.

Claude-Carloman de Rulhière, né à Bondy en 1735, mort à Paris le 30 janvier 1791. A sa sortie du collége Louis-le-Grand, où il avait fait d'excellentes études, il entra dans les gendarmes de la garde, et habita Bordeaux pendant une partie des années 1758 et 1759, en qualité d'aide de camp du maréchal de Richelieu, alors gouverneur de la Guyenne. Ses relations avec cet homme aimable lui fournirent le sujet de son premier ouvrage, les *Anecdotes sur Richelieu.* Il doit en outre au maréchal son introduction dans le monde; dans les brillantes sociétés où il figurait à sa suite, il connut le baron de Breteuil; ce gentilhomme, séduit par le caractère et l'esprit de Rulhière, conçut aussitôt pour lui la plus vive amitié. Il se l'attacha comme secrétaire. Ayant été nommé, en 1760, ministre plénipotentiaire auprès de la cour de Saint-Pétersbourg, Rulhière l'y suivit, et assista ainsi à la révolution de 1762. La vive impression que lui laissa cette catastrophe en fit un historien. Ses *Anecdotes sur la révolution de Russie* sont un très-agréable petit livre où les événements historiques sont envisagés avec intérêt, et dont la forme est gracieuse et pleine de vivacité. De retour à Paris, où son ouvrage, bien que manuscrit, ne laissa pas que de faire beaucoup de bruit, il se vit accueilli partout où, pour entrer, il ne fallait que de l'élégance et de l'esprit. Il faillit même remplir en Pologne une mission secrète, sans doute du genre de celle qui fut donnée à Dumouriez en 1770 : mais on le chargea seulement d'écrire, pour l'instruction du Dauphin, l'histoire des troubles qui agitaient cette république ; et, en 1771, on attacha à ce travail une pension de six mille livres. Rulhière quitta alors le service des gendarmes de la garde, et s'adonna entièrement à son histoire. Il n'y mit pas toutefois une assiduité telle qu'il ne pût l'accompagner d'autres travaux. Ses vers et des épigrammes qu'il laissait courir entretenaient sa réputation d'homme d'esprit. Déjà, en 1770, il avait mis au jour un charmant petit discours rimé, les *Disputes*. Voltaire, auquel il avait envoyé son ouvrage, lui avait répondu : « Je vous remercie, monsieur, du plus grand plaisir que j'aie eu depuis longtemps. J'aime les beaux vers à la folie. Ceux que vous avez eu la bonté de m'envoyer sont tels que ceux que l'on faisait il y a cent ans, lorsque les Boileau, les Molière, les La Fontaine étaient au monde J'ai osé dans ma dernière maladie écrire une lettre à Nicolas Despréaux ; vous avez bien mieux fait, vous écrivez comme lui. » Voltaire fit plus, il inséra l'épître tout entière au mot *Dispute* de son *Dictionnaire philosophique*, en y mettant cette apostille : « Lisez les vers suivants sur les disputes ; voilà comme on en faisait dans le bon temps. » Et en effet, cette épître, qui a été reproduite dans toutes les leçons de littérature, ressemble par le ton aux meilleures de Boileau, auxquelles elle est parfois supérieure par la pensée.

Quatre années après, l'un de ses protecteurs, le duc de Choiseul, étant mort, Rulhière devint le secrétaire du futur Louis XVIII, ce qui lui faisait dire :

Lorsque j'ai perdu Mécène,
J'ai retrouvé Germanicus.

Il fut, en outre, fait chevalier de Saint-Louis, et reçut, grâce aux soins de Breteuil, le gouvernement de la Samaritaine du Pont-Neuf, dont l'administration formait alors un emploi d'une certaine importance ; puis il voyagea en Allemagne, alla même, dit-on, jusqu'en Pologne, et revint ensuite reprendre son travail sur ce dernier pays. « Mais, nous dit Daunou, Rulhière y travaillait fort à loisir, interrogeant les témoins, fouillant les correspondances politiques, rassemblant et appréciant des matériaux presque sans nombre, les disposant avec goût, les employant avec grâce, se fixant sur chaque détail, afin d'en sentir et d'en accroître tout l'intérêt, moins pressé d'arriver aux dernières pages que jaloux de n'en point laisser d'imparfaites, poursuivant ainsi sans ennui, sans fatigue et sans impatience, une longue carrière, et ménageant sa santé pour mieux assurer sa gloire. » Si bien que le Dauphin, pour lequel il commença son livre, était roi depuis dix-sept ans quand la mort vint surprendre l'historien, qui laissa son œuvre inachevée. Ce fut Daunou qui la termina, et la publia en 1807.

Le succès, dont elle était si digne, accueillit aussitôt l'*Histoire de l'anarchie de Pologne*. « L'auteur, dit Chénier, dans certaines parties, approche quelquefois de Thucydide, dont il retrace les formes heureuses; et si l'ouvrage entier se soutenait à ce degré de vigueur, après les chefs-d'œuvre de Voltaire, d'ailleurs conçus et exécutés dans une manière différente, nous cherchons en vain quelle histoire il serait possible de lui comparer pour la beauté du plan, pour l'art de mettre en jeu les caractères, pour la chaleur et la grâce du style. » Cette opinion est restée, à quelques objections près, celle de la postérité. Nous joindrons à cet ouvrage les *Éclaircissements sur la révocation de l'édit de Nantes* (1788), écrit destiné à venir en aide aux vues bienveillantes de Louis XVI sur les protestants; puis le poëme du *Jeu de mains*. Ce dernier compose, avec quelques opuscules, aujourd'hui peu lus, tout le bagage de Rulhière; mais, imprimé seulement en 1808, il a perdu depuis sa publication une grande partie de la réputation que lui avait faite la société au sein de laquelle il courait inédit. Les épîtres de Rulhière, ses lettres, mêlées de vers et de prose, ses contes, bien qu'ils ne soient pas d'un poëte, sont meilleurs, et l'on peut sans témérité les placer non loin de son charmant chef-d'œuvre des *Disputes*.

Homme du monde non moins qu'homme de lettres, Rulhière était reçu dans les meilleures maisons de Paris. Il cultivait aussi l'amitié de plusieurs écrivains célèbres : il savait même supporter l'humeur bizarre de J.-J. Rousseau. Il se riait volontiers de ses méfiances. On raconte qu'un jour, celui-ci, voyant arriver chez lui Rulhière qui se proposait alors d'écrire une comédie sur les méfiants, s'empressa de lui montrer les préparatifs de son dîner, et lui dit : « Vous voilà pour le coup bien instruit des secrets de ma maison, et vous aurez trouvé là quelque bon trait pour la comédie que vous faites ; allez donc finir votre *Défiant*. — J'y vais, répondit Rulhière ; mais j'avais à vous demander si c'est défiant ou méfiant qu'il faut dire. — Comme il vous plaira, reprit Jean-Jacques ; mais bonsoir. » Rulhière sortit en effet, en embrassant Rousseau qui, par mégarde, lui serra la main. Il ne se brouillèrent point, et, neuf ans après la mort de Rousseau, Rulhière rendit un hommage solennel au « philosophe dont la voix éloquente avait fait revivre les devoirs maternels, et ramené le bonheur sur le premier âge de la vie ». Ainsi disait Rulhière dans son discours de réception à l'Académie française, le 4 janvier 1787. Il s'était fait élire membre de cette Compagnie, quoiqu'il n'eût encore, à l'âge de cinquante-deux ans, d'autre titre public que ses deux cents vers sur les disputes. Mais son histoire anecdotique et inédite de la Russie, ses petits vers, ses épigrammes et le travail sur la Pologne dont on l'avait chargé lui avaient fait une telle réputation, qu'à la mort de Boismont, l'Académie ne voulut pas perdre l'occasion qui s'offrait d'attirer à elle l'homme qui devait laisser un si beau nom. Il fut admis, et le jour de son entrée, Rulhière reconnaissant, fit un discours, qui est l'un des meilleurs qui aient été prononcés à l'Académie. Son auteur ne jouit malheureusement pas longtemps de l'honneur qu'on venait de lui faire. La Révolution, ayant éclaté, menaçant à la fois son existence et celle de ses protecteurs, il en ressentit une telle émotion, que sa santé s'en altéra pour jamais, et peu de temps après il cessa de vivre.

Le goût de Rulhière pour la satire, le bonheur avec lequel il savait renfermer une pensée malicieuse sous la forme fine et concise que demande l'épigramme, l'ont fait passer, aux yeux de quelques-uns de ses contemporains pour un méchant. La Harpe, se servant de ses armes, a même composé sur lui et sur Chamfort ces quatre vers :

Connaissez-vous Chamfort, ce maigre bel esprit?
Connaissez-vous Rulhière, à mine rebondie?
Tous deux se nourrissent d'envie ;
Mais l'un en meurt et l'autre en vit.

« Ce mot d'envie qui s'appliquait à Chamfort, ne convient pas proprement à Rulhière, dit M. Sainte-

Beuve, qui prend la défense de notre académicien. Il n'est pas envieux, il est content. Les travers et les manies du prochain lui sont un gibier qu'il chasse. Il se complaît à les poursuivre, à les découvrir ; loin de s'en irriter, il s'en applaudit surtout comme d'une occasion d'adresse. Enfin, c'est un curieux. Il jouit de sa malice et n'en souffre pas. » Au reste, les regrets qu'excita sa mort parmi ceux qui jouissaient de sa société montrent assez qu'il ne faut pas prendre à la lettre la mauvaise réputation qu'on avait voulu lui faire. Tout chez lui, dans la suite de sa vie et de ses procédés, semble, au contraire, indiquer l'honnête homme socialement parlant. « Les gens d'esprit se permettent quelquefois des bons mots, disait-il ; mais il n'y a que les sots qui se permettent des méchancetés. »

IX.

CABANIS.

1795.

Pierre-Jean-Georges Cabanis, médecin, philosophe et littérateur, né à Cosnac en 1757. Son père, avocat et cultivateur distingué, le plaça, dès l'âge de sept ans, chez les Frères. « Il y donna ques indices de talent, dit notre académicien lui-même, dans une *Notice* qu'il a laissée sur sa vie ; il y manifesta surtout un esprit de suite et une ténacité dans ses habitudes qui durent faire pressentir que, s'il prenait une bonne route, il pourrait obtenir des succès. » A dix ans, il passa au collége de Brives, tenu par les Doctrinaires. « On s'aperçut dans les basses classes que la sévérité ne réussissait pas avec lui, et quelques rigueurs déplacées commencèrent à donner à son caractère une raideur dont il ne s'est corrigé qu'assez tard. » Il prit un autre essor lorsqu'il fût en seconde. Dirigé dans cette classe par un maître aussi bon qu'aimable, il fit de rapides progrès et montra un goût particulier pour les lettres. Mais il fût moins heureux en rhétorique : il y trouva des maîtres inintelligents qui usèrent envers lui d'une rigueur maladroite ; il devint entêté, provoquant ; en un mot, il se fit renvoyer à sa famille. La même sévérité l'y attendait. « Son âme se révolta, reprend-il, et s'aigrit de plus en plus. » Dès ce moment, il ne fit plus rien. Enfin, au bout d'un an, son père sentit qu'il fallait tenter d'autres moyens que ceux de la rigueur. Il le mena lui-même à Paris, et, reconnaissant bientôt que sa surveillance ne pouvait avoir sur lui aucune influence utile, il le livra à lui-même au milieu de cette grande ville, à l'âge de quatorze ans. Ce parti était extrême ; le succès en fut complet. Cabanis ne se sentit pas plutôt libre du joug que toutes ses forces s'étaient employées à secouer, que le goût de l'étude se réveilla chez lui avec sorte de fureur. Peu assidu aux leçons de ses professeurs de logique et de physique, il lisait Locke, il suivait les cours de

Brisson ; en même temps, il reprenait sous œuvre toutes les différentes parties de son éducation première. Deux années s'écoulèrent pour lui comme un jour dans la société des classiques grecs, latins et français, et dans celle de quelques camarades d'études qui joignaient des mœurs aimables au même goût pour les lettres. » Ainsi vivait-il lorsqu'il reçut tout à coup une lettre de son père, qui lui offrait une place de secrétaire auprès d'un grand seigneur polonais. Placé entre l'idée d'un voyage lointain qui dérangeait ses études, mais qui lui laissait l'espoir de les reprendre, et celle d'une retraite absolue dans le sein de sa famille, où le premier essor de son talent se fût bientôt engourdi sans retour, il ne balance pas ; à l'âge de seize ans, il se livre à des mains étrangères, et il va par mer chercher un pays qu'on lui représentait comme à demi sauvage. C'est en 1773 qu'il y mit le pied, durant cette diète où il s'agissait de faire consentir le partage de la Pologne à ses habitants. Les moyens déplorables employés dans cette entreprise furent le spectacle qui s'offrit d'abord à ses yeux. Il en contracta un mépris précoce des hommes et une mélancolie que sa bonté naturelle avait peine à maîtriser. Toutefois, riche d'impressions, d'observations et d'idées nouvelles, il revint à Paris au bout de deux ans. Turgot devint alors son protecteur ; il allait même être placé conformément à ses goûts, lorsqu'une intrigue renversa le vertueux ministre. Cabanis se retrouva sans autre appui que la tendresse de son père ; celui-ci, sentant la nécessité de seconder ses efforts, lui assura les moyens d'exister encore pendant deux ou trois ans. Il n'en fallait pas plus au courageux jeune homme. Sa connaissance des langues étrangères lui servit à faire des traductions : c'est ainsi qu'il offrit au public six morceaux de Meissner et la *Stella*, de Gœthe; l'*Élégie* de Gray sur un cimetière de campagne, et la *Mort d'Adonis*, de Bion. Sur ces entrefaites, l'Académie française ayant mis au concours la version d'un fragment d'Homère, il brigua non-seulement la couronne, mais il songea à traduire l'*Iliade*. Les deux morceaux qu'il y envoya n'y furent même pas remarqués. Cet insuccès, l'affaiblissement de sa santé, la crainte de ne pas réussir l'engagèrent à écouter son père, qui lui conseillait de suivre une carrière plus active que celle des lettres. Il se décida enfin pour la médecine, dont les études variées offraient une ample pâture à l'activité de son esprit, et dont les fonctions exigent un exercice continuel du corps, qui était devenu pour lui le plus pressant besoin. Sa mauvaise santé influa sur son choix, et il y fut encore plus particulièrement confirmé par le médecin Dubreuil, dont il avait réclamé les secours, et qui s'offrait à lui servir de guide dans cette nouvelle carrière.

Durant six ans, Cabanis travailla aux côtés de ce maître habile, tantôt dans les hospices et tantôt dans les maisons particulières, le consultant sur tout. Ses progrès furent prodigieux au dire des témoins de ses études; malheureusement celles-ci ne firent qu'aggraver l'état de sa santé. Le séjour de la campagne lui devint nécessaire. Il se fixa donc à Auteuil, et ne tarda pas à s'y lier avec la veuve d'Helvétius, « cette excellente et respectable femme qui depuis lui a toujours servi de mère, et qu'il a chérie comme un fils tendre et dévoué. C'est dans la société de Mme Helvétius qu'il continua de cultiver la connaissance de Turgot, qu'il fit celle de d'Holbach, de Franklin, de Jefferson; qu'il s'acquit l'amitié de Condillac et de Thomas. C'est chez Turgot et chez d'Holbach qu'il vécut familièrement plusieurs années de suite avec Diderot, d'Alembert et d'autres hommes de lettres distingués. Lors du dernier voyage de Voltaire à Paris, il lui fut présenté par Turgot. Il lui lut des morceaux de sa traduction d'Homère. Le vieillard, quoique fatigué et déjà malade, parut les entendre avec intérêt; il les loua beaucoup, mais on ne doit pas dissimuler que ce fut presque toujours aux dépens de l'original ». Cabanis ne s'occupait guère de cet ouvrage pourtant; car il nous apprend qu'il avait tout à fait renoncé aux belles-lettres, et son renoncement était si complet et si franc, ajoute-t-il, qu'il passa plusieurs années sans se permettre la lecture d'une page d'Homère, de Virgile ou de Racine. Son *Serment d'un médecin*, imitation libre de celui d'Hippocrate, fut son adieu à la poésie. Ce petit morceau, composé en 1783, est pensé par un philosophe et écrit par un poëte : c'est une bonne réponse à Molière. Il atteste, en outre, quels étaient dès lors les sentiments de Cabanis, sentiments de liberté dans lesquels il se confirma de plus en plus à mesure que la Révolution approchait; mais, s'il en adopta les principes, il rejeta avec dégoût les crimes dont elle ne tarda pas à se souiller. En 1789, il publia des *Observations sur les hôpitaux*, et fut nommé, peu de temps après, administrateur de ceux de Paris. Ce fut son premier ouvrage de savant; le second fut plus littéraire. Lié avec Mirabeau, dont il fut le médecin et l'ami, il mit au jour, après la mort de cet homme célèbre, un *Journal de sa vie et de sa mort*, qui contient des renseignements curieux.

Il fut nommé, en 1794, professeur d'hygiène aux Ecoles de Paris, et, en 1795, il entra à l'Institut. En 1796, il professa la clinique à l'Ecole de médecine; il devint représentant du peuple au conseil des Cinq-Cents en 1797; il l'était encore au moment du coup d'Etat de brumaire, après lequel il fut élu membre au Sénat et gratifié du titre de commandeur de la Légion d'honneur. Mais sa santé était ruinée depuis longtemps. Menacé par la mort, Cabanis dut abandonner entièrement ses fonctions et ses travaux, sous peine de la voir accourir. Le voisinage de Paris l'exposant à des visites trop fréquentes et qui le fatiguaient, il dut renoncer même à l'amitié; il quitta Auteuil et alla s'établir à Meulan, chez le général Grouchy, dont il avait épousé la sœur. Là, livré aux joies de la famille et de la campagne, aux soins d'une active bienfaisance et au charme de faire le bien, Cabanis commençait à renaître, lorsque la mort vint le frapper le 5 mai 1808.

Parmi ces ouvrages, qui, tous, roulent sur la philosophie de la science qu'il cultivait, il faut mentionner d'une façon particulière, son *Coup d'œil sur les révolutions et les réformes de la médecine* (1804). Cabanis y expose, avec un grand talent d'analyse et une critique judicieuse, les doctrines des grands hommes qui ont influé sur le progrès des sciences. Vient ensuite le fondement le plus solide de sa gloire, le livre dans lequel il démontre les *Rapports du physique et du moral de l'homme* (1802). Mais, tout en admirant ce travail immense et supérieur, nous ne nous rangeons pas tout à fait du côté de ceux qui le préconisent. Il y règne, il est vrai, une imagination vive et brillante ; on y trouve une analyse profonde, une métaphysique souvent lumineuse, un style pur, élégant et facile, l'heureux accord du talent le plus distingué et des connaissances les plus variées ; mais à côté de cela, des principes faux et dangereux, des systèmes monstrueux, la doctrine du matérialisme donnée comme base à la morale et substituée à l'appui que lui donnaient une saine philosophie et une religion révélée, le plus funeste abus des connaissances et des talents, empêcheront toujours que cet ouvrage ne soit regardé, en dépit des intentions honnêtes de son auteur, comme le dernier mot de la philosophie de la médecine.

X.

DESTUTT DE TRACY.

1808.

Antoine-Louis-Claude, comte Destutt de Tracy, né le 20 juillet 1754 dans le Bourbonnais. Il était gentilhomme et colonel au commencement de la Révolution, ce qui ne l'empêcha pas de se déclarer pour le parti national aux états généraux, où il vint représenter sa province. Parmi les actes qui le font regarder aujourd'hui comme l'un des hommes les plus distingués de cette époque, il faut citer la part qu'il a prise à la discussion des droits des nègres. Il défendit ardemment le parti de ces hommes, jusqu'alors voués par l'ignorance et la cupidité à l'esclavage, ou tout au moins au mépris, et se prononça énergiquement pour la mesure qui devait leur rendre les droits de l'homme et leur donner les droits de citoyens. Mais il ne se laissa pas entraîner aux abîmes où un si grand nombre de ses collègues couraient alors avec tant de folie. Il devint après la session de l'Assemblée nationale maréchal de camp sous les ordres de La Fayette. Lorsque, après le 10 août, ce général se vit forcé de fuir la haine de ses ennemis et les accusations multipliées contre lui, de Tracy suivit son général et passa dans le camp autrichien. Arrêté à Luxembourg, il partagea la captivité de ce célèbre personnage, détenu à Olmütz par ordre de l'empereur d'Autriche, et ne fut rendu à la liberté qu'en 1797.

En 1799, il fut nommé membre du Sénat conservateur, et fit partie du comité de l'instruction publique. Il en remplit les fonctions avec zèle, et fut créé, en récompense, commandeur de la Légion d'honneur (1804) ; puis la Restauration le fit pair de France. Voilà tous les documents que fournit de Tracy à l'histoire ; et lorsque nous aurons dit qu'il mourut le 9 mars 1836, nous aurons achevé la biographie de l'homme. Celle des œuvres est plus compliquée; mais il appartient davantage aux métaphysiciens de la faire qu'à l'historien de l'Académie française : nous nous contenterons donc de citer ses travaux.

De Tracy a publié des *Observations sur le système actuel de l'instruction publique* en 1801, des *Éléments d'idéologie*, en cinq parties, imprimés à différentes époques ; divers mémoires répandus parmi ceux de l'Académie des sciences, dont il était membre, et un *Essai sur le génie et les ouvrages de Montesquieu*. En 1804, il publia encore une *Analyse raisonnée de la morale de tous les cultes*, ouvrage beaucoup plus clair et beaucoup plus méthodique que celui de Dupuis. Son système, dépouillé de l'immense et rebutant échafaudage d'érudition élevé à si grands frais, y paraît à nu, et dans toute la simplicité d'une hypothèse réduite aux termes les plus précis. Il a également attaché son nom, et d'une façon très-honorable, à celui de son prédécesseur Cabanis, en ajoutant à la seconde édition des douze *Mémoires sur les rapports du physique et du moral de l'homme*, un *Extrait raisonné servant de table analytique* à cet important ouvrage ; et l'on peut dire de cet extrait, comme Chénier l'a dit de l'ouvrage de Cabanis, que, « plus il sera lu, plus on sentira combien de sortes de connaissances, combien de genres de mérites il fallait réunir pour appliquer avec autant de succès l'analyse de l'entendement à la physiologie transcendante et l'art d'écrire à tous deux ».

Avant de nous séparer de Destutt de Tracy, nous emprunterons à M. Mignet l'admirable page qu'il a consacrée aux pensées, au caractère et à la vie de notre académicien. « Philosophe ingénieux, dit l'éloquent historien, analyste ingénieux, logicien puissant, écrivain pur et distingué, M. de Tracy s'est borné volontairement dans sa science. Les immortels problèmes, la nature et la fin des choses, le principe des êtres, la destination de l'homme, le but de la création, les lois cachées de l'univers, tout ce qui a exercé les plus grandes intelligences, tout ce qui a transporté l'esprit humain dans les régions les plus hautes de la pensée et l'a fait arriver jusqu'aux confins extrêmes qui séparent les desseins connus de Dieu, réalisés dans le monde, des vérités infinies dont il a laissé voir ici les mystères pour en donner plus tard les explications, n'ont point provoqué les recherches de M. de Tracy, attiré sa curiosité, tourmenté son ignorance. Il n'a désiré connaître que ce qu'il pouvait pleinement savoir, et, négligeant le reste sans toutefois le dédaigner, il a mieux aimé demeurer dans l'indifférence lorsqu'il était réduit aux hypothèses. Il n'y a pas eu de milieu pour lui entre ignorer et démontrer. Doué d'un esprit fin et ferme, austère et gracieux, plein de force et d'ardeur, mais dépourvu d'imagination, il a montré, dans les matières difficiles qu'il a traitées, une clarté d'exposition, une élégante simplicité de langage, et je ne sais quoi d'exquis transporté des manières dans les idées, qui laisse toujours apercevoir l'ancien grand seigneur dans le sévère philosophe.

» Les sentiments de M. de Tracy étaient droits et hauts comme son âme. Il cachait un cœur passionné sous des dehors calmes. Il y avait en lui un désir vrai du bien, un besoin d'être utile qui passait fort avant la satisfaction d'être applaudi, une modestie sincère qui ne laissait apercevoir aucun orgueil caché, et la plus grande envie de ne tromper ni soi ni autrui. Aussi était-il dépourvu d'exagération, excepté, si on peut dire ainsi, dans son horreur pour le mensonge, qui lui donnait un air outré vis-à-vis de beaucoup de gens. Son extrême politesse était mêlée à un certain désir de déplaire à ceux dont il faisait peu de cas. Autant il savait être aimable, autant il pouvait être sec. On l'a appelé *Tétu* de Tracy. Il disait que c'était un excellent nom. Il y avait chez M. de Tracy un contraste singulier de simplicité démocratique et de manières féodales. Ayant à la fois reçu l'éducation aristocratique de l'ancien monde et les principes libéraux du XVIIIe siècle, il était resté dans ses habitudes en arrière de ses idées.

» M. de Tracy avait dans sa jeunesse un courage bouillant et téméraire qui était devenu plus froid dans un âge avancé, sans devenir bien circonspect. Atteint de la cataracte et après un an de complète cécité, il partit un matin de la rue d'Anjou-Saint-Honoré, sans prévenir personne, se rendit en fiacre à l'Arsenal, où demeurait le célèbre oculiste Wenzel, se fit opérer, mit un bandeau sur ses yeux, ses cristallins enlevés dans sa poche, et retourna aussi tranquillement chez lui que s'il venait d'une promenade ou d'une visite. Cette opération, suivie d'aussi peu de ménagement, ne lui avait pas entièrement rendu la vue, et tout le monde se souvient d'avoir rencontré un vieillard vêtu de noir, constamment en bas de soie, le visage surmonté d'un vaste abat-jour vert, une longue canne à la main, marchant toujours seul, avec plus de hardiesse et d'un pied plus ferme que ne devaient le permettre ses yeux presque éteints. C'était M. de Tracy qui, dans ce costume, et à l'âge de soixante-treize ans, s'engagea avec une curiosité patriotique et périlleuse au milieu des barricades de 1830.

» M. de Tracy a eu beaucoup d'amis qu'il savait choisir et garder : il n'en a jamais perdu aucun que par la mort. Il se plaisait avec les jeunes gens, et ceux qui donnaient des espérances par leurs talents rencontraient le solide appui de ses conseils et de son attachement. Il pratiquait la philosophie, et très-peu de chose lui suffisait : un appartement presque nu, une frugalité constante dans ses repas, point de voiture, le même vêtement noir dans toutes les saisons, et, à côté de cette austère simplicité, le plus noble usage de la fortune. Il cherchait toutes les occasions d'aider les autres, et couvrait toujours ses générosités des prétextes les plus délicats. Il demandait presque pardon à ceux qu'il obligeait, s'adressant à eux avec ce tour discret et ingénieux qui dans les bonnes actions est, en quelque sorte, la politesse de l'âme. Je pourrais en citer beaucoup de traits, je n'en rapporterai qu'un seul, d'après lequel on devinera le reste. En 1806, lorsque la guerre éclata entre la France et la Prusse, M. Bitaubé, membre de l'Académie française, perdit une pension de mille écus qui lui était payée depuis le temps de Frédéric II. C'était toute son existence. M. de Tracy en fut informé, et se rendant auprès de lui : « Mon ami, lui dit-il, je sais que votre pension est en ce moment suspendue, obligez-moi de me prendre pour votre banquier pendant toute la durée de la guerre. » Cette offre, faite avec cordialité, fut acceptée avec reconnaissance, et personne n'en aurait jamais rien su, si M. Bitaubé n'en avait parlé lui-même.

» M. de Tracy est du petit nombre de ces hommes rares qui ont donné le beau spectacle d'une parfaite harmonie entre l'intelligence et le caractère, entre la raison et la conduite. Il n'a pas agi autrement qu'il n'a pensé, et sa vie a été le pur reflet d'une longue idée. Pendant quatre-vingt-deux ans, il a eu le même amour pour la liberté, la même foi dans la vérité, et il a marché avec courage dans les voies droites où il était d'abord entré, sans autre ambition que celle de voir la raison triomphante et l'humanité heureuse. Ayant fait partie de cette généreuse noblesse qui avait coopéré à une révolution d'égalité, n'ayant pas voulu quitter le sol de la patrie dans les moments du plus extrême péril; sans crainte en prison, sans faiblesse au Sénat; dans ses livres, inspiré par le désir d'être utile; au milieu de sa famille, affectueux; avec ses amis, dévoué; dans ses actions, irréprochable, M. de Tracy a été un grand philosophe, un excellent citoyen et un homme de bien. »

XI.

M. GUIZOT.

1836.

M. François-Pierre-Guillaume Guizot est né à Nîmes, le 4 octobre 1787, d'une famille protestante, et par conséquent exclue de tout acte civil; son nom ne *souilla* point le registre de naissance; le magistrat n'avait point présidé officiellement à l'union de ses parents : ainsi le voulait la législation impolitique de cette époque. La Révolution survint, qui détruisit cet absurde état de choses; mais en même temps elle lui enleva son père, avocat distingué, qu'elle immola sur l'échafaud de 94. De là peut-être, du bienfait social et de l'infortune privée, l'antipathie, presque égale en cet homme d'Etat, pour les monarchies absolues et pour les régimes démocratiques. La mère de M. Guizot, digne et dévouée, s'arracha aux consolations que lui promettait son pays pour aller à Genève, où ses fils devaient rencontrer un système de fortes études alors inconnu en France. L'enfant eut des progrès rapides, des succès brillants; il annonça dès ses premiers pas cet esprit appliqué, réfléchi, qui devait un jour caractériser l'homme. « De toutes les facultés qu'on remarquait en lui, dit un biographe, la force de son attention surtout émerveillait ses maîtres. Bien des fois ses condisciples, en le voyant plongé dans les travaux de la classe, prenaient un malin plaisir à l'en distraire, tantôt aux dépens de son habit, qui finissait par leur rester dans la main avant qu'il eût songé à détourner la tête, tantôt en lui faisant subir mille petites tortures qui devaient lui arracher un cri et lui faire lâcher sa proie; et lorsque enfin, partagé entre la pensée qui dominait son esprit et le sentiment confus de la douleur physique, il ramenait vers eux des yeux étonnés, qui bientôt retournaient d'eux-mêmes à leur tâche accoutumée, le rire qui emportait alors la classe tout entière le réveillait à peine de cette extase des sens. »

M. Guizot vint à Paris, en 1805, étudier le droit. Dans ce monde, où il entrait si jeune, et qui se ressentait encore des mœurs dissolues du Directoire, ses goûts intelligents et austères le sauvèrent de la contagion. Il s'isola dans les livres et la méditation. Bientôt cependant il put nouer des relations aimables et distinguées : précepteur dans la maison d'un ancien ministre de Suisse à Paris, M. Stapfer, ami de Suard, il eut accès dans le salon de ce dernier, qui dirigeait alors le *Publiciste*, et fut admis à participer à la rédaction de ce journal, circonstance qui exerça sur sa carrière une influence considérable. A ce journal concourait aussi, avec autant de talent que de succès, Mlle Pauline de Meulan, qui, issue d'une famille noble, mais ruinée par la Révolution, s'était vue obligée de demander à sa plume la subsistance et le bien-être d'une mère, d'une sœur, enfin d'une famille aimée avec dévouement. L'excès du travail, des chagrins domestiques, l'avaient abattue ; le mauvais état de sa santé la mit dans la nécessité d'interrompre des occupations si chères par leurs motifs, si indispensables par leurs résultats. Elle se désespérait ; mais voilà qu'une lettre anonyme lui arrive bientôt, dans laquelle on la prie de calmer ses inquiétudes et d'agréer un suppléant qui s'offre à continuer son œuvre tant que durera sa maladie. La promesse fut acceptée d'une part avec reconnaissance, religieusement tenue de l'autre ; et Mlle de Meulan n'apprit qu'après une longue convalescence le nom de l'écrivain généreux à qui elle était si redevable. Quelques années plus tard, en 1812, elle s'appelait Mme Guizot. De ce moment jusqu'à sa mort, trop tôt survenue (1827), elle ne cessa plus d'influer puissamment sur son époux, le provoquant avec ardeur au progrès, et sans relâche poussant à la perfection ce talent que l'on a vu se renouveler et croître d'année en année.

Avant l'époque de son mariage, M. Guizot s'était déjà signalé dans la littérature. Dès 1809, il avait publié un *Nouveau Dictionnaire universel des synonymes de la langue française*, contenant tous les synonymes de l'abbé Girard, de Beauzée, Roubaud, d'Alembert, augmentés d'un grand nombre d'autres, corrigés et mieux coordonnés. Ce travail, où les idées sont claires, le tact sûr, les aperçus justes, est précédé d'une introduction excellente, où l'auteur apprécie d'un point de vue philosophique le caractère particulier de notre langue. M. Guizot fit paraître ensuite un écrit justement remarqué sur l'*État des beaux-arts en France et sur le salon de* 1810 ; puis il entreprit un ouvrage littéraire fort important, la *Vie des poëtes français du siècle de Louis XIV*. La vie de Corneille, qui s'y trouve, a surtout éveillé l'éloge ; elle abonde en idées neuves et philosophiques, en détails du goût le plus profond. Le *Moniteur* de 1813, analysant cet écrit avant qu'il fût terminé, disait : « On voit d'avance quel intérêt on peut se promettre d'un tel ouvrage traité par un homme connu déjà par des travaux de genres très-différents, qui réunit à des connaissances littéraires fort étendues une érudition très-variée, un vif sentiment des beautés de l'art, et qui joint l'esprit au savoir à un degré rare... Nous finirons, ajoutait le critique, en souhaitant que les nombreuses occupations de M. Guizot lui permettent de continuer avec le soin dont il est capable l'intéressant travail qu'il a si bien commencé, et en nous étonnant encore qu'un même homme, à la fleur de l'âge, puisse, comme il le fait, passer alternativement du chaos de l'histoire moderne, qu'il est obligé de fouiller pour le cours très-suivi qu'il fait à l'Ecole normale, à des études littéraires tout opposées, puis décrire avec tant de goût et de chaleur et juger avec autant de connaissance les chefs-d'œuvre de peinture conservés au Muséum impérial. Que ne devons-nous pas nous promettre de tant d'ardeur réunie à tant de moyens! » Aujourd'hui que M. Guizot a tant marqué dans la littérature et dans la politique, il est assez curieux de retrouver ces paroles, pour ainsi dire prophétiques, inspirées par son mérite déjà éminent, alors qu'il n'avait point encore atteint sa vingt-sixième année.

La Restauration enleva M. Guizot à ses profondes et calmes études pour le lancer sur le terrain brûlant des affaires d'Etat. L'amitié de Royer-Collard, qui lui vouait une haute estime, le fit placer, en 1814, auprès de l'abbé de Montesquiou, ministre de l'intérieur, en qualité de secrétaire général de ce département; après les Cent-Jours, il passa au secrétariat général du ministère de la justice. Dans ces deux postes importants, M. Guizot, s'il ne put faire tout le bien qu'il aurait désiré, eut du moins la consolation d'empêcher quelque mal, et c'est beaucoup dans une position qui, après tout, n'était que secondaire. On oublie trop volontiers que la plus grande partie des lois libérales de la Restauration appartient à cette courte époque, pendant laquelle M. Guizot et ses amis tinrent le pouvoir. Lui, pour sa part, en dehors de la Chambre où son âge ne lui permettait pas encore de siéger, contribua de toute son influence au développement sage et régulier du gouvernement constitutionnel.

M. Decazes sorti du ministère, il crut de son devoir de partager sa disgrâce; il courut de lui-même au devant de sa destitution. En vain des offres de pension lui furent faites, il les refusa, pour conserver l'entière indépendance de ses sentiments. Il rentra dans la vie d'études, et c'est en ces dix années principalement, de 1820 à 1830, qu'il conquit la grande renommée littéraire à laquelle il est parvenu. Il commença par publier une série d'écrits politiques du plus haut intérêt, devenus populaires par le succès, tous dictés par les besoins du moment, mais qui ont vécu plus que les circonstances et ont placé leur auteur au premier rang des publicistes de toutes les nations : *Du gouvernement de la France depuis la Restauration* (1820); *Des conspirations et de la justice politique* (1820); *Des moyens de gouvernement et d'opposition dans l'état actuel de la France* (1821); *Sur la peine de mort en matière politique* (1822). Un précédent écrit de même nature avait paru en 1816, sous ce titre : *Du gouvernement représentatif et de l'état actuel de la France*. Là se trouvent réunis à la droiture des intentions, à la justesse des vues politiques, le talent d'observer, de comparer, de prévoir, et l'art d'exprimer avec clarté, avec précision et dans la forme la mieux adaptée au sujet, les principes constants auxquels il était alors permis de croire attachée la prospérité de la France.

Mais ces avis salutaires donnés par M. Guizot au gouvernement n'étaient point écoutés. Une autre manière lui restait de n'être point inutile au temps présent, c'était d'examiner le passé ; il le fit avec une grande fermeté de jugement, avec une rare sagacité. Les *Essais sur l'histoire de France* (1823), admirable travail sur les premiers siècles de notre nationalité, vinrent nous expliquer le moyen âge de la façon la plus nette et la plus positive. En même temps l'auteur donnait au public une nouvelle édition, annotée par lui, des *Observations sur l'histoire de France*, par l'abbé Mably, ouvrage fort estimable, mais dans lequel la science avait signalé de graves erreurs. Les *Essais* forment un excellent complément à ce livre ; ils sont classés parmi nos plus hautes conceptions historiques ; adoptés par l'Université et recommandés par elle, ils sont indispensables à tous ceux qui veulent étudier avec fruit l'histoire politique de notre patrie.

En cette même année 1823, M. Guizot s'était mis à la tête d'une vaste entreprise historique, qui aboutit bientôt à 26 volumes in-8°, la *Collection des mémoires relatifs à la révolution d'Angleterre*, traduits de l'anglais par une société de gens de lettres, et qu'il fit précéder d'une introduction et accompagna de notes et de notices. De là à composer soi-même l'*Histoire de la révolution d'Angleterre*, depuis l'avénement de Charles Ier jusqu'à la restauration de Charles II, il n'y avait qu'un pas pour un esprit aussi conséquent. D'ailleurs les circonstances le sollicitaient à cette œuvre utile ; car, pour emprunter le langage de M. le comte Philippe de Ségur, « relever, comme le fit M. Guizot au milieu de la France de 1826, le flambeau de l'histoire d'Angleterre de 1640, c'était placer à temps le fanal le plus élevé sur le plus grand de tous les écueils. Aussi tous les yeux l'aperçurent, hors ceux pourtant qu'il devait éclairer. » Les événements se précipitèrent, et cet ouvrage est resté incomplet, pour toujours peut-être, au grand regret de tous ceux qui en ont lu les deux premiers volumes et ont suivi, avec ce charme grave et noble particulier à notre écrivain, cette narration sans faste, mais philosophique et mélancolique comme une sombre prophétie du passé sur l'avenir.

En 1812, M. Guizot avait pris possession de la chaire d'histoire moderne par un discours d'ouverture qui fut vivement applaudi. Cette chaire venait d'être instituée pour la première fois et pour lui par le grand maître de l'Université, Fontanes, frappé de son mérite. Nous ne répéterons pas ce que nous avons été amené à dire deux fois déjà, dans le cours de cette histoire, de l'influence toujours croissante et du talent constamment progressif du professeur dans ce haut enseignement, qui a eu son retentissement dans toutes les écoles publiques de l'Europe. En 1828, les leçons de M. Guizot, reprises après une suspension de sept années imposée par les rancunes ministérielles, furent sténographiées et recueillies, comme celles de MM. Villemain et Cousin. Elles forment six volumes : le premier, sous le titre d'*Histoire générale de la civilisatiou en Europe* depuis la chute de l'empire romain jusqu'à la Révolution française ; les cinq autres, sous celui d'*Histoire de la civilisation en France* depuis la chute de l'empire romain jusqu'en 1789. Toutes les œuvres historiques de M. Guizot se recommandent par un grand caractère de haute portée morale et politique, par un amour ardent de l'humanité, par une conviction profonde de la puissance de la raison et une foi généreuse dans le triomphe de la force morale sur la brutalité de la force matérielle. C'est un homme grave qui ne veut que raisonner, qui tient à se conserver froid et impartial, à se défendre des séductions de l'imagination ; mais, comme la raison aussi sait peindre et émouvoir, ses tableaux sont parfois d'une vigueur et d'un effet incomparables. Sa manière procède avec une simplicité noble, une clarté instructive, un calme philosophique qui n'est pas sans majesté ; sa diction grave, soutenue, est élégante sans recherche, belle sans coquetterie, mais toujours l'esclave fidèle de sa pensée. C'est de lui surtout que l'on peut dire, ainsi que Fénelon de Démosthènes : « Il se sert de la parole comme un homme honnête de son habit, pour se couvrir ».

Nous n'entreprendrons pas de compléter la liste des travaux de M. Guizot, qui, considérant l'exercice public de la pensée comme un devoir, a beaucoup écrit, et a toujours consacré ses talents à de grands objets d'utilité publique. Ajoutons cependant qu'il a coopéré en divers temps aux *Archives philosophiques, politiques et littéraires*, à la *Revue encyclopédique*, à la traduction des *Chefs-d'OEuvre des théâtres étrangers*, à l'*Encyclopédie progressive*, à la *Revue française*. Ce dernier recueil avait été fondé par lui en 1828, dans le but d'y traiter les questions les plus élevées de politique, de législation et de morale; il ne s'adressait qu'à un petit nombre d'esprit d'élite, mais dans ceux-là, il soulevait une foule d'idées neuves et profondes, et les efforts du fondateur y furent secondés par les hommes les plus éminents. Enfin, M. Guizot n'a pas dédaigné d'enrichir notre littérature de nouvelles éditions estimées de divers ouvrages dont la réputation est faite depuis longtemps. C'est ainsi qu'il a publié l'*Histoire de la décadence et de la chute de l'empire romain*, de Gibbon, traduction de Cantwel et autres, revue par lui, et à laquelle il ajouta d'intéressantes notes critiques et historiques; les *OEuvres de Rollin*, qu'il accompagna de notes sur les principales époques de l'histoire ancienne et de l'histoire romaine; les *OEuvres de Shakspeare*, traduction de Le Tourneur qu'il revit avec soin et fit précéder d'une belle notice sur le tragique anglais. Nous lui devons aussi des collections historiques importantes : celle, déjà mentionnée, relative à la révolution d'Angleterre, et la *Collection des mémoires relatifs à l'Histoire de France*, depuis la fondation de la monarchie, collection qui a répandu sur les origines de la France une lumière nouvelle, et où il n'a pas épargné des suppléments, des notes, des notices et une introduction savantes ; l'*Histoire constitutionnelle de l'Angleterre*, depuis l'avénement de Henri VIII jusqu'à la mort de Georges II, par Henri Hallam, traduction de l'anglais, revue, annotée, accompagnée d'une préface de l'éditeur. On le voit, M. Guizot a bien mérité que l'élection lui donnât, comme elle le fit en 1833, la place de Dacier à l'Académie des inscriptions et belles-lettres.

Depuis la révolution de Juillet jusqu'à celle de Février, l'existence de M. Guizot a été exclusivement politique. Il n'a pu se permettre qu'une seule excursion en littérature : nous voulons dire cette introduction qui précède la *Vie*, *correspondance et écrits de Washington* (1839), biographie politique, image vivante du héros américain, simple et grande comme lui, dans laquelle on ne sait ce qu'il faut le plus admirer de la pensée profonde ou de la forme aux mâles beautés, de l'homme d'État ou de l'écrivain. Sa vie s'est presque entière écoulée dans les hôtels du ministère ou dans son ambassade à Londres, depuis le ministère de l'intérieur, qui lui fut confié immédiatement après les trois jours, jusqu'à celui des affaires étrangères, qu'il a presque exclusivement dirigé jusqu'en 1848. Il n'est pas donné à cette histoire de le suivre sur ces sables mouvants de la politique ; mais ce sera rentrer dans notre sujet que de mentionner quelques-uns de ses actes au ministère de l'instruction publique, qu'il occupa de 1832 à 1837. L'un des premiers fut de demander au roi, dans un rapport où la liberté de la pensée est dignement invoquée, le rétablissement de cette classe de l'Institut fondée par la Convention, abolie par le premier consul, de l'Académie des sciences morales et politiques. Il l'obtint, et cette Compagnie s'empressa de se l'associer, plus encore par justice que par reconnaissance.

Bientôt la sollicitude éclairée du ministre s'exerça sur le plus digne objet, l'éducation populaire. Par ses soins, onze mille communes, le quart de la France, participèrent pour la première fois au bénéfice de cette instruction primaire qui influe si puissamment sur le reste de la vie, et, à côté de l'humble presbytère, virent s'élever la modeste école où l'enfant du pauvre vient s'initier, par les connaissances premières, aux devoirs de l'honnête homme et du bon citoyen. Le nom de M. Guizot restera inséparable de ces fondations vraiment saintes. On reconnaît là, aussi bien que dans les nombreuses instructions adressées par lui, en cette circonstance, aux préfets, aux maires, aux commissions d'examen, et dans sa circulaire à tous les instituteurs des communes de France, admirable travail aussi fécond en poésie de style et de pensée que le plus beau livre, on reconnaît là l'homme qui, de bonne heure, avait profondément médité sur l'importance de cette branche de l'administration publique. En effet, de 1811 à 1814, M. Guizot, se créant des titres auprès de tous les hommes animés de l'amour du bien, avait publié les *Annales de l'éducation*, et, en 1816, un *Essai sur l'histoire et sur l'état actuel de l'instruction publique en France*. Le premier de ces écrits est un recueil périodique formant six volumes parus en trente-six livraisons, recueil soutenu pendant trois ans avec tout le succès que permettaient les circonstances, et enrichi de nombreux et remarquables articles de Mme Guizot, intitulés le *Journal d'une mère ;* ce travail fut interrompu par les événements de 1814, et les importantes fonctions auxquelles le rédacteur principal fut alors appelé le mirent dans l'impossibilité de le reprendre. Dans le second, l'auteur s'attachait à considérer l'éducation des peuples dans ses rapports avec le gouvernement et les formes de la société, et, cherchant quels ont été, aux différentes époques, ces rapports, leurs avantages et leur insuffisance, il traçait, dans un rapide exposé, l'histoire de l'instruction publique en France, depuis ce temps où maître Odon d'Orléans enseignait dans les lieux ouverts, « tantôt se promenant, selon l'usage des péripatéticiens, suivi des disciples qu'il instruisait, tantôt assis, à la mode des stoïciens, et résolvant les questions qui lui étaient proposées ».

Dans nos deux Chambres, l'attitude prise par M. Guizot a été des plus imposantes. C'est un orateur, dans l'ancienne et ordinaire acception du mot; il a une pompe austère qui tient à la nature propre de son esprit et qui va au temps présent. Il est là dans le silence, promenant ses regards sur l'assemblée, et attendant le calme; mais son silence n'a rien d'inquiet ni de troublé. Quoique petit de stature, sa pose est oratoire. Il a la figure expressive, l'œil singulièrement animé, le geste grave, la voix sonore, pleine et ferme, saisissant les questions d'un point de vue élevé, il semble agrandir tout ce qu'il touche. Il ne cherche point à développer plusieurs idées dans un discours, mais il en choisit une de préférence, s'y attache, la fait rayonner en mille sens : tactique habile dans les assemblées délibérantes, où toutes les intelligences ne sauraient être également promptes ni continuellement attentives. « Sa pensée, dit Timon, se dégage et s'éclaircit sans perdre son ampleur et sa gravité; elle se colore sans trop se charger d'ornements; elle se nourrit de faits et d'exemples; elle se développe et s'avance dans un ordre à la fois naturel et savant... Qu'il entre dans le positif des affaires, il y apporte une lucidité d'idées et d'expressions qu'on n'a pas assez louée. Commissaire du gouvernement, il a été le plus remarquable de tous les commissaires que nous ayons entendus depuis vingt ans. Ministre, il a défendu son budget avec plus d'habileté, de science et de précision qu'aucun autre ministre. » Mais c'était surtout dans les jours de tempête parlementaire qu'il fallait le voir. Qu'il était éloquent « lorsqu'il luttait avec une impétueuse énergie contre les murmures, les cris et les trépignements ! A mesure que grondait l'orage, il s'attachait, il se cramponnait au marbre de la tribune ; de moments en moments il pâlissait, pâlissait de colère, son œil dardait des éclairs et des foudres, et, environné d'ennemis, il leur donnait des coups de bec d'aigle à leur arracher la chair et les yeux. Nous ne lui avions jamais vu de diction plus sonore, d'attitude plus ferme, de geste plus noble et de parole plus décisive ».

Personne n'ignore la catastrophe de 1848 et la chute qui s'en est suivie pour M. Guizot. Aussitôt mis en accusation, il se réfugia en Angleterre, d'où il nous est revenu lorsque les esprits se furent un peu calmés. C'est là qu'il a composé son dernier écrit, *De la démocratie en France* (1849), production aussi profonde par la pensée que magnifique de forme, et qui justifierait seule son introduction à l'Académie française si vingt autres morceaux plus éclatants encore n'y expliquaient sa présence. Depuis 1836, M. Guizot y occupe un des premiers rangs, et ce fut M. le comte de Ségur qui présida à sa réception, comme son père, par une coïncidence curieuse, avait présidé, vingt-sept ans auparavant, à celle du comte de Tracy. Le discours du récipiendaire offrit « un magnifique et vaste tableau » de la philosophie du XVIIIe siècle, suivant l'expression du directeur. Son élection s'était faite à l'unanimité ;

tous les académiciens, à quelque nuance d'opinion qu'ils appartînssent, s'étant trouvés d'accord pour appeler au sein de la Compagnie celui qui, comme publiciste, historien, orateur, est une des plus grandes illustrations de notre époque.

FIN.

TABLE.

TABLE DES MATIÈRES.

XXVIII. LE FAUTEUIL DE FONTENELLE.

XXIX. LE FAUTEUIL DE BALZAC.

XXX. LE FAUTEUIL DE FLORIAN.

XXXI. LE FAUTEUIL DE D'OLIVET.

XXXII. LE FAUTEUIL DE VAUGELAS.

XXXIII. LE FAUTEUIL DE VOLTAIRE.

XXXIV. LE FAUTEUIL DE L'ABBÉ SICARD.

XXXV. LE FAUTEUIL DE CUVIER.

XXXVI. LE FAUTEUIL DE LA MONNOYE.

XXXVII. LE FAUTEUIL DE BOILEAU.

XXXVIII. LE FAUTEUIL DE BOSSUET.

XXXIX. LE FAUTEUIL DE CONDORCET.

XL. LE FAUTEUIL DE DESTUTT DE TRACY.

FIN DE LA TABLE DU QUATRIÈME VOLUME.

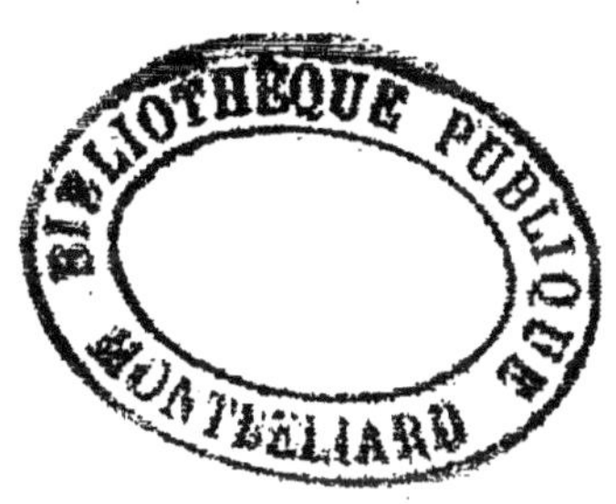

Evreux, A. HÉRISSEY, imp. — 355.

On trouve à la même Librairie

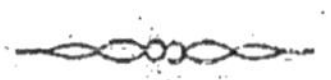

Essai d'une philosophie de l'histoire,

Par le baron Barchou de Penhoën, de l'Institut. 2 vol. in-8°. . 15 fr.

Les Slaves,

Cours professé au Collége de France par Adam Mickiewicz. 5 vol. in-8°. . . . . 37 fr. 50

Histoire de Madame de Maintenon,

Et des principaux événements du règne de Louis XIV, par le duc de Noailles, de l'Académie française. 2e édit. 2 vol. grand in-8o papier vélin, ornés d'un portrait gravé sur acier par Mercury. . 18 fr.

Histoire de la Société française,

Au XVIIIe et au XIXe siècle par M. Étienne Malpertuy. 1 vol. in-8°. . . . . 6 fr.

Imprimerie de W. Remquet et Cie, rue Garancière, n. 5.

www.ingramcontent.com/pod-product-compliance
Lightning Source LLC
LaVergne TN
LVHW010515100826
845148LV00001B/11